"十二五"普通高等教育管理科学与工程类规划教材

电 子 商 务

——理论与实践

第二版

周 伟 刘红丽 等编著

化学工业出版社

·北京·

电子商务是典型的技术经济系统，电子商务的技术系统和商务活动既密切相连、相互促进，又具有各自的鲜明特点、相互独立。

本书在电子商务理论的系统性、电子商务实务和电子商务在我国的应用三个层面上，总结了电子商务在我国发展的最新成果。本书偏重于电子商务中的"商务"部分，突出了互联网、互联网文化、网上消费者和网络营销等电子商务实践部分内容，突出强调它们之间的内在联系。

本书既可作为管理类相关专业本科生或研究生的电子商务教材，也可作为计算机等专业的学生理解电子商务的"商务"基础和实践的参考用书，也可供高职高专相关专业教学使用。

图书在版编目（CIP）数据

电子商务：理论与实践/周伟，刘红丽等编著. —2 版.
北京：化学工业出版社，2013.3（2023.8 重印）
"十二五"普通高等教育管理科学与工程类规划教材
ISBN 978-7-122-16567-1

Ⅰ.①电…　Ⅱ.①周…②刘…　Ⅲ.①电子商务-高等学校-
教材　Ⅳ.①F713.36

中国版本图书馆 CIP 数据核字（2013）第 030071 号

责任编辑：唐旭华　袁俊红　　　　　　　装帧设计：张　辉
责任校对：蒋　宇

出版发行：化学工业出版社（北京市东城区青年湖南街 13 号　邮政编码 100011）
印　　装：北京建宏印刷有限公司
787mm×1092mm　1/16　印张 19　字数 550 千字　2023 年 8 月北京第 2 版第 6 次印刷

购书咨询：010-64518888　　　　　　　售后服务：010-64518899
网　　址：http://www.cip.com.cn
凡购买本书，如有缺损质量问题，本社销售中心负责调换。

定　价：58.00 元

前　言

随着电子商务实践的迅速发展大大超越了理论的总结，在教学实践中，我们发现第一版教材已经不能很好地概括电子商务的最新进展。而原有的挑战依然存在：一是电子商务知识的系统性和电子商务实践的多样性，对教学带来的挑战；二是互联网技术和应用的飞速发展对电子商务发展的巨大促进作用，使电子商务的创新以令人眩晕的方式呈现；三是在电子商务教学中，由于管理问题具有高度技术性特征，如何厘清二者之间的关联，对电子商务教学来说是一个巨大挑战。

本次修订的一个重要目标依然是在电子商务理论的系统性、电子商务实务和电子商务在我国的应用三个层面上，总结电子商务在我国发展的最新成果。希望本书既可以作为一本教材使用，同时也对电子商务从业人员具有一定的参考价值。

本次修订，保持了第一版的基本架构，大量增加了这几年电子商务实践中的成功案例，以期能够将电子商务的最新动态尽可能地给予概括和总结。本书最大的变动，是对网络营销部分进行了大幅度更新，几乎完全重新进行了阐述。另外，根据教学实践和篇幅的原因，删除了旅游行业电子商务应用部分。

本书由周伟副教授（第1、3、4、5、6、7、8、15、17章）、刘红丽副教授（第2章）、李英教授（第11、12章）、牟援朝副教授（第9章）、刘璇讲师（第10、16章）和卜艳萍副教授（第13、14章）共同编著。全书的整体结构与改进要点由周伟副教授和刘红丽副教授讨论形成。此外，复旦大学的周烨晴同学在网上资料收集方面提供了大力协助。

本书内容已制作成用于多媒体教学的电子课件，并可免费提供给采用本书作为教材的院校使用。如有需要可联系：cipedu@163.com。

本书作为编者多年电子商务教学经验的总结，希望能够为我国电子商务教育提供一个崭新的窗口，为我国电子商务的发展尽绵薄之力。在教学中，对内容进行合理的舍取，则本书既可以作为管理类相关专业本科生或研究生电子商务教材，也可以作为计算机专业的学生理解电子商务的"商务"基础的参考用书，也可供高职高专相关专业教学使用。

由于编者的水平有限和篇幅等因素的制约，对电子商务中的新技术如大数据分析、网络沟通、微薄营销和未来技术发展的影响等方面，没有能够进行深入的探讨和展开，还有待进一步完善。此外由于编者的水平和视野有限，不妥之处在所难免，恳请广大读者不吝赐教。

编者

2013 年 1 月

目　录

第1篇 背 景 篇

1 电子商务概述

学习目标

了解商务、商务活动和商务系统等基本概念，明确电子商务的定义和内涵。掌握电子商务发展的历程和电子商务的优势与劣势。

【案例】

"双十一"网店大狂欢

"双十一"即指每年的 11 月 11 日，由于日期特殊，因此被戏称为"光棍节"。而大型的电子商务网站一般会利用这一天来进行一些大规模的打折促销活动，以提高销售额度。在电商连年的促销推动下，"双十一"已经变成名副其实的"网购狂欢节"。

2012 年的"双十一"疯狂：多家第三方统计机构数据显示，2012 年的"双十一"各类电商网站的销售额呈现急剧增长的态势；和 2011 年同期相比，天猫、京东商城等 20 余家主要电商的整体销售额超 300 亿元，较 2011 年 150 亿元左右的销售总额翻一番。

阿里巴巴集团公布的数据显示，"双十一"购物狂欢节的支付宝总销售额达到 191 亿元，是 2010 年的三倍多。天猫和淘宝吸引了 2.13 亿独立用户访问，相当于有四成网民参与了狂欢节。与 2010 年同日对比，销量达千万以上的店铺是 2010 年的 4.7 倍，百万以上销量的店铺是 2010 年的 3 倍。而在 191 亿的总销售额中，天猫达到了 132 亿元，淘宝则完成了 59 亿元。

2012 年 11 月 11 日，多家网站和银行的网银系统短时瘫痪，整个活动期间物流系统全面超负荷，引起传统零售业的一片惊叹。

1.1 商务与商务活动

传统商务具有悠久的历史。当我们的祖先开始对日常活动进行分工时，商业活动就开始了。每个家庭不再像以前那样既要种植谷物，又要打猎和制造工具了。每个家庭可专心于某一项生产活动，然后用他们的产品去换取所需之物。例如，制造工具的家庭可以和种植谷物的家庭互换产品。在这些原始的交易中，无形的服务也开始进行了交易。

随着货币的出现取代了易货交易，交易活动变得更容易了。然而，交易的基本原理并没有变化：社会的某一成员创造有价值的物品，这种物品是其他成员所需要的。所以，商务活动就是至少有两方参与的有价物品或服务的协商交换过程，它包括买卖各方为完成交易所进行的各种活动。而商务活动还需要一定的商务环境作为基础和保障，商务环境包括：市场、运输、法律保障和一定的社会环境，其他的如度量衡、质量保证等方面的基础环境。本书中，我们将商务、商务活动还有商务环境等统称为商务系统。

这里引出了三个概念：商务、商务活动和商务系统。下面分别加以介绍。

1.1.1　商　务

所谓商务是指以赢利为目的的市场经济主体，通过商品交换获取经济资源的各种经济行为的总称。

对商务的解释，大致可归纳如下。

① 商务是涉及买卖商品的事务　一切买卖商品和买卖商品服务的相关活动都是商务活动；一切旨在达成商品交易的相关行为都是商务行为。

② 商务即是市场营销　一切买卖商品的活动都属于市场活动，都要以销售活动为中心开展市场营销活动。商场营销是商务概念的另一表达方式。

③ 商务是涉及各种经济资源，包括物质产品、劳务、土地、资本、信息等有偿转让的相关活动。这种将资源通过交换方式实现所有权转移的过程，就是商务活动过程。

④ 商务泛指赢利性的活动　人们从事的以赢利为目的的经济活动，就是商务活动，它包括商品生产与买卖以及其他赢利性服务活动等。

⑤ 商务是涉及企业、政府部门（包括事业单位）、家庭和个人的市场交换活动。这些商务主体在市场中的所有往来活动，有信息的，如贸易信函、合同文书等；有物质的，如商品、资金、房地产等；有服务的，如法律、生活服务、运输、金融与保险等。

1.1.2　商务活动

商务活动是商品从生产领域向消费领域运动的过程中经济活动的总和。商业企业在订货、销售和储存等经营活动中与生产厂商、消费者发生的贸易、交易和服务行为以及期间的信息传递过程，均属商务活动的范畴。以下分三个方面加以介绍。

首先是商务活动主体。商务活动的主体是指以独立形态参与商务活动过程的经济实体和个人，包括专门从事交易活动的商业企业，以及处于生产和消费领域两端的生产厂商和消费者。在特定情况下，政府也可以以生产者或消费者的身份出现。

其次是商务活动的内容与范围。为实现商品（或服务）从生产领域向流通领域的转移及价值的实现而进行的经济活动构成商务活动的内容。商务活动的内容非常丰富，其范围包括了营利性组织和个人除生产活动外的全部对外经济活动。

商务活动的内容包括以下几个方面。

（1）商情调研与市场机会分析

商情调研与市场机会分析是现代商务活动的起点。一个营利性组织要实现其营利性目标，首先必须对其目标市场、服务对象和经营环境有一个全面的了解。为此，必须做好调研工作，通过商情调查、分析和预测去发现可能的商业机会，为企业商务决策做好充分的准备。

（2）供给分析与企业机会分析

一个营利性组织要使市场机会转化为赢利机会，不仅要从市场中找到满足消费需要的商业机会点，而且要认真分析供给状况和自身条件，把商业机会点与供给及自身条件有机结合起来。供给状况包括：生产资料的供给状况，即是否具有生产和组织某种产品或服务供给的经济资源，获得这些资源需要花费多大的代价；产品或服务的供给状况，即社会现在的产品或服务的供给能力及供给竞争的强度。自身条件包括生产能力、技术能力、开发和经营能力，也可以说，就是企业自身的供给能力。如果商业机会与企业的自身条件和供给状况相适应，就能够迅速将市场机会转化为赢利机会。

（3）对外关系与塑造企业形象

商务活动总是面对市场、面向外部的活动，企业与外部的各种经济联系，主要是通过商务活动实现的，由于商务活动面临的外部环境总是不断变化的，因此，商务活动必须经常保持与外部环境的适应性，理顺企业与外部的关系，包括供应商、经销商、顾客、股东、竞争者、银行及其他金融活动、传播媒体、政府部门、社区及社会团体等的关系。商务活动在理顺对外关系中的重要职能是：妥善处理商务冲突、讲求诚信交易、扩大对外宣传、塑造良好形象等。

（4）制订实施竞争战略与保持企业长期发展

有效的商务活动必须从企业的整体利益出发，注重长期发展，从战略高度规划商务活动。为此，现代商务活动要把制订和实施竞争战略作为重点，从企业的长期发展来确定商务竞争的目标、手段和方式，并始终围绕着企业的发展目标来展开商务活动，把长远利益与眼前利益有机统一起来。

（5）稳定市场份额与开拓新市场领域

企业要实现一定的赢利目标，必须保持与自身生产技术和经营能力相适应的商场份额，即企业产品或服务价值能够有效转移至消费者和用户，市场份额相对稳定。产品或服务最终能否出售是决定企业利润的关键，只有拥有稳定的市场份额，才能有稳定的利润来源。同时，还必须不断开拓新的市场领域，包括扩大原有产品或服务的市场范围、提高市场占有率，开发相关或连带产品和市场的领域，开发新产品、开发新的产品和服务的市场领域等，这是企业拓宽利润来源、保持旺盛生命力的重要商务活动。

（6）资本营运与商务风险控制

商务活动归根结底是产权交易活动，商务的实质在于实现商品（包括各种经济资源）所有权的有偿转让。因此，企业商务活动的集中体现就是通过科学的营运资本达成有效的产权交易，即如何有效地营运资本是企业商务活动的最高形式。无论是资本营运还是商品交易都面临着一定的风险，由交易产生的风险就是商务风险，如何有效地控制商务风险是企业商务活动的重要内容。

（7）商务磋商与签订商务合同

现代商务活动是有组织的活动，除了直接面对最终消费者的零售活动，大多数商务活动都是以合同为纽带的。要保证交易的顺利进行和合同的有效履行，商务主体之间首先要进行交易磋商，就交易的标的、价格、品质、数量等条件进行谈判，达成双方一致的、进行交易的意思表示，并通过契约的形式固定下来，使之成为约束双方交易行为的依据，即通过签订合同来明确商务主体之间的权利和义务，并以此规范双方的商务行为。

（8）商务购销与履行商务合同

现代商务活动是围绕着市场进行的，生产和商务活动要以市场为中心。因此，现代商务活动以发现商业机会为起点，以商务合同为纽带，生产围绕着商务合同展开，购销运存活动的过程直接体现为履行商务合同的过程。当商务合同签订以后，商务活动的中心任务就是按合同要求组织好购销运存活动，保证合同的有效履行。

（9）商务人员的管理

商务人员的管理，涉及商务人员的选择、培训和考核等内容。在知识经济形势下，企业的竞争核心就是人才的竞争，因此，如何提高商务人员的管理水平及商务从业人员素质，是商务活动的重要内容之一。

最后是商务活动的重要性。所谓商务活动包括了营利性组织和个人的全部对外经济活动，涉及营利性组织长期发展的战略性问题。因此，做好商务工作具有重要的意义。

在市场经济条件下，商务活动具有普遍性，一切以赢利为目的的活动都离不开商务活动。以创造价值的生产活动为例，它首先要通过商务活动获得生产中必需的各种经济资源，然后组织生产，创造出可供他人消费的产品或服务，再通过商务活动将产品或服务转移到消费领域，最终实现产品或服务的价值。在这个再生产过程中，商务活动既是起点又是终点。没有商务活动，就没有创造价值的活动；没有商务活动，也不可能实现产品或服务的价值，形成再生产过程。可见，商务活动是以交换为目的的社会生产的基本活动。

商务活动总是面向市场的，离开了市场就没有商务活动；反过来，市场作用越明显，商务活动就越重要。企业适应市场的能力集中体现为其商务能力。增强企业的商务能力将使企业保持与市场的适应性，在竞争中不断求得生存和发展空间。

一个营利性组织能否长期生存和发展，起决定性作用的是其赢利能力，赢利表明其创造的产品或服务的价值已经实现，不仅能够补偿其生产经营活动的费用，而且产生了价值增值；反之，亏损则意味着其创造的产品或服务价值不能实现或不能完全实现，无法补偿其生产经营活动的费用，只能进行萎缩再生产，在市场竞争中将被淘汰。一个营利性组织赢利能力的强弱受到多种因素的影响，如资本实力、员工素质、管理水平、产品开发能力、商务能力等。在这些因素中，起决定性作用的是商务能力。

下面通过一个例子来观察一下现实中商务活动的全过程。

（1）买方

通常可以从买主或卖主的角度来考察交易活动。在传统商务中，涉及买方的业务活动如图1-1 所示。

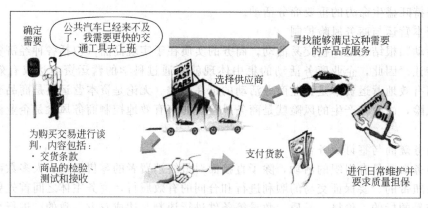

图 1-1　买方商务活动示意图

买方的第一项工作是确定需要。这种需要可能只是一个简单的需求，图 1-1 的实例中消费者的需求就是一辆汽车。

一旦买方确定了他们的特定需要，就要寻找能够满足这些需要的产品或服务。在传统商务中，买方寻找产品或服务的方法很多，他们可以参考产品目录，请教朋友，阅读广告或查找工商企业名录。黄页是买方在寻找产品或服务时常用的工商企业名录。买方也可以向推销员咨询产品的特点和优势。对于那些不断重复出现的需要，企业常常有一套高度结构化的程序来寻找产品或服务。

买方选择了满足某一特点需要的产品或服务之后，就要选择一个可以提供这种产品或服务的卖主。在传统商务中，买主可以通过很多途径与卖主进行接触，包括电话、邮件和贸易展览会。一旦买主选择了一个卖主，双方就开始了谈判。谈判内容包括交易的很多内容，如交货日期、运输方法、价格、质量保证和付款条件，另外还常常包括产品交付或服务提供时可以进行检验的各个细节问题。这是一个十分复杂的步骤。例如，超市中的农产品的订货、交货和检验工作就非常复杂。

当买方认为收到的货物满足双方议定的条件时，他就应该支付货款了。买卖完成后，买方可能还要就质量担保、产品更新和日常维护等问题和卖方接触。

（2）卖方

对于上述的买方完成的每一项业务，卖方都有一个相应的业务与之对应。图 1-2 给出了卖

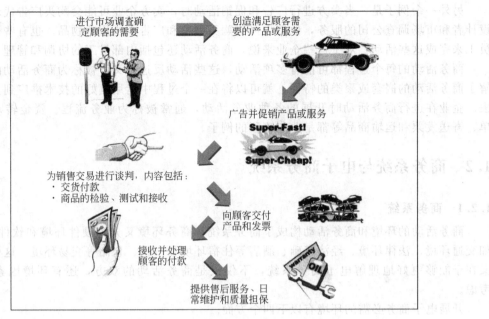

图 1-2 卖方商务活动示意图

方的主要活动。

卖方通常进行市场调查来确定潜在顾客的需要。即使是那些多年一直销售同一产品或服务的企业，也常常在寻找新的途径来改进和扩展他们所提供的产品。企业在确定顾客的需要时，经常使用的方法包括，问卷调查、推销员与顾客交谈、主题小组讨论或聘请企业外部的咨询人员等。

一旦卖方确定了顾客的需要，他们就要开发出能够满足顾客需要的产品和服务。产品的开发过程包括新产品的设计、测试和生产等过程。

卖方的下一步工作，是让潜在顾客知道这种新的产品或服务已经存在。卖方要开展多种广告和促销活动，同顾客及潜在顾客沟通关于新的产品或服务的信息。一旦顾客对卖方的促销活动有了回应，双方就开始对交易的条件进行谈判。在很多情况下，谈判是非常简单的，例如：很多零售交易的活动不过是顾客进入商店、选择商品然后付清货款。有时，交易需要艰苦漫长的谈判，以便对商品的运输、检验、测试和付款达成协议。

双方解决了运输问题后，卖方就要向买方交付货物或提供服务，同时还要向买方提供销售发票。在有些业务中，卖方每月还向每个顾客提供一份发票总账，这份总账包括该顾客本月收到的发票和付款情况。在有些情况下，卖方要求买方在交货前或交货时付款。大部分企业还是靠商业信用做生意，所以买方先记下销售记录，然后等待顾客付款。大多数企业都有先进的顾客付款接收和处理系统，并利用这个系统来跟踪每一个应收货款账户，并保证所收到的每笔货款都对应于正确的顾客和发票。

销售活动结束后，卖方常常要为产品和服务提供持续的售后服务。在很多情况下，卖方要根据合同或法令对售出的产品或服务提供质量担保，以确保这些产品或服务能正常地发挥效用。卖方提供的售后服务、日常维护和质量担保可以使顾客满意并重新购买企业的产品。

（3）业务活动与业务流程

根据上面的描述，不管是从买方还是卖方的角度来看，每个商务过程都包含了大量不同的业务活动。例如，买方在安排所购商品的运输时，常常需要运输公司的运输服务，而运输公司往往并不是销售产品的公司，在交易中这项服务的购买也属于买方安排运输活动的一部分。

另外一个例子是，当卖方进行广告和促销活动时，卖方企业可能会购买广告代理商、广告设计者和市场调查公司的服务，他们也可能购买展览和广告中所用的物品。也有些企业用内部员工来完成这些活动。对于这些企业来说，商务活动还包括内部员工的协调和管理。

商务活动的每个过程都可能有多项活动，这些活动反过来又可被称为商务活动的过程。理解了商务活动的嵌套或聚类的特征，就可以将在一个过程中运用良好的技术推广到其他过程中去。企业在进行商务活动时开展的各种业务活动，通常被称为业务流程。资金转账、发出订单、寄送发票和运输商品等都是业务流程的例子。

1.2 商务系统与电子商务系统

1.2.1 商务系统

商务活动的环境和商务活动构成了商务系统。商务环境又分为硬件环境和软件环境两类，如交通环境、法律环境、经济基础、酒店等住宿环境和市场、仓储等交易环境。这样划分的意义在于能够更好地理解电子商务系统，不仅仅是商务活动的双方，还有环境因素必须加以考虑。

开展电子商务必需的环境有以下四个方面。

（1）社会法律环境

电子商务是新的商务做法，各国均缺少相应的法规和管理制度，因此有必要修订有关商业法规，承认电子单证和合同的法律效力，为网上商品、服务的提供者和消费者提供法律保障，为交易各方提供行为规范。比如，防止有人在网上发布虚假广告欺骗消费者，推销劣质产品，甚至干脆诈骗钱财；防止有人刊登黄色读物或有害视听作品，误导青少年实现牟利；防止有人从网上窃取他人技术秘密、账户信息和个人资料为己所用；防止有的企业和个人在网上大量传递"垃圾邮件（Junk Email）"，侵害网络服务商和用户的权益为自己牟取广告利益。

同时，考虑到目前电子商务各项技术做法尚不成熟，在今后一个时期发展变化会很快，在制订有关法规时，也要留有余地，不宜过分严格和具体。在保护合法经营、保障合法权益、打击违法犯罪行为的同时，给企业创新留下较大自由空间。要更多地依靠行业自律，鼓励企业自我约束、自我发展，尽量减少政府干预，为电子商务创造较为宽松的外部环境，鼓励企业探索新的服务方式和服务领域，使这一新兴商业手段能为消费者和企业带来更多的便利和机遇。

（2）技术条件

充分利用网络带来的新的商务平台开展业务，是电子商务发展的内在动力，一个互联互通的高效网络和标准统一的信息平台是电子商务发展的技术基础。但是自从计算机网络出现以来，黑客和网络安全问题就不断出现在媒体上，存储数据被窃取、修改或删除，甚至整个系统陷于瘫痪，造成巨大损失。发展电子商务的一个重要条件是安全可靠的电脑网络。安全性是所有行业面临的问题，尽管电子商务的安全可靠性逐步改善，许多用户在网上给出信用卡账号时仍然犹豫不决，有60%的网上消费者认为口令不能保证交易的安全，网络安全问题的解决是电子商务能够被商家和消费者普遍接受的前提。

（3）商品运送服务体系

在电子商务交易达成后，如何快捷、准确、安全地将货物交付到客户手中，是商家和消费者都要关注的问题。目前商品运送环节正吸引越来越多的资金、人力和物力，专门的公司、机构、网站不断涌现，物流问题的解决将为电子商务铺平道路。

（4）网上支付手段

要在网络上直接交易，就需要通过银行的信用卡、数字现金、电子钱包等方式来完成支付，或通过金融网络的连接来完成账款划拨。因此，金融电子化既是银行业本身提高效率、降低成本的需要，也是电子商务在其他领域推广应用的基本前提。

基于以上原因，本书在讨论电子商务的同时，还着重讨论电子商务环境。

例如，读者甲在中国通过 Amzon.com 购买了一本书，并通过中国的信用卡支付了书款，不久，读者甲就拿到了通过邮寄的书。上述的交易过程如同通过邮购购买一本书一样，没有特别的地方。但是这一交易过程其实非常复杂，现代的商务活动其实涉及多个领域和许多问题。图 1-3 就是上述交易过程的一个简单图示。

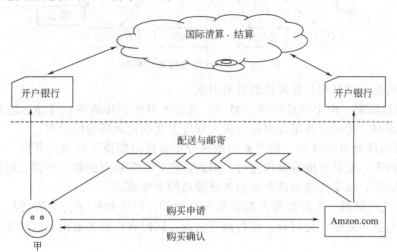

支持系统包括：海关、税收、版权、公平交易、金融支持、国际贸易协议、运输、贸易管辖权等

图 1-3 网上图书购买过程示意图

根据图 1-3 所示，假设读者在中国购买，amazon.com 是美国公司，图书是英国公司出版、在欧洲印刷的，通过香港的运输公司和国内的快递公司进行运输邮寄。这样就涉及了复杂的国际贸易问题。

从技术上讲，没有一个稳定、安全的网络环境和电子商务应用系统，上述交易也难以顺利完成。

从支付的角度上讲，涉及多个国家的金融机构，涉及国际金融的结算、清算和货币的汇兑等。

从管辖权上讲，如果交易发生纠纷，消费者或厂商应该到哪里去进行纠纷的仲裁或法律诉讼。

从国际贸易环境上讲，涉及国际的贸易协议，双边的进口关税、国际的贸易协定。

从运输上讲，涉及运输的保险、支付和转运等，运输、保险和转运等协议和许可等。

从纠纷解决上讲，涉及纠纷的仲裁（仲裁地点、仲裁的法律依据等），合同的有效性等。

因此，实现一个完整的电子商务过程绝不仅仅是交易双方的事情，它还涉及复杂的环境问题，必须将它们一起纳入电子商务系统一起考虑，如图 1-4 所示。

另一方面，通过这个例子也能发现电子商务的另一个非常重要的特点，就是通过网络能够非常方便地将遍布全球的各种经济资源进行有效的整合。

1.2.2 传统商务的局限性

传统商务经过数千年的发展，已经发展成为一套非常成熟的系统，并伴随经济社会的发展，不断演化出新的交易方式。但是传统的商务还是具有一定的局限性，可以归纳为以下几点。

① 场地限制　交易场地、商品展示和仓储的场地制约，都成为以面对面交易、商场交易

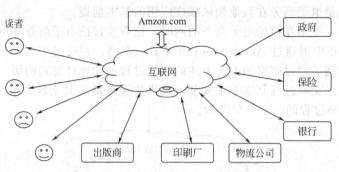

图 1-4 电子商务参与者示意图

和超市交易等商业方式制约交易规模的重要因素。

② 服务范围限制 由于信息传递的制约、服务人员的工作地点、商品运输和仓储、金融支持等因素的影响，传统商务服务的范围很大程度上受到地理环境的影响。

③ 消费者地理分布的限制 消费者的地理分布直接限制商务活动的开展，只有在消费者相对集中的条件下，交易才能有效地进行。因此，定时、定地点的集市在很长时间内成为交易的主要方式的原因，也是传统的商业中心兴旺发达的主要原因。

④ 交流方式的限制 传统商务大都依靠面对面的、以文档传递为主的交易，使得商务信息的交互中有信息不完整、耗时长、花费高等特点，同时客户服务也由于信息交互的制约受到限制。

⑤ 交通和信息交流的限制 现场看货、商品的呈现、订货会、洽谈会、企业实地考察等，都受到交通的便利程度、交通成本、企业之间和企业与消费者之间信息交流的限制。产品目录、产品手册、合同与企业资质等都是通过传真、信函等纸面方式进行，都是物理方式。这样的商务活动方式导致商务受到成本高、业务处理时间长等制约，由于信息的不对称，往往导致产品的积压。

面对上述缺陷和电子商务的优势，使电子商务一出现就引起了人们的广泛关注。

1.3 电子商务的定义

在过去几千年的贸易实践中，人们总是及时地利用新出现的工具和技术。例如，古时帆船的出现为买卖双方的交易开辟了一个新的舞台。此后的一些发明，如印刷术、蒸汽机和电话等，也都显著地改变了人们的交易方式。在过去的几十年里，企业使用了多种电子通信工具来完成各种交易活动。银行使用电子资金转账技术在全球范围内转移顾客的资金，各种企业使用电子数据交换技术发出订单、寄送发票，零售商针对各种商品做电视广告以吸引顾客电话订货。

1.3.1 电子商务定义

电子商务，顾名思义就是在网上开展商务活动。如果企业将它的业务通过网络与企业的员工、客户供应商和合作伙伴直接相连时，发生的各种商务活动就是电子商务。这里的网络包括企业的内部局域网、外联网（Extranet）和互联网（Internet）。

由于电子商务的发展如此迅速，应用的范围和形式如此广泛和多样，以至于目前还没有一个具有权威性、被大多数人认可的定义。不同的组织、公司、研究者和政府等，依据自身的理解和需要为电子商务定义，其中具有影响的定义有以下几种。

① 加拿大电子商务协会关于电子商务的定义：电子商务是通过数字通信进行商品和服务的买卖以及资金的转账，它还包括公司间和公司内部利用 E-mail、EDI 文件传输、传真电视会

议、远程计算机联网所能实现的全部功能（如市场营销、金融结算、销售以及商务谈判）。

②联合国经济合作与发展组织（OECD）在有关电子商务的报告中对电子商务的定义：电子商务是发生在开放网络上的包括企业之间、企业与消费者之间的商业交易。

③美国政府在其《全球电子商务纲要》中，比较笼统地指出：电子商务是通过 Internet 进行的各项商务活动，包括广告、交易、支付、服务等活动，全球电子商务将会涉及全球各国。

④全球信息基础设施委员会（GIIC）电子商务工作委员会对电子商务的定义：电子商务是运用电子通信作为手段的经济活动，通过这种方式人们可以对带有经济价值的产品和服务进行宣传、购买和结算。电子商务能使产品在世界范围内交易，并向消费者提供更多的选择。

⑤IBM 公司的电子商务（E-Busniess）概念包括三个部分：企业内部网（Intranet）、企业外部网（Extranet）、电子商务（E-Commerce），它强调的是在网络计算机环境下的商业化应用，不仅仅是硬件和软件的结合，也不仅仅是强调交易的电子商务（E-Commerce），而是将买方、卖方、供应商和合作伙伴通过上述三种网络结合起来的应用。

⑥HP 公司提出的电子商务（E-Commerce）、电子业务（E-Busniess）、电子消费（E-Consumer）和电子化世界的概念，其中电子商务（E-Commerce）的定义是：通过电子化手段来完成商业贸易活动的一种方式，电子商务使我们能够以电子交易为手段来完成物品和服务等的交换，是商家和客户之间的联系纽带。它包括两种基本形式：商家之间的电子商务和商家与最终消费者之间的电子商务。对电子业务（E-Busniess）的定义为：一种新型的业务开展手段，通过基于 Internet 的信息结构，使得公司、供应商、合作伙伴和客户之间，利用业务信息共享、电子业务（E-Busniess）不仅能够有效地增强现有业务进程的实施，而且能够对市场等动态因素做出快速响应并及时调整当前业务进程。对电子消费（E-Consumer）的定义为：人们使用信息技术进行娱乐、学习、工作、购物等一系列活动，是家庭的娱乐方式越来越多地从电视向 Internet 转变。

综上所述，可以看出，各个定义的出发点和观察电子商务的角度明显不同。根据电子商务在实践中的发展，我们不难发现其实电子商务就是商务活动、网络技术和商业活动模式创新三者之间相互作用、影响的结果，并且通过这种影响对参与商务活动的企业、消费者和政府的行为和相互之间的关系调整，产生的新的商务运行模式。

1.3.2　电子商务的含义

从宏观的角度上讲，电子商务是计算机网络和信息技术带来的一次经济革命，是通过电子手段建立一种新的经济秩序。它不仅涉及电子信息技术和商业交易技术本身，而且涉及诸如金融、税务、教育等社会其他层面。它对世界的影响只有近代工业化进程可以媲美。这也是各国都十分重视推动电子商务发展的内在因素之一；从微观的角度上讲，由于企业和消费者通过网络进行信息的商务信息搜索、商务信息的处理和传递、商务活动的处理，由于网络的性质和信息技术的发展，为企业和消费者在交易前的信息搜索阶段和信息评估阶段和商务业务处理等的组织形式，价格的发现机制和商务活动的组织形式等为主要内容的商务模式创新提供了前所未有的潜力和可能。电子商务在企业微观层面，对企业的管理和业务处理同样开创了一个全新的空间。

结合上述分析，电子商务是由计算机、通信网络及程序化、标准化的商务流程和一系列安全、认证法律体系组成的集合；是一种以互联网为基础、以交易双方为主体、以银行电子支付和结算为手段、以客户数据为依托的全新商务模式。

1.4　电子商务的内涵

1.4.1　电子商务的层次

根据电子商务涉及的环节内容的不同，可以将电子商务划分为四个层次的内容。

① 电子商务技术系统 电子商务主要是研究基于互联网的电子商务，因此如何实现电子商务就必须依靠一整套信息系统。主要包括互联网、支付系统、认证等安全系统和电子商务应用系统。

② 全新的商务系统 由于网络环境的特殊性，原有的商务系统的运行规则（法律、鉴定、表现等）已经无法满足新的环境的需要，根据商务活动的内在规律、商务系统的规则基本核心为基础，结合网络的特点，设计、完善一套完善的电子商务的商务系统就成为电子商务发展的核心基础，我们通常称其为电子商务发展环境。

③ 电子商务运营管理 基于网络的电子商务，由于网络虚拟世界的新规则，特别是物理世界的业务同虚拟世界的业务的高效整合，对公司的运营管理等带来了全新的问题和挑战。

④ 网络营销新途径 互联网已经深刻地改变了世界，改变了人们的交流方式、信息获取方式和生活方式，从而极大地改变了世界的经济环境。如何利用互联网这一全新的平台开展营销活动（商务活动的核心问题之一），是现代企业无法回避、迫切需要加以解决的挑战。

1.4.2 电子商务与管理的关系

企业管理按照管理的内容和目标的不同，可以划分为不同的管理层级。一般讲企业管理分为战略层、战术层和作业层。结合上文的分析，电子商务也可以分为4个层次的内容，由于各个管理层面对的管理问题的不同，每个管理层面对的电子商务不同层次内容的比重也不同。图1-5显示了电子商务功能层次和管理层级之间的关系。

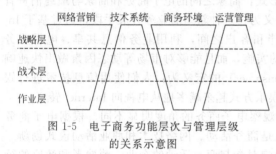

图1-5 电子商务功能层次与管理层级
的关系示意图

由于战略层面对的主要是企业发展的中长期规划、定位等战略问题，因此电子商务中网络营销和商务环境在战略管理中的比重相对比较重；战术层主要是将战略目标落实为具体的管理目标和监控管理活动，并有序、按计划完成，因此对电子商务的各个层次的内容都会比较关注，但是网络营销和运营管理会相对比较重视；作业层由于面对具体的业务处理，是电子商务系统的具体操作者，因此对技术系统和运营活动的管理的关注程度会更多。

在分析了电子商务的定义和内涵后，下面具体分析电子商务的优点和缺点。

1.5 电子商务的优势与劣势

1.5.1 电子商务的优势

① 交易和组织虚拟化 通过Internet为代表的计算机互联网络进行的贸易，贸易双方从贸易磋商、签订合同到支付等，无需当面进行，均通过计算机互联网络完成，整个交易完全虚拟化。虚拟现实、网上聊天等新技术的发展使买方卖方的信息互动更加灵活，且不受地域制约。通过这种信息的推拉互动，签订电子合同，完成交易并进行电子支付，整个交易都在网络这个虚拟的环境中进行。电子商务的发展打破了传统企业间明确的组织界限，出现了虚拟企业，表现为企业有形边界的缩小，无形边界的扩张。

② 进一步降低交易成本的可能性 电子商务为买卖双方降低交易成本带来了新的机遇。一是距离越远，网络上进行信息传递的成本相对于信件、电话、传真而言就越低。缩短时间及减少重复的数据录入也降低了信息成本。二是买卖双方通过网络进行商务活动，改变了交易的有关环节。三是卖方可通过互联网络进行产品介绍、宣传，避免了在传统方式下做广告、发印刷品等花费的大量费用。四是电子商务实行"无纸贸易"，可减少90%的文件处理费用。五是

互联网使买卖双方即时沟通供需信息，使无库存生产和无库存销售成为可能，从而使库存成本降为零。六是企业通过互联网络把其公司总部、代理商以及分布在其他国家的子公司、分公司联系在一起，及时对各地市场情况做出反应，即时生产，即时销售，降低存货费用，采用高效快捷的配送公司提供交货服务，从而降低产品成本。七是传统的贸易平台是地面店铺，电子商务贸易平台在办公室，大大降低了店面的租金。

③ **交易效率高**　由于互联网络将贸易中的商业报文标准化，使商业报文能在世界各地瞬间完成传递与计算机自动处理，使原料采购、产品生产、需求与销售、银行汇兑、保险、货物托运及申报等过程无须人员干预，克服了传统贸易方式费用高、易出错、处理速度慢等缺点，极大地缩短了交易时间，使整个交易非常快捷与方便。

④ **商务活动的集成**　电子商务是一种新兴产物，其中用到了大量新技术，但并不是说新技术的出现就必须导致老体系的消亡。以 Internet 为代表的计算机互联网络的真实商业价值在于协调新老技术，使用户能更加行之有效地利用他们已有的资源和技术，更加有效地完成他们的任务。电子商务的集成性，还在于事务处理的整体性和统一性，它能规范事务处理的工作流程，将人工操作和电子信息处理集成为一个不可分割的整体。这样不仅能提高人力和物力的利用，也提高了运行的系统性。

⑤ **商务活动的协调优化**　商务活动是一种协调过程，它需要雇员和客户、生产方、供货方以及商务伙伴间的协调。为提高效率，许多组织都提供了交互式的协议，电子商务活动可以在这些协议的基础上进行。电子商务解决方案利用 Internet 为代表的计算机互联网络将供货方连接至管理系统，再连接到客户订单处理，并通过一个供货渠道加以处理，这样公司就节省了时间、提高了效率。通过电子商务，供应链伙伴（供应商、制造商、分销商等）之间更加紧密地联系在一起，使以往商品生产与消费之间、供给与需求之间的"时滞"变为"实时"，大大改善了销售预测与库存管理，降低了整个供应链的库存成本，并节省了仓储、保管、行政等多方面的开支。

⑥ **更大范围内优化社会资源配置**　由于一个行业的所有企业不可能同时采用电子商务，所以，那些率先使用电子商务的企业会有价格上的优势、产量上的优势、规模扩张上的优势、市场占有率上的优势和规则制订上的优势，而那些后来使用者或不使用者的平均成本则有可能高于行业的平均成本。这样，社会的资金、人力和物力等资源会通过市场机制和电子商务的共同作用，从成本高的企业向成本低的企业流动，从利用率低的企业向利用率高的企业流动，从而使社会资源得到更合理和更优化的配置。

⑦ **开发网络的信息资源，能够极大地促进商务创新**　因为电子商务使新技术、新创意在网上迅速传播，为企业开发新产品提供了准确、及时的信息，开发者可以利用网络快速调研，了解顾客最新的需求，以便做出更有创造性、更具战略性的决策。开发者利用网络迅速地得到市场反馈，可随时对产品进行改良，使产品最大限度地满足市场需求。

⑧ **提高企业内部团队合作效率**　在企业内部，电子商务模式可以促使企业打破部门之间的界限，把相关人员集合起来，按照市场机制去组织跨职能的工作，从而减少企业的管理层次和管理人员的数量。

⑨ **电子商务为整个社会带来便利**　电子商务可以使人们足不出户进行商业活动，缓解了交通拥挤和环境污染；电子商务，特别是金融服务，使人们能够方便地实现结算、报税等活动；电子商务还可以将产品和服务销售到极其偏远的地区，这些地区往往是传统商业系统难以覆盖的地区。

1.5.2　电子商务的劣势

① **网络自身有局限性**　在这一模式上，目前只有依靠网站的网页展示的模式，向消费者展示商品。相对于传统商务模式，商品展示和对消费者引导模式上，还有提升的空间。此外，

有一些流程可能无法实现电子商务。如不管技术如何进步，易腐食品和珠宝等物品都是不可能进行远程检验的。

② 搜索功能不够完善。目前网上信息看似极大地丰富，但是购买者如何充分利用信息还是个挑战，正如通过百度等搜索引擎搜索，难以找到你真正要找到的信息一样，电子商务中也存在同样的问题。

③ 交易的安全性得不到保障　电子商务的安全问题仍然是影响电子商务发展的主要因素。由于在开放的 Internet 网络上处理交易，如何保证传输数据的安全成为电子商务能否普及的最重要因素之一。有一部分人或企业因担心安全问题而不愿使用电子商务，安全成为电子商务发展中最大的障碍。

④ 关键大众缺乏　很多电子商务业务都需要满足一个最低的用户数量才能实现盈利，这个最低的用户数量成为关键大众。对于很多商品和服务而言，电子商务服务能够覆盖的区域内是否有足够的潜在用户，这些用户还正好愿意通过网络购物，是能够开展电子商务的一个重要商务基础。

⑤ 开展电子商务的风险依然很高　企业在采用任何新技术之前都要对投资的收益和风险进行评估。电子商务的风险来自两个方面，一是电子商务关键技术发展太快，对那些准备实施电子商务的企业而言，如何寻找掌握最新技术的员工（或开发团队）是一个很大的挑战；另一方面，熟悉电子商务业务流程的员工同样十分缺乏。企业对电子商务的经验不足，是电子商务发展不顺利的主要原因之一。

1.6　电子商务的发展

电子商务活动开始于 20 世纪 70 年代早期，当时出现了电子资金传输（Electronic Fund Transfer，EFT）这样的创新。当时，此类应用仅限于大公司、金融机构以及一些大胆的小企业。随后出现了电子数据传输（EDI），它从初期的金融交易延伸到其他交易领域，参与公司也从金融机构扩展到制造商、零售、服务商等。从证券交易到旅行预约系统，许多其他应用也纷纷涌现。

伴随 20 世纪 90 年代互联网的商业化应用和大量用户开始使用互联网，人们提出了"电子商务"的概念。一方面由于网络技术、软件技术和应用规范的不断发展创新，另一方面由于企业竞争的加剧和其他的竞争压力，使电子商务的应用领域迅速扩展。自 1995 年起出现了许多成功的大型创新型应用，如 amazna.com 的巨大成功，使电子商务更加引人注目地快速发展，并表现出了前所未有的生命力。

电子商务的规模更是急剧扩大。1994 年以来，全球 Internet 用户平均每月增加 100 万户，为电子商务的使用和普及奠定了良好的客户基础，近几年无论从客户基础还是网上交易额都出现了惊人的变化。在北美与欧洲的发达国家中，电子商务获得了长足的发展。美国作为全球最大的电子商务市场自 2003 年以来销售额持续增长。制造业的电子商务最为突出，电子商务交易额（含互联网和其他网络）达到 8426.7 亿美元，占总销售额的 21.1%；随后为批发贸易，电子商务交易额达到 3869.2 亿美元，占总销售额的 13.1%。根据美国人口调查局（United States Census Bureau）2005 年的统计，美国 B2C 电子商务的零售额达到 863 亿美元，已占到社会全部零售额的 2.4%。这一数字较 2004 年增长 24.6%，而同期零售额仅增长了 7.2%。亚太地区信息产业发达的日本、新加坡和韩国，电子商务发展也是如火如荼。

中国电子商务十年来呈现飞速发展态势，数据显示 2011 年网络零售交易额是 7666 亿元，同比增长 66%。从 2001 年到 2011 年 10 年间，网络零售交易额占社会消费品零售总额从 0 增长到了 4.2%。这一切足可证明，电子商务代表世界贸易发展的方向，具有强大的生命力，发展电子商务是大势所趋。

1.6.1 全球电子商务发展新特征

经过十几年的快速发展,电子商务已经从最初的躁动,发展成为全新的经济形式,在全球范围内,表现出一些发展特征。具体特征阐述如下。

(1)传统企业将成为电子商务的主体

纵观电子商务的发展过程,电子商务从 20 世纪 90 年代初、中期开始发展,至 90 年代末形成第一个高潮,但好景不长,由于炒作过度,到 1999 年下半年和 2000 年,电子商务热急剧降温,许多 IT 企业的股票价格急剧下跌,许多从事电子商务的企业严重亏损,有的甚至被淘汰出局,此后,又逐步回升。

人们在 2000 年网络泡沫破灭后深刻体会到:企业,尤其是传统企业,才是电子商务的主体。因而,电子商务发展到今天,必须要有大量传统企业的加盟,才能推动电子商务走向下一个高潮。

(2)B2B 成为全球电子商务发展的主流

在电子商务的几种交易方式中,B2C 和 B2B 两种所占分量最重,而 B2B 又是重中之重。从国际电子商务发展的实践和潮流看,B2B 业务在全球电子商务销售额中所占比例高达80%~90%。从交易额上看,B2B 交易可说是电子商务交易额的大宗,截至 2002 年已超过 6 万亿美元,而 B2C 的交易额只有 4 千多亿美元。中国同样如此,2000 年中国有近 99.5%的电子商务交易额为 B2B,B2C 只占 0.5%。2003 年,B2B 的交易额已经占主导地位,而 B2C 的经营额仅占 1/15 左右。虽然很多机构对 B2B 所占比例还有不同看法,但都认为会超过 50%。

(3)进入电子商务市场的企业日趋多元化

从国际电子商务的发展来看,进入 B2B 市场的企业越来越多,主要有四种类型:

① 传统的 IT 巨头 如微软公司,始终在积极准备参与电子商务领域,其他较早进入 B2B 领域的 IBM、Sun、Intel 等也纷纷加大投资。

② 新兴互联网巨头 如 Yahoo、AOL、eBay、Shopnow.com、Beyond.com 和 Priceline.com 等。与传统 IT 企业不同,这些新兴互联网巨头凝聚了网上大部分人气,并且有足够的互联网经营经验。

③ 传统行业的跨国公司 通用汽车、Sears Roebuck、杜邦公司等传统领域的巨头纷纷斥巨资进入这一领域,希望通过 B2B 平台优化,改造其原有的价值链,以创造 Internet 时代新的竞争优势。

④ 现有的 B2B 电子商务公司 面对各种各样的公司纷纷涌向 B2B 市场,Ariba 和 Commerce One 等这一领域的先行者不甘示弱,纷纷表示将凭借他们已经建立起来的技术优势和经验,与后来的竞争者抗衡。

(4)电子商务发展的地区差异日益扩大

世界电子商务的发展很不平衡,电子商务鸿沟有逐渐扩大的趋势。美国电子商务的应用领域和规模远远领先于其他国家,在全球所有电子交易额中,目前大约占 50%以上。世界范围内已经形成了以美国为首、欧洲和亚洲发达国家随后的国际电子商务发展格局。表 1-1 是 2000~2004 年全球各地区 B2B 的发展情况比较。

表 1-1 2000~2004 年全球各地区 B2B 比较 单位:亿美元

时间	北美	亚太地区	欧洲	拉丁美洲	非洲/中东	总交易额
2000 年	1592	362	262	29	17	2262
2001 年	3168	686	524	79	32	4489
2002 年	5639	1212	1327	174	59	8411
2003 年	9643	1993	3341	336	106	15419
2004 年	16008	3006	7973	584	177	27748
2004 年所占比例	57.7%	10.8%	28.7%	2.1%	0.6%	100.0%

电子商务给不同行业所带来的机会大不相同，不仅向各个产业渗透的顺序不一样，而且各产业所获得的收益也不尽相同。Jupiter 公司的研究表明，计算机和通信设备生产厂商特别适合采用电子商务。计算机和通信设备、食品和饮料、汽车以及配件、制造业设备和原材料、建筑物和房地产五大行业将是未来运用电子商务的重点行业。

1.6.2 影响电子商务发展的问题

电子商务尽管已经取得很大的成绩，但还存在着一系列瓶颈，阻碍和限制了电子商务的飞速发展，这涉及许多方面。

（1）基础设施与通信网络环境

随着电子技术、信息技术的不断发展，世界主要国家的电信基础设施不断完善，尤其是20世纪80年代以来电信市场的全球化进程加快，目前主要发达国家的固定电话普及率已达到70%左右，而移动电话的普及率也达到了30%。完善的电信基础设施为电子商务及整个新经济的发展创造了条件。

但是，目前许多国家的基础设施尚不完善。况且国有基础电信设施只有通过大大降低收费、自由租用线路、自由联网、采用先进的通信设备和通用技术标准，才可能有利于电子商务的发展，但许多国家很难做到，尤其是发展中国家。

（2）全球电子商务支付体系

电子支付体系是电子商务发展的必要条件，而银行电子支付体系的发展，是与银行的信息化密不可分的。国外银行的信息化经历了四个发展阶段。

① 第一阶段（20世纪50～70年代） 手工操作转向计算机处理。

② 第二阶段（20世纪70～80年代） 终端与主机。

③ 第三阶段（20世纪80～90年代） 服务自动化。

④ 第四阶段（20世纪90年代开始） 网络影响下的变革，即网络银行的诞生。

1995年10月，诞生了第一家网上银行——安全第一网络银行（SFNB），很快花旗、汇丰等老牌银行纷纷推出了自己的网上服务。虽然新技术使电子支付成为可能，但银行的电子化需要经历长期的发展过程；何况还存在着网上支付的安全性和身份认证等问题，这使人们在使用电子支付手段方面，仍顾虑重重。

（3）全球电子商务的安全认证体系和安全保障体系

电子商务在改变了传统的商务运作模式的同时，其形成和发展也面临着安全问题。主要表现在机密资料、个人隐私、交易的敏感信息、支付的信息等可能遭到窃取、盗用或篡改。只有在全球范围建立一套人们能充分信任的安全保障制度，确保信息的真实性、可靠性和保密性，人们才能够放心地参与电子商务。

目前，许多国家都在为建立一套完整的安全保障制度而努力。从信息和网络安全的全局出发，经过研究和实践，国际上基于公开密钥体制（PKI）的 CA 安全认证保障体系，已被普遍认可。鉴于 CA 建设的重要性，多数国家都在建立自己的 CA 安全认证保障体系，目前还没有国际统一的认证机构。

（4）主要国家及国际组织的电子商务法律体系

电子商务是无纸贸易，涉及数字签名、电子发票、电子合同的法律地位和效力问题，涉及信息安全、隐私权保护、交易程序规范、数据标准问题以及税收问题。因此，从20世纪90年代中期以来，国际组织和各国政府都十分关注电子商务领域的法律体系问题，纷纷制定法律法规支持和引导全球电子商务的发展进程。

在国际组织方面，1996年，联合国国际贸易法理事会（UNCITRAL）推出《电子商务示范法》；1998年5月，世界贸易组织（WTO）的132个成员国签署了《电子商务宣言》；同年10月，经济合作与发展组织（OECD）发布全球电子商务里程碑式的文件《一个无国界的世界：发挥全球电子商务的潜力》；欧盟于 1997 年 4 月和 7 月，先后提出了《欧洲电子商务行动方案》和《欧盟支持电子商务共同宣言》；1998 年，发布了《欧盟电子签名的法律框架指南》。美国的电子商务基本政策和基本框架已趋于成熟，在某种意义上已经成为其他国家电子商务的先导。

以上各国和国际组织纷纷出台的立法措施，说明发达国家正在从本国战略发展和维护本国经济利益的角度来规范和建立电子商务的立法规则，抢占电子商务领域的制高点。但是，要想在世界范围内实行电子商务，必须制定一套完整的、普遍适用的电子商务准则。这涉及电子商务合同、单证、公证签名的认证以及争端解决规则等一系列制度的改革，各国的法律必须随之修改。

（5）技术标准与标准化模式的发展

电子商务的本质是互联、互通、互操作，而这是奠定在电子商务平台具有统一标准的基础上的。

为了解决互联、互通、互操作问题，许多公司提出了 B2B 电子商务架构，这些架构旨在提供通过互联网实现企业之间高效互操作的功能，其中比较成功的有 OBI、eCo、RosettaNet、CXML、BizTalk、ebXML、UDDI、xCBL 等。国际性标准化组织（如 ISO、IEC、ITU、UN/CEFACT）、国际互联网协会（ISOC）、企业联盟性标准化组织（RosettaNet）等许多国际组织，也都对电子商务标准化模式进行了研究和分析。

（6）物流配送体系

物流是电子商务的重要组成部分，是实施电子商务的根本保证。

世界各国电子商务物流模式主要有三种：

① 网上物流，即将电子商务商品通过互联网由供应者手中转移到消费者手中；

② 第三方物流，即由供应者和消费者以外的第三方来完成物流服务；

③ 自营物流，即由供应者或者消费者本身完成物流活动。

观察世界各国电子商务和物流发展的关系不难发现，凡是电子商务发展比较好的国家，其物流发展水平一定较高。良好的物流环境为世界发达国家电子商务的发展，奠定了坚实的基础。许多发展中国家支撑电子商务发展的物流体系尚未建立起来，物流信息化程度低，制约了电子商务的进一步发展。

（7）信息化观念

由于电子商务的运行模式与人们固有的消费、购物习惯差异很大，电子商务要蓬勃发展并成功地融入一个国家乃至全球，人们的观念是个不能忽视的问题。

（8）技术人才

由于 Internet 和电子商务是近几年才得到真正发展的，因而现在许多公司和商家都缺乏足够的技术人才来处理电子商务所遇到的各种问题。尤其是在全球 Internet 上的电子商务具有 24×7（每天 24 小时，每周 7 天都能工作）的要求，迫切需要有一大批专业技术人员进行管理。技术人才的短缺问题已经成为阻碍电子商务发展的一个重要因素。

1.6.3 其他国家的发展对我国的启示

电子商务融合了计算机产业、通信产业和信息服务产业等一大批高新技术产业，因而技术密集度高、研发投入大、风险较高。而且，电子商务有效的需求市场尚未成熟。因此，在电子商务发展的初期，需要政府的介入与扶持，促进电子商务的发展。

政府的作用主要表现在以下几个方面。

① 积极制定开发电子商务的发展规划、行动计划和实施方案，同时还要制定法律、法规，为全社会开展电子商务创造良好的法律环境。在电子商务发展过程中，政府的主要作用是为电子商务发展创造良好的外部环境，确保竞争、合同履行、保护知识产权和私有权利、防假冒、

增强透明度、增进商业贸易、促进争端的解决等。

② 率先垂范，即积极推动政府上网，开展 G2B 和设立咨询网站，特别是要以 G2B 带动 B2B 作为发展电子商务的切入点，实现政府信息化，政府公开上网采购，必将推动企业信息化和 B2B 电子商务的发展。

③ 制定电子商务技术标准与标准化模式，使网上交易规范化、标准化，同时加强基础设施建设，构筑社会电子商务平台。

④ 制定优惠政策，积极引导和推进企业信息化，鼓励企业开展电子商务。企业信息化是 B2B 电子商务的基础，但传统企业开展电子商务的速度十分缓慢。因此，必须提高传统企业对电子商务的认识，加快其信息化进程，以促进电子商务的发展。

⑤ 加强电子商务技术研究和开发，积极发展信息产业。信息基础设施是电子商务发展的物质基础和载体。发展信息基础设施需要政府和业界的共同努力，尤其需要政府的大力投资和宏观调控。同时，为了维护国家的利益和经济安全，在电子商务相关技术方面一定要注重自主知识产权技术的开发，不能全部依赖进口。因此，必须大力支持电子商务技术的研究开发工作。

⑥ 加强教育与培训，积极培养 IT 人才，吸引国际一流人才。人才是信息技术发展的关键。

⑦ 鼓励全民上网，普及计算机应用，形成社会发展基础。提高网络技术水平，加强电子商务的安全性，切实保护用户的利益和隐私，增强企业和消费者的信心。

⑧ 加强电子商务领域的国际合作，谋求建立全球电子商务体系。互联网全球性开放的特点，使得建立网上国际贸易自由区的理想成为可能。为此，建立一套国际统一的贸易规范与框架很有必要。

综上所述，我国政府在人才培养、电子商务的基础环境、技术研究和信息意识的普及等方面还有很多工作可以做。

不能忘记的 15 个网站

英国《观察家报》评选出对世界和人们（当然主要是英国人）生活影响最大的 15 个网站。

(1) eBay.com

诞生：1995 年由皮埃尔·奥米迪亚（Pierre Omidyar）在美国创建。

用户：1.68 亿。

定义：拍卖和购物网站（eBay 中文：www.ebay.com.cn）。

(2) wikipedia.com

诞生：2001 年吉米·威尔斯（Jimmy Wales）在美国创建。

用户：91.2 万人/天。

定义：在线百科全书。

(3) napster.com

诞生：1999 年肖恩·范宁（Shawn Fanning）在美国创建。

用户：50 万付费用户。

定义：文件分享网站。

(4) youtube.com

诞生：2005 年查德·赫利（Chad Hurley）、陈士骏（Steve Chen）和乔德·卡林（Jawed Karim）在美国创建。

用户：每天有 1 亿条短片被浏览。

定义：视频分享网站。

(5) blogger. com

诞生：1999 年，伊万·威廉姆斯（Evan Williams）在美国创建。

用户：1850 万。

定义：博客出版系统。

(6) friendsreunited. com

诞生：1999 年史蒂夫和朱丽叶·潘克赫斯特（Steve & Julie Pankhurst）在英国创建。

用户：1500 万。

定义：校友重聚网站。

(7) drudgereport. com

诞生：1994 年由马特·德拉吉（Matt Drudge）在美国创建。

用户：每天 800 万至 1000 万页面浏览量。

定义：新闻网站。

(8) myspace. com

诞生：2003 年，汤姆·安德森（Tom Anderson）和克里斯·德沃夫（Chris DeWolfe）在美国创建。

用户：1 亿。

定义：社交网站。

(9) amazon. com

诞生：1994 年，杰夫·贝左斯（Jeff Bezos）于美国创建。

用户：在 250 个国家拥有超过 3500 万用户。

定义：网上零售商，主要销售书籍、CD 和 DVD。

(10) slashdot. org

诞生：1997 年，罗伯·马尔达（Rob Malda）在美国创建。

用户：每月 550 万浏览量。

定义：技术新闻网站兼网络论坛。

(11) salon. com

诞生：1995 年大卫·塔波特（David Talbot）在美国创建。

用户：每月 250 万～300 万访客。

定义：在线杂志和媒体公司。

(12) craigslist. org

诞生：1995 年克雷格·纽马克（Craig Newmark）在美国创建。

用户：每月网页浏览量达 40 亿。

定义：城市网上社区，设有分类广告和论坛。

(13) google. com

诞生：1998 年，拉里·佩奇（Larry Page）和塞尔季·布林（Sergey Brin）在美国创建。

用户：10 亿次搜索/天。

定义：搜索引擎和传媒公司。

(14) yahoo. com

诞生：1994 年大卫·费罗（David Filo）和杨致远在美国创建。

用户：4 亿。

定义：门户网站兼传媒公司。

(15) easyjet. com

　　诞生：1995年，Stelios Haji-Ioannou 在英国创建。

　　用户：去年达到3000万。

　　定义：折扣航空公司。

本 章 小 结

　　① 商务是指以赢利为目的的市场经济主体，通过商品交换获取经济资源的各种经济行为的总称。商务活动是商品从生产领域向消费领域运动的过程中经济活动的总和，包含三个方面的内容：商务活动主体，商务活动的内容与范围，商务活动的重要性。商务活动的环境和商务活动构成了商务系统。传统商务具有一定的局限性，包括场地限制、服务范围限制、消费者地理分布的限制、交流方式的限制、交通和信息交流的限制。

　　② 电子商务，顾名思义就是在网上开展商务活动。开展电子商务必需的环境有以下四个方面：社会法律环境，技术条件，商品运送服务体系和网上支付手段。从宏观的角度上讲，电子商务是计算机网络和信息技术带来的一次经济革命，是通过电子手段建立一种新的经济秩序；从微观的角度上讲，是企业和消费者通过网络进行信息的商务信息的搜索、商务信息的处理和传递、商务活动的处理，由于网络的性质和信息技术的发展，为企业和消费者在交易前的信息搜索阶段和信息评估阶段和商务业务处理等的组织形式，价格的发现机制和商务活动的组织形式等为主要内容的商务模式创新提供了前所未有的潜力和可能。

　　③ 电子商务包含四个层次的内容：电子商务技术系统、全新的商务系统、电子商务运营管理和网络营销新途径。企业对电子商务感兴趣的理由很简单，就是电子商务能够为企业带来利润，为购买者带来新的购买机会，为整个社会带来便利。网络自身的局限、安全问题和风险等为电子商务的发展带来了一定的制约。

　　④ 经过十几年的快速发展，电子商务表现出一些发展特征，包括传统企业将成为电子商务的主体、B2B成为全球电子商务发展的主流、进入电子商务市场的企业日趋多元化和电子商务发展的地区差异日益扩大等。

思 考 题

1-1　什么是商务？什么是商务活动？如何理解二者的不同与联系。

1-2　简述你对电子商务系统的理解。

1-3　结合自身的体会和电子商务发展的动向，分析电子商务的发展趋势。

1-4　阅读本章阅读材料，登录并观察文中的网站，以2个网站为例分析其成功的原因。

1-5　结合自身的体会和观察，简述电子商务发展的优势和劣势。

2 互联网与电子商务

学习目标

了解互联网的发展历程，掌握互联网文化的概念和现象，理解互联网的传播学意义，理解互联网与电子商务发展的关系。

【案例1】

LBS功能的新应用

LBS（Location Based Service）由移动通信网络和计算机网络结合而成，两个网络之间通过网关实现交互，在固定用户或移动用户之间，完成定位和服务两大功能。移动终端通过移动通信网络发出请求，经过网关传递给LBS服务平台；服务平台根据用户请求和用户当前位置进行处理，并将结果通过网关返回给用户。

假如一个人逛街逛累了，要买瓶饮料解解渴，四处找便利店或超市，找到一家便利店后，从货架上选了瓶可乐，付钱，拿可乐，解渴。但是如何才能在陌生的地段找到便利店呢？这时你只要拿出智能手机，通过地图定位系统提供的LBS服务，就能找到你想要的服务提供商。

大众点评的飞速发展

若你想进一步了解店家的服务水平等信息，你还可以进入大众点评网看看别人对商家的评价。

大众点评移动客户端是通过移动互联网，结合地理位置以及网友的个性化消费需求，为网友随时随地提供餐饮、购物、休闲娱乐及生活服务等领域的商户信息、消费优惠以及发布消费评价的互动平台，大众点评移动客户端已成为人们生活中必不可少的工具了。

截止到2012年第四季度，大众点评月活跃用户数超过5500万，点评数量超过2300万条，收录的商户数量超过240万家，覆盖全国2300多个城市。大众点评月综合浏览量（网站及移动设备）超过14亿，其中移动客户端的浏览量超过60%，移动客户端累计独立用户数超过5400万。

互联网是一个全新的信息交互平台，由于它的功能强大和使用广泛，已经成为对人类社会经济产生深远影响的传播平台，极大地影响着人们和社会的行为，并已经形成了独特的文化现象。学习和掌握互联网文化和互联网的传播学意义，对理解网络营销、电子商务具有十分重要的意义。

互联网的发展对电子商务的发展至关重要，电子商务的核心就是在互联网上从事商务活动。因此，对互联网的发展历程、趋势和互联网文化的理解和了解，对理解电子商务十分重要（图2-1）。

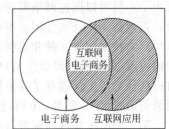

图2-1 电子商务与互联网关系图

2.1 互联网的发展历程

现在每天有上亿的人在使用互联网，但真正能够理解互联网工作原理的人却凤毛麟角。互联网是互相连接的计算机网络所组成的一个大系统，这个系统覆盖全球。通过互联网，人们可以用电子邮件与世界各地的人进行交流，可以阅读网络版的报纸、杂志、学术期刊和图书，可以加入任何主题的讨论组，可以参加各种网上游戏和模拟，可以免费获得计算机软件。

最近几年一些企业也开始上网。现在，在网上介绍其产品或服务的企业已经涵盖所有行业。很多企业利用互联网来推广和销售他们的产品或服务。WWW 是互联网的一部分，它是一些计算机按照一种特定方式互相连接所构成的互联网的子集，这些计算机可以很容易地进行内容互访。WWW 最重要的特点是具有容易使用的标准图形界面。这种界面可使那些对计算机不是很精通的人也可用 WWW 访问大量的互联网资源。

2.1.1 互联网的起源

20 世纪 60 年代初期，美国国防部开始担心核攻击可能对其计算机设施带来的后果。国防部知道将来的武器需要功能强大的计算机进行协调和控制。但当时功能强大的计算机都是大型机，所以国防部开始想办法把这些计算机互相连接并把它们和遍布全球的武器装置连到一起。国防部里接受此项任务的机构雇用了很多顶尖的通信技术专家，花了多年的时间委托一些著名的大学和研究所进行研究，目的是创造出一种全球性的网络，即使这种网络的一部分被敌人的军事行动或破坏活动所摧毁，整个网络还可以正常运行。这些专家的大量心血没有白费，他们发明了多种方法来建立可以独立运行的网络，独立运行的含义就是网络不需要一个中央计算机来控制网络的运行。

电话公司是较早采用联网计算机系统的机构，这些网络的连接方式是电话专线。当时电话公司在每个电话的呼出者和受话者之间都建立一条单独的连接。国防部的专家开发出了多种方法来发送信息，他们把文件和信息分解打包，每个信息包都打上电子代码以标明它们的来源和目的地。这些信息包沿着网络从一台计算机传输到另一台计算机，直到最终到达目的地为止。

目的地计算机收到信息包后，从每个信息包中分离出信息并把它们重新整合成原始数据。信息包在网络传输中，由它所遇到的每台计算机决定了信息包向其目的地传输的最佳途径。1969 年，这些专家把四台分别位于加州大学洛杉矶分校、SRI International、加州大学圣巴巴拉分校和犹他大学的计算机连到了一起。在接下来的几年里，更多的专家加入了这个网络。他们为网络的建设出谋划策，提高了网络运行的速度和效率。与此同时，其他大学的研究者也在利用同样的技术创建他们自己的网络。

2.1.2 互联网的新用途

到 20 世纪 70 年代初期，人们开始为这个网络找到了一些新的用途。1972 年，一个研究者写出了一段可以通过网络发送和接收信件的程序。电子邮件就这样诞生了，由于它的便利和高效，迅速得到广泛的使用。军事、教育和科研领域的网络用户在不断地增加。很多新的用户用这项网络技术传输文件和远程登录其他计算机。完成这些任务的网络软件包括两种工具：文件传输协议（FTP），可以使用户在不同的计算机之间传输文件；远程登录（Telnet），使用户在自己的计算机上远程登录其他计算机。尽管更先进的多媒体传输技术已经出现（如实时语音和视频传送技术），但是，FTP 和 Telnet 这两项技术现在仍然在广泛使用。

第一个电子邮件的邮寄清单也出现在这些网络上。邮寄清单是一个电子邮件地址，它可以接收所收到的任何邮件，并把这个邮件寄给任何一个加入邮寄清单的用户。1979 年，杜克大学和北卡罗来纳大学的一群学生和程序员创建了新闻组（Usenet），它可使网络的任何用户阅读和张贴各种话题的文章。Usenet 发展至今已有一千多个专题区域，每个专题区域都称为一个新闻组。有些研究者甚至开发出了网络上玩的游戏。

虽然当时人们已经为网络的使用，开发出了很多创造性的用途，但网络的使用者仍局限在能够接触到网络的学术和研究领域。从 1979 到 1989 年，网络的这些新的用途不断地得到改进，用户规模也在不断壮大。随着学术和研究机构对网络的认识不断加深，国防部的网络软件也得到了更广泛的应用。这段时间个人电脑的飞速发展也使更多人喜欢上了计算机。到 20 世纪 80 年代末，这些独立的学术和研究网络合并成了我们现在所熟知的互联网。

2.1.3　互联网的商业用途

在 20 世纪 80 年代，随着个人计算机性能的日趋强大、价格的日趋降低和使用的日趋普及，越来越多的企业利用个人计算机来构建自己的网络。虽然这些网络装有电子邮件软件，可以在企业的雇员之间收发信件，但企业还是希望他们的雇员能够与企业网络之外的人进行信息交流。这些企业只好求助于商业性的电子邮件服务提供商。大公司则建立自己的网络，这些网络租用电信公司的线路，把地区分部和公司的总部连在一起。

1989 年，两家商业性的电子邮件服务商 MCI Mail 和 CompuServe 与互联网建立有限的连接，也就是说，只是和互联网互相交换电子邮件。这些连接使企业可以直接向互联网上的地址发送电子邮件，互联网上的那些教育和研究工作者也可以直接把电子邮件发送到 MCI Mail 和 CompuServe 的地址。从 90 年代起，各行各业的人开始把这些网络看成是一种全球性的共享资源，这就是我们现在所熟知的互联网。

2.1.4　互联网和 WWW 的发展

1995 年，互联网建立了新结构的基础，即四个网络访问点（NAP），每个 NAP 都由一个独立的公司来运营。太平洋贝尔经营旧金山 NAP，Sprint 经营纽约 NAP，Ameritech 经营芝加哥 NAP，MFS 公司经营华盛顿特区 NAP。这些网络访问服务商把互联网登录权直接销售给大的客户，对于小企业的销售则是通过互联网服务商（ISP）来间接完成的。互联网就是这样悄悄地进入了我们的生活。

互联网已经成为 20 世纪最惊人的一项技术和社会成就，上千万人正在使用这种由计算机构成的复杂网络。这些计算机运行着成千上万个不同的软件包，这些计算机几乎分布在全球的每个国家。每年有数十亿美元的商品和服务通过互联网完成交易，所有的这些活动都是在没有中央协调点和中央控制的情况下进行的。

互联网对商务活动的开放导致了互联网的高速发展，然而，另一项技术也大大加快了互联网的发展进程，这项技术就是 World Wide Web（WWW）。

与其说 WWW 是一种技术，倒不如说它是对信息的存储和获取进行组织的一种思维方式。从这个意义上说，它的历史要追溯到很多年以前。在互联网从研究专家的使用领域走向平常百姓的使用过程中时，两项重要的创造发挥了关键的作用。这两项技术就是超文本（hypertext）和图形用户界面（GUI）。

自从网景公司的第一个产品，基于 Mosaic 的网景 Navigator 浏览器问世以来，网景公司几乎立即获得极大的成功，成为有史以来发展最快的一家软件公司。看到网景公司的成功，微软也不甘示弱，随即开发出了 Internet Explorer 浏览器。虽然还有其他的一些 WWW 浏览器供应商，但目前的浏览器市场几乎为这两种产品所垄断。

WWW 网站数目的增长速度，甚至超过了互联网自身的发展速度。随着上网的人越来越多，利用 WWW 进行商务活动的潜在利益也越来越大，同时网上非商业活动的种类也在大幅增加。尽管 WWW 的发展速度已经很快了，但很多专家相信，在不远的将来，它的增长速度将会更快。

2.2 互联网文化

2.2.1 传统文化的特点

科学技术的发展常常会在一定的历史时期给人类的文化类型带来影响，最近五年来，国际计算机互联网络的建立和扩张过程已经形成了一种特定的文化类型，即网络文化。

从出现语言、发明文字以来，文化生存与传播的方式经过了若干个重要的阶段，它们的标志分别介绍如下。

① 印刷术　它使文化传播与生存具有了公共性。在此以前，文化只以实物标记存在，以口头语言的方式进行传播，导致文化存在形态的地域性过强、传播速度慢、失真率大、传播途径单一、解读困难。有了印刷技术，文化在传播上具有了并行性，在生存上具有了知识性、延续性和同时性；有了印刷技术，在扩大文化生存与传播范围的前提下，文化在提高传播的准确性、丰富性和增加信息使用的公共性等方面有了极大的改进。

② 电话、电报　它使得文化生存形式变得更为灵活，传播变得更迅速、更便捷，从而加大了单位时间内的文化传播力度，突出了文化信息的时效性和生存形态的多变性，并第一次实现了远程信息传播的交互性。

③ 广播、电视　它们进一步增加了瞬间单位时间内的文化传播扩散面，文化生存的公共性得到进一步体现，同时文化信息的直观性、表现性也在这类生存与传播方式中得到了解决。从此以后，广播电视、报刊书本，成为世界文化的主流形态。

但上述这种意义上的文化生存与传播形态有其共同的局限。

① 信息发布定时化　信息使用者必须在某个事先由信息发布者确定的时间内使用特定信息。这个特点在很大程度上限制了信息的使用量。

② 单位时间段内的信息容量较少　在传统的传播方式上文化信息的存在与传播不一致，当下信息库与总信息源是相对分离的。每次信息发布是以某一个特定信息库作为信息源的，这样的结果是，总信息源的资源优势不能在每一个单位时间内得以发挥，造成潜在的信息资源浪费。

③ 信息使用的选择性较差　这是传统文化传播方式的另一个重大局限。传统文化传播在形式上是被动式的，对于信息使用者来说，只能在信息发布者当下的信息库中寻找可使用信息，以致有效信息的供给相对不足。

④ 按固定额度而不是按有效信息获取量收费（有线电视介于两者之间）　这种固定的收费方式完全不考虑文化信息供求和使用的有效程度，一方面造成信息过度使用，另一方面又造成信息提供者得不到一个合理的回报。信息库的开放性与有效需求之间难以找到合理收费的平衡点。

⑤ 交互性不够　信息发布与使用者之间没有可以进行沟通的便捷通道，使得对深度信息、背景信息的获得缺乏主动性。加上信息发布的针对性不够，使得有效信息的获取较为困难。

近十年来，国际互联网的出现打破了传统文化传播的格局，使文化在生存与传播形态上都具有了新的特点。这是一种全新的文化存在方式和传播方式。

2.2.2 网络文化的特点

国际互联网的设立在人类文化生存与传播形态上是一次重大的改变，它的特点有以下几个方面。

① 超大容量　互联网的信息存贮量在短短的几年中就超过了世界上最大的图书馆，现在

已被公认为人类最庞大、最综合的信息源。而且这是一个拥有不断地自我更新机制的网络。从理论上讲，网上每秒钟的信息都在变化。这是一个非常态性的文化存在形式，它是在动态中保持总量增加的文化类型。

② 开放性与有效需求、信息资源共享与合理收费之间保持着良好的一致性。互联网在网络建设费用与信息传播的公众性上寻找到了平衡点。在这点上，它类同于电话的使用与费用结算形式，较好地解决了在有效使用中进行合理收费的问题，可以认为是公共服务事业与市场经济特点相结合的一种新形式。

③ 高度共享性　互联网的并行能力很强，允许在同一时间内对同一信息库进行同主题的多用户访问，基本实现了资源供给与需求的一致性原则，避免了信息资源的浪费，减少了重复建库的时间和经费问题。这种世界性的信息文化，在存在特点和表现形式上都具有极大的趋同性。

④ 超宽领域　互联网从开始建立的两三年内就很快地超越了专业网络的概念，几乎是从一开始就向综合性、大众性方面前进的。现在从一般意义上讲，任何领域的公共信息和绝大部分专业信息都可能在网上存在并得到许可进行访问。

⑤ 打破了传统文化传播对于接受者在获取信息时间上的固定化，大大方便了信息使用者，也较好地处理了信息使用的时值峰差难题。仍然保留了整体信息源的完整，同时又较好地满足了个体多样化需求。

⑥ 高度自选择性　这是一个大型的信息超级市场，它的开放性和超宽领域、超大容量性形成了互联网上特有的高度自主选择性，极大地提高了信息传播和使用的效率。它在信息组合形式上具有大数量级的可能，并拥有文化多次组合、多重组合的状态，而且这是在自由状态下的非固化组合。

⑦ 突破了信息储存与传播的地域　从理论上讲，可以在世界上任何地方对网络进行访问，使信息文化以一种极为广泛的世界性的形式存在。

⑧ 自由对话　国际互联网给每一个上网用户提供了一个前所未有的、十分广阔的自由对话领域，它扩大了不同文化背景下个体间的接触，为个体间的异地远程联系提供了方便。在网上可以进行任何主题的、长时间的（可保留的）、多媒体形态的不同文化形态中个体间的联络，而且它又是相对低成本的（这已引起了国际大电话公司的反对）。

⑨ 综合社会服务功能　它具有教育、科研、医疗、国防、商务、政治、艺术、体育等多方面、多层次的服务功能。

【案例 2】

"秒杀"——网络营销新利器

所谓"秒杀"，原是计算机游戏中的名词，现已延伸到网络购物，就是网络卖家发布一些超低价格的商品，所有买家在同一时间网上抢购的一种销售方式。通俗一点讲就是网络商家为促销等目的组织的网上限时抢购活动。由于商品价格低廉，往往一上架就被抢购一空，有时只用一秒钟。目前，在淘宝等大型购物网站中，"秒杀店"的发展可谓迅猛。

网购中的商家发布"秒杀"产品有两种目的。

① "秒杀"的广告效应。比如：一元钱秒杀汽车。秒杀的本质已经不是购买汽车，而是炒作事件，宣传本次活动，借本次活动达到商家想要达到的宣传目的，商品就是商家付出的广告费。目前这种手段不止被淘宝等电商巨头利用，也被很多 B2C 企业、Eshop 网上商城所利用，如赛 v 网定期举办秒杀羽毛球拍活动等。

② 利用网民对"秒杀"的认识，销售商品。网民受"秒杀"营销的影响，认为"秒杀"

的商品都异常便宜，因此吸引了网购群体"秒杀"，从而赢得了较高利润。

无论如何，"秒杀"这种极其具有网络特征和文化特点的营销方式，将不断显示其自身的价值。

2.2.3 国际互联网的文化特征

国际互联网的文化特征有如下几个方面。

① 从公众交流语言上分析，它以英语语言为主导型基本工具，同时并行自主发展各国不同的语言体系。文化中语言的作用是不言而喻的，离开语言的文化形态是不完整的形态。国际互联网在英语作为世界主要工作语言的基础上，进一步强化了英语的主导地位。这样的结果是：第一，与通常国际习惯结合，方便了交流；第二，实际上进一步确立了国际公共交流语言的统一要求和英语在国际语言中的地位。这就形成了国际互联网上语言交流的主导方式，也就是国际互联网文化是以英语作为基本语言的。但与此同时，它并不排除其他语言表达的存在。其他语言比如中文，可以独立地并行存在于网络不同信息库中（比如中国黄页网、中国公用信息网），也可以被愿意访问的用户作为交流工具。这正体现了国际互联网，对于文化中公众语言表达的公共性与个别性相平衡的特点。

② 从技术应用语言上分析，它以微软视窗 Win95 为代表的应用软件作为基本技术语言框架。以某一种技术语言作为工作语言这是技术类文化常有的现象，但互联网使用的技术语言具有更强的统一性，因为从技术上讲，以前没有哪一种技术语言具有如此广泛的应用程度，没有哪一种技术语言对社会整体产生如此强烈的影响。正如美国报刊说的那样："今后的儿童在识字以前就离不开比尔·盖茨。"这种状态的结果是，要进入这个文化领域，你必须首先学习特定的技术概念，必须运用某种专门的技术语言。也就是要求人们在进入互联网时部分地与自己的具体文化思维习惯相对隔离。因此可以说互联网有其特殊的文化要求。

③ 从文化间相互沟通上分析，国际互联网要求各种不同系统和终端具有共同的对话形式化标准，比如 TCP/IP 传输控制协议和其他网间互联协议。这是计算机系统特有的联网要求。"计算机就是网络"，这已成为全世界的共识。各个网络、各个接口之间的连接，就是标准化的问题。从文化的视角来看，它的意义在于将不同文化各自的个性合为一体，以一个共同的对话方式进行交流。在对话的形式上互联网必须按照固定标准进行，也就是它从技术理由上否认了文化生存物在这一层面上交流形式的多样性。这是技术文化的要求，也是技术文化本身的特征。这是一种社会文化规范，是一种人为创制的文化符号，具有十分明显的强制性和商业意义。

④ 从生存变化上分析，互联网文化的生存特点是：瞬间生成、瞬间传播、留存期较短。互联网信息生成高速化，在几分钟内就可以同时让世界各地的相关用户了解你刚刚发布的信息。它的信息变化大，除了基本数据库以外，各个自由数据库内容改变较为频繁。与这种特点相伴随的是网络文化的变化极为迅速、更新极为快捷。因此它在有些无序的状态中，保持着特有的流动性和交替性。它的这种不确定性反映了当代社会文化变动的自然状态。

⑤ 从文化资源共享上看，互联网突出了资源的共享性。它的文化含义就是将本属于个别文化区域的资源转变为全体文化的共同资源。这样就促进了不同文化之间的交流、共享和融合，有助于各个文化领域之间的渗透和影响。在互联网上原本是一个地区的信息资源被开发成为公共信息源，这同时又降低了世界各国以及个人资源建设的费用，缩短了建设周期。

⑥ 从文化隶属关系上分析，互联网在不同文化领域对话时已经基本实现了地位平等、部分有偿。在互联网上，不同文化（除了主导语言外）没有明显的歧视性，东西方文化、大小国文化、传统与现代文化、科学与非科学文化都有各自相对独立的数据库和访问形式。各种文化数据库之间没有主次、上下、前后等隶属关系，体现了文化领域互相尊重、平等理解的关系。一个小文化种类可以在网上自由地体现它的发展性，大文化类别只能在自己的数据库的形式、

内容、组合、结构、访问形式、数量等方面加以自我改进，而不能以垄断形式对其他文化进行封锁和压制。这非常有利于多元文化的加速增长，促进文化的丰富性。

⑦ 从个体文化行为上分析，网络文化具有高度自主化特点。个人成为世界文化的一个实在的组成部分，个体文化行为与世界文化变化发生了真实的、有影响力的联系。互联网上，一个人可以自主地发布个人信息，这个信息从理论上说立刻进入了世界文化体系，成为世界文化变化中的最新动态之一。也就是说，世界文化在互联网上受到个体文化行为的影响更为直接、更为迅速；个体对于世界文化的变化拥有更为广阔的创造机会，个体对于世界文化的参与性大大增加。因而，世界文化也会因此而更为多极化、个体化。主流文化将会受到非主流文化更加多角度、多层次的影响，主流文化的稳定性、主导性也将会受到更为严格的考验。

⑧ 从信息内涵上分析，互联网信息结构是无中心的。这是一个信息高度离散化的国际文化网络。从它一开始具有公众服务功能时起，这个网络就失去了信息的专门化特点，而向高度综合性、广泛性发展。没有一个门类的信息在互联网上占绝对统治地位，没有一种信息可以用一种排斥性的方式对其他信息种类和其他信息库进行限制。同样值得注意的是，这个网络没有专门的、唯一的管理机构，没有任何一家大公司可以完全控制互联网，5 万个子网络的所有者都是以自己为中心，独立、平行地发布信息。

从以上分析可知，国际互联网络正在并已经形成独特的文化类型。这种网络文化类型拥有自己独立的技术语言、自己的思维方式、自主的沟通标准，具有极为独特的生存状态。它改变了人类以往的文化交流习惯、表达方式和文化载体。

与传统文化生存状态相比较，网络空间是一种新的存在结构；网络时间是一种新的流变态；网络协议是一种新的强制性社会规范；网络资源是一种新的共享性资源，是可再生的、具有自繁殖能力的特殊资源；网络操作是一种新型的人类生存方式。

2.3 互联网的传播学功能

所谓网络传播是指通过计算机网络传播信息（包括新闻、知识等信息）的活动。在网络传播上传播的信息，以数字形式存贮在光、磁等存贮介质上，通过计算机网络高速传播，并通过计算机或类似设备阅读使用。网络传播以计算机通信网络为基础，进行信息传递、交流和利用，从而达到其社会文化传播的目的。其实网络传播在这几年可谓是出尽风头，我们从开始聊QQ，到现在的 BBS、BLOG 等，处处都在使用这种技术。

首先，网络传播作为一种全新的现代化传播方式，有着与传统媒介截然不同的新特征。网络传播为我们的时代提供了最快捷最便利的传播，是人类有史以来增长速度最快的传播手段。它对于社会的影响是全面的，不仅影响着政治和经济，而且影响着我们的生活方式和思维方式。网络传播正在以不可抵挡的势头，迅速渗透到世界各国的政治、经济、思想以及文化等诸多领域，改变着人们的生活，改变着世界的面貌。所以也有人说网络传播的出现对人类文明的意义，不亚于中国人发明纸张的意义。

其次，网络传播融合了大众传播（单向）和人际传播（双向）的信息传播特征，在总体上形成一种散布型网状传播结构，在这种传播结构中，任何一个网络都能够生产、发布信息，所有网络生产、发布的信息都能够以非线性方式流入网络之中。网络传播将人际传播和大众传播融为一体。网络传播兼有人际传播与大众传播的优势，又突破了人际传播与大众传播的局限。网络传播具有人际传播的交互性，受众可以直接迅速地反馈信息、发表意见。同时，网络传播中，受众接受信息时有很大的自由选择度，可以主动选取自己感兴趣的内容。网络传播又突破了人际传播一对一或一对多的局限，在总体上，是一种多对多的网状传播模式。

在网络时代，受众拥有前所未有的权力：不仅可以自由选取自己感兴趣的信息，而且可以在网上自由地发布信息；信息的重要与否，不再完全由传播者决定，而是可以由受众自己决定。尽管在许多场合下，例如知名的新闻类网站，对网络新闻仍然有编辑权，仍然有网络记者和网络编辑在充当"把关人"角色，但是，由于受众享有极大的选择权和主动权，新闻传播者的地位受到削弱，权力在向受众倾斜。所有这一切都将使社会控制弱化。受众还可以对信息进行自由选择，包括选择信息内容、信息的接收形式以及接收时间和顺序；有条件的受众还可以直接参与到信息的生产和传播过程中去，成为名副其实的传者。在网络传播中，受众与新闻传播者可以在一定程度上进行直接的双向交流。由于网络新闻传播较之传统新闻媒体在传播属性上所具有的种种差异，导致在互联网的新闻传播领域中，以往一些传统的新闻理论与新闻实践的界线正在变得模糊以致消失。

网络传播的特性决定了它与传统大众传播方式截然不同，也就不可避免地带来了一系列负面作用，如意识形态和文化渗透、假新闻假信息传播、色情泛滥、个人隐私遭到侵犯、知识产权遭到侵犯等。另外，对于传统的大众传播媒体来说，社会控制不难实施。国家和政府通过规定大众传播体制，制定有关法律、法规和政策，来保障媒介活动为国家制度、意识形态以及各种国家目标的实现服务，包括对媒体的活动进行法制和行政的管理、对媒体的创办进行审批登记，限制或禁止某些信息内容的传播，分配传播资源等。对于无边无际的网络世界而言，这种实实在在的社会控制几乎无法做到。由于网络传播容量的无限性和物质载体的无形性，仅从技术上来看，要想控制网络传播都是不可能的。每天，互联网上都会有成百成千的新网站出现，要想控制住每一个网站对信息的传播完全是空想。国家无法对其进行审批登记，也无法用经济力量对其进行控制（建立一个网站的资金非常之少），甚至想要限制或禁止某些信息的传播，都不可能完全做到。社会控制，对于网络来说，显得十分苍白无力。

以全球海量信息为背景，以海量参与者为参与对象，参与者同时又是信息接受者与发布者，并随时对信息做出反馈，网络传播的文本形式与阅读能在各种文本之间随意转换，并以文化程度不同而形成各种不同意义的超文本。互联网由于我们的参与而变得更加丰富多彩，同时由于它的丰富多彩使我们更加依赖它，也许这就是互联网的魅力所在。

【案例3】

凡客体

VANCL代言人韩寒、王珞丹的"我是凡客"视频正片，在北京、上海、广州、深圳等10多个一线城市户外LED、地铁内LED、公交移动电视闪亮登场。2010年5月起，很多城市的公交站牌、地铁站广告上出现了韩寒和王珞丹年轻又富有个性的身影，照片旁极简单又精准的个性定位语言让人眼前一亮。这一季由他们代言的VANCL户外平面广告牌一亮相，就引发了一场始料不及的互联网热潮，通过凡客的广告文体在网络中迅速形成了一种网友大联欢的局面。

这则以"爱……不爱……是……不是……我是……"为基本叙述方式的广告体在网上掀起PS（Adobe Photoshop）热潮，越来越多的网民开始以此为模板，用PS技术更换图片主角和描述语言。"我是凡客"视频是由知名导演倾力打造，制作团队沿用了夏季户外平面文案元素，通过更贴切和鲜活的流动画面，全新诠释了"我是凡客"理念。

由此创造的全新名词"凡客体"成为了网民正确表达自我、企业借势宣传的重要形式。

2.4 互联网与电子商务

2.4.1 互联网电子商务的发展潜力

在互联网发展的历程中，1990年以前基本上没有商业和金融业的应用。伴随具有图形界面的浏览器的引入，基于电子邮件的简单电子交流开始发展起来。大约在 1995 年，以 java 语言为代表的交互式公布信息技术的发展，同时提高了网络上对安全技术、保密技术的要求。随着在网络上电子账单、电子票据等的出现，一般意义上的电子商务活动开始出现。此后，电子商务进入了蓬勃发展的新阶段。在互联网上发展电子商务还有十分巨大的潜力，其主要表现如下。

① 互联网不仅能够提供处理和完成某一个电子商务交易过程的各个步骤和业务，还能够在互联网上展示交易商品和全部交易活动。互联网电子商务是一种全新的商业思维方式，使买方、卖方和参与交易的各方之间的关系发生重大的变化，对此要求人们对它必须更加深入的理解，并有足够的心理准备。一个在全球范围内将商业、贸易伙伴和顾客紧密相连的计算机网络已经形成。

② 在互联网上没有地理差别，也没有时间限制，即无论在世界上任何地方、任何时间都可以使用互联网进行信息交换和业务处理。

③ 互联网文化和人们的存在方式本身就构成了极大的商务空间与价值。如果说在互联网上有什么能使用户黏性最强的话，那无非就是人际关系了，你可以弃用百度，使用 Google，还可以不用迅雷，用别的各种下载器……但是有一个东西是不容易更换的，像人人、QQ 这些形成以一定的用户关系网络的东西，如果你弃用就有点机会成本了。完全弃用 QQ 是一件很难的事，这等于你放弃了很大一部分的人际关系，如果从初中、小学、高中就开始使用 QQ 的话，那么 QQ 上有你最完整的用户关系链。而人与人之间的共同需求是一样硬需求，你不可能不去和人沟通，在现实生活中是这样，在网络上也是这样。如果你和我一样经常上网的话。你总会想去和别人交流一些信息，而如果你的人际关系圈不是太单一，而且你不想在各个网站上跳转的话，还是 QQ 最省事，因为那里面有你最完整的人际关系链。

随着基于互联网的电子商务的发展，基于互联网的电子商务作为一种新的交易方式，正在不断展示其自身的无穷潜力，为世界创造巨大的社会效益和经济效益。

2.4.2 电子商务活动的特点

互联网作为全球唯一的面向全世界大众的公用网，它可以创造一种良好的电子商务机遇。基于互联网的电子商务的特点如下。

① 提供了大量新的市场机会，可以方便、广泛地开展电子商务。

② 可以在全世界范围内，向顾客提供远距离、低成本的电子商务访问。大大降低了建立销售场所和开展商务活动的成本。

③ 参加电子商务的人和企业没有大小之分，一律平等。在互联网上开展业务靠的是业务创新和服务效率。

④ 多媒体技术和虚拟现实技术的发展，使企业可以通过互联网迅速、高效地传递商品信息和进行业务处理。互联网电子商务彻底打破了时间、空间和地域的制约，给全世界的企业、消费者带来了空前的自由和便利。

2.4.3 互联网与电子商务的互动

互联网和电子商务的发展出现了相互促进的互动关系，主要体现在以下几个方面。

① 伴随着互联网的发展，更多的个人、企业和政府机构等纷纷在互联网上开展服务，促进了电子商务的发展。因为当越来越多的用户和个人，通过互联网获取信息、进行交流时，企业必须参与其中，否则必将被市场所淘汰。

② 电子商务作为互联网的重要应用领域和信息来源之一，它的发展反过来极大地促进了互联网的发展，吸引更多的个人和机构关注互联网。

③ 互联网技术和 IT 技术的发展，也为电子商务的发展提供了更加广泛的发展空间。网络

的带宽、实时通信技术、网络安全技术和新的信息呈现技术的发展，为电子商务的发展，特别是新的服务模式的出现提供了技术可能性。如实时通信技术，为企业和客户沟通提供了廉价、有效、没有地域限制的方式。互联网的技术创新为电子商务的商业模式创新提供了极大的便利。

④ 当更多的电子商务的服务功能在互联网上提供时，又促进了网络文化的发展，电子商务企业为大多数网络社区平台提供了技术和资金上的支持。

⑤ 由于互联网文化的形成和发展，人们在互联网上的行为模式已经形成，并不断推陈出新。这一方面使得企业可以按照不同的客户行为模式和渠道，有针对性地建立同客户交流的渠道，开展商务活动；另一方面，由于互联网文化的发展，上网人群的行为特征也在不断演变，因此企业进行商务活动的渠道、方式也要不断地改变，对电子商务的发展提供了新的机遇和挑战。

从上述分析可以看出，互联网由于自身的特点已经被世界所认可。电子商务与互联网之间已经形成了一种良性互动的发展局面。研究互联网文化现象和人们的网上行为，对电子商务的发展非常重要。

(1) 2006年互联网发展趋势回顾：热炒Web2.0 (http：//www.sina.com.cn 2006年12月26日 新浪科技)。

(2) 2007年互联网发展趋势预测：RSS将成为主流 (http：//www.sina.com.cn 2006年12月25日 新浪科技)。

本 章 小 结

① 科学与技术的发展常常会在一定的历史时期给人类的文化类型带来影响，互联网是一个全新的信息交互平台，已经形成了独特的文化现象。随着上网人群的增多，利用WWW进行商务活动的潜在利益就越来越大，同时网上的非商业活动的种类也在大幅增加。

② 传统文化传播的局限有：a. 信息发布定时化，也就是，信息使用者必须在某个事先由信息发布者确定的时间内使用特定信息；b. 单位时间段内的信息容量较少；c. 信息使用的选择性较差；d. 按固定额度而不是按有效信息获取量收费；e. 交互性不够，互联网文化在以上几个方面同传统文化传播形式相比具有很大的不同，它的特点是：超大容量、开放性与有效需求、高度共享性、高度自选择性、突破了信息储存与传播的地域和自由对话。

③ 国际互联网的文化特征是：以英语语言为主导型基本工具，同时平行自主发展各国不同的语言体系；从技术上讲，互联网有其特殊的文化要求；互联网信息生成高速化，在几分钟内就可以同时让世界各地的相关用户了解你刚刚发布的信息；互联网突出了资源的共享性；网络文化具有高度自主化特点和互联网信息结构高度离散化。

④ 所谓网络传播是指通过计算机网络传播信息（包括新闻、知识等信息）的活动。网络传播给我们的时代提供了最快捷、便利的传播，是人类有史以来增长速度最快的传播手段。网络传播在总体上形成一种散布型网状传播结构，受众拥有前所未有的权力。

⑤ 在互联网上发展电子商务具有十分巨大的潜力，主要表现如下：互联网不仅能够提供处理和完成某一个电子商务交易过程的各个步骤和业务，还能够在互联网上展示交易商品和全部交易活动。在互联网上没有地理差别，也没有时间限制，即无论在世界上任何地方、任何时

间都可以使用互联网进行信息交换和业务处理。

⑥ 互联网和电子商务的发展出现了相互促进的互动关系，主要体现在：更多的个人、企业和政府机构等纷纷在互联网上开展服务；互联网的重要应用领域和信息来源；IT 技术为电子商务的发展提供了更加广泛的发展空间和人们在互联网上的行为模式已经形成等几个方面。

思 考 题

2-1　回顾"芙蓉姐姐"、"表叔"等互联网现象，试分析其文化含义。

2-2　分析互联网的传播学意义及其对广告投放的影响。

2-3　试就博客这一互联网现象，对互联网给人们行为造成的影响进行分析。

2-4　试分析 QQ 和 MSN 的大量使用，对人们信息交流和对企业发展的影响。

2-5　仔细阅读下面的阅读材料，归纳文中热点问题，并分析热点问题在互联网文化发展中的意义。

3 网络经济

掌握什么是网络经济；理解什么是数字生态系；掌握网络经济中竞争的新特点；了解网络经济的发展对企业的发展带来的影响；了解网络经济发展的经济因素。

伴随互联网和电子商务的发展，网络经济日益受到社会各界的高度关注。网络经济中的新的经济因素以及理解这些因素和经济关系，对把握电子商务的发展和开展电子商务活动都具有深远的指导意义。

3.1 网络经济概述

3.1.1 网络经济

网络经济是指大部分基于数字技术，包括数字通信网络、计算机、软件和其他相关信息技术的经济。由于互联网提供了一个全球化的交互、通信、合作和信息搜索平台，并由此产生了信息流、电子商务的发展和巨大的组织变革，因此网络经济带来了一场深刻的经济革命。施华茨（Schwartz）1997 年指出：网络经济等同于新的经济规则、新形式的货币以及新的消费者行为的总合。本章分别就电子商务的经济问题、网络经济中的竞争、数字产品的定价和网络公司的定价等问题进行讨论。

网络经济引起世人的关注，来自美国经济发展的新特点。自 1991 年起，美国经济连续 9 年快速增长，并出现"两低一高"（即低通货膨胀、低失业率、高增长）的新现象，经济保持良好发展势头，从而引发经济界、学术界关于"新经济"的思考。"新经济"一词，是指以人类知识创新为基础和主要内容，以先进信息技术和网络技术应用为重要推动力，以电子商务为基本桥梁的经济活动。

新经济对传统经济学和管理学的基本原理提出了挑战，适用于传统经济活动的边际成本递增原理、垄断—竞争理论、供需—价格原理等，对新经济的许多现象已难以解释，反映经济运行的规律发生了变化，经济理论必须提供新的解释。

例如，在传统经济中的供需—价格作用传递机制是：

需求增加—价格上涨—供给增加—需求减少—价格下降—供给减少—需求增加……

经济运行表现为周而复始的循环，而新经济因为边际成本递增的约束条件发生改变，在许多情况下供需—价格作用机制也变为：

供给增加—价格下降—需求扩大—供给再增加—价格再下降—需求再扩大……

由于价格不断下降，越来越多的潜在消费者进入实际消费者行列。消费者财富增涨，社会福利增加，而像电脑软件之类的产品，边际成本几乎为零，生产厂商不会因降价受损，反而因销量成倍增长而增加赢利。因此，在新经济中，关系企业成败的主要因素是产品能否实现主流化，即能否迅速扩大自己产品的市场份额。由于快速循环扩大的过程取代了传统的收缩—扩大循环过程，因而新经济时代的产品成熟期缩短了，市场上产品更替的速度加快。

另一方面，互联网为人类提供了一个新的活动空间——虚拟空间，在这一领域经济社会活动的效率要远远高于传统经济领域，从而创造了"互联网经济"的奇迹。

所谓"网络企业"，一是指以网络业务为经营内容的企业，二是指以网络为主要经营手段的企业。前者如雅虎、新浪网、中华网公司，后者如当当书店、梅林正广和，后一类网络企业的概念是会逐步消失的，因为随着 Internet 的扩展和完善，绝大多数企业最终都要上网采用电子商务技术，一旦大家都成为网络企业，也就无所谓网络企业和非网络企业了。但目前网络企业的概念还是有意义的，它反映了企业经营手段的先进性和特色。

近年来电子商务在美国推广迅速，网络企业如雨后春笋涌现，其股票也受到投资者的青睐，以网络股担纲的 NASDAQ 股价指数连创新高、涨幅惊人，从 1998 年 9 月到 2000 年 3 月的一年半时间内上涨两倍多，从 1500 点涨到 5000 多点，投资网络概念的风险基金和股民赚得盆满钵盈，无论是场内人士还是旁观者都看得心惊肉跳、热血沸腾。但当美国司法部门裁决微软公司行为构成垄断的消息传出后，市场风向逆转，股指急速下滑，一个月已跌去三分之一，回到 3400 点，雅虎股价从 2000 年 1 月的高峰跌落 50%，亚马逊股价跌去 60%，中华网股票从高峰的 150 美元跌到 30 多美元，一时间"无网不胜"成了"无网不跌"，人们惊呼网络股泡沫破裂了。除去了网络经济的浮躁，经过理性的反思，世人对电子商务和网络有了更加深入的理解和认识。

由于电子商务是一种全新的商务做法，如何根据自身业务特点把电子商务的潜在优点变为现实的利润源泉，是每个网络企业必须深入研究和解决的问题。经过几年的艰苦发展，今天不但网络股的价格已经得到了回升，同时实现了赢利，而且以网络为代表的网络经济再次表现出其强大的生命力。

3.1.2 数字生态系统的组成

谈到网络经济问题就必须关注建立在网络上的"市场"，我们称之为空间市场。所谓空间市场，也称为电子市场，是指在互联网上建立的具有市场功能的商务活动平台和商务活动环境，是网络上的商务系统。

市场的基本功能有 3 项：①匹配买方和卖方；②为与市场交易相关的信息、货物、服务的交换以及支付提供便利；③提供制度基础，如法律和法规框架，使市场运行更加有效率。如表 3-1 所示。

表 3-1　市场的基本功能

匹配买方和卖方	为交易提供便利	制度基础
· 决定产品的供给 —卖方提供的产品特征 —将不同的产品集中在一起	· 物流 —向买方传递信息、货物或服务	· 法律 —商法、合同法、争议仲裁、知识产权保护 —进出口法
· 搜索（为买方找卖方，为卖方找买方） —价格和产品信息 —组织议价和易货 —将卖方提供的商品的特征与买方偏好相匹配	· 结算 —向卖方传递货款 · 信用 —信用系统、信用评级机构专业的在线第三方托管和担保代理等	· 法规 —规则与法规、监督、执行
· 价格发现 —决定价格的过程和结果 —提供价格比较		

空间市场、空间市场的参与者、新的经济规则和新的消费者行为，构成了网络经济系统，也称为数字生态系统。数字生态系统的主要组成和参与者包括：数字产品、消费者、卖方、基础设施公司、中介、支持服务机构和内容制作者。下面对其描述如下：

① 数字产品　空间市场和传统市场的主要区别之一是将产品和服务进行数字化的可能性。

② 消费者　全球数千万网民都是在网上做广告和销售的产品和服务的潜在购买者。

③ 卖方　在网上有数十万家商店，销售着几百万种产品，并为它们做广告。

④ 中介　各种中介都在网上提供自己的服务。

⑤ 支持服务机构　支持服务的机构有数百种之多，从认证、信用服务到知识提供一应俱全。

⑥ 基础设施公司　有数千家公司提供支持电子商务所必需的硬件和软件。

⑦ 内容制作者　数百家媒体公司已经建立并正在不断更新网站。

⑧ 业务伙伴　除了买卖双方外，还有多种业务伙伴在互联网上开展合作，他们大部分处于同一条供应链上。

⑨ 电子市场　电子市场有多种类型，最主要的包括：交易所（多对多）、卖方市场（一名卖家对多名买家）和买方市场（一名买家对多名卖家）。

网络生态系统中的新规则，导致了全新的企业行为模式，这些行为模式的特点我们必须加以关注。

3.2　网络生态系统中的竞争

网络经济中的竞争表现出以下新的特点。

（1）主流化

网景公司相信，要使导航者这个网络浏览器软件在市场中获得成功，必须激发大量需求。因此，他们采取了特别行动，免费赠送 4000 万份软件。通过快速形成巨大的市场占有率，使其浏览器软件成为这个领域的标准。这种为了赢得市场最大份额而赠送第一代产品的做法被称之为主流化。

在网络经济中，最初建立数字产品和基础设施的费用很大，继续扩张的成本却很小，由此产生了新的规模经济。因此，争夺市场份额或争夺顾客，对企业来说是取得竞争优势的必由之径。谁占领的市场份额越大，谁获利就越多。前期付出巨大的代价，会在后期得到丰厚的补偿。

主流化原则可以推广为：企业降低价格、锁定特定的用户群、发展长远的顾客。所谓"锁定"，是指通过吸引顾客，使顾客无法放弃你的产品以占领市场的过程。由于惯性、懒惰与时间的珍贵，人们愿意始终只与一个相对固定的公司进行交易。低价推动的正反馈机制是主流化原则的灵魂。微软公司通过每六个月发行一个新版本的方法，从用户身上获取大量利润。原用户不但本身被锁定在微软产品上，通过重复购买产生累积效应，而且还会向其亲戚朋友进行推荐，使微软产品的影响迅速扩大，在消费者心目中逐步变成一种时尚、一种非买不可的产品。

（2）个性化

在传统经济中，通行以全体顾客为对象的大批量生产、大众化销售方式。在网络经济中，出现了"柔性生产"技术。由于互联网的互动作用，企业易于了解消费者的个人偏好，可以借助于网络和计算机适应个人的需要，有针对性地提供低成本、高质量的产品或服务。个体化产品的售价要比大批量生产的产品价格高，这不但因为支出的成本较高，而且因为它更容易激起顾客的购买欲望。

如果公司能适应个性化的发展需求，不断更新产品、提高质量和降低价格，企业就能拥有更强的竞争实力和更大的增长潜力。

（3）发现小众

与个性化密切相关的是发现小众，而不是大众。即挖掘个人市场，然后瞄准市场中某类特定顾客。公司必须首先找出具有代表性的个人习惯、偏好和品味，据此生产出符合个人需要的产品。然后，公司找出同类型的大量潜在客户，把他们视作一个独立的群体，向他们出售产品（或服务）。为了吸引特定顾客的注意力，公司应迎合他们共同的人生经历、价值观念和兴趣爱好，创造一个虚拟社区，唤起一种社区意识。虚拟社区能使客户树立对品牌的忠诚。在建立虚拟社区上投入得越多，得到的客户忠诚和收入回报就越多。一项产品一旦成了虚拟社区注意的焦点，它就达到了锁定客户的目标，该社区的成员将会拒绝购买其他同类产品。为了锁定客户，仅靠产品的品牌化是不够的，客户还应因其忠诚而受到奖励。瞄准特定市场是一个循环往复的过程：公司跟踪调查单个顾客的消费行为，将有关数据输入电脑，从而对某一消费者群体的购买行为做出预测，并施加一定的影响，如邮寄广告或有针对性的购物指南，对于那些老客户，还可以享受额外的打折优惠。

瞄准特定客户，是弱小公司的最佳策略。由于小公司的资源和能力有限，只能瞄准范围有限的特定客户群。随着锁定一部分客户并不断扩大战果，公司可按照主流化策略迅速提高市场占有率。但是，随着市场份额的上升，瞄准特定市场的效果也就逐步下降，因为未受控制的份额在迅速缩小。当然，随着公司的发展，它所瞄准的客户的范围将会不断扩大。

（4）价值链竞争

一种产品的生产经营会有多个环节，每个环节都有可能增值，我们将其整体称作价值链。

价值链竞争包括三层含义：其一，公司不应只着眼于价值链某个分支的增值，而应着眼于价值链的整合，着眼于整个价值链的增值；其二，公司应尽可能多地拥有或控制价值链上的分支，并从中赚取尽可能多的利润；其三，公司应缩短价值链，获取由被砍掉的价值链分支曾经获取的收入。

价值链的每一环节都应有价值增值，并使价值乘数达到最大。所谓价值乘数，是指增值总量与增加的投资之比。价值乘数的大小与客户数量、反应率、实际购买率和价格成正向关系，与广告费用成反向关系。公司应设法稳定价格，增加客户数量，提高反应率和实际购买率，减少广告费用。而要做到这一点，关键是瞄准特定市场，创造虚拟社区，锁定比较狭窄的客户群；或者运用"柔性生产"，使个人需要得到较大的满足，使产品可以有更高的售价。换而言之，个人市场原则和特定化原则，可使价值乘数达到最大化。

在价值链的整合中，合作具有至关重要的意义。由于技术的发展和产品的专门化，使 PC 机市场极大地分化了。控制器、调制解调器、声卡、打印机、操作系统等均可单独出售。任何一家公司都无法在上述所有领域中占据优势地位。而且，在网络经济中，要求产品在极短的时间内不断提高质量和降低成本。如果每一个分支都是独立的，便可能出现无利可图的情况。因此，对分散的价值链进行组合、建立合作关系，使每一个公司都能依据自己的相对优势，在自己控制的价值链分支上发挥最大的作用，就能使整个价值链实现增值，使所有的合作伙伴都赢利。例如，微软公司与英特尔公司携起手来，从其互补性产品中获得最大利润；几万家微软公司的合作经销商依靠整个价值链获利。它们提供专门化程度很高的目标产品，从而推动了 Wintel 产品的主流化。

苹果公司生产的 Macintosh 电脑，不需任何附加装置就能立刻运行。而采用 Wintel 技术的电脑使用时却必须加上声卡、显卡、网卡、CDROM、鼠标等。因此，在 PC 机发展之初，苹果公司的优势非常明显。但是，在电脑技术日新月异之时，苹果公司却未能继续生产出性能最优的磁盘驱动器等部件，Macintosh 电脑逐步走向劣势。而适应高度分化的市场而进行广泛合作的 Wintel 产品，却赢得了极大的成功。

在控制价值链分支上，最能带来巨额利润的是建立一个新的价值链，即建立一个由相关公司组成，存在着上、下游关系的产业。例如，微软公司是一个产业，苹果公司只是一个公司。微软公司产业不仅包括了本公司，还包括成千上万个开发商、合作伙伴和追随者。索尼等游戏机制造商出售的游戏机是亏损的，但它可以锁定用户并将之纳入自己的价值链中。索尼公司不但可以通过出售游戏软件大发横财，还可以从影院、快餐店及玩具制造厂等生产相关产品的价值链分支上获取利润。

网络经济的最大特点之一，是取消了某些中间环节，从而取消了中间商，使消费者可以直接与产品制造商或服务提供商进行交易，并享受到售后服务。消费者可以足不出户，购买到世界各地的产品。因缩短价值链而得到的利益，由网络公司、制造商和消费者共同分享。

（5）适应性

由于互联性的存在，市场竞争在全球范围内进行，市场呈现出瞬息万变之势。精心制订好的发展计划，很可能在转眼间就成为一堆废纸。因此，对公司的经营策略及时做出调整，或使公司的组织结构具有足够的弹性，以适应市场的急剧变化，已成为任何公司必须遵循的最基本的竞争原则之一。公司的适应性原则包括三方面的内容：公司产品的适应性、公司行为的适应性和公司组织的适应性。

① 公司产品的适应性　即公司产品（或服务）能适应消费者不断变化的个人需要。

② 公司行为的适应性　即公司行为要适应市场的急剧变化。

·让市场来管理——让市场对公司的产品（或服务）进行评价，并以此为依据不断作出改进，以满足消费者的需要。例如，网景公司发起"寻错奖励"运动，发动顾客发现它所生产的软件存在的问题。

·让市场来定价——不是由公司来给产品（服务）定价，而是时刻由市场来定价。几乎每个订单都由与网络相连的任何制造商竞价。

·让市场来营销——市场可以非常有效地促销你的产品。网景公司初期赠送浏览器软件的举动，就是这方面的典范。通过发放足够多的产品，会扩大其影响力，使人们开始议论你，对你的产品产生浓厚的兴趣，继而需要你的产品，并按照你开出的价格付账。

③ 企业组织的适应性　即企业组织要富于弹性，能随着市场的变化而伸缩自如。公司组织通常等级森严、权力集中，而在网络经济中，面对着大量信息的快速传递、面对着市场的急剧变化、面对着全球范围的竞争对手，现有的僵化的组织结构已经难以为继了。如果任何一项行动都必须等待公司总裁的批准，这项行动往往会变得毫无意义。

在传统经济中，一个组织有如根据一定功能、经过精心设计和制造的机器。一旦机器制造完毕，它就基本上定型了，最多进行小幅度的调整与改造。设计机器式组织的目的是为了保证高效率。

在网络经济中，由于外界环境的变化极其迅速，推动公司发展的不再是效率，而是高度的适应性。应该把公司看成是有机体，它可以感受环境、适应环境，甚至改变环境。市场环境则是一种选择机制，它可以判定哪种有机体更适合生存。

公司可通过下列几种手段来设计自己的组织结构，使之具有高度的适应性。

① 多元化　圣达菲研究所只有三个长期的职员，分别是物理学家、经济学家和生物学家，其余的雇员都是短期性质。它使跨学科的工作人员每天聚集在一起，平等地参与讨论会中的任何一个话题。由于环境的变化是多方面的，多元化的思想和不断变化的新成员带来的新思想，增强了该组织对市场的适应性。

② 可渗透边界　一个组织的边界应该是模糊的，具有可渗透性，使组织可以随时吸收它所需要的人，扬弃它暂时不需要的人。以快速变化著称的投资银行，为了对市场上的新机会迅速做出反应，以小组作为其基本组织单元。每个小组成员可随时更新，增加能带来新技术和新思想的成员，增强与外部专家的联系。投资银行鼓励员工相互交流，并与组织之外的人交流，对建立新关系的员工予以奖励。渗透性的组织可以轻而易举地建立关系，并借此把知识、人才和机会抓到手中。

③ 实力与灵活性　传统上认为，大公司由于官僚主义盛行，难以适应市场变化；小公司则反应敏捷，具有很强的适应性。但是，在网络经济中，小公司也存在着问题，即为发展经济消耗了大量时间和人力资源，降低了公司的经济效益。在网络经济中，公司要既大又小。它要足够大，以便具有足够大的视野，把握全球市场的转变，进行大规模的投资；它又要足够小，以便灵活、机动、目标单一，能对市场的变化做出即时反应。要做到实力与灵活性的统一，关键在于如何看待基础实施。软件、网络、工艺、资本设备都是基础设施的一部分。一个公司不必拥有基础设施，但可以利用它并从中获益。

一家小公司可以租借具备技术和行政支持的办公场所，在世界范围内购买企业的软件包，从专家那里获取有用的市场信息；可以通过联合其他公司，利用其他公司的能力，从而使自己保持很小的实体部分，但在功能上却变得非常强大。这时，它可以同时享有大公司和小公司的优势而避免了它们的劣势。

对一家大公司来说，在创建庞大的基础设施的同时，建立若干小的团队，使之容易聚集、容易解散，并具有独立行动的能力，可以让专业人员最大限度地发挥他们的聪明才智。摩根·斯坦利投资银行就是这样运行的。公司的声望吸引了人才，持续保持的顾客关系带来了机会，金融资本在市场上产生了影响力。但是，这一切都是由若干机动灵活的小团队完成的。它们充分利用庞大的电信网和数据库等基础设施，使之发挥出最大作用、创造出最大价值。

3.3 数字产品的定价

3.3.1 数字产品

在营销理论中，价格策略直接决定着企业的销售量、销售收入以及市场份额的大小和赢利率的高低。同时，价格也是营销经理们所能控制的最敏感的一个变量。由于在网络环境下数字化产品有其自身的特征，导致定价方法有别于传统的营销策略。因此价格策略也必然是网上数字化产品营销的一个重要内容。许多公司特别是经营信息密集型产品或服务的公司，仓促拥入网络领域，新的业务为消费者提供了新的数字化产品（包括服务）。但是，许多企业未能认真考虑电子市场区别于有形物理市场的本质，将互联网上的商务看作传统商务的延伸或新增加的分销渠道。他们在新的环境下应用老的商务规则和传统的营销策略，这也是目前这样的公司赚钱很少的原因之一。此现象意味着，传统的商务和营销规则至少在数字化产品方面是不适用的。考虑新的营销策略十分有必要。

数字化产品，是指可以经过数字化并能够通过如互联网这样的数字网络传输的产品。在目前的电子市场上，数字化产品主要是信息产品。普遍的分类方法是将数字化产品划分为工具类、内容类和在线服务类。工具类比如计算机软件等；内容类如股票行情和金融信息、新闻、搜索、书籍、杂志、音乐影像、电视节目、在线学习和虚拟主机的服务等；在线服务类有FAQ（常见问题解答）和在线技术支持、售后的客户关系管理等。

3.3.2 数字产品的经济特征

数字产品具有与众不同的经济特征，正是这些经济特征导致了与传统的有形物理商品截然不同的营销与定价策略。

（1）特殊的成本结构

数字化产品的特殊的成本结构表现在，生产第一份拷贝非常昂贵，但是制造后继拷贝则极其廉价。例如一本书的出版商可能花费成千上万元征集、编辑和设计初稿，一旦电子图书出版后，复制的成本几乎就是使用存储媒介存储空间的成本，几乎可以忽略不计。

固定成本和可变成本的巨大差异，还不是数字化产品成本结构特殊的唯一原因。数字化产品的固定成本和可变成本还有其各自的特殊性。其固定成本的主要部分是沉淀成本（sunk cost），即一旦第一份拷贝的制造过程因故中止，就不能收回的成本。

可变成本也有不同于传统物理商品的独特性。譬如，如果市场上对 Intel 的 CPU 需求增加，而且超出了 Intel 的生产能力。这时，为了满足更大的需求和获取更多的利润，Intel 就需要组织各种资源建立新的工厂。即当传统商品制造商达到其现有的能力时，生产的边际成本将增加。与此相反，数字化产品的生产没有容量限制，即无论生产多少个复本，其成本也不会增加。更有甚者，是将数字化产品放到自己的网站上，供消费者有偿下载，就像许多数字化专业期刊一样。此时，由于生产没有物理形式，制造没有成本，不需要包装，也无需运输，可变成本几乎趋近于零。换句话说，数字化产品一旦生产出来，便具有了几乎无限的库存。

（2）对个人偏好的依赖性

数字化产品极低的边际成本，使得传统的定价策略在数字化产品市场上几近失效。最可行的策略，是根据数字化产品对消费者的价值来定价。在信息完全的市场中，数字化产品的制造商可以将其产品以不同的价格卖给不同的消费者，这些不同的价格反映了其对不同消费者的价值。

数字化产品的价值对消费者偏好的依赖性，也导致了数字化产品在传统观念下的"不可消费"性。即数字化产品的价值，对于不同消费者来说差异较大。虽然根据消费者偏好产生的异质性而对各种商品的需求有所不同，但这种差异对数字化产品更甚。所以，数字化产品的制造商为了根据客户偏好进行分类，就要更加依赖客户所传达的信号。这样，产品的定制和以消费者类型为基础的差别定价，对于数字化产品来说更加重要，因为消费者的使用与价值具有异质性。对于差异化产品，定价策略是以消费者评价或他们的边际付款意愿为基础，而不是生产的边际成本为基础的。

（3）网络外延性

根据梅特卡夫法则，网络的价值与联网用户数的平方成正比。梅特卡夫法则是基于每一个新上网的用户都因为别人的联网，而获得了更多的信息交流机会，它指出了网络具有极强的外延性和正反馈性：联网的用户越多，网络的价值越大，联网的需求也就越大。这样，我们可以看出，梅特卡夫定律指出了从总体上看消费方面存在效用递增的需求。

网络的外延性有正反馈性和负的外延性。当趋向于正反馈性时能发挥更大的价值，例如传真机和电话，如果只有很少人拥有电话或传真机，其价值就很低；如果你的朋友或同事都有电话或传真机的话，其价值就很高，当形成一个通信网络后他的价值才发挥得最好。网络拥挤具有负的外延性：很多人都有电话对你有利，但如果他们使用极为频繁的话以至于你常碰到忙音，那就令人丧气了。软件产业是网络外延性的另一个例子，有很多软件公司在为常见的操作系统如 Windows 的用户开发应用程序，而不是为那些不常见的操作系统。其他数字化产品也有网络外延性，如有些电脑游戏，玩的人越多就越受欢迎。

与传统经济观点的基本原则"物以稀为贵"相反，具有正的网络外延性的数字化产品，则是物以多为贵。例如 Web 浏览器，用 Internet Explorer 的人越多，其价值就越大。显然，这类产品具有如下特征：免费试用刚开发出的产品或其测试版（如各种软件的 Beta 测试版），以此为诱饵吸引客户。

（4）无磨损性

由于缺乏通常的损耗和磨损，数字化产品一旦制造出来就永久地维持它的形式与品质。汽车或建筑物这样的耐久产品可能有较长的寿命，它们仍然因使用而磨损、损坏以至于报废。然而，数字化产品不管使用多长时间或是否经常使用，质量都不会因此而降低。

消费者在数字产品的生命周期中只购买一次，因此，数字化产品的制造商其实是在与自身过去的销售来竞争。结果是，即使没有竞争者，制造商经常被迫对产品收取一个具有竞争力的价格——最低可能价格。否则，相当多的消费者就会等待下去。更重要的是，无磨损性使得数字化产品的制造商不得不进行产品创新，而竞争的加剧又迫使制造商加快新产品（或版本）推出的步伐。

由于销售商所卖的"新的"数字化产品与在二手市场所提供的"旧的"数字化产品毫无二致。所以，数字化产品也必须与和它没差别的"已用过"产品来竞争。如何抑制数字化产品在二手市场上的转售，对数字化产品的制造商是一个严峻的挑战。

（5）易变性

由于数字化产品由 0 和 1 的数字序列组成，其制造商在售后会失去对产品真确性的控制，即消费者在购买了数字化产品后，可以对其进行修改、组合等，从而改变了产品的原样，在法律上侵犯了原著作者的版权。虽然在互联网上多数的免费文件说明仅允许未修改复本的传播，但在 0 与 1 的世界里，这只是一个约定，而在事实上是不能强制的。

在这种情况下，数字化产品的制造商不得不利用各种机制，企图抑制这些行为。例如使用特定技术防止简单的修改。像用 PDF 格式的文件尽管可用 Adobe 的 Acrobat Reader 来阅读或打印，但用户不能以数字化形式来储存和修改。一般情况下，要在用户层次控制下载内容的准确性的确很困难，有些机制可以用验证文件是否被修改，利用密钥技术如 DES 与 RSA 可保护隐私和防止修改，但此措施仅在文件传输时有效。若买方关心复本的篡改，这些技术是有用的，但并不能使销售商有效控制客户对未授权复本的修改。

（6）可复制性

数字化产品的优点集中在它们能轻易地复制、储存或传输，从而达到共享的目的。然而，可复制性是一把双刃剑。在一开始的固定资本投入之后，生产的边际成本几乎为零。若制造商无法从市场中收回固定成本，那么或者产品的质量势必降低，或者产品会在市场上消失得无影无踪。制造商绝对不会免费为消费者提供产品或服务的。可复制性导致了在世界范围内尤其是发展中国家和地区盗版猖獗。通过技术来防止复制仍不完善，目前还不存在不能破解的防止复制的方法或技术。数字化产品的制造商可以借助于持续改变或改良产品，从而使复制变得较无价值或不再适用；将文本文件转换成可执行程序以防止非法复制；使得数字化产品只能由特定的程序来阅读，如 SSReader 网上阅读器，PDF 文件只能由 Acrobat Reader 来阅读。

3.3.3　数字产品的定价

由于数字产品特有的固定成本和边际成本构成，与实物产品不同，必须采取相应的定价策略。

（1）需求导向定价法

在电子商务中，企业通过利用网络互动性和快捷性的特点，通过让消费者参与对数字化产品的定价，及时准确地掌握消费者或用户的预期价格，并能够掌握各个消费者独特的价值观，以及各个细分市场的销售能力，从而正确地确定商品的价格，避免定价偏高或偏低。另外，企业还可通过网络，准确地把握消费者需求的差异性，针对数字化产品的不同功效和版本确定不同的价格。

（2）个性化定价法

Dell 公司的总裁迈克尔·戴尔说过："我们现在的研发部门已不用更深入地去研究企业要去生产什么，因为我们的消费者会告诉我们要生产什么样的产品。"

在网上，企业可以针对不同的消费者为他们量身订制个性化的产品，根据不同需求状况，向不同的消费者收取不同的价格。企业也可以根据消费者的受教育程度、专业、职业、兴趣、爱好提供他们所需要的数字化产品。比如，网上数据供应商几乎对每个顾客的要价都不同，价格取决于实体（公司、小企业、政府、学术组织）、组织的大小、使用数据库的时间（白天、晚上）、使用数据库的数量（随量打折）、使用什么数据库、打印出来或在屏幕上看等。

不是成本决定价格，而是产品对用户的价值（或效用）决定价格。赢利的条件是价格不低于边际成本或单位现付成本。在这个基础上，企业可结合生产成本和消费者愿意支持的价格，给出一个合理的价格水平。

（3）免费定价法

众所周知，在市场上"没有免费的午餐"。但在网络环境下，免费数字化产品现象在网上随处可见。免费电子信箱、赠送某软件试用版等在网站上随处可见。但我们不妨细细观察免费的背后，就可以发现大多数数字化产品的目的都是为了锁定（Lock-in）一个客户群体，使客户对公司的产品或服务产生依赖感。当这种"锁定"变为普遍的现实后，垄断便由此萌生，面对这一市场是可以攫取到高额利润的。

从经济学上解释，"免费"并非是没有依据的。但网络改变了数字化产品的成本结构，对于数字化产品，生产就是复制。而复制产品的成本几乎可以忽略不计，而且在产品功能方面，复制出的产品和母产品没用任何差别。比如，微软生产的第一份 Windows98 花费了近 5 亿美元，但其后的每一个拷贝费用就只是包装费用（如果通过网络下载，那他的一份拷贝成本就可以忽略不计）。微软在以边际成本几乎为零的价格出售其产品。

（4）版本定价法

在电子商务市场中，在缺乏精确的客户资料的情况下，根据不同类型顾客的需求，提供不同的版本，并为不同版本制订不同价格。

厂商针对不同需求划分出不同版本（Version）来定价的方法，可以看成是个性化定价的市场细分结果之一。版本划分就是厂商将数字化产品划分为不同级别或功能的产品，让消费者自主选择合适自己的产品版本。

厂商该提供多少个版本？太少，无法对市场进行细分；太多，生产商需要额外的成本，还可能把顾客搞糊涂。如航空公司划分两类旅行者，游客和商务。比较有代表性的实验，如 Simonson & Tversky 对家用电饭煲的营销实验，在 109.99 和 179.99 这两种价格水平的情况下，179.99 元的市场份额为 45% 而向市场提供 109.99、179.99 和 199.99 这三种价格水平的时候，179.99 元的市场份额却多增长了 15%。

在实验中，在向产品系列中增加一种高档产品不一定会使该产品本身销量很好，但是，它确实改变了购买者对产品系列中的低价产品的看法，并且影响低端顾客向高端的产品靠拢。这也就是说明了为什么现在微软的操作系统如 WinXP 会有专业版、企业版、服务器版之说。

（5）捆绑定价法

捆绑（Bundling）是产品差别化的一个特殊类型。由于捆绑容易操作，因而在厂商的产品差别化策略中处于十分重要的位置。同时，捆绑也是厂商销售数字化产品和服务时的一项重要策略，并在网络环境中变得日益重要。

在网络环境中，对一些数字化产品进行捆绑销售的目的，是为了推广新产品或扩大市场份额。例如微软的 Office 软件，是由文字处理程序（Word）、电子表格（Excel）、数据库（Access）和演示文档（PowerPoint）捆绑而成的。微软成功地实行捆绑销售，使其取得了全球办公软件市场 90% 的份额。它的成功在于这些软件产品的相互关联性，在其生产出其中某一产品后，再生产相近、相关类别的产品，其成本就极低了。

3.4 电子商务公司价值

公司估价（valuation）是确定一个公司的价值的过程。在计划出售一个公司或进行合并时，需要对其进行估价。在电子商务环境下，估价通常用来在公司上市时确定一个合理的 IPO（Initiat Public Offering）价格。由于电子商务企业在发展过程中对资金的需求十分庞大和依赖，因此，正确的对发展中的电子商务公司进行估价就变得非常重要，无论是对公司所有者还是投资人都一样。

现实中存在许多的公司估价方法，在电子商务领域常用的估价方法大致有以下三种：对比法（也称标杆法）、财务业绩法和风险资本法。

（1）对比法

估价分析人员在尽可能多的因素上（如公司规模、客户基础、产品线、增长率、账面价值、债务、财务业绩）将待估价公司与其他同类公司进行比较。此外，估价分析人员还需要考虑业绩趋势、管理团队和其他对公司发展具有明显影响的特征。

使用对比法的最大优点是估价比较简单明了，最大难点是收集其他公司的保密信息，因此，在实践中往往采用上市公司作为对比对象。如对当当网进行估价时，可以选择 Amazon 作为对比参照。

（2）财务业绩法

财务业绩法是指通过将未来的收益（通常为 5 年）、现金流等折现来计算出公司的净现值，并依此来确定公司的价值。使用这种方法时，分析人员需要运用一个贴现率或利率将将来的现金流折现。

估价分析人员可以使用预期利润计算表、自由现金流价值和公司终结价值（在未来 3～5 年内出售公司的价值）来进行估价。使用这种方法的最大优点是能够使用规范的财务数据进行较为系统的分析，最大的难点是如何确定基于未来利率的贴现率。

（3）风险资本法

风险投资公司对于处于创业阶段的小公司进行投资时，通常通过 IPO 方式，本方法因此得名。风险资本法是指在关注公司终值的基础上，综合使用前面所述两种方法进行公司初步估价，并在此基础上风险投资公司以很高的折扣率（通常为 30%～70%）将企业的终值折现。

使用这种方法的最大优点是能够使用相对规范的估价后，通过高折扣来回避电子商务领域的高风险。另外，当电子商务企业间进行并购用公司股份进行支付时，由于其股份自身就有很高的价值，因此在购买一个高估价的电子商务公司时具有一定的优势。这方面的案例在国外很多，大多见于电子商务公司之间的兼并，如 2006 年谷歌收购 YouYube。

由于网络经济自身的特点，市场往往对电子商务企业的估价采用乐观的态度，如 2004 年谷歌的 IPO，将股票定价为 25 美元，几周内股票价格就翻了一倍，2006 年达到 600 美元。我国证券市场上这样的例子也有不少。

一般来讲，电子商务的经济性能使企业更具竞争力，也能使企业更快速地成长、更好地进行合作、提供更加完美的客户服务和更快地实施变革。与在其他任何经济环境下一样，在电子商务环境下拥有优势的企业将会取得优异的业绩，而其他公司注定会比较平庸甚至失败，只是电子商务环境下变化更快、表现更加极端一些。

3.5　网络经济中的经济因素

网络经济中的经济问题通常有以下几个方面。

（1）成本曲线

实物产品和服务的成本曲线呈 U 形，如图 3-1 所示。开始阶段，随着产量的增加，单位成本呈下降趋势，但是随着产量的提高，可变成本的上升（特别是管理成本和营销成本），单位成本也开始上升。最优点附近被称为"规模经济"。在网络经济中，如前文所述，对数字产品而言，单位可变成本非常低，且不随产量变化。因此随着产量的增加，固定成本分摊到更多的产品上，从而使单位成本下降，如图 3-2 所示。因此，即使一个小公司也能提供数量巨大的数字产品或服务，如网络游戏的在线下载。只要网络带宽可以支持，下载几乎没有任何规模限制。

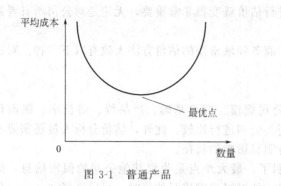

图 3-1　普通产品

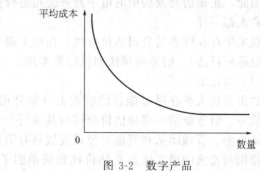

图 3-2　数字产品

（2）购买与租赁

与实物产品一样，在电子商务中人们可以租赁或集体共享某一产品。这种选择的存在将影响需求和价格。如百度提供的 MP3 共享下载服务，就严重制约了音乐市场的需求，结果就是不断遭到音乐所有人的抵制，引起一系列法律纠纷和知识产权的诉讼。

（3）捆绑产品（服务）

在软件产品中，将多种产品或服务捆绑在一起是十分常见的。捆绑销售是一种有用的歧视定价手段，被供应商广泛采用。在电子商务中有许多捆绑的机会，因此定价问题变得非常关键。

（4）关键大众

实施电子商务的固定成本较高，如果没有大量的买家，卖家就无法获利。根据国家互联网中心的统计，国内上网人口已经达到 1.3 亿人，但是年龄分布和地理分布广泛。目前在互联网上的很多业务还没有达到赢利的底线，因此很多业务目前还难以有效开展。另一方面，我们可以对特定的、具有广泛上网人群的业务开展电子商务，这是目前比较有效的电子商务发展手段；也可以逐步开展电子商务，先开展简单电子商务，随着需求的扩大，再逐步开始网上交易服务。通过这种方式的另一个优势是保持市场存在，增加同电子商务潜在消费者的沟通，积累市场经验。

（5）质量的不确定性

消费者很难接受由陌生供应商提供的、从未见过的商品，因为消费者无法确信他们将得到怎样的商品。产品认证、服务的承诺和品牌形象非常重要。提供样品试用或不满意退货承诺，都是可能的解决方案。但是，这一切都带来额外的管理成本，是我们开展电子商务时无法回避的问题。

（6）互联网上的定价

前面已经讨论过了数字产品的定价问题，这里着重讨论网上产品的新的价格发现机制和网上产品与传统渠道中产品定价的冲突问题。

电子市场往往允许采用新型的价格发现机制。如利用网络快捷、直接的特点，将传统市场中无法实现的价格机制，如航空公司可以将起飞前尚未售出的机票，打包卖给出价最高的买家。中介商可以集中买家的需求，反过来向上游供应商提出购买要求。另外还有近年来发展很快的团购模式，都是通过网络的力量，将小的需求集中，形成比较有利的砍价地位的新模式。同时由于卖家的产品定制能力的提升和对买方信息的获取和分析能力的提升，可以以不同的价格向不同的买家提供商品和服务。

许多企业正在转向开展网络业务，形成“水泥加鼠标”的模式。他们既有网上销售，又有实体销售渠道，同时在网上和网下提供相同的产品和服务。这种模式的问题是如何为在线产品和服务定价，由于涉及两个渠道的竞争，使这一问题变得比较复杂。目前各个厂商的做法差异很大，还没有形成明确的结论，因为上述问题涉及企业的定位、策略和市场特点等多种因素。

（7）电子商务的经济效应

电子商务的经济效应主要反映在生产函数、交易成本和代理成本等几个方面，下面分别加以介绍。

图3-3给出了一个公司的生产函数。如图所示，公司可以用资本来取代劳动力，生产相同数量的产品。如图，要生产10000件产品，需要的劳动力越少，需要的投资就越多。电子商务使企业的生产曲线从Q_1移到Q_2的位置，降低了生产10000件产品所需要的劳动力和（或）资本数量。

交易成本图3-4显示了电子商务对交易成本的影响。在传统经济中，公司只能靠增加规模来降低成本，如图中曲线T_1。在网络经济中，交易成本被移到了T_2的位置，意味着我们可以在比较低的生产规模下实现降低交易成本，或者当企业规模增大时能够进一步降低交易成本。

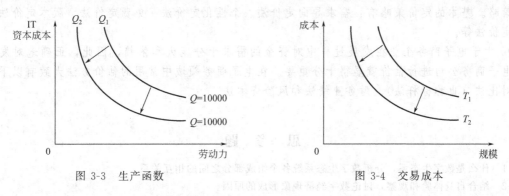

图3-3　生产函数　　　　　　　　　图3-4　交易成本

图3-5显示了电子商务对代理成本或管理成本的影响。在传统经济条件下，随着企业规模和复杂性的增加，管理成本将会同步增加，如图3-5中曲线A_1所示，这样就妨碍了企业规模的进一步扩大。在网络经济条件下，该曲线被移到了A_2的位置，意味着公司可以在业务扩大的同时，不过分增加代理成本。换句话讲，同以往相比，小企业能够支持更大的业务规模。

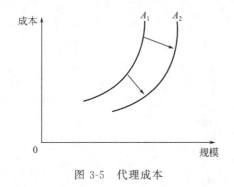

图3-5　代理成本

本 章 小 结

① 网络经济是指大部分基于数字技术，包括数字通信网络、计算机、软件和其他相关信息技术的经济，是指以人类知识创新为基础和主要内容、以先进信息技术和网络技术应用为重要推动力、以电子商务为基本桥梁的经济活动。新经济对传统经济学和管理学的基本原理提出了挑战。

② 空间市场，也称为电子市场，是指在互联网上建立的具有市场功能的商务活动平台和

商务活动环境，是网络上的商务系统。空间市场、空间市场的参与者、新的经济规则和新的消费者行为，构成了网络经济系统，也称为数字生态系统。数字生态系统的主要组成和参与者包括：数字产品、消费者、卖方、基础设施公司、中介、支持服务机构和内容制作者。

③ 网络生态系统的竞争表现出新的特点：主流化，即占领的市场份额越大，获利就越多；个性化和发现小众，即挖掘个人市场，然后瞄准市场中某类特定顾客；价值链竞争，企业竞争转向整个价值链的竞争。

④ 数字产品是指可以经过数字化并能够通过如互联网这样的数字网络传输的产品。它的定价具有明显的新特征：首先特殊的成本结构，生产第一份拷贝非常昂贵，后继拷贝则极其廉价；其次是对个人偏好的依赖性很强；再次具有很强的网络外延性，网络的价值与联网的用户数的平方成正比；最后是具有无磨损性和易变性。

⑤ 由于数字产品的特有的固定成本和边际成本构成，与实物产品不同，必须采取相应的定价策略。基本的定价策略有：需求导向定价法、个性化定价法、免费定价法、版本定价法和捆绑定价法等。

⑥ 由于电子商务企业在发展过程中对资金的需求十分庞大和依赖，因此，正确地对发展中的电子商务公司进行估价就显得十分重要。在电子商务领域中常用的估价方法大致有以下三种：对比法（也称标杆法）、财务业绩法和风险资本法。

思 考 题

3-1 什么是数字生态系，分析数字生态系统各个组成部分之间的相互关系。

3-2 结合自身体验和观察，讨论数字经济现象形成的原因。

3-3 数字化产品的定价策略有哪几种，试分别举例说明之。

3-4 根据网络经济中的经济因素，探讨企业在网络经济环境下可能采取的发展战略。

第2篇 基　础　篇

4　电子商务的机理与模式

学习目标

本章主要学习电子商务的基础理论。对电子商务的机理模型、参与者、功能与效益分析，电子商务的基本分类方法与各类电子商务的基本特点等基础理论和分析基础，进行详细的阐述。

电子商务是一个新兴的、迅速发展的崭新领域，而这个领域的理论研究非常遗憾的没能跟上时代的发展脚步。如何理解电子商务中出现的新型事物，如何从理论上对电子商务进行研究和分析，是电子商务理论研究面临的重要课题。本章着重介绍了电子商务的基本分析模型和理论体系结构，通过对各相关方面关系的理解，来揭示电子商务发展的一些本质问题。因此，对电子商务的机理和基本模式的研究，对研究电子商务具有一定的理论指导意义。

4.1　电子商务的通用模型

4.1.1　电子商务的概念模型

电子商务的概念模型，是对现实世界中电子商务活动的一般抽象描述，它由电子商务实体、电子市场、交易事务和信息流、资金流、物流等基本要素构成，如图 4-1 所示。

在电子商务概念模型中，电子商务实体（简称 EC 实体，也可称为电子商务交易主体）是指能够从事电子商务活动的客观实体，它可以是企业、银行、商店、政府机构、科研教育机构和个人等；电子市场是指电子商务交易主体从事商品和服务交换的场所，它由各种各样的商务活动参与者，利用各种通信装置，通过网络连接成一个统一的经济整体；交易事务是指电子商务交易主体之间所从事的具体的商务活动的内容，例如询价、报价、转账支付、广告宣传、商品运输等。

电子商务的任何一笔交易包含着以下四种基本的"流"，即物流、资金流、信息流和商流。其中物流主要是指商品和服务的配送及传输渠道，对于大多数商品和服务来说，物流可能仍然经由传统的经销渠道；然而对有些商品和服务来说，可以直接以网络传输的方式进行配送，如各种电子出版物、信息咨询服务、有价信息等。资金流主要是指资金的转移过程，包括付款、转账、兑换等过程。信息流既包括商品信息的提供、促销

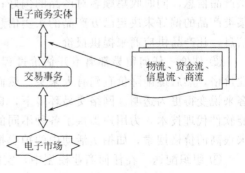

图 4-1　电子商务概念模型

营销、技术支持、售后服务等内容，也包括诸如询价单、报价单、付款通知单、转账通知单等商业贸易单证，还包括交易方的支付能力、支付信用、中介信誉等。商流主要指交易中物权的转移过程。对于每个电子商务交易的主体来说，它所面对的是一个电子市场，必须通过电子市场来选择交易的内容和对象。因此，电子商务的概念模型可以抽象地描述为每个电子商务交易主体和电子市场之间的交易事务关系。

4.1.2　电子商务的交换模型

（1）交换模型

所有的商业交易都需要语义确切的信息交流和处理，以减少买方和卖方之间的不确定性因素。这些不确定性因素包括交易产品的质量问题、是否有第三方对委托进行担保以及如何解救纠纷等。

电子商务改变了以往的贸易方式和中介角色的作用，降低了商品交换过程中的成本。商品交换成本通常包括调研、合同的起草、谈判、捍卫贸易条款、支付和结算、强制履行合同和解决贸易纠纷。

从商品交换的基本过程和这个过程中的一些不确定性因素出发，可以概括出一个电子商务的基本交换模型，如图 4-2 所示。

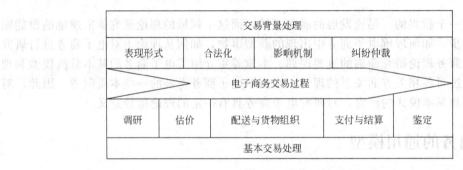

图 4-2　电子商务基本交换模型

在电子商务的交换模型中，通信和计算技术成为整个交易过程的基础。同传统的贸易活动相比，电子商务所依赖的贸易基本处理过程并没有变，而用以完成这些过程的方式和媒介发生了变化。下面首先介绍基本的贸易处理过程，然后介绍处理过程所依赖的贸易背景的处理，贸易背景的处理将减少未来贸易过程中的不确定性因素。电子商务对这些处理过程带来的影响将作为主线贯穿其中。

（2）贸易的基本处理过程

① 调研　电子商务通常减少了买方的调研成本，而相对增加了卖方的调研成本。电子商务活动中常用的调研方式有三种：其一，卖方在电子市场上发放顾客偏好描述文件，向顾客提供产品信息，同时收集顾客对产品的偏好；其二，从特定的用户群中收集信息，如根据用户对某类产品的偏好来决定己方产品的买卖信息；其三，用户在电子市场上广播他们对产品的需求信息，让产品供应商来提供报价。

② 估价　任何贸易都离不开估价过程。在简单贸易模型中，通常由卖方提供一个非协商性价格，然后逐渐降价直到有人来买。然而，在电子商务模型下，商品和服务的定价过程对顾客来说变得更为透明。网络交易环境下，良好的用户交互性、价格低廉的通信基础设施以及智能软件代理技术，为用户提供了各种不同的动态价格搜索机制，甚至可以为用户提供实时性要求很高的价格搜索，如拍卖活动中的拍卖报价。

③ 组织配送　在任何商业模型中，实际产品的组织和配送都是一个值得考虑的重要问题，电子商务在这方面为企业提供了一些新的商机。例如，销售商根据库存信息及时方便地同供应

商取得联系，调整库存以减少不必要的库存开支；供应商必须建立更灵活、更方便的生产系统和产品交付系统，以便能够为更多的零售商服务；信息和软件经营商利用 Internet 来交付产品或者进行软件升级，但是目前这种方式的使用范围还很有限。

④ 支付与结算　电子商务的支付与结算采用电子化的工具和手段进行，从而替代了以往贸易模型中的纸张单证。

⑤ 鉴定　这主要包括检验产品的质量、规格、确认贸易伙伴的仲裁机构、监督贸易伙伴是否严格遵守贸易条款等内容。电子商务给鉴定机构带来了挑战，例如，如何检验一家设立在 Internet 上的电子商店是合法的，如何确保自己所购买的商品的质量。

（3）贸易背景处理

① 表现形式　表现形式决定了企业如何向买方表达产品的信息和贸易协议。实施了多年的 EDI 已经形成了一些企业与企业之间，或者不同的行业和部门之间传递报文的文字化模板，但是对于范围更广的电子商务，尤其是对于基于 Internet 的电子商务来说，需要更为严格、更为专业化、统一的标准。

② 合法性的确认　它决定了在电子商务世界里，如何声明一项贸易协议才算是有效的，它关系到电子世界里如何立法才能确保贸易活动的顺利展开。

③ 影响机制　影响机制能够刺激交易双方履行义务，以减少交易双方的风险。声誉影响是一种常见的影响机制，大多数企业总是希望保持自己的声誉。然而，电子商务却对声誉的作用提出了挑战，因为在网络环境下，个别用户甚至个人都可以随意地利用这种影响机制，来影响一个企业的声誉，而且，他们所产生的影响并不一定客观公正。

④ 解决纠纷　解决纠纷的手段主要有直接谈判、诉诸法律或者采用武力等。纠纷在传统的纠纷解决机制下带来的影响是局部的，而在电子商务环境下，尤其是 Internet 环境下，纠纷的解决将是世界范围的，其影响范围也很广泛。

（4）交易链的扁平化

从上面对电子商务交换模型的分析中可以看出，电子商务在商品交易链中所起的作用，总体来说，就是实现了交易链的扁平化。一方面它成功地减少了交易中间商的存在，拉近了商品流通领域中卖方和最终消费者的距离，使得以前可能要经过好几道分销过程，才能到达最终用户手中的商品，现在只需很少的中间环节或者根本无需中间环节就能到达。这里面有一种很有意思的回归。在最早"以物易物"的时候，商品流通领域的交易链是最短的，买、卖双方直接见面，一对一，没有中介。随着生意越做越大，面对数目巨大的最终消费者，这种一对一的方式以当时的技术就无法实现了，于是出现了专门从事商品流通的行业一级批发商、二级批发商、零售商等，交易链在这个过程中被拉长，同时产生了附加值，从而使得消费者除了要负担商品的生产成本，还要负担更重的流通成本。现在有了网络，有了电子技术，有了贸易过程的自动化处理，厂商就可以以相对较低的成本实现这种一对一的交易模式。像 DELL 公司那样实现网上直销，从而大幅度减少了商品成本，使得买卖双方都获益。消费者也不再只是产品的被动接收者，他可以参加到产品的设计、生产中去，他可以在网上直接向生产商提出能够满足自己个性化要求的服务。不过这种"回归"和早期的那种一对一交易是有本质不同的，就像我们说人类社会是以一种螺旋式上升的方式发展，在一个阶段可能会和以前的某个历史阶段形式相似，但境界是相差甚远。

另一方面，这种交易链的缩短并不意味着为完成一笔交易所需的参与者会减少，事实上，在方便、快捷地完成一笔交易的背后，是一些庞大的机构和复杂的机器在服务。以支付系统为例，当在刷卡机前完成一个简单的刷卡动作，只是几秒钟的事，而就在这几秒内，信息已经从商场到收单行、到信用卡授权清算中心、到发卡行打了一个来回了。电子商务的支付过程类似于信用卡的支付过程，只是由于网络的特殊性，使得这种支付需要有特殊的中介机构来保证，于是出现了电子证书、授权认证中心，以及为协调纠纷而设立的仲裁机构。这一切意味着交易链在时间上的缩短，是以一个庞大复杂的中介机构群为后盾的，中介机构能否良好运转，将直接关系到电子商务的成败。

正是基于以上两点，我们说电子商务使得商品交换的交易链实现了扁平化。

4.1.3　电子商务的通用交易过程

一次完整的商业贸易过程，包括交易前的了解商情、询价、报价，发送订单、应答订单、发送接收送货通知、取货凭证、支付汇兑过程等，此外还有涉及行政过程的认证等行为，涉及了资金流、物流、信息流的流动。严格地说，只有上述所有贸易过程实现了无纸贸易，即全部是非人工介入，使用各种电子工具完成，才能称为一次完整的电子商务过程。

电子商务的通用交易过程如图 4-3 所示，交易前期包括交易前的准备；交易中期主要包括交易磋商、签订合同与交易手续办理；交易后期主要包括合同履行与支付、售后服务等。下面分别进行具体介绍。

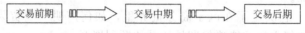

图 4-3　电子商务通用交易过程模型

（1）交易前的准备

这一阶段主要是买、卖双方和参加交易各方在签约前的准备活动。

买方根据自己要买的商品，准备购货款，制订购货计划，进行货源市场调查和市场分析，并反复进行市场查询；了解各个卖方国家的贸易政策，反复修改购货计划和进货计划，确定和审批购货计划；再按计划确定购买商品的种类、数量、规格、价格、购货地点和交易方式等，尤其要利用 Internet 和各种电子商务网络，寻找自己满意的商品和商家。

卖方根据自己所销售的商品，召开商品新闻发布会，制作广告进行宣传，全面进行市场调查和市场分析，制订各种销售策略和销售方式，了解各个买方国家的贸易政策，利用 Internet 和各种电子商务网络发布商品广告，寻求贸易伙伴和贸易机会，扩大贸易范围和商品所占市场的份额。其他参加交易各方有中介方、银行金融机构、信用卡公司、海关系统、商检系统、保险公司、税务系统、运输公司，也都为进行电子商务交易做好准备。

在电子商务系统中，信息的交流通常都是通过双方的网址和主页来完成的。这种信息的沟通方式，无论从效率上、还是时间上，都是传统方法无可比拟的。

（2）交易磋商

在商品的供需双方都了解到了有关商品的供需信息后，具体商品交易磋商过程就开始了。在传统的工业化社会中，贸易磋商过程往往都是贸易单证的传递过程。这些单证均反映了商品交易双方的价格意向、营销策略管理要求及详细的商品供需信息。通过邮寄的单证传递，是贸易磋商中很费时费力的过程，特别是在贸易磋商回合较多的情况下更是如此。用电话虽然能够达到磋商的目的，但是磋商的结果仍需用传递纸面单证的方式来完成。用传真虽然能够达到直接传递纸面单证的目的，但是传真的安全保密性和可靠性不足，一旦发生贸易纠纷，传真件不足以作为法庭仲裁的依据。

故在传统的技术条件下，邮寄就成了重要贸易文件传递的唯一途径，而在网络化环境下，整个商贸磋商的过程可以在网络和系统的支持下完成。原来商贸磋商中的单证交换过程，在电子商务中变为记录、文件或报文在网络中的传递过程。各种各样的电子商务系统和专用数据交换协议，自动地保证了网络信息传递的准确性和安全可靠性。

电子商务的特点是可以签订电子商务贸易合同，交易双方可以利用现代电子通信设备和通信方法，经过认真谈判和磋商后，将双方在交易中的权利、承担的义务、所购买商品的种类、数量、价格、交货地点、交货期、交易方式和运输方式、违约和索赔等合同条款，全部以电子交易合同做出全面详细的规定，合同双方可以利用电子数据交换进行签约，可通过数字签名等方式签名。

（3）签订合同与办理手续

在传统的技术环境中，贸易磋商过程都是通过口头协议来完成的。磋商过程完成后，为了以法律文件的形式，确定磋商结果以监督双方的执行，双方必须要以书面形式签订商贸合同。在网络化环境下的电子商贸系统中，书面合同失去了它传统的功效。因为网络协议和应用系统自身，已经保证了所有贸易磋商日志文件的准确性和安全可靠性，故双方都可以通过磋商日志或文件来约束商贸行为和执行磋商结果。同时，第三方在授权的情况下，可以通过它们来仲裁执行过程中所产生的纠纷。

买卖双方签订合同后到合同开始履行之前还需办理各种手续，也是双方贸易前的交易准备过程。交易主要涉及的有关各方，以及可能要涉及的中介方、银行金融机构、信用卡公司、海关系统、商检系统、保险公司、税务系统、运输公司等，买卖双方要利用 EDI 与有关各方进行电子票据和电子单证的交换，直到办理完一切手续，卖方可以将所购商品按合同规定开始向买方发货为止。

（4）合同的履行和支付过程

这一阶段是从买卖双方办完所有手续之后开始，卖方要备货、组织货源，同时进行报关、保险、取证等，买方将所购商品交付给运输公司包装、起运、发货，买、卖双方可以通过电子商务服务器跟踪发出的货物，银行和金融结构也按照合同，处理双方收付款、进行结算，出具相应的银行单据等，直到买方收到自己所购商品，完成整个交易过程。

传统商贸业务中的支付过程有两种形式：一是用支票方式，这种方式多用于企业的商贸过程；一是现金方式，这种方式比较简单，常用于企业（主要是商业零售业）对个体消费者的商品零售过程。在实际操作过程中，现金支付方式非常简单，而支票方式则较为复杂，它涉及双方单位和它们的开户银行等多家单位。

4.1.4 电子商务带来的变革

21 世纪将是一个以网络计算为核心的信息时代，这已为全球所公认。数字化、网络化与信息化是 21 世纪的时代特征。目前经济全球化和网络化已经成为一种潮流，信息技术革命与信息化建设，正在使资本经济转变为信息经济、知识经济，并将迅速改变传统的经贸交易方式和整个经济的面貌，它加快了世界经济结构的调整与重组，推动着我国从工业化向信息化社会的过渡。

电子商务带来了经营战略、组织管理及文化冲突等方面的变化，电子商务不仅是一种技术革命，它还通过技术的辅助、引导和支持来实现前所未有的频繁的商务往来，是商务活动本身发生的根本性革命。电子商务直接改变的是商务活动的方式、买卖的方式、贸易磋商的方式、售后服务的方式等。消费者真正能够足不出户，就可以货比三家，同时，还能够以一种轻松自由的、自我服务的方式来完成贸易。Web 技术使得企业能够为每个客户或合作伙伴定制产品和服务。电子商务使得全球上亿网民，都有可能成为企业的客户或合作伙伴，企业可以用 Web 每天 24 小时轻松又实惠地发展潜在客户。联机客户服务程序可以把客户的问题及时传送到不同的部门，并和现有的客户信息系统相集成。

对企业而言，电子商务是一种业务转型，或者说是一场重大的革命。HP 公司认为，变换企业业务运作模式、改变企业竞争策略、提升企业间业务合作伙伴关系，是企业在电子世界中获得成功的关键。真正的电子商务，使企业从事在物理环境中所不能从事的业务。这些特点包括：对新的子公司开放后端系统，使 Internet 成为一种重要的业务传送载体；生成新的业务，产生新的收入；使企业进行相互连锁交易；自适应导航，使用户通过网上搜索交换信息；使用智能代理；运用注册业务或媒介，组织买方和卖方；使业务交往个人化，具有动态特征，受用户欢迎，更具收益。电子商务对企业过程的影响体现在随着信息技术的发展，企业内部的管理机制在不断变化之中。电子商务作为信息处理技术的一个飞跃，其影响不会仅仅停留在交易手段和贸易方式上，而且由于这些因素的改变，尤其是供应链的缩短、市场核心的转移，以及各方面管理成本的大幅度降低，必然导致企业内部过程的变迁，因而使得电子商务成为企业过程重组的一种根本的推动力。这对企业来说是一个改革自身、重新适应新环境、迅速投入新环境的最佳契机。

电子商务带来了新的贸易组合模型。电子商务将贸易社会视为一个有机体，如图 4-4 所示。当把视野从单个企业扩展到整个行业之后，又将继续放宽到整个贸易社会中所有的企业组织（如供应商、运输商、分销商、银行等等）中去，这时人们所看到的是一个单一的、复杂的有机体，将原料变成成品，然后送到最终用户手里，一个资金在其中连续流动，并积累到效率更高的企业中去的结构。当电子商务在整个贸易社会所有的个体中实现时，这个社会将作为一个整体的、有目的的、高效的实体而运行。当一个行业的主导企业已经将电子商务变成商业运作的基本标准时，如果一个小企业想与大企业合作，就必须使用电子商务。

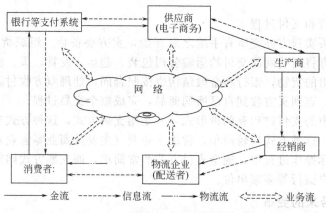

图 4-4 电子商务的功能示意模型

总之，电子商务不仅仅是一种贸易的新形式，从本质上说，电子商务应该是一种业务转型，它正在从包括企业竞争和运作、政府和社会组织的运作模式、教育及娱乐方式等各方面，改变着人类相互交往的方式和关于各种生活细节的思维、观念。电子商务可以帮助企业接触到新的客户，增加客户信任度，合理运作和以更快的方式将产品和服务推向市场；它同时还可帮助政府更好地为更多的市民服务，并因此提高公众对政府的满意度；它可以更新人类的消费观念和生活方式，改变人与人之间的关系。

4.2 电子商务中的参与者

4.2.1 企业

企业是电子商务中最主要的推动者和受益者。

4.2.2 消费者

消费者作为经济活动中不可缺少的一环，也必然要介入到电子商务的环境中，它们的角色比较容易定义，也比较容易理解。

4.2.3 政府

政府作为现代经济生活的调控者，在电子商务环境中应该起到什么样的作用，这是一个引起各国政府广泛关注的问题，各国政府的态度也不尽相同。

（1）政府业务的转型

对于工业企业、商业企业而言，电子商务实质上是一种业务转型。事实上，也有一些相关政府部门因为其职能需要（如对某些企业或商品进行调配、管理，对企业行为进行监督等），也必须作为贸易模型的一个环节加入到电子商务当中来，政府部门在这个加入过程中，也存在着相应的业务转型问题。最典型的是政府与企业之间的数据传输。

例如，工商管理部门需对下属各类企业的经营活动进行管理，就必须要介入到电子商务的过程中。一方面，由于被管理对象已经集成到电子商务中去了，业务过程变成完全无纸化的，管理部门无法像从前一样通过纸面单证来监督企业活动，必须要加入到企业的现有贸易活动中，才能完成相关工作；另一方面，管理者加入电子商务可以更加及时准确地获得企业信息，更严密地监督企业活动，并可以采用相应的技术手段执法，从而加大执法力度，提高政府威信。

（2）政策导向

电子商务的前提是开放，因为一切商务活动均建立在一个开放的公共网络之上。开放的网络必然带来贸易环境的开放，因此，国家在贸易政策上要想全面加入世界范围的电子商务中，必须坚持并继续发展现行的开放政策。而其中一些关于保护民族工业等问题与之又有一定的矛盾，需要国家采取相应的措施予以解决。

（3）CA 问题

电子商务中最重要的、也是最核心的问题就是安全和信任，因为网上的交易不是面对面的交易，双方都无法确认对方的身份，而这一问题，一方面要通过技术手段来解决，同时也需要一个权威机构负责其中的仲裁和信誉保证。这一角色显然应该有政府出面或指定相关机构或部门来担当，这就是所谓的 CA（Certificated Authority），它必须要具备一定的法律效力。

4.2.4　中介机构

在电子商务环境下，大量的新兴中介机构将会产生，它们在一定程度上决定了电子商务的成败。电子商务环境中的中介机构是指为完成一笔交易，在买方和卖方之间起桥梁作用的各种经济代理实体。大部分的金融性服务行业，如银行、保险公司、信用卡公司、基金组织、风险投资公司都是中介机构；其他的像经纪人、代理人、仲裁机构也都是中介机构。

大致来说，中介机构可以分为三类：一是为商品所有权的转移过程（即支付机制）服务的，像那些金融机构；另一类是提供电子商务软硬件服务、通信服务的各种厂商，如 IBM、HP、Microsoft 这样的软硬件和解决方案提供商；还有一类是像 Yahoo、Alta Vista、Infoseek 这样的提供信息及搜索服务的信息服务增值商。

4.3　电子商务的分类

为了更加深入地了解电子商务，对其进行分类是十分必要的。这样有助于针对不同类型的电子商务进行更加有针对性的研究。

电子商务的分类大体有以下几种分类方式：按照交易的对象进行分类，按照交易的数字化程度进行分类，按照信息网络的范围进行分类和按照电子商务的复杂性进行分类。

4.3.1　按照交易对象分类

电子商务的主要参与者有企业、政府、网络接入提供商、中介服务提供商、物流和支付服务提供商等等。根据这些对象的性质不同，电子商务可以分为企业（Business）、消费者（Customer）、政府（Government）三种类型。电子商务参与者的示意图如图 4-5 所示。由此加上交易时的对应关系，形成了电子商务中最基本、最常用的 9 种分类方式。如表 4-1 所示。

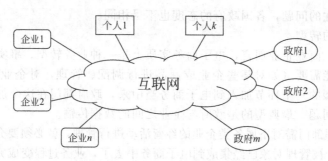

图 4-5　电子商务参与者示意图

表 4-1　电子商务根据交易对象的分类

交易对象	企业（Business）	消费者（Customer）	政府（Government）
企业（Business）	B 2 B	B 2 C	B 2 G
消费者（Customer）	C 2 B	C 2 C	C 2 G
政府（Government）	G 2 B	G 2 C	G 2 G

（1）企业间电子商务

企业间电子商务是指企业与企业之间通过专用网络或 Internet，进行数据信息的交换、传递，开展贸易活动的电子商务形式，它已经成为全世界最主要的电子商务形式。它包括企业与其供应商之间采购事务的协调；物料计划人员与仓储、运输公司之间的业务协调；销售机构及其产品批发商、零售商之间的协调；为合作伙伴及大宗客户提供的服务等等。

企业间电子商务的特点是：它是电子商务中历史最长、发展最为完善的商业模式，它能迅速地带来利润回报，但往往并不能引起公众的关注。企业间电子商务的利润来源，除了由于电子商务带来的客户增加以外，还来自相对低廉的信息成本带来的各种费用下降，以及供应链整合带来的好处。伴随着互联网的发展，早期仅适用于大企业之间的专用增值网络的电子商务，正逐步由基于 Internet 的电子商务所取代，因此也同样适用于中小型企业。中小型企业可以通过中介机构建立的交易平台，从事产品的采购、销售和寻找新的贸易伙伴等商务活动。

此外，提供此类电子商务的各种形式的交易市场蓬勃发展，还出现了以虚拟企业为代表的全新的企业形态，成为电子商务发展的重要领域。

【案例 1】

宝钢采购宝平台

宝钢采购宝平台（图 4-6）依托中国钢铁业最具竞争力的 B2B 第三方在线采购平台东方钢铁成熟的电子商务运营经验，集电子采购、供应链协同、网上商铺、绿色认证、采购咨询及在线客服等

图 4-6　采购宝页面截图

功能为一体，将企业的核心业务流程、客户关系管理延伸至互联网，成为企业资源计划、客户关系管理及供应链管理的中枢神经。采购宝整合了银行、第三方电子支付平台、数字认证中心等第三方服务资源，为用户解决了资金托管、电子支付、数字签名与认证等 B2B 电子商务中的关键问题。

采购宝全面支撑制造型企业对采购业务发展的持续性要求，开展企业与企业间的网上采购交易服务。全面提升企业采购管理水平，提高企业综合竞争力，成为中国钢铁及相关制造业最具竞争力的 B2B 第三方在线采购平台。

（2）企业对个人电子商务

企业对个人电子商务，又称直接销售市场，主要表现形式为电子零售业态和网上零售业态。随着互联网的快速发展，企业对个人的电子商务发展非常迅速，人们在网上创建了大量的网上商店和一些崭新的服务模式，这也是我们最直观认识电子商务的形态。目前在互联网上提供的有形商品主要有，鲜花、书籍、计算机、汽车、装饰品等各种消费商品；无形商品主要有，各种电子出版物、电子书籍、计算机软件、甚至网络游戏的装备等等。

另外提供此类交易的电子市场也同样蓬勃发展，成为电子商务的重要组成部分。

【案例 2】

京东商城

1998 年 6 月 18 日，刘强东先生在中关村创业，成立京东公司；2004 年 1 月，京东开辟电子商务领域创业实验田，京东多媒体网正式开通，启用新域名；2007 年后京东网发展进入快车道。经过十余年的艰苦努力，目前京东商城是中国最大的综合网络零售商，是中国电子商务领域最受消费者欢迎和最具有影响力的电子商务网站之一，在线销售家电、数码通信、电脑、家居百货、服装服饰、母婴、图书、食品和旅游等 12 大类数万个品牌百万种优质商品（图 4-7）。

图 4-7 京东商城页面截图

2012 年第一季度，京东商城以 50.1% 的市场占有率在中国自主经营式 B2C 网站中排名第一。目前京东商城已经建立华北、华东、华南、西南、华中、东北六大物流中心，同时在全国超过 300 座城市建立核心城市配送站。

（3）企业对政府电子商务

企业对政府电子商务，主要表现为政府的网上采购，即政府机构通过网上进行产品、服务等的招标和采购。此经营模式的利润表现为采购费用的降低。

【案例 3】

中国政府采购网

为加强政府采购信息网络建设，在全国范围内建立起统一、规范的政府采购信息发布渠道，提高政府采购工作的公开性和透明度，财政部于 2000 年 12 月 31 日创办了"中国政府采

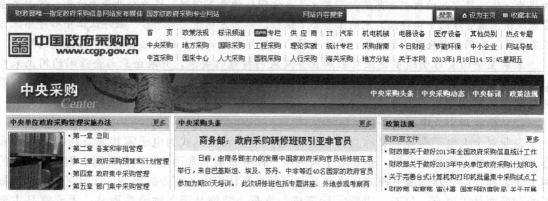

图4-8 中国政府采购网页面截图

购网"（图4-8），并向全国发布了《关于中国政府采购网有关管理问题的通知》（财库〔2000〕28号）。

中国政府采购网是财政部开发设计和主办的用于全国政府采购信息统一管理的专业网站。中国政府采购网与基于政府采购业务的内部信息管理系统和包括在线招投标在内的电子商务系统共同组成了中国政府采购信息网络系统。

为了做到网络互联互通、减少重复建设、降低网络建设和维护的费用支出、体现信息的规模优势，中国政府采购网实行"统一开发、统一管理、集中发布、分级维护"的管理体制。即由财政部统一负责网站的开发设计、域名注册、系统建设、宣传推广及日常运行等管理工作，各级政府采购管理部门和执行部门加载信息，按统一的域名使用并维护中国政府采购网。

中国政府采购网栏目设置主要有政策法规、理论园地、各地动态、经验交流、采购预告、招标公告、中标信息、专家库信息、供应商及商品信息等，在开通初期其主要功能是发布政府采购信息公告。随着基础条件的改善和互联网技术的发展，将开发设计标书下载、网上询价、电子投标、网上评标、网上支付等政府采购电子商务（B to G）系统。

为了加强网络统一管理，减少网络设备的重复购置，财政部将通过中国政府采购网，为各地方政府采购部门分别设计风格统一的网页并注册域名。各分网为中国政府采购网的有机组成部分。

（4）个人对企业电子商务

个人对企业电子商务，是指个人向企业提供服务或商品的交易方式，这种方式目前主要是市场调研、分析报告等信息服务的形式为主。

【案例4】

猪八戒网

猪八戒网（图4-9）是全国最大的在线服务交易平台，由原《重庆晚报》首席记者朱明跃创办于2006年，服务交易品类涵盖创意设计、网站建设、网络营销、文案策划、生活服务等多种行业。猪八戒网有百万服务商正在出售服务，为企业、公共机构和个人提供定制化的解决方案，将创意、智慧、技能转化为商业价值和社会价值。2011年猪八戒网获得IDG（Inter national Data Group）千万级美金投资，并被评选为中国2011年度"最佳商业模式十强"企业。

猪八戒网的百万服务商能够为企业、公共机构和个人提供多种服务。

① 创意设计服务 标志设计、logo设计、网页设计、宣传品设计、包装设计、产品/工业设计、动漫设计、照片图片美化、书籍装帧设计、服装设计、名片/卡片设计、PPT设计、其他设计。

图 4-9 猪八戒网截图

② 营销推广服务 网络营销、网店装修、微博营销、搜索引擎优化、其他推广。

③ 程序开发服务 网站开发、软件开发、移动应用开发、其他开发。

④ 文案写作服务 起名取名、文案写作、策划、广告语、歌词、短信彩信创作、出版印刷、其他写作。

⑤ 商务服务 市场调查、翻译、商标专利、工商财税、法律、文职招聘、其他商务服务。

⑥ 装修服务 家具装修、工程设计、建筑设计、定制家具、其他装修。

⑦ 生活服务 创意祝福、网络游戏、人脉资源、跑腿、咨询、家政、搬家、婚庆、家教、旅游、DIY 生活、其他生活服务。

⑧ 配音影视服务 影视创作、配音、其他影音。

猪八戒网的交易模式主要有：比赛-先交稿模式、计件模式、一对一-先报价模式、一对一-服务模式、一对一-先抢标模式。猪八戒网按照一定比例收取佣金，一般是 20%。

（5）个人对个人电子商务

个人对个人电子商务，主要是消费者之间在网上进行的小额交易或网上拍卖等业务。个人对个人电子商务是电子商务发展中十分重要的一种形式。这种形式的电子商务的发展使个人间的交易进入了一个全新的境界，两个相隔万里千山的人可以方便地通过网络直接进行交易，这是电子商务时代出现的划时代的商务活动方式。

【案例 5】

ebay 网上商城

ebay（图 4-10）于 1995 年 9 月 4 日由 Pierre Omidyar 以 Auctionweb 的名称创立于加利福

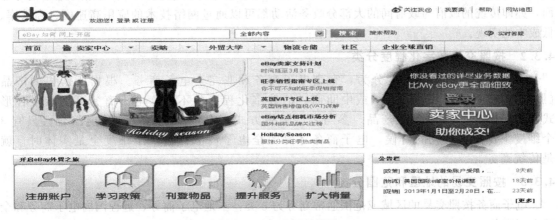

图 4-10 ebay 网页截图

尼亚州圣荷西。人们可以在 ebay 上通过网络出售商品。ebay 的口号是世界的网上购物市场 (the world's online marketplace)，业务主要有：网上拍卖、电子商务、购物商场、PayPal。

ebay 的盈利方式：向每笔拍卖收取刊登费（费用 0.25～800 美元）；向每笔已成交的拍卖再收取一笔成交费（成交价的 7%～13%）；由于 ebay 另外拥有 PayPal，所以也会从此处产生利益。该公司目前的经营策略在于增加使用 ebay 系统的跨国交易。ebay 已经将领域延伸至包括中国及印度在内的 27 国家和地区。目前网上拍卖系统的规则基本都来自 ebay，其对整个电子商务的发展影响深远。

以上几种就是常见的电子商务形态。下面的几种电子商务形态，属于电子商务的范畴，常见于政府公务网站。由于电子政务的形态、行为模式等都与电子商务差异较大，其行为基本属于政务行为，因此，本书不重点讨论。

（6）个人对政府电子商务

个人对政府电子商务，是指政府将一些如调研、咨询等业务外包给个人的一些交易行为。

（7）政府对企业电子商务

政府对企业电子商务是电子政务的一部分，主要表现为政府对企业开放各种信息，以方便企业经营活动。政府对企业业务的电子化服务，包括税收服务电子化、审批服务电子化，以及对中小企业电子化服务等各种与企业业务有关的电子化服务活动等。政府对企业进行监督和管理，包括工商、外贸、环保等。

（8）政府对个人电子商务

政府对个人电子商务是电子政务的一部分，是指政府与公众之间的电子政务，是政府通过电子网络系统为公民提供各种服务，G2C（Government To Citizen）电子政务所包含的内容十分广泛，主要的应用包括：公众信息服务、电子身份认证、电子税务、电子社会保障服务、电子民主管理、电子医疗服务、电子就业服务、电子教育、培训服务、电子交通管理等。G2C 电子政务的目的是除了政府给公众提供方便、快捷、高质量的服务外，更重要的是可以开辟公众参政、议政的渠道，畅通公众的利益表达机制，建立政府与公众的良性互动平台。

（9）政府对政府电子商务

G2G（Government To Government）是指政府与政府之间的电子政务，即上下级政府、不同地方政府和不同政府部门之间实现的电子政务活动。如下载政府机关经常使用的各种表格、报销出差费用等，以节省时间和费用，提高工作效率。

G2G 模式是电子政务的基本模式，具体的实现方式可分为：政府内部网络办公系统、电子法规、政策系统、电子公文系统、电子司法档案系统、电子财政管理系统、电子培训系统、垂直网络化管理系统、横向网络协调管理系统、网络业绩评价系统、城市网络管理系统等方面，亦即传统的政府与政府间的大部分政务活动都可以通过网络技术的应用高速度、高效率、低成本地实现。

4.3.2 按照交易数字化程度分类

按照交易的数字化程度分为：完全电子商务和非完全电子商务。根据所销售的产品（服务）、销售过程和代理人（或中间商）的数字化程度的不同，电子商务可以有多种形式。按照图 4-11 所示，在产品、参与者、销售方式 3 个维度上有 8 种可能组合。只有 3 个维度上都是数字化的时候，电子商务才是完全电子商务；当 3 个维度全是实体时，就是传统商务。

4.3.3 按照交易的地区和范围分类

电子商务按照交易的区域或范围通常划分为 3 类：本地电子商务、远程国内电子商务和全球电子商务。

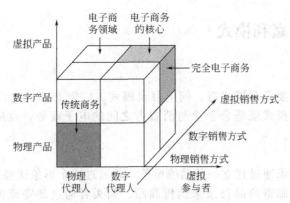

图 4-11 电子商务的维度

（1）本地电子商务

通常指利用本地的信息网络电子商务活动，电子交易的范围较小。由于交易范围比较小，配送和支付的实现相对比较容易、简单。本地电子商务是开展国内电子商务和全球电子商务的基础。

（2）远程国内电子商务

是指在本国范围内的网上电子商务活动，其交易的范围较大，交易的数量和网站的访问量比较大，因此对软件和硬件的技术要求比较高。由于交易的范围比较大，对配送和支付的要求比较高，对交易管理的要求也比较高。国内远程电子商务的发展为全球电子商务的发展提供了许多有益的基础。

（3）全球电子商务

是指在全世界范围内进行的电子商务活动，参与电子商务的各方通过网络进行交易。由于交易范围大，交易不仅涉及交易的双方，还涉及国际金融清算、结算和交易各方电子商务系统。电子交易除了交易过程本身，还对配送等有要求，另外还涉及语言、海关和保险等一系列复杂的后勤保障。因此，对交易的管理、实现都有很高的要求。

4.3.4 按照交易的复杂性分类

电子商务按照在网上解决方案和网页的复杂性分为 3 类：网上主页、网上简单电子商务和网上复杂电子商务。

（1）网上主页

通过建立网上主页的方式，在网上发布企业或个人的信息，通过网上主页让人们了解你或企业，通过电子邮件和交易对象进行沟通。因此，网上主页的方式实现非常简单、方便，也十分有效，是电子商务的基础。

（2）网上简单电子商务

在网上建立自己的网站，可以拥有自己的产品目录，也可以接受订货，因此可以进行简单的电子商务活动。这种方式一般比较适合小型企业的需要，这种方式下，一般不需要专门的网上支付、配送等服务，交易达成后的交易实施同传统的交易没有什么分别。

（3）网上复杂电子商务

相对于简单电子商务而言，复杂电子商务进入了电子商务的成熟阶段，建立网上的虚拟商。网上复杂电子商务系统能够对网上的交易请求进行及时地处理，即对网上商务请求和交易进行在线处理。网上复杂电子商务不仅能够提供前台服务或网上交易服务，还提供后台服务或订单处理，这样就要涉及公司内部的许多部门的协作共同实现，加上网上服务的时间承诺等制约，对运营管理的要求十分高。此外，网上复杂电子商务还能够自动进行业务处理或实现在线分析、在线决策和在线交易处理，因此复杂电子商务比较受大型企业欢迎。

4.4 电子商务的赢利模式

4.4.1 主要赢利模式

目前网上企业的主要赢利模式有：网上目录模式、广告支持模式、广告-收费混合模式及交易费用模式等，这些模式既适合企业与消费者之间的电子商务，也适合企业之间的电子商务。下面分别加以介绍。

（1）网上目录模式

在目录模式下，商家通过建立一种品牌形象，并通过这个形象优势带来的信任感，向潜在消费者或者用户企业，邮寄商品目录来销售商品。购买者通过邮寄或拨打商家付费电话下订单。在很多领域，如服装、办公用品、计算机、家电、家庭用品及礼品等，这一商业模式都取得了巨大的成功。

将这一模式扩展到网上，就是企业用网站上的信息代替商品目录的分发。这种模式称为网上目录模式。用户可以通过网站或电话下订单，这种灵活性对业务的拓展非常重要。

采用这一模式进行网上销售的商品主要有：计算机与家电、图书和音像制品、奢侈品、服装、鲜花与礼品、折扣商品等。

（2）数字内容赢利模式

通过提供信息和知识等具有价值的信息服务，内容供应商以订阅费或付费的内容授权的形式，提供信息服务。拥有知识和信息等内容提供商，常常使用这一模式。他们既将网络作为赢利的来源，又将网站作为提升自身形象的工具。

采用这一模式的企业主要有：报纸等新闻服务、律师和会计师等专业性很强的服务、培训和学术期刊、电影等娱乐服务等。

（3）广告支持模式

通过在网站上提供网络广告，为网站提供主要的收入来源的赢利模式。有一些网站靠广告支持业务取得了成功，并实现了赢利。如新浪和搜狐等这些网站的成功，在于成功地吸引了特定的访问群或海量的访问群，这样广告主就可以直接将特定的信息发送到特定的人群中。

采用这一模式的企业主要有：门户网站、报纸出版商、分类广告网站等。

（4）广告-收费混合模式

广告-收费混合模式是指，企业除了依靠网络广告提供的收入以外，还要向消费者收取一定的订阅费用的赢利模式。这种模式的优点是消费者相对广告支持模式下受到的广告骚扰比较少，但是对内容提供者提出了更高的要求。能否吸引到更多的订阅者，是该模式成功的关键。

采用这一模式的企业主要有：新闻、体育、财经和娱乐等信息的提供商。

（5）交易费用模式

交易费用模式是指企业提供收费服务，收取的费用根据所处理的交易的数量或规模来确定。

采用这一模式的企业主要有：旅行社和票务、汽车销售、证券经纪公司、保险经纪公司、在线银行等等，主要以中介业务为主。

（6）服务费用模式

采用服务费用模式的企业提供收费服务，收取的费用按照服务本身的价值来确定。服务的高附加值和吸引力是这一模式成功的关键。

采用这一模式的企业主要有：网络游戏、电影与音乐会、法律和财务等专业服务等。

（7）商贸模式

这种模式最接近原有的商业活动，就是直接利用售价高于采购价格的方式赢得利润。采用这一模式的企业主要有：商品经销商和制造商。

（8）信息中介模式

信息中介模式是指企业提供收费服务，收取固定的年费等费用，无须为每次交易付费。

采用这一模式的主要是以电子市场为主的交易中介服务商。

4.4.2 主要赢利模式的演变

为了能够提高收益或者适应环境的变化，电子商务的赢利模式也在不断地演化之中。大致有以下几种演化过程。

① 从收费模式向广告模式转变　由于吸引到足够多的用户或者收费模式不足以赢利时，广告模式就成为一个具有吸引力的选项。

② 从广告模式向广告-收费模式转变　由于内容能够吸引到足够的用户或者能够针对特定的用户群开展业务，就可能转向广告-收费模式。

③ 从广告模式向服务费用模式转变　如果广告不能支持赢利，或者还能够提供更加具有针对性的服务，从简单的广告模式转向服务费用模式就成为一个必然的选项。

④ 从广告模式向收费模式转变　如果广告不能支持赢利或者还能够提供更加具有针对性的服务，从简单的广告模式转向收费费用模式，同服务费用模式不同的是按照服务的质量和项目进行收费。

⑤ 从信息中介模式向服务费模式转变　如果能够提供更加具有针对性的服务、或增值服务、或信息中介的收入不理想，都可能转向服务费模式。

⑥ 多种模式的混合　现在也有按照提供服务的特点、项目、质量等的不同，灵活采用不同的赢利模式的发展趋势。

本 章 小 结

① 电子商务的概念模型是对现实世界中电子商务活动的一般抽象描述，它由电子商务实体、电子市场、交易事务和信息流、资金流、物流等基本要素构成。电子商务的任何一笔交易包含着以下四种基本的"流"，即物流、资金流、信息流和商流。

② 电子商务改变了以往的贸易方式和中介角色的作用，降低了商品交换过程中的成本。同传统的贸易活动相比，电子商务所依赖的贸易基本处理过程并没有变，而用以完成这些过程的方式和媒介发生了变化。一次完整的商业贸易过程包括交易前的了解商情、询价、报价、发送订单、应答订单，发送接收送货通知、取货凭证、支付汇兑过程等，此外还有涉及行政过程的认证等行为，涉及了资金流、物流、信息流的流动。交易前期包括交易前的准备；交易中期主要包括：交易磋商，签订合同与交易手续办理；交易后期主要包括：合同履行与支付、售后服务等等。

③ 电子商务带来了经营战略、组织管理及文化冲突等方面的变化，电子商务不仅是一种技术革命，它还带来一种通过技术的辅助、引导、支持来实现前所未有的频繁的商务往来，是商务活动本身发生的根本性革命。

④ 电子商务的主要参与者有企业、政府、网络接入提供商、中介服务提供商、物流和支付服务提供商等等。根据这些对象的性质不同，电子商务可以分为企业（Business）、消费者（Customer）政府（Government）由此加上交易时的对应关系，形成了电子商务中最基本、常用的九种分类方式。其中以企业间电子商务（B2B）和企业对个人电子商务（B2C）为主。

⑤ 赢利模式是企业获取利润的方式，网络企业的主要赢利模式有：网上目录模式、广告支持模式、广告—收费混合模式及交易费用模式等，这些模式既适合企业与消费者之间的电子商务，也适合企业之间的电子商务。

思 考 题

4-1 结合电子商务交换模型和过程模型，分析各个组成部分的功能，并举例说明之。

4-2 结合电子商务功能模型，举例说明一个电子商务网站的业务组成和实现过程。

4-3 列举电子商务的实际应用，分析完全电子商务的特点。

4-4 试以服装企业为例，分析企业实现网上简单电子商务与网上复杂电子商务的异同点。

4-5 电子商务中的主要赢利模式有哪些？试列举实际网站，说明其采用的赢利模式。

5 B2C 电子商务

学习目标

　　了解 B2C 电子商务的基本概念、发展历程和现状。掌握 B2C 电子商务的购买流程和订单处理程序。了解国内主流 B2C 电子商务网站的结构和主要功能。掌握 B2C 电子商务发展中面临的主要挑战。

【案例】

凡客诚品的成功

　　VANCL 凡客诚品（图 5-1），互联网快时尚品牌，高性价比的自有品牌，全球时尚的无限选择，最好的用户体验。凡客诚品的使命，就是平价、快时尚，是人民时尚。凡客诚品由卓越网创始人陈年创办，于 2007 年 10 月 18 日正式运营，公司先后获得联创策源、IDG 技术创业投资基金、软银赛富、启明创投、老虎基金、淡马锡等多轮投资。

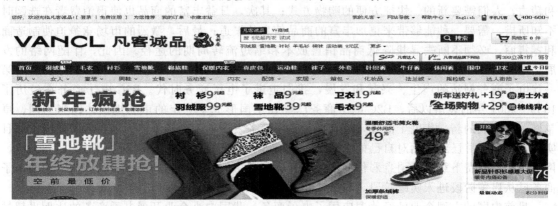

图 5-1 VANCL 网站截图

　　VANCL 成立四年来，业务迅速发展，产品种类也由 2008 年的男装衬衫、POLO 衫两大类几十款，发展到现在的男装、女装、童装、鞋、家居、配饰、化妆品七大类。

　　凡客诚品创始人、董事长兼 CEO 陈年认为，只有用户体验造就的品牌认同，才是最好的品牌实践。四年间，凡客诚品用心关注用户需求，不断以微创新方式提升客户体验，推出了当面验货、无条件试穿、30 天内无条件退换货、POS 机刷卡等服务，极大提升了用户体验与品牌美誉度，积累了大量的忠实用户和良好的口碑效应。同时凡客也在电子商务技术上不断创新，通过晒单、商品组合推荐和"凡客体"等新颖应用的加入，取得了良好的市场效果。

　　随着产品种类的不断丰富，以及对用户体验的关注，VANCL 在中国服装电子商务领域品牌的影响力与日俱增，已经成为中国网民购买服饰的第一选择。全球著名会计师事务所德勤审计后认为：过去三年，凡客诚品是亚太地区成长最快的品牌。艾瑞咨询《2009—2010 年中国服装网络购物研究报告》显示，VANCL 在自主销售式服装 B2C 网站中排名第一。

延伸阅读：凡客诚品，http：//www.vancl.com。

B2C 电子商务作为我们能够直接感知的电子商务形式，是我们理解电子商务的开始，也是社会接受电子商务概念的电子商务形式。理解 B2C 电子商务，对理解电子商务具有十分重要的意义。因此本章也是本书学习的重点内容之一。

5.1　B2C 电子商务的产生与发展

在商品交换的进化过程中，商业活动的范围日益扩大，商业活动的数量也不断增加，但是商业的本质未发生太大的变化。传统商业采用一手交钱、一手交货的交易方式。售货员是消费者和商品之间的桥梁，售货员的服务态度、服务效率和服务能力直接影响商品的销售。随着人们生活水平的提高和生活节奏的加快，销售商品采用了开架自选的新方式，最具代表性的就是超级市场。店面的布置、商品的位置和价格促销等，成为这种方式中影响商品销售的主要因素。与此同时，目录销售、电话销售、电视购物等无店铺销售方式也应运而生。这种方式由于没有店面所带来的费用，具备了使商品价格降低的潜力，给消费者带来了实惠。由于大部分商品可以邮寄或送货上门，为消费者提供了便利。这一切商业业态的发展，为电子商务的产生和发展奠定了坚实的基础。

电子商务能够在极短的时间内快速发展，除了互联网发展的原因以外，还有来自消费者和企业两个方面的原因。首先，现代化的生活节奏使人们对休闲越来越重视，外出购物的时间越来越少，加上交通的拥挤、日益增大的店面和琳琅满目的商品，使消费者需要更多的购物时间和精力，人们需要新的、快捷方便的购物方式；其次，日益丰富的商品也使得消费者在选购时不知所措，需要一种能够带来更加丰富的商品信息的渠道；最后，激烈的市场竞争迫使制造商和零售商，必须不断去寻找降低商品销售成本和缩短流转周期的途径。因此，伴随网络的发展，电子商务恰恰迎合了上述需求，得到了惊人的快速发展。8848 电子商务网站为代表的第一代电子商务网站的产生、兴起和发展，我们走进了电子商务时代。B2C 电子商务在经历了1999～2001 年的衰落以后，B2C 电子商务已经在中国形成了一定的市场规模。以当当网、卓越网等为代表的新一代电子商务，逐渐成为电子商务发展的主力，不但为消费者所接受，而且实现了赢利，并已经开始对自己的企业进行进一步的整合。目前，网上购买产品、游戏点卡、网上拍卖、收费下载、短消息彩信购买等花样日渐繁多的网上购物和消费行为表明，中国电子商务已从启蒙阶段进入实施阶段。

目前中国的大型企业已经普遍应用了电子商务，我国中小企业开展电子商务的比例也超过了 40％，在一定程度上节省了企业成本。另外，商务部发布的 2010—2011 年度《中国电子商务发展报告》显示，2011 年中国电子商务交易总额 5.88 万亿元人民币，同比增长 29.2％，相当于当年国内生产总值的 12.5％。中国电子商务研究中心日前发布的报告也显示，截至 2012年 12 月，网络零售市场交易规模达到 8019 亿元，同比增长 56％；网购用户规模达 2.03 亿人，同比增长 28.5％。预计 2013 年中国有望成为全球第一大网络零售市场。

5.2　B2C 电子商务的商务流程

要了解 B2C 电子商务，必须对它的商务活动流程进行分析和了解，B2C 电子商务的商务流程大致分为两个部分，一个是消费者的网上购物的基本流程、购买决策的主要依据，另一个是电子商务厂商必须关注的问题，如可能提供哪些适合于网上销售的商品，网上订单处理流程等等。本节就商务流程中的这些问题进行分析和介绍。

5.2.1 消费者购买过程

为了能够成功地将商品卖给消费者，必须对消费者的购买过程和决策的主要因素进行分析。图 5-2 展示了一个高度概括的消费者购买过程模型。同日常生活中可能有区别的是，实际的购买过程可能没有进行如此精细的划分，同时也没有按照各个阶段和要素进行分析。但是仔细观察日常的购物过程会发现，在不同的阶段上，人们实际上都在进行着图中所示的过程，只是程序没有这样清晰地进行划分，或者多个步骤反复重复进行，有时各个步骤还有颠倒。但是这样的划分无论是现实上、还是在进行电子商务营销分析上，都具有重要的指导意义。

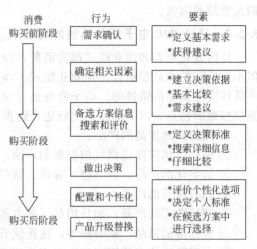

图 5-2 消费者购物过程模型

消费者的购买行为从"购买前阶段"开始，接着是"购买阶段"，最后是"购买后阶段"。消费者首先意识到他们需要进行购物，并分析自己的基本需求，然后建立决策的依据。这一阶段往往伴随着商品信息的搜索而反复进行，如购买汽车或者数码相机，也可能非常简单，如购买速溶咖啡。这一阶段消费者往往会从个人或其他信息来源处获得建议或影响，这也是广告施展能力的必要所在。在电子商务中这个阶段可以得到制造商网站、购物比较网站，或其他智能代理网站的支持。一旦在消费者确立了购买的标准并做出购买决定，就可能开始从各个信息渠道，包括日常购买经常进行的逛街活动，收集相关信息。这就是"备选方案信息搜索和评价"阶段。在比较和权衡各个备选方案之后，消费者还要对产品作进一步的配制信息和定制化的选择，如数码相机购买过程中，对镜头、配件和相机包等个性化配制的选择和确认。这种确认有时要通过现场演示和讲解的方式确认。最后才能确定购买活动，但有时一件衣服就没有必要进行个性化配制。有时在购买后，还有产品的软件升级等问题需要处理。

在消费者购买的过程中，一些因素在消费者决策的过程中发挥着重要的作用。下面分析这些消费者决策时的主要因素。

① 提供的价值　零售商提供的，可能是对消费者而言有价值的东西——更加优良的服务、更低的价格或更高的产品质量。这几个因素中，消费者往往更加看重价格因素，但是有些消费者也愿意为更好的服务和质量支付更高的价格。

② 个性化服务　将每一位顾客视为特殊的一员对待的公司，将获得更大的市场回报。电子商务提供了实现这种个性化服务的技术基础，公司可以通过使用用户注册或 cookie 识别客户身份，并在数据库中记录他们的个人信息和交易信息，然后根据客户的个人特点作有针对性的服务，但是使用这种方式的代价不菲。

③ 方便性　网络文化中一个重要的特点就是方便、直接。忙碌的消费者没有耐心等待，或者在网页中苦苦寻找自己想要的信息，他们早已经转到其他网站上购买了。另一方面，建立高效便捷的购物流程，方便消费者完成购买，或者通过无线网络、电话等途径结合网站一起，为消费者提供随时随地交易服务也是十分重要。有时消费者也愿意通过自助服务完成交易。因此建立便捷的交易流程，在商业模式设计和交易途径设计的时候必须引起高度重视。

④ 体验　消费者对商品的体验和购物过程的体验，有时对购买也起到有力的促进作用。如音乐产品的试听、电影产品的预览，或者对各个阶段的购物过程的在线辅助决策功能，也能增加消费者在购物过程中的体验，激发购买欲望，如价格搜索、相关产品的比较等等。

⑤ 其他标准　如售后服务、退货承诺、可靠的支付方式和送货方式等，都是影响消费者

购买决策的因素。

5.2.2 适合 B2C 电子商务销售的商品

任何商业业态和商业模式都为消费者和厂商带来了便利和利益，都有适合其销售的商品，但不是所有的商品都适合一种商业模式。如百货形态就不适应易于腐败变质的商品销售，超市不适珠宝等商品的销售等。电子商务也有同样的问题，电子商务根据网上信息丰富，但是不能直接接触的特点，以下商品是比较适合销售的：

① 品牌认知度高的产品；

② 由知名供应商提供可信担保的产品；

③ 数字化的产品，如书籍、音乐、软件、电子游戏和影片等；

④ 相对便宜的产品；

⑤ 频繁购买的产品，如日用品、处方药等；

⑥ 有标准的商品，如书籍等，这样使看实物的重要性大大下降；

⑦ 大家熟悉的在传统商店中也不能打开包装的产品，如家用电器等。

另外根据电子商务发展的实践，表5-1列出了评价商品是否适合网上销售的体系指标。指标按照网络销售相关的问题，按照商品的属性分为商品利润、库存周期、价格、寻找难易程度、时间因素、价格敏感度、替代物、寻找的难易程度、目前购买方式的便利程度和产品评价所需的信息量大小10项指标，对商品是否适合网上销售进行评估。一般而言，利润比较高、价格比较高、难以寻找、对时间因素要求不是特别高、现有方式购买比较难以及对产品信息和性能需求比较高的商品，都比较适合与网上销售。表5-1展示了对便利商品、一般商品和稀有商品之间，网络销售的适应性的比较和评价示例。

电子商务发展的经验表明，数字化产品和标准商品，特别适合电子商务。

表 5-1 网络销售商品适应性评价表

特 征	便利商品	一般商品	稀有商品
利润	低	中等	高
库存周期	快	中等到慢	慢
价格	低	低到中等	高
寻找难易程度	容易	容易	难
时间因素	即时得到	经常即时得到	需要等待
价格敏感度	敏感	中等敏感	敏感度低
替代物	可替代	比较可替代	不易找到
寻找和计划难易程度	无需寻找和计划	中等程度计划	广泛寻找和计划
目前购买方式的难易	容易、方便	容易、方便	不容易、不方便
产品评价	不需评价	需评价、观察	需观察获得信息
是否适合于网上销售	不适合	不适合到适合	适合

5.2.3 B2C 电子商务的购物流程

B2C 电子商务的管理问题主要包括网站管理、网上订单的处理流程以及货物的生产和管理等几个部分，就电子商务而言，主要包括网上订单的处理。网站的管理主要在网站后台处理中介绍，本节主要介绍网上订单的处理流程。

网上电子商务活动的处理流程，主要包括前台处理功能和后台处理功能两个部分。所谓的前台功能是指，消费者在网站上能够看到和进行操作的部分，主要实现消费者对商品的浏览、选择和购买等功能；而后台功能是指，电子商店的管理者对网站管理、商品信息和消费者的购买行为的处理等功能，它一般是消费者看不到的。

电子商务的前台处理功能，主要是针对消费者的网上购买行为模型进行设计的。图 5-3 显示了消费者网上购物的基本流程，流程大致分为 5 个步骤完成。

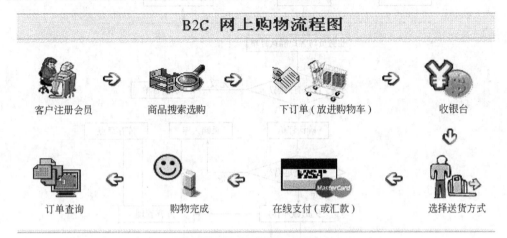

图 5-3 消费者网上购物基本流程

（1）浏览商品

网络消费者通过 B2C 电子商务网站提供的多种搜索方式，如产品组合、关键字、产品分类、产品品牌或产品名等查询方式进行产品查询和浏览。

（2）选购商品

网络消费者找到所需的商品后，可以浏览商品的具体信息，如产品性能、市场价格等产品信息，如果想要购买该商品，就点击"订购"按钮，将该商品放入购物车中。在最后确定购买之前，消费者可以在购物车中查看选购商品的名称、数量、商品单价和总价等信息，还可以修改购买商品的数量。

（3）用户注册

网络消费者在第一次访问 B2C 电子商务网站时，要进行购物，必须先在网站上注册姓名、地址、电话、E-mail 等用户信息，以便于网站进行相关的操作。这一点是电子商务与传统商务明显不同之处，试想一下，在顾客进入商店选购商品时，商店要求填写姓名、地址、联系方式等信息，顾客会如何惊讶！

（4）支付货款

支付货款有多种形式，一般有到货付款、网上支付和见款付货，网上支付大多基于信用卡和借记卡等电子方式。目前还有电子商务公司提供的新型支付手段，如淘宝网提供的支付宝等。

（5）配送货物

网上消费者在确定购买的商品后，一般还需选择货物的配送方式。一般的配送方式有：邮寄、快递、网络公司配送和上门自取等几种方式。当消费者购买了商品、完成支付和选择适当的配送方式以后，B2C 电子商务网站就可以按照客户的要求，将商品送到消费者手中。

至此 B2C 电子商务的销售业务基本处理完成，用户在验收商品合格后，网站还要提供售后服务。

5.2.4 B2C 电子商务的订单处理

订单处理主要包括两个方面的内容：处理订单信息和客户信息管理。处理订单的一般流程如图 5-4 所示。

（1）订单信息处理

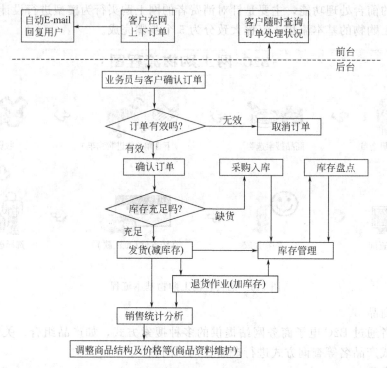

图 5-4 订单处理流程

电子商务管理人员通过电子商务网站的后台管理系统，进行订单系统进行操作，包括每日定时接收订单，对订单进行分类处理；将订单分发给有关人员或部门，进行客户信息确认、商品准备和配送管理。在 B2C 电子商务比较成熟的企业，上述处理可以完全由计算机系统来自动处理。

按照支付方式、身份认证方式等的不同，订单处理可以分为：

① 网上支付的订单处理，这类订单信息已经能够由信息系统自动处理，包括顾客身份的确认、支付能力的确认和扣款；

② 非网上支付订单处理，这类订单处理要求工作人员必须经过人工和信息系统结合的方式，进行订单的有效性、货款与订单的衔接和消费者身份的确认等，其他的处理完全可以交给信息系统进行处理。

（2）客户信息管理

经过网上注册和在网上确认了订单的顾客，在网站的后台管理系统中都留有记录。这类信息是 B2C 电子商务的营销决策中的重要依据。B2C 电子商务在自愿的前提下，尽可能多的要求用户提供更多的个人信息：收入、偏好和生活习惯等信息，与网上的浏览信息和交易信息相结合，可以分析消费者的消费水准、偏好等，可以有针对性地投放广告信息，进行有针对性的营销，提高客户的满意度，获得更多利润。

5.3 B2C 电子商务网站的功能与结构

目前，B2C 电子商务系统的主要功能结构如图 5-5 所示，其电子商务网站功能包括前台系统、后台系统两大部分，前台系统分别支持产品组合展示、网络营销、客户价值挖掘、支付系统；后台系统支持订单处理系统、采购管理、仓储及物流管理系统、财务及报表管理。内部管理系统负责支持前两者功能的有效实现。在上述各个系统的基础上，向上支持公司电子商务战

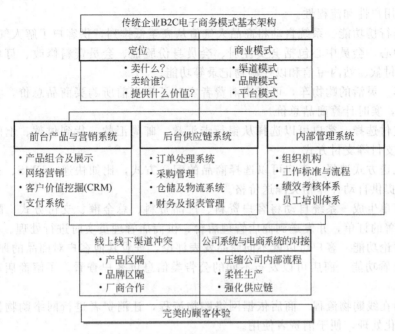

图 5-5 企业 B2C 电子商务系统功能结构图

略的实现，向下给予消费者以完美的购物体验。

综合国内主要提供商的电子商务系统，目前主流电子商务系统的前、后台功能如下。

5.3.1 电子商务网站前台功能

前台界面的是否美观，将影响整个网站的发展和经营情况，电子商务网站系统都必须在界面上每个流程、排版、每个图标的设计上花费大量的时间，以打造精美的电子商务网站。目前的主流 B2C 电子商务网站的主要前台功能如下。

① 丰富的商品展示功能　方便对各类商品、网站栏目和广告等信息进行有效的展示。商品一般简介采用图文混排，实现图文并茂的商品信息显示，全面展示商品，图片多样式使客户定购更加精确。商品的多图上传功能和分图浏览功能，可以实现多角度查看产品图片信息。

② 会员登录　实现会员登录及修改会员的基本信息和密码。

③ 非会员购物功能　无需注册成为网站会员也可完成购物，有利于增加商品销售。

④ 预付款购物功能　会员可以有预付款，管理员可以采取多种方式充值会员预付款，并可以通过预付款进行购物，有利于增加网站的资金周转。

⑤ 会员积分与会员价功能　多种会员积分方式，便于电子商务网站举行各种促销活动；并且可以给会员划分等级，不同等级的会员享受不同的产品价格。代理商也可以参照会员的等级进行管理。

⑥ 支持非实体商品销售（可选项目）　系统支持实体与非实体商品的销售，对于非实体商品，比如网上点卡销售，系统支持在线取卡、在线充值等功能，并对点卡数据进行加密，确保商品信息安全。

⑦ 便捷的商品检索功能　客户可以非常便捷地查询与检索所需要的产品，系统一般提供多种商品检索方式。可对商品进行快速搜索和高级搜索。

⑧ 多种商品分类　多种商品分类方式，可供消费者采用多种方式查询商品信息。商店提供产品类型分类、品牌分类、最新上柜商品分类、最新打折商品分类、最新热卖产品分类形式。也可以查看商品的管理商品与推荐商品。商品分门别类、分层次展示，不仅方便浏览者迅速找到自己的目标商品，同时增强了网站的亲和力。该模块往往是浏览者与网站接触最频繁的

部分，要突出用户性和流程性。

⑨ 商品排行榜功能 系统自动将商品人气值从高至低排列，供客户了解人气商品排行。

⑩ 会员中心 会员中心包括会员注册、会员身份验证、会员资料修改、订单查看、订单修改、查看预付款、站内短信和以往购物记录等功能。

⑪ 购物车 灵活的购物车，可以使消费者实时了解当前所购买商品总价，实时对购物车商品进行增删，实时计算商品总价。

⑫ 多种支付选择 客户可以选择从银行卡汇款、邮局汇款、货到付款、上门付款、在线支付、支付宝支付等支付方式。

⑬ 多种配送方式选择 客户可以选择商品的配送方式，比如快递、EMS、火车托运、空运等，系统还提供自动计算相关配送价格。

⑭ 在线订单生成 系统自动将客户资料、产品资料、总金额、支付方式、配送方式等信息自动生成完善的订单，并发送到商店管理后台，供商店管理员实时进行处理。

⑮ 商品评论功能 客户可以就不同商品发表评论，查看其他客户对商品的评论信息。

⑯ 公告查看功能 商店可以发布不同的公告类信息供客户查看，了解商店动态信息和最新产品信息。

⑰ 顺畅的在线购物流程 商店依据网络购物流程，让消费者进行网络购物体验。一般尽可能采用图形化处理，便于消费者使用。

⑱ 会员邮件订阅 管理员可以自行设定网店会刊（邮件）内容，可以将网店会刊或指定内容发送给不同的会员；会员可任意订阅网店会刊，扩大网站与消费者之间的联系渠道。

另外在前台设计的时候，还有两个技术问题必须关注。

（1）尽可能使前台全面生成静态 html 页面

从技术上讲，全面生成静态 html 页面能使访问速度加快，节省服务器资源开销，方便搜索引擎收录，便于解决电子商务网站推广的难题。所以电子商务网站系统目前的主流是除了购物功能必须使用动态技术以外，其他页面一律采用静态的 html 页面处理，展示的产品信息及新闻内容，更容易被搜索引擎全盘收录、覆盖。

（2）编码

尽可能采用 UTF-8 编码。采用了 UTF-8 编码系统就全面、真正地成为一个带有国际化语言支持的系统，可以同时在一个页面上显示全球任何一种语言而没有任何障碍、任何乱码。可以实现用户在后台随意设定语言，也就是可以生成使用简体中文、繁体中文与英文或者其他语言的网上商店。

5.3.2 电子商务网站后台管理功能

通过电子商务网站后台管理系统，管理员可以就电子商务网站的前台页面、商品分类与商品信息、动态信息、订单与客户等内容进行良好的查询与管理。本章以 http：// www.web08.net 提供的电子商务系统为例，说明电子商务网站的后台管理功能。

（1）前台管理

① 桌面分布 桌面的一侧一般用来显示登录信息、升级信息、访问量、尚未处理事务和商品信息等，方便已登录用户第一时间进行业务处理。另一侧显示文章添加、商品添加等各种管理功能的快捷方式，方便用户快捷地使用这些重要管理功能。

② 网店名称 显示在网站 title 处。

③ 网址 网站实际访问的地址，写好后然后保存，再点击 html 管理，生成首页。这里应当关注网页被搜索引擎收录的便利性，提高搜索效率和排名。

④ 公司信息 电子邮件、公司名称、公司地址、公司电话等。

（2）交易方式设置

①　积分累计方式：选择无，则不累计积分；选择按订单价格，则后面还需要设置"单位积分"，会员购物之后所得到的积分，就是按照订单中商品总价格乘以单位积分，如设置一元商品金额兑换 1 个积分。

②　商店是否使用缓存：商店使用缓存可以使前台顾客浏览页面更加快捷。

③　商品性质：此处是为了方便管理员添加商品，如果此商店所销售的全部或者大部分都是实体商品，这里就选择"是"。

④　是否设置含税价格。

⑤　订单金额小数点后保留位数。

⑥　订单金额取整方式：系统默认为四舍五入。

⑦　默认发货时间：从订单生成到货物送达的默认时间，譬如您的商店通常在顾客下单之后的一天零 5 个小时之后才能将货物送达，则这里您就设置为 1 天零 5 个小时，那么前台顾客下单的时候选择送货时间的默认值就会是当前时间加上 1 天零 5 个小时，从而能够让您有足够的时间配货发货。如果天数填写"-1"，则前台不显示让顾客选择发货时间的栏目。

⑧　显示商品市场价：设置前台页面是否显示商品市场价。

⑨　会员登录验证：主要验证会员身份的真实性。如果不同来源的会员，则不同用户系统需要做不同设置。

⑩　订单生成立即扣除库存：如果选择开启状态，则当商品库存只有 1 个的时候，如果一个顾客购买了此商品，则订单生成之后立即扣除库存，商品页面的购买按钮也会立即变为"到货通知"按钮，商品则不允许继续购买。如果选择关闭状态，订单生成之后都不会扣除库存，也就是说即便商品库存为 0，但是顾客依然可以继续购买此商品。

⑪　设置网站 title 与 meta 关键词：方便搜索引擎收录。

（3）首页窗口设置

这里可以设置首页是否弹出窗口、弹出窗口标题、弹出窗口的高度和宽度、首页是否开启浮动广告、商品缩略图的高度和宽度、商品清晰图的宽度和高度、搜索结果页每页显示商品数量、首页商店公告的显示条数、首页文章版块的显示条数、首页最新商品显示条数、首页热卖商品显示条数、首页推荐商品显示条数、首页特价商品显示条数、首页最新评论显示条数等，并可自行上传网站封面。

（4）内部管理

①　口令与密码管理：通过本模块可以修改管理员的密码。

②　设置商店各种必要的联系方式，最好还能将页面修饰得更为温馨和整洁。

③　给商品图片加上水印，提升您商店的形象，并可以保护图片版权。

④　设置网上商店的版权信息。

⑤　上传备案证书，本功能中国内地专用，请将备案后取得的 bazs.cert 在此处上传。

⑥　查看当前网站所有管理用户以及每个用户的功能权限：可以在此重新设定每个管理用户的操作权限，添加新管理员，并分配每个管理员的具体管理权限。

（5）网站风格管理（可选项，一般商业软件提供）

本项管理功能便于生成不同风格的网站。

上传最新下载的模板：一般采用内置了多套精美模板，可以根据不同行业用途进行挑选，这里以列表加缩略图的方式显示所有系统模板，用户可以根据需要选择模板，然后将选中的模板添加到自己的模板库中进行编辑使用。用户还可以在这里对所选用的模板进行挑选，选中适合的模板进行编辑、删除和使用。模板的编辑应当实现可视化编辑，模板的各个区块都能进行编辑，可以轻松地进行商店风格和布局的改变。

（6）订单处理

① 支付管理：一般提供给商店管理员可选择货币的名称列表，目前已经有全球主要的货币；设置网上商店的支付方式，包括线下支付和在线支付方式。系统一般还可以内置当前市面上所有常用的网上支付网关。

② 配送管理：根据实地情况设置商品的配送方式，并可以设置不同配送方式的价格。一般按照顾客所需要配送到的地区，判定配送此顾客所购买商品需要的费用。

主要功能有：配送公式的设置就是为了满足一种配送方式，根据不同的配送地区而显示不同的价格，配送公式可以是一个固定的数字，也可以是一段计算公式，可通过发货地和目的地邮编即可计算邮资；有时会采用通过添加物流公司属性，并且可以使用这些物流公司的发货跟踪接口，进行货物的跟踪；还可以通过设置，将发货等邮件通知会员。

（7）文章管理

① 添加文章：添加文章非常简单，只需要输入文章标题、选择文章分类、选择是否发布，然后输入/添加文章内容；如果文章需要让顾客在阅读的同时下载一个有关此文章的附件，则可以在此页面上传文件的地方上传一个本地文件，则顾客在前台文章页面即可下载此文章附件。

② 编辑文章显示所有文章类别的文章，可以进行编辑、查找和增删。

（8）商品管理

① 当商品库存为 0 时，一般前台"购买"按钮就会自动变为"到货通知"按钮，当有顾客点击到货通知按钮输入 E-mail 之后，后台到货通知列表就会增加一条记录。

② 商品分类：一般几乎可以无限地增删和编辑商品分类，确定商品分类的排列顺序，并且系统默认每个分类有多个商品属性，在增添商品的时候就不用再重复增加属性，只要选择相应的分类，就显示出商品属性。

③ 商品分类的添加：将某类别的名称和属性复制到一个新的类别。同时也可以选择是否复制此类别下面的所有商品。

④ 商品显示：显示所有类别的商品，可以进行编辑、查找、排序和增删，并且可以快速修改价格、库存、是否发布、是否热卖、是否推荐、是否特价、是否实体等参数，并且可以查看某种商品的所有商品评论。

⑤ 商品添加：商品添加的时候，首先选择一个发布商品的类别，填写商品编号、名称、计价单位、描述价格、结算价格、简要描述、详细介绍；可分别上传商品缩图和大图。商品添加时可以直接发布商品，也可以选择暂时不发布。选择暂不发布时，商品存入数据库，可以管理，但在前台商店是看不到的。

⑥ 结算价格：为了适应不同的商家喜好和不同类型商品描述字段不同的特点，更灵活地进行商品描述和价格说明，这里将价格设置分为描述价格和结算价格，描述价格即市场上的价格，结算价格一般设置比描述价格稍低，从而显示商家的价格便宜，以吸引顾客。结算价格在购物车和订单中做计算用；商家可以根据自己的需要，将商品的一些特性和价格说明写入简要描述中，展示在这里购物所能带来性价比的优越。

⑦ 商品上传：商品上传到前台系统，可以同时设定商品针对不同会员的会员价格，同时发布相关的商品信息。

⑧ 商品编辑默认采用标签显示方式，把商品基本信息、会员价格等功能分成多个标签进行管理，这样可以更加快捷有效地编辑商品。

⑨ 商品信息的批量修改：对已有商品进行批量修改。对于有些商店，商品数目有几千甚至几万，此时添加商品的方式就需要使用商品批量上传了，这样能够节省很多添加商品的时间。还可以对于非实体商品通过本模块进行补货。非实体商品同库存密切相关。

⑩ 商品评价管理：显示所有商品评论的内容、是否回复、评论时间、评论用户，用户可

以进行回复和增删。

（9）订单管理

① 订单信息：显示所有订单的订单号、下单日期、订单总金额、运费、配送方式、支付方式、购货人、联系电话和订单状态，可以进行顺序检索，或按订单号、订购人、订单金额等进行模糊搜索。订单可按设置直接打印。

② 订单状态：订单和订单中的商品都有四种状态：确认、到款、发货和归档，可以在订单列表修改订单状态，如果订单只包含一种商品，那么订单状态和商品状态始终一致，如果订单包括两种或两种以上的商品，当订单状态和商品状态不一致时，会出现一个感叹号的标识提醒用户注意。

③ 订单确认、到账、发货、归档确认：由于网上购物的特殊性，并非所有确认订单的会员都是真实需要购买商品的，有时需要沟通确认。因此系统中增加了"确认订单"的功能。您可以通过电话，邮件等方式和顾客联系，当顾客正式确认需要购买商品时，点击订单确认按钮，订单就进入了"确认"状态，确认状态的订单则不能删除。

④ 订单处理程序：一般按照下列程序进行订单处理。

到账：订单确认之后，是否到账就将显示订单的下一状态。

发货：这一状态是显示订单所购买的商品是否发出。

归档：存档后的历史订单，供日后查对之用。

（10）注册用户管理

① 注册用户信息管理：所有商店注册会员的资料包括用户名、姓名、性别、城市、生日、电子邮件、积分和注册时间，用户可以对其进行编辑、查找和增删。

② 注册协议：设置会员注册时需要同意的协议，此协议可以根据商店的实际情况进行制订。

③ 积分管理：根据每个会员的积分，设定每个会员的等级。还可以设定此等级会员购买商品时享有的折扣率。

④ 预付款功能：会员可以使用预付款购物。

⑤ 用户留言管理：顾客通过前台顾客留言栏目，可以向商店进行留言。顾客提交留言后，管理员可以通过后台查看顾客留言，并且进行回复，之后留言和回复会同时显示在页面上。

⑥ 优惠方案管理：输入方案名称、方案描述之后，还需要选择此批发方案所要应用到的会员等级，除了后台新增的会员等级之外，还可以应用到非会员等级。

（11）广告管理

① 广告设置：系统广告有三种类型、浮动广告、弹出广告和对联广告，新增广告时选择相应的广告类型和尺寸保存即可。多个广告在前台的显示，会按照添加的顺序依次从上到下进行显示；其中对联广告的图片只能使用本地上传图片，不能使用远程调用图片。

② 友情链接：对与其他网站的友情链接进行管理，以获得更多的商店顾客流量，管理和设置友情链接的信息，可以是图片、文字和 flash 等格式。

（12）邮件管理

① 一般可以将网店所有会员根据不同级别设定不同的邮件组。

② 一般可以新增或者编辑需要发送邮件的内容，通过本模块发送相应邮件。

（13）数据分析

对用户、市场信息进行分析，是网站成功运营的重要一环。一般包括以下几个方面：

① 访问量分析：访问量分析分为选取一个时间区间进行查询统计数据方式和按日月周年方式显示趋势图方式。

② 客户端分析：可以分析客户的浏览器版本、分辨率、操作系统、语言、JavaScript 支

持、JavaScript 版本、Cookies 支持、时区。

③ 注册情况分析：可以以日、周、月、年为单位显示来访客户的变化情况。

④ 来访 IP 排名：选择一个时间段，显示前二十位来访 IP 排名，也可以通过 IP 来查询。

⑤ 来访页面分析：显示所有链接到商店的 URL 地址。

⑥ 访网站分析：显示所有链接到商店的网站地址。

⑦ 来访会员排名：选择一个时间段，显示前二十位来访会员排名，也可以通过会员 ID 来查询，通过本排名可以分析注册用户对商店的忠诚度。

⑧ 销售指标分析：按照所选时间段，统计客户平均订单金额、每次访问平均订单金额、订单转化率、注册会员购买率、平均会员订单量在内的五项数据。

⑨ 销售额：以日、周、月、年为单位显示本商店的销售额。

⑩ 会员订单量排名：选择一个时间段，显示前十位的注册会员订单数量排名。

⑪ 会员购物额排名：选择一个时间段，显示前十位的注册会员购物额度排名。

⑫ 商品销售量与销售额排名：选择一个时间段，显示所有商品销售量与销售额排名。

⑬ 商品大类销售量与销售额排名：选择一个时间段，显示所有商品最大分类的销售量与销售额排名。

⑭ 商品访问次数排名：选择一个时间段，显示前二十位商品访问次数排名。

⑮ 商品访问次数与购买次数对比：显示各商品的访问次数与购买次数对比表，按照比例高低排列。

在访问统计和销售统计过程中，可以屏蔽过滤掉某些 IP 地址而使统计结果更加客观准确。

（14）数据库管理

① 升级数据库，每次升级之后需要操作。

② 完整备份：将数据库所有内容全部备份下来。

③ 数据库恢复：选择数据库进行恢复操作。

（15）实时通信功能

目前的系统往往可以添加的即时通信包括 QQ、MSN、淘宝旺旺、阿里巴巴贸易通和 Skype 五种，添加之后可以选择显示在页面底部版权信息处或者联系我们页面。

5.4 B2C 电子商务的赢利模式

根据上一章的定义，商业模式通常包含以下方面的内容：如何向顾客提供服务、收入来源、成本确认以及业务详细的执行过程。在 B2C 领域，商业模式通常根据收入的来源进行分类，还有以厂商与消费者的关系或网上业务（虚拟业务）和实体业务（网下业务）的关系来分类。

① 商贸模式　如同前文所述，商贸模式是最接近传统的商业形态，它是指依靠商品进销差价赢利的商业模式。

② 订购模式　提供服务、按月或年收取费用。

③ 事务处理模式　基于提供的事务处理级别收取服务费用，如商品信息、价格比较和鉴别等不同服务级别和内容收取不同的服务费。

④ 广告支持模式　向消费者免费提供服务，但是向广告公司和广告发布厂商收取费用的商业模式。这种模式通常同上两种商业模式同时使用。

⑤ 赞助模式　由能够从中获益或为了其他经济利益以外的原因，愿意提供捐赠的公司可能会赞助，来获利的商业模式。这种模式通常并不单独存在，它往往同前三种商业模式并存。

另外还有一种按照向消费者出售商品或服务的方式和渠道形态进行划分商业模式，主要有：

① 直销模式 由制造商直接通过网络向消费者销售商品。包括 Dell、耐克和索尼等知名的厂商；

② 完全电子商店 只通过网络向消费者提供服务的销售商，它们没有实体商店，如 Amazon 书店和当当书屋等；

③ 鼠标加水泥模式 这些厂商既开展网上销售，同时也通过实体店铺进行销售的商业模式，如沃尔玛超市和上海书城等；

④ 服务模式 有一些厂商仅仅通过网络，免费向消费者提供售后服务支持，而不在网络上提供直接的销售服务，这一模式大多为电子商务经验不丰富的初试者和回避渠道冲突的厂商所采用。

5.5 B2C 电子商务面临的挑战

管理者必须能够从自身和其他人的错误中汲取教训，还必须时刻关注技术、监管环境和市场环境的变化。对于市场的研究包括宏观经济运行状态、人口统计数据、消费者口味和偏好等方面。还有一些有关运营的基本问题，如成本控制、定价策略和产品供应等都是关键性的问题。

自从国内电子商务发展至今，已经有无数电子商务的尝试归于失败，这一现象说明电子商务本身并不是万能的，电子商务的发展带来的往往是严峻的挑战和巨大的风险。对于那些无法给消费者提供价值，没有能够建立其赢利模式的商业模式，或者没有能够执行已经建立赢利模式的公司，都将被市场淘汰。

5.5.1 B2C 电子商务的经验与教训

分析成功的企业和失败的案例，从中终结电子商务发展的经验和教训，对未来电子商务的发展意义十分巨大。对电子商务发展的经验和教训总结如下：

（1）赢利性

每笔交易都应该带来边际利润。大多数电子商务面临的问题是，在努力达到赢利的规模前，每笔交易都是亏损的。因此，价格政策和目标市场的设定非常关键。

（2）品牌

品牌一直被认为是电子商务成功的关键因素之一，但是很多企业为了吸引关注投入了过多的资源，却忽略了交易自身的许多问题的解决。通过日志文件观察用户来自什么网站，是决定广告投向的一个重要指标，不要忙着在大众媒体投放广告，而忽略了真正用户的位置和行为方式。经验表明，大多数访问来自会员网站、搜索引擎或别人的推荐。

另外，由于网络的特点，消费者往往不愿在一个非常陌生的网站上购买产品，因此，建立消费者的信任非常关键，特别是当现实利益与客户服务之间出现冲突的时候尤其重要。

（3）战略定位

电子零售商制订的最重要的决策就是总体市场战略定位。在开展电子商务之前必须明确回答下列问题：电子商务应当填充哪块细分市场，哪些业务功能能够在其内部完成、哪些业务要外包，和哪些企业建立伙伴关系，如何将网上业务同实体设施（生产厂家、店铺和仓库）的活动结合起来，短期和长期的收入来源在哪里，固定和边际成本的构成要素有哪些，以及如何保证项目的赢利性和生存能力。

（4）网站表现

电子商务网站的出色表现往往是吸引消费者的第一步，快速的页面下载、迅速的数据库检索、优化的图片等等。还有正确的定位和形象传递、商品信息和购物过程的简捷明了，都是网站表现的重要内容。

另外，简捷的页面、丰富而恰当的动态表现，也是电子商务成功的因素之一，简单的静态页面会使消费者感到厌烦。

（5）关键多数

B2C电子商务与传统的零售商业一样，利润率不高，因此必须对收入和成本进行认真管理。由于在网络经济环境中的竞争十分激烈，企业往往达不到实现赢利的关键多数。所以，电子商务企业往往希望采用牺牲短期利润繁荣方式吸引消费者，以求在短期内达到赢利的规模，但是短期毕竟不是永久，如果用户不能达到关键多数，企业就必须重新考虑自身的商业模式，甚至战略定位问题。

（6）新的营销手段的应用

B2C电子商务与传统的零售商业一样，依赖于消费者的认可与体验的传播。因此，在电子商务的实践中，借助于消费者沟通的新手段，如社交网络、微博、及时通信技术、大规模客户行为数据的分析和更加强化的消费者心理研究等的应用，受到广泛关注。

（7）供应链的整合与流程创新

同任何管理信息系统一样，电子商务的实施依赖于对现有流程的优化，也就是BPR。这里面包含两个层面的含义：一是电子商务运营的特殊性要求，必须改造原有的管理流程，使之与电子商务的需求相匹配；另一个含义是电子商务为供应链管理的创新提供了新的空间和机遇。

（8）财务生存能力

这是同上一个问题相关的问题。为了使用户数达到关键多数的规模，短期利润损失是通常的做法，如何能够在财务能力和业务拓展之间找到一个平衡点是非常关键的。这涉及商业模式的设计和最初的财务基础。

5.5.2 电子商务网站的问题与挑战

中国的网站是需要符合中国人的习惯的，需要符合中国人的心理特点和中国人的传统观念。中国一般是讲究排场，讲究门面的，所以中国的电子商务网站大多是首页做得丰富和复杂，给人的感觉就是内容又多又丰富，而外国的网站却很简洁，很多外国的网站连论坛也没有。中国制造网、EC21、环球资源等国际类电子商务网站做的也很简洁，阿里巴巴和万国商业网等在中文站点做的页面很丰富，内容很多，但是他们的英文站点却很简洁，符合外国人的风格特点。

许多运营电子商务网站的人总是认为网站首页应该做得大气，否则，难以得到第一感官上的信任。随着我国网民的发展成熟，越来越多的网民已经认为一个好网站应该充分考虑网民的感受，节约网民上网的宝贵时间，让网民在有限的上网时间里，得到更多的东西。

总结目前国内电子商务网站运营中的问题，我们发现以下问题对电子商务的发展提出了挑战。

（1）网页设计方面

首先，是首页内容多而杂。打开大多数的网站来看，首页基本上内容很多，一般的网站也有二三屏。多的有七八屏。在首页想把自己网站所有的信息全部显示给会员看到，因此将网站所能提供的信息缩影在首页，造成信息多而杂，重点不是很突出。同时，有些网站在建设上，缺少很好的信息引导功能，使得网站显得十分凌乱。在实际运营中，许多网站不是因为定位不明确，而是因为有了好的定位后，却在实际操作过程当中，不知道如何取舍和放弃，总是想把所有的信息放到首页，让会员能看到，结果造成页面多而复杂，重点不突出。

其次，定位多而全是许多网站的一大通病。许多网站的栏目多而杂，总是以门户或同类网站集大成者自居。结果是网站定位模糊，难以在消费者心中留下特殊的印象。此外，大量的栏目难以将所有栏目做好、做精，使得许多栏目没有实质性内容，或更新不及时，无法满足会员的要求。

最后，许多网站在页面设计上追求花俏，根本就不讲究实用的效果。无论是娱乐性网站还是电子商务类网站以及企业网站，都让人看得眼花缭乱。从颜色变化到图片变化等，都过度追求视觉的冲击效果，忽略了会员来网站的真正目的，没有考虑到会员浏览网站的心理感受。仿佛网站是一个让会员欣赏美工和设计以及图片的网站，失去了美工和图片以及设计等辅助性的作用。

（2）功能流程杂乱烦琐

许多电子商务网站往往自称自己的网站功能如何完善、如何有创新。但是如果网站在开发新功能的时候，没有考虑会员的感受，没有考虑网站现有的资源和优势，在推出新功能后，消费者在短时间里无法接受和认可，同时因为网站自身缺少一定的会员支持基础和市场沉淀因素，就有可能会失去优势，因此，新功能推出的时机非常关键。许多网站是从对手网站那里进行改善功能，而不是从会员的意见和建议那里改善功能的。许多网站推出新功能，却得不到会员的支持和认可，最后新功能在市场推广当中，渐渐失去优势，反而教育了强大对手。

（3）服务多而全等于没有服务，少而精才能吸引客户的心

许多电子商务网站在向顾客推销服务的时候，往往夸大网站能提供什么服务。许多电子商务网站的通病还在于服务多而全但是没有特色。如一个电子商务网站公司 20 多个人，在向客户推销产品和服务的时候，说自己能提供多种服务，但是公司限于人力、物力、财力等各个方面的限制，无法实现服务承诺，只能在服务质量上，大打折扣了。消费者在接受电子商务网站服务的时候，一定要考虑到服务的质量，而不是服务的多少。所以电子商务网站应根据公司的实际情况，能提供多少服务，并且把每种服务做好做精，才能用精品服务吸引住客户。

本章指定观察网站

（1）电子商务网站：http：//www. amazon. com

　　　　　　　　　http：//www. dangdang. com

　　　　　　　　　http：//www. dell. com. cn

　　　　　　　　　http：//www. ego365. com

　　　　　　　　　http：//www. joyo. com

　　　　　　　　　http：//www. godele. com

（2）电子商务系统提供商：http：//www. web08. net

　　　　　　　　　　　　http：//www. jisushop. com

本 章 小 结

① 现代化的生活节奏使人们对休闲越来越重视，外出购物的时间越来越少，加上交通的拥挤、日益增大的店面和琳琅满目的商品都延长了消费者的购物时间和精力，人们需要新的、快捷方面的购物方式；其次，日益丰富的商品也使得消费者在选购时不知所措，需要一种能够带来更加丰富的商品信息的渠道；最后，激烈的市场竞争迫使制造商和零售商必须不断去寻找降低商品销售成本和缩短流转周期的途径。因此 B2C 电子商务应运而生。

② 消费者的购买行为大致可以划分为三个阶段，从"购买前阶段"开始，接着是"购买阶段"，最后是"购买后阶段"。消费者首先意识到他们需要进行购物，并分析自己的基本需求，建立决策的依据；然后从各个信息渠道，包括日常购买经常进行的逛街活动，收集相关信息，这就是"备选方案信息搜索和评价"阶段；最后才能确定购买活动。

③ 不是所有的商品都适合一种商业模式。一般而言，利润比较高、价格比较高、难易寻

找、对时间因素要求不是特别高、现有方式购买比较难和对产品信息和性能比较需求比较高的商品都比较适合与网上销售。

④ 网上电子商务活动的处理流程主要包括前台处理功能和后台处理功能两个部分，所谓的前台功能是指，消费者在网站上能够看到和进行操作的部分，主要实现消费者对商品的浏览、选择和购买等功能；而所谓的后台功能是指，电子商店的管理者对网站管理、商品信息和消费者的购买行为的处理等功能，它一般是消费者看不到的。

⑤ 电子商务发展的经验和教训主要有：时刻关注赢利性，注重树立品牌，另外战略定位、网站表现、关键多数和财务生存能力等，这些对于电子商务的成功均十分重要。为了使用户数达到关键多数的规模，短期利润损失是通常的做法，如何能够在财务能力和业务拓展之间找到一个平衡点非常关键。这涉及商业模式的设计和最初的财务基础。

⑥ 中国的网站是需要符合中国人的习惯的，需要符合中国人的心理特点和中国人的传统观念。目前国内网站往往在网页设计、内容定位、实用效果和业务流程等方面存在不足，同时往往缺乏必要的服务。

思 考 题

5-1 根据消费者购物过程模型，分析 B2C 电子商务在各个阶段可能采取的商务策略。

5-2 观察国内 3 家 B2C 电子商务网站的前台功能，总结其销售商品的特点和网站的定位。

5-3 针对国内电子商务网站面临的问题与挑战，试分析形成的原因和改进的建议。

5-4 对比分析当当书店和亚马逊书店的前台功能和主要业务的异同点，试分析原因。

6 B2B 电子商务

学习目标

掌握 B2B 电子商务的概念，理解和掌握 4 种基本的 B2B 电子商务形式的特点、功能和实施的主要收益，理解我国 B2B 电子商务发展面临的挑战和发展环境。

【案例】

电子商务为苏宁电器赢得竞争优势

苏宁电器是全国性的家电零售连锁龙头，近年致力开设连锁店。从 2005 年开始，苏宁电器与三星、海尔、摩托罗拉等国际企业陆续建立 B2B 供应链合作关系。以往，为了保持物流顺畅，苏宁需要维持大量人手。但是，除了浪费人力之外，公司的采购与物流仍然存在脱节现象，导致物流成本居高不下。

公司为此开发了 B2B 电子商务直联系统，并且实施了 SAP 的 ERP 系统，把订单、发货、入库和销售等数据通过该系统实时传递。买卖双方的销售人员都可以基于一个共同的信息平台，决定采购供应和终端促销。该系统能够产生订单，并与供应商的系统对接。供应商也可以进入苏宁电器的系统内，随时查看自己产品的销售量和库存情况。

此外，苏宁电器也对原有组织架构进行了大刀阔斧的调整。新组织架构把层级化管理变成专业化服务；又依托于大区平台，直接掌控到连锁店，把大区变成物流基地。这样一来，取消了过去子公司的管理功能，把子公司看作连锁店，管理功能依附大区的物流平台进行。

通过电子商务系统的应用，原先在物流方面的脱节现象得到改善，物流成本也大大下降，为苏宁电器赢得了竞争优势。

资料来源：http://epaper. secutimes. com/paper/zqsb/page/1/2009-05-26/T005/10991243268579754. pdf.

作为电子商务的主要发展领域，B2B 电子商务具有更加丰富的内涵和表现形式，也是电子商务中更加激动人心、引起社会关注的重要领域。由于企业间的商务活动自身的复杂性和行业间的差异性，使得 B2B 电子商务在发展上表现出更加丰富的内涵和外在形式，因此，研究和掌握基本的 B2B 电子商务形式及其特点，对理解 B2B 电子商务十分重要。

6.1 B2B 电子商务概述

6.1.1 B2B 电子商务定义

B2B 电子商务就是企业对企业的电子商务，也称企业间电子商务，它是指通过网络，包括互联网、外联网或专用网，以电子化方式在企业之间进行的交易。这种商务活动可能发生在企业与其供应链成员之间，或在企业和任何其他企业之间。在我国的各类电子商务中，B2B 居于绝对主导地位。2005 年中国 B2B 电子商务市场规模达到 6446 亿元，约占电子商务市场交易总额的 95%，也是发展最为迅速的电子商务领域。在世界范围内，B2B 电子商务的比重大体相当。

B2B 电子商务的直接收益，往往表现在纸张使用的减少、货物周转速度的加快、减少错误、提高员工的生产效率、降低费用和改进客户服务和合作伙伴关系管理等几个方面。

B2B 电子商务涉及的领域包括在制造商、中介商、企业客户和政府等组织之间的电子商务活动。B2B 电子商务的主要特点之一，往往同供应链管理联系在一起。因此对 B2B 电子商务的理解，最好从供应链的角度来理解，特别是对企业之间的关系和商业模式内涵的理解。也正是由于供应链管理的复杂性、动态性等因素，B2B 电子商务的商业模式表现为外在形式的多样性，但是其基本商业模式并不多。从基本的商业模式入手，有利于在多种外形式之下，认清 B2B 电子商务的本质。

6.1.2　B2B 电子商务的分类

为了能够更加有针对性地对 B2B 电子商务进行研究，对 B2B 电子商务进行分类分析和研究十分重要。B2B 电子商务的基本分类方法大体分为以下几种。

① 按照交易过程中有无核心企业主导，B2B 电子商务可以分为核心企业主导的 B2B 电子商务和无核心企业主导的电子商务。有核心企业主导的 B2B 电子商务模式中，电子商务系统由一家中心企业控制，中心企业对支持电子商务的信息系统有着完全的控制权。它又可以分为两种基本类型：买方主导的 B2B 电子商务和卖方主导的 B2B 电子商务。在买方主导的 B2B 电子商务中，由一家企业进行所有的销售活动，有时也称为采购主导的 B2B 电子商务。在卖方主导的 B2B 电子商务中，由一家企业控制电子商务系统，使用多种销售和购买的方式，开展电子商务。

无核心企业主导型的 B2B 电子商务，往往是由独立第三方举办的电子商务市场，交易的双方通过 B2B 电子商务进行交易，支持电子商务的信息系统由第三方进行控制，但是第三方一般不参与交易过程。也有几家企业联合举办的。

② 按照业务覆盖的范围，B2B 电子商务可以分为：垂直市场和水平市场。所谓的垂直市场，就是专门针对某个行业，如钢铁、纺织和化工行业等的 B2B 电子商务；水平市场，是指销售的产品和服务可以应用到所有行业，如办公用品，计算机和办公设备，公务旅行服务等。

③ 按照举办单位位于供应链中的地位，分为直接销售 B2B 电子商务和中介销售的 B2B 电子商务。直接销售的 B2B 电子商务，往往依靠核心企业本身的强大市场认知度和品牌认知度。

6.1.3　我国 B2B 电子商务的特点

（1）我国 B2B 电子商务市场的主体是中小企业

中小企业在中国 B2B 贸易中起着不可或缺的重要作用，中国 B2B 电子商务发展的主体将是中小企业。2006 年中小企业贸易额占中国 B2B 贸易总额 55.8%，中小企业数量占企业总数 95% 以上，以上特点决定中国 B2B 电子商务发展必将不同于而且也难以复制其他发达国家的发展模式。大型企业为核心主导的电子商务模式，其影响力还有限。

（2）我国中小企业电子商务水平较低

iResearch 艾瑞市场咨询最新发布了《2007 年中国中小企业 B2B 电子商务研究报告》，报告数据显示，2006 年我国中小企业的 B2B 电子商务交易额为 4809 亿，相对中小企业 B2B 总贸易额而言占比还很低。现阶段我国中小企业对 B2B 电子商务的理解多数停留在网络推广和网络营销的初级层面上，B2B 电子商务还没有完全达到商务的功能。

（3）第三方 B2B 电子商务平台将成为未来中小企业网络营销主要渠道

现阶段，中小企业更多地依赖线下的展会、印刷期刊来进行推广营销。随着中小企业信息化进程的推进，网络营销的比重将越来越大。据统计，2006 年中小企业网络营销费用占其整个营销预算的 11%，预计 2012 年该比例将达到 20%。网络营销的各个渠道中，中小企业将更多地选择第三方 B2B 电子商务平台，为其提供打包的 IT 信息及商务服务，投放在第三方 B2B 电子商务平台上的网络营销费用将从 2002 年的 0.5％上升到 2006 年的 6％，预计未来 5 年这个比例将继续上升，2012 年将达到 11.5％。

其次，中小企业 B2B 电子商务市场潜力巨大。大量中小企业的采购。分销仍沿用传统渠道，中小企业的 B2B 电子商务需求仍未得到充分的释放，中国中小企业 B2B 电子商务服务市场潜力巨大。加上中小企业电子商务意识日渐成熟，随着市场竞争的加剧，B2B 电子商务能打破地域时空和国界的限制，帮助中小企业迅速成长。在浙江、广东等沿海发达地区，电子商务已经成为不少企业不可缺少的业务工具，中小企业的电子商务意识也日渐成熟。

（4）各个行业的电子商务发展水平非常不均衡

由于行业发展水平，市场竞争结构和竞争激烈程度不同，加上行业产品和本身产业链不同，各行业的中小企业 B2B 电子商务的发展水平也参差不齐。在报告研究 10 类行业中，B2B 电子商务使用率最高的是计算机软硬件、家电、服装行业，使用率达 40％以上，应用水平相对较低的是食品饮料行业。

（5）我国电子商务的主要模式是第三方电子商务模式

由于受到企业信息化发展水平、物流网络发展水平制约和市场环境等因素的影响，由核心企业主导的电子商务并没有受到中小企业的广泛关注。相反，以阿里巴巴等为代表的、蕴涵着大量市场机遇的独立第三方运营的电子商务市场，不但引起了社会的广泛关注，也同样为中小企业带来了新的市场机遇，成为我国电子商务发展的一个显著特点之一。

6.1.4　B2B 电子商务系统的组成

B2B 电子商务中的关键组成部分及其主要关注的问题如下。

① 卖方公司　往往从营销管理的角度看待电子商务活动，更关心如何将产品和服务销出去。

② 买方公司　往往从采购管理的角度看待电子商务活动，更关心能否采购到更加质优、价廉的商品和服务，采购成本、供应商的资质和供货能力是买方关注的主要问题。

③ 电子中介　第三方中介服务提供者，其业务从信息中介服务，一直可以延伸到订单执行。

④ 交易服务商　提供定价、议价等交易规则服务，还有网上支付服务等交易进行必需的服务。

⑤ 物流提供商　履行准时送货的功能，包括包装、仓储、运输和其他交易必需的后勤服务。

⑥ 网络平台　提供电子商务交易必需的网络平台支持，如互联网、内联网、外联网和专用的增值网等。

⑦ 通信协议　实现电子商务网络信息传输的技术平台，如 EDI，还可能有软件代理。

⑧ 后台信息系统　可能借助内联网和 ERP（企业资源计划）系统，来实现电子商务系统与企业内部管理信息系统的整合。

6.1.5　B2B 电子商务与供应链

在 20 世纪 90 年代，企业管理者开始意识到对上游和下游活动的管理和控制——包括与企业外部合作伙伴间的关系——和内部的实际生产活动一样重要。在从前，供应链中的许多过程，特别是上游和下游活动，一直是用书面交易方式（如购买要求、订单、发票等等）管理的。在这些领域 B2B 电子商务正好可以发挥作用。它可以为供应链中的各方提供独特的竞争优势。

由于互联网不需额外的网络设施就可以将各公司连接起来，因而提供了最经济的 B2B 电子商务平台，供应链管理包括：订单生成、订单接收、订单执行，以及产品、服务和信息的发送。所以可以从顾客和购买者的角度来研究有关公司，即 B2B 电子商务可以帮助降低购买费用、减少存货、提高配送效率、增加销售额，以及减少售货和营销费用。在供应链管理中，以下几个方面和相关的信息是经常用到的。

① 供应链联盟 关键性的联系、合作伙伴的地位和责任、进度表。

② 竞争者 实力指标、竞争性产品、市场份额。

③ 销售和营销 销售点（point of sale，POS）、促销。

④ 供应链过程和性能 过程描述、性能衡量、质量、交货时间、顾客满意度。

B2B 电子商务涵盖了大量应用，允许一家企业与其分销商、转售商、供应商以及其他业务伙伴建立电子化联系。Handfield 和 Nichols（1999 年）指出，B2B 应用将帮助企业得到下列信息。

① 产品 特性、价格、销售历史。

② 顾客 销售历史和预测。

③ 供应商 生产线和交货时间、销售条件。

④ 生产过程 生产能力、生产合同、生产计划。

⑤ 送货 送货者、交货时间、费用。

⑥ 存货 存货水平、装运费用和地点。

6.1.6 B2B 电子商务的优势

B2B 电子商务的实施将带动企业成本的下降同时扩大企业收入来源。下面将针对采购成本、库存成本、周转时间和扩大市场机会四个方面进行分析。

（1）降低采购成本

企业通过与供应商建立企业间电子商务，实现网上自动采购，可以减少双方为进行交易投入的人力、物力和财力。另外，采购方企业可以通过整合企业内部的采购体系，统一向供应商采购，实现批量采购获取折扣。如 Wal-Mart 将美国的 3000 多家超市通过网络连接在一起，统一进行采购配送，通过批量采购节省了大量的采购费用。

（2）降低库存成本

企业通过与上游的供应商和下游的顾客建立企业间电子商务系统，实现以销定产，以产定供，实现物流的高效运转和统一，最大限度控制库存。如 Dell 公司通过允许顾客网上订货，实现企业业务流程的高效运转，大大降低库存成本。

（3）节省周转时间

企业还可以通过与供应商和顾客建立统一的电子商务系统，实现企业的供应商与企业的顾客直接沟通和交易，减少周转环节。如波音公司的零配件是从供应商采购的，而这些零配件很大一部分是满足它的顾客航空公司维修飞机时使用。为减少中间的周转环节，波音公司通过建立电子商务网站实现波音公司的供应商与顾客之间的直接沟通，大大减少了零配件的周转时间。

（4）扩大市场机会

企业通过与潜在的客户建立网上商务关系，可以覆盖原来难以通过传统渠道覆盖的市场，增加企业的市场机会。如 Dell 公司通过网上直销，有 20% 的新客户来自于中小企业，通过与这些企业建立企业间电子商务，大大降低了双方的交易费用，增加了中小企业客户网上采购的利益动力。

本节分析了 B2B 电子商务的基本状况，下面按照不同类型的电子商务进行分别描述。

6.2 买方主导模式

创新性的购买和供应管理（Purchasing and Supply Management，P&SM）已经称为增加

利润率的战略举措。在这个转变过程中使用的一些战术包括：批量购买、从特许购买商处购买、选择合适的供应商、集团购买、根据表现对企业进行奖励、提高现有供应商的质量、合同谈判、建立与供应商间的合作关系、压缩书面工作和管理费用。

6.2.1　买方主导的 B2B 电子商务概述

买方主导的 B2B 电子商务是一种以买家为中心、专门为某一家公司所设计的采购型网站，它是由买方自己投资建设的。例如像英特尔、沃玛特、IBM、通用汽车、戴尔电脑等。

采购管理是指协调为完成企业某项任务所进行的所有货物和服务的购买行为。一般而言，企业购买的约 80% 的商品仅占总购买金额的 20%。企业采购人员的很大一部分时间花在不能增加价值的活动上，如数据输入、检查文字错误、催促交货或解决质量问题。其结果往往是采购人员没有足够的时间，来处理高附加价值或大数量的物资采购。对于 20% 的高价值商品，采购人员需要花大量时间和精力进行上游采购活动，如供应商资格的审查、价格和合同条款谈判、与战略供应商建立合作关系，以及对供应商进行评估和检查。

从买方公司的观点来看，B2B 电子商务是一种改进采购管理的途径，如降低购买费用和缩短购买周期。从采购管理的角度来看，为了实施 B2B 电子商务，可以在这种模式中使用买方导向市场（Buyer-oriented Marketplace），买方向潜在的供应商报价，吸引它们来竞标。

买方主导的 B2B 电子商务成功的关键，是能够吸引到足够多的供应商关注公司的电子商务系统。下面通过通用电气 B2B 电子商务的成功案例，观察买方主导的 B2B 电子商务的主要功能和主要收益。

6.2.2　通用电气的采购革命

通用电气公司的原材料成本在 1982 年至 1992 年间上升了 16%，而其产品价格却在几年不变后开始下降。为应付这种成本的上升，通用电气开始尽全力改进它的采购系统。公司通过分析，发现采购活动效率很低，包括太多的零散交易，并且没有利用大量的集中采购来降低采购价格。此外，由于采购订单、收据和发票之间的不匹配，每年的 125 万张发票中超过四分之一要重新开立。

（1）交易处理网（Trading Process Network，TPN）

通用电气照明公司（GE Lighting）的工厂每天要向公司的外购部发送数百张报价通知单，许多是关于低价零配件采购的。1996 年，通用电气照明部建立了公司的第一套在线采购系统，即交易处理网。

外购部以电子化方式从内部顾客处接受请求，并通过互联网向遍布全球的供应商发送报价通知单。系统可以自动调出正确的图纸并附到电子请求表上。在外购部开始处理过程两个小时后，供应商将得到电子邮件、传真或 EDI 形式的报价通知单，并被允许在 7 天内准备自己的报价并通过外联网发送到通用电气照明部。该报价再通过内联网传送到适当的评价系统，并可以在当天订立合同。

在 1997 年 10 月，通用电气的 8 个部门使用 TPN 进行部分采购，公司在 1997 年通过互联网购买了超过 10 亿美元的货物和补给品。在 2000 年前，公司计划让 12 个业务部门通过互联网购买非生产性物资和维护、修理、运营物资，平均每年 50 亿美元。通用电气估计仅在购买方面的改进就可以为公司每年节约 5 到 7 亿美元。

（2）TPN 的好处

在实施了 TPN 后，通用电气得到了许多好处。

① 采购过程需要的劳动量减少了 30%。同时接触到更多的供应商，所以原材料成本降低了 5% 到 20%。

② 有 60% 采购人员被重新部署。这样外购部每月至少有 6 到 8 天的空闲时间可以进行战

略行动，而不是像原来那样做书面工作、影印和装信封等。

③ 以前要花 18 到 23 天时间来寻找供应商、准备报价、谈判价格和订立合同，现在只需 9 到 11 天。

④ 在将整个交易过程电子化后，发票可以自动与订单相统一，及时反映交易的任何变动。

⑤ 通用电气遍布全球的外购部现在可以共享供应商的信息。仅在 1997 年 1 月，通用电气照明部就找到了 7 家新的供应商，有一家的报价比次低报价低 20％。

（3）给供应商带来的好处

通用电气说 TPN 的受惠者不仅限于自己。哈特福德计算机集团（一家计算机转售商）称自从参加 TPN 后，它被越来越多的通用电气业务部门知晓，因而与该公司达成的交易量增加了 250％以上。同时，TPN 还将哈特福德计算机集团介绍给了其他的潜在顾客。

6.2.3 其他形式的买方主导模式

（1）联合采购门户

联合采购门户是指集中几家大买家共同构建的用来联合采购的网站，投资者希望通过联合买家的议价力量得到价格上的优惠。这类网站最适合的是企业里的非直接性物料采购，例如办公室文具等。这类网站有一个显著的特征，它是比较偏向于为买家提供服务，而不会更多兼顾到供应商的利益。如 World Wide Retail Exchange（零售业交换市场），就是大约有 27 家零售商联合创办的。

再如，Covisint 是三大汽车厂通用、福特、克莱斯勒共同的采购网站。这类网站，由于联合买家之间本身就存在着同业的竞争，因此在运作上不太容易，目前已经有许多家网站开始解散。

（2）团体购买

所谓团体购买是指，来自多个购买者的订单被集中在一起，以获得更好的价格和服务。团体购买一般有两种模式：内部集中模式和外部集中模式。

所谓内部集中模式是指，像通用这样的大公司，每年都采购数十亿美元的办公用品、易耗品和维修等服务。全公司范围内的订单通过网络集中，除了能够获得规模经济，其管理成本也大大下降。

所谓外部集中模式，是指许多小企业将订单通过网络集中在一起，借此能够得到批量购买的折扣价格的电子商务采购模式。如许多小的酒店，将易耗品如手纸、洗涤用品等通过网站集中采购，以获得大酒店才能获得的折扣价格。

（3）集中目录采购

大企业有许多采购人员或采购代理在不同的地点进行采购，这些采购人员往往从许多供应商那里进行采购。如何对采购行为进行计划和控制就成为采购管理中的难题。在很多情况下采购人员为了节省时间，往往从最方便购买的供应商那里进行购买，而不是最经济的供应商那里进行购买。

为了解决上述问题，集中目录模式应运而生。所谓集中目录模式，是指将所有的被认可的供应商的产品（所有相关供应商的目录）集中到公司的总部，价格可以预先谈好，采购人员就不用再进行价格谈判。通过将所有供应商的目录集中到公司的总部或相关网站上，就能实现所有采购的集中化。目前在我国，政府和事业单位的采购往往采用这种方式，如计算机等 IT 设备，每年中央机关进行一次集中采购招标，并将产品目录和相应的价格公布在政府采购网上。这样各级政府和事业单位，就不必再进行价格谈判和供应商的选择，直接按照网上公布的价格在认证供应商中进行采购就可以了。

（4）电子易货模式

电子易货模式是指，企业将剩余的物资、设备等商品通过电子商务网络交换回自己需要的商品的交易模式。这类交易大多集中在闲置设备、劳动力、产品、服务和办公场地等方面，通过电子商务网站进行信息的匹配比较容易达成交易，完成搜索-匹配的过程。一般而言，交易过程中不使用资金作为交换媒介，往往使用网站提供的虚拟价值点数作为交换媒介。

6.3 卖方主导模式

6.3.1 卖方主导的 B2B 电子商务模式

卖方主导的 B2B 电子商务模式，是最常见的 B2B 模式，也是最接近 B2C 电子商务的一种 B2B 电子商务模式。一般而言，这种商务模式往往同时与 B2C 电子商务共存一个网站中。卖方主导的 B2B 电子商务模式，也称为供应商导向市场，这是一种以供应商为中心，专门为某一家公司所设计的推广型网站，它是由供应商自己投资建设的。大多数生产商开设的电子商店属于这种类型。从供应商的角度来看，备有电子目录的网站基本上和 B2C 电子商务网站差不多，只不过顾客是公司，对于它们来说将订单信息和采购管理系统集成起来很关键，每个公司购买者可能有它自己的商品目录和价格计划，公司购买者的行为方式和个人购买者不同。在这种模式中，个人消费者和企业买方使用由同一个供应商提供的市场。

这种商务模式的成功例子有戴尔公司、英特尔、思科和 IBM。戴尔公司将 90％ 的计算机销售给公司买家。1998 年思科公司将 10 亿美元的路由器、交换机和其他网络互联设备通过互联网销售给企业顾客。

采用这种模式的网站要维持经营，唯一的要求是供应商在市场上享有盛誉并拥有一群忠诚的顾客。有数千家其他公司正在使用这种模式，小公司面对的主要问题之一是如何找到买家。

下面以思科公司的电子商务实践为例，说明卖方主导的 B2B 电子商务模式的主要功能和收益。

6.3.2 思科在线

B2B 电子商务的供应商导向市场的成功条件之一是供应商拥有大量的忠诚企业顾客。思科公司是全球路由器、网络交换机和其他网络设备的领导厂商。思科公司在 1997 年度销售了超过 10 亿美元的路由器、交换机和其他网络互联设备，从最初的客户技术支持发展为世界最大的互联网商务网站之一。今天，思科公司同时向最终客户和转售商提供了十多种基于互联网的应用。

从每天高达数千万美元的订单管理，80％ 的客户支持，到全球员工的服务和管理，互联网为思科在 2000 年节省了 14 亿美元的费用；2001 年高达 17 亿美元。许多公司都十分渴望学习思科应用互联网的实践经验，了解互联网如何帮助思科大大地提高生产力，使思科成为备受尊敬的企业。

(1) 客户服务

思科公司从 1991 年开始使用互联网提供电子支持。最初的应用包括软件下载、故障跟踪和技术建议。在 1994 年春季，思科将服务系统放到了网上，并把网站命名为"思科连接在线 (Cisco Connection Online)"。到 1998 年，思科的客户和转售商每月要登录思科网站大约 100 万次以获取技术支持、检查订单或下载软件，在线服务被广泛接受，近 70％ 的客户服务请求和 90％ 的软件更新是在线完成的。

在客户响应方面，思科最早将互联网应用到客户支持部，允许客户进入思科的内部网来获得解决问题所需要的相关信息。网站成为思科客户服务的重要工具，让客户多在网上进行业务往来，更能节省公司的时间和费用。按照思科的统计，通过互联网，从订货到发货的周期缩短了 5 个星期，订单的出错率也从 33％ 下降到 2％。在 2000 年，思科预测自助式技术支持服务为公司节约了 1.73 亿美元，在线软件定制节约了 1.51 亿美元，在线软件下载节约了 1.18 亿美元，产品相关文件下载节约了 0.64 亿美元。

（2）在线订购

思科公司的所有产品都是根据订单生产，所以几乎没有存货。在思科网站建立前，订购一种产品主要采用传真和邮寄方式，往往既费时又复杂，而且容易出错。1995 年 7 月思科开始部署基于 Web 的商务工具。1996 年 7 月，互联网产品中心（Internet Product Center）允许用户在网上购买任何思科的产品。1999 年，客户服务工程师可以坐在个人电脑前，在线配置产品，迅速知道是否有错误，并将订单转给外购部门。

思科的大顾客可以利用思科的在线订购和配置技术支持工具。然而，因为他们的购买数量大，所以不希望每次下订单或提问时都访问思科的网站。1997 年 11 月的一项计划将顾客和思科的计算机系统交互式地连接起来，这样在下订单前产品配置和价格可以在顾客自己的电脑上先行验证。

大约 98% 的订单通过思科的系统处理，交货时间从 4 到 10 天缩短到 2 到 3 天，并且顾客订单的处理效率平均提高了 20%。在 1996 年开始运营的 5 个月里，思科仅在互联网上就得到了 1 亿美元的订单。在 1997 年的前 10 个月中，这个数字增加了 9 倍，达到 10 亿美元。在 1997 年 12 月，在线销售额达到了 2.6 亿美元。到 1998 年思科的年在线销售额为 40 亿美元。

（3）订单状态查询

1998 年思科的网站每月要接收大约 150000 个订单状态查询，如"订单何时将准备妥当？"、"会有哪些出口控制问题？"。思科在网站上为顾客提供工具，让他们自己寻找答案。另外，思科的电子商务系统还记录装运日期、装运方式以及每件产品当前的位置。公司在国内外的承运商及时使用 EDI 将每次装运的情况，用电子化方式反映到思科的数据库中。数据库中的新信息会自动更新思科的网站，使顾客知道每笔订单的当前情况。只要一开始装运，思科就通过电子邮件或传真向顾客发出通知。

（4）思科的收益

① 降低运营费用　思科估计 1998 年将业务放到网上为公司每年节约了 3.63 亿美元，大约占总运营费用的 17.5%。

② 改进技术支持和客户服务　通过将 70% 的技术支持和客户服务放到网上进行，思科的技术支持效率每年增加 200% 到 300%。

③ 降低技术支持人员费用　在线技术支持方式将技术支持人员费用降低了大约 1.25 亿美元。

④ 降低软件发布成本　顾客直接从思科的网站下载新的软件版本，为公司节约了 1.8 亿美元的复制、包装和发行成本。通过将产品和价格信息放在网上或基于 Web 的光盘上，思科在印刷、发行产品目录和促销材料上又节约了 5 千万美元。

⑤ 通过使用互联网，思科可以在增加销售额的同时，降低与订单处理、客户服务、技术支持以及订单状态确认相关的费用。

（5）客户的收益

电子商务系统使客户能够更加快速配制订单、计算费用，并能够更加有效地同思科的员工进行合作。

6.3.3　供应商门户模式

供应商门户是指，以供应商为中心，结合几家大型的供应商，将成套的一系列产品供应给多家买家。例如位于芝加哥的 Grainger，它主要是供应工程设备，它与其他的供应商联合，来满足客户的不同需求。使其网站具有"一站式"服务能力，不用客户要找几家供应商的麻烦，比如说，一个供应商供应锤子，而与它联合的供应商供应钉子，作为房产建造商的买家到这两家供应商网站上来寻找它所要的产品就容易许多了。这类网站的一个显著特征是，它比较偏向于为供应商提供服务，而不会更多兼顾到买家的利益。例如第一商务（Commerce One）、艾瑞巴（Ariba）、甲骨文（Oracle）等就是这种类型的网站。

6.3.4 卖方主导模式的优势与局限

通过卖方主导模式这种网上直销模式，能够为企业直接带来的主要收益如下。

① 减少订单处理成本和文字工作。

② 加快商品周转。

③ 减少订购和产品配制中的错误。

④ 减少购买者的搜索成本。

⑤ 减少销售商的搜索成本。

⑥ 提供定制产品的能力。

⑦ 可以提供更加客户化的服务和价格。

卖方主导模式的主要局限，一是销售者可能面临与现有销售渠道的冲突；必须有足够多的在线用户才能保证系统是可行的。

6.4 卖方中介主导模式

卖方中介主导的 B2B 电子商务模式，往往是核心企业为了能够有效提升整个供应链的效率而采用的电子商务模式，它的出现往往能够提升整个供应链的竞争力。

6.4.1 卖方中介主导的 B2B 电子商务模式

卖方中介主导的 B2B 电子商务模式是指，电子商务系统由卖方建立和控制，卖方通过电子商务不一定获利，但是通过电子商务系统将客户和零配件生产厂商等上游厂商建立联系，大家共同为最终用户提供良好的服务的一种电子商务模式。卖方企业可以是生产厂商，也可能是分销商。通过这样的一种模式，最终客户可以利用整个供应链的资源。

下面我们通过波音公司的 PART 项目的实施，展示卖方中介主导的 B2B 电子商务模式的主要功能和收益。

6.4.2 波音 PART 的成功

波音公司在此扮演了向航空公司提供维护用零部件的角色。与 ProcureNet 和 Industry. net 等完全中介（Pure Intermediary）不同，波音关注的并不是从中介服务获得的收入，通过电子中介服务支持客户的日常维护才是其主要目的。所以该模式对于许多提供维护部件的公司来说非常重要。

（1）波音公司 PART 的目标

波音公司 PART 这一电子中介的目标是将需要维护部件的航空公司与生产波音飞机部件的供应商连接起来。波音的在线战略是为航空公司（波音飞机的买家）和维护商提供一条途径，让它们访问关于飞机维护部件和运行部件的数据，而不管这些数据是来自机身制造商、部件供应商、引擎生产商或是航空公司自己。波音就扮演着航空公司和部件供应商之间中介的角色。通过使用来自 300 家波音飞机部件主要生产商的数据，波音的目标是为客户提供"一站式"采购以及在线维护信息和订单功能。

（2）使用传统 EDI 的备件业务

许多波音的客户订购备件要经过好几步。当需要备件时，航空公司的机械师首先通知公司外购部。外购部通过电话或传真把订单送到波音公司。飞机是以整机的形式购买的，机械师并不知道备件是哪家公司生产的。波音必须找出是谁生产的备件，然后才能要求生产商送货（除非波音正好有该备件的存货）。在 20 年以前大型航空公司就开始简化订购过程，因为这些航空公司的订单数量大、规律性强，所以它们通过增值网与波音公司建立了 EDI 连接。然而到了 1992 年也只有 10％的大客户（占订购额的 60％）通过 EDI 下订单。由于基于增值网的 EDI 的复杂性，这一比例迄今并没有改变多少。

（3）基于互联网的 PART 业务

波音将互联网视为鼓励更多顾客通过电子方式下订单的一个机会。现在只要拥有一台标准电脑而且能够上网，即使是最小的客户也可以参与其中。因为其交互性，许多以前通过电话开展的客户服务现在可以通过互联网进行。在 1996 年 11 月，波音在互联网上开展了 PART 业务，让全球的客户都可以查询部件是否有货、查询价格、订购部件，并跟踪订单的状态，而这一切都是在线进行的。不到一年，大约 50％的波音客户使用它来订购部件和获取客户服务。在运行的第一年，波音 PART 系统处理了来自全球客户超过 50 万次的查询和交易。

（4）PART 带来的好处

波音使用 PART 的主要目标是改进客户服务。随着更多客户开始使用互联网，波音还期望能节省大量的运营费用。此外，PART 能带来新的销售机会。1997 年，波音每月处理的备件业务比 1996 年增加了 20％。因为客户可以在网上访问价格、存货和订单状态信息，每天服务人员要接待的电话减少了 600 个。随着时间的推移，波音估计因管理错误带来的配件退回数，将因 PART 的使用而减少。航空公司下一次购买飞机时，很可能还会购买波音的产品。

（5）技术支持

飞机维护业务地理分布十分广泛，机械师被迫反复地、花费大量时间赶到办公室查询图纸或微缩胶卷资料，而一本手册就可能包含 3 万多页内容。

为解决这个问题，1996 年 4 月波音在线数据（Boeing On Line Date，BOLD）系统开始运行，它不仅集成了工程图纸，还包括手册、目录及其他技术信息。1997 年 10 月，BOLD 系统在 40 家航空公司拥有 7500 名用户。另外，公司还开发出能提供便携访问的便携式维护辅助（Portable Maintenance Aid，PMA）系统。借助 BOLD 和 PMA，机械师和其他技术人员可以随时随地获得一切必需的信息来做出维修决定。

（6）给客户带来的好处

PART 给客户带来的好处主要有以下几个方面。

① 效率提高　在信息搜索上花更少的时间，这允许工程师和维护技师集中精力从事效率更高的活动。一家美国航空公司让 400 名用户使用波音的 BOLD 系统，从而每年节省了 100 万美元。初见成效后，该公司将获取服务的用户数增加到 2000 人。一家欧洲航空公司使用 BOLD 后估计在第一年节约了 150 万美元，因为生产和工程人员的效率提高了近 4％。

② 费用降低　通过 PMA，可以在线而不是在办公室获得信息，这样因遗漏信息而延误的可能性减少了。该欧洲航空公司估计 PMA 可以减少 5％到 10％的班机延误。

③ 收入增加　每过 3000 个小时，飞机需要接受一次检修（1 个星期），闲置的飞机每天要耗费数万美元。如果信息不及时准备好，这个过程还将延长。通过使用 BOLD 和 PMA，这家欧洲航空公司估计每架飞机每年可节约一到两星期，从而增加 4300 万美元的收入。

6.5　第三方中介主导模式

6.5.1　第三方中介主导模式

第三方中介主导模式，也称独立第三方市场（Independent Marketplace），是一种不会有买方和卖方的投资而自行建立起来的、中立的网上市场交易中枢。这种独立的市场交易中枢的角色是非常特别的，它既不偏向买家也不偏向于供应商一方，例如 PlasticNet、PurchasePro

以及环球资源（Global Sources）等都是属于这种类型。环球资源生存和赢利的事实证明，这种经营模式大有发展前途。

这种中介导向的商务模式是建立一家电子中介公司，由它开设电子市场供企业买家和卖家进行交易，这一概念和 B2C 电子商务中基于中介的电子商场或电子商店类似。这种商务模式是中介导向市场的一个例子，因为作为购买方的企业要与大量的供应商和中介商打交道，所以需要一个链接到相关供应商和中介商的集成化的买方商品目录。

第三方中介主导模式的 B2B 电子商务，最大的优点就是参与交易的厂商参与电子商务的门槛较低，而且在市场中还能够发现大量的市场机会。因此非常受到无法独自开展电子商务，或难以通过其他 B2B 电子商务模式，或者初次尝试电子商务的企业的欢迎。事实上很多企业也正是通过这种模式来感受电子商务的魅力。

由于我国供应链管理发展水平的制约，大多数企业的电子商务都是通过这一模式进行的。正如前文所述，第三方中介主导模式的 B2B 电子商务模式，在我国电子商务发展过程中扮演非常重要的角色，成为大家关注的焦点。

按照业务覆盖的范围，第三方中介主导的 B2B 电子商务可以分为：水平市场和垂直市场。水平市场，有时也称为综合电子商务市场，在我国以阿里巴巴为代表的就是这类电子商务市场模式；垂直市场，有时也称为专业电子商务市场，在我国以东方钢铁网等为代表的就是这类电子商务市场模式。下面分别介绍。

6.5.2 水平 B2B 电子商务模式

以阿里巴巴、慧聪网、环球资源为代表水平市场模式，称为我国电子商务普及和发展的主要推动力量。阿里巴巴、慧聪网、环球资源三家企业占据着 B2B 电子商务市场的绝大部分份额。其中尤以阿里巴巴的表现最为突出，2006 年阿里巴巴的注册会员数以及全年营业收入占总体市场规模的比例都超过了 50%，形成了以阿里巴巴为主导，其余第三方平台强化自身竞争优势，细分 B2B 电子商务服务领域的竞争格局。

评价第三方中介主导的 B2B 电子商务的主要指标有三个：营业收入、注册会员数量和在线交易规模。

据艾瑞估测 2006 年阿里巴巴全年营收为 13 亿元，慧聪网 B2B 相关业务以财报中搜索引擎服务业务收入计算，为 0.9 亿元，环球资源 2006 年营收为 5 亿元，其中阿里巴巴占据市场总营收规模的 51.0% 位居第一，高出排名第二的环球资源 31 个百分点。虽然从注册会员数量上，慧聪网要高于环球资源，但环球资源专注于外贸领域，服务门槛（会员费用）相对更高，用户群体以高端用户为主，而且慧聪网的营收主要来自于线下服务业务收入，因此环球资源的全年营收高于慧聪网。从营收规模来看，阿里巴巴已经占据了中国 B2B 电子商务市场，尤其是行业综合 B2B 电子商务市场的绝对优势地位，如图 6-1 所示。

艾瑞市场咨询截至 2006 年 12 月的统计，阿里巴巴的会员总数为 1976.4 万，其余 B2B 电子商务平台的注册会员约为 170 万。在注册会员总量上，阿里巴巴具有较明显的优势。对第三方 B2B 电子商务平台而言，庞大的注册会员数量将会带来羊群效应，反过来会更进一步地促进注册会员总量的增长。

水平 B2B 电子商务的主要功能是实现交易双方供求信息的匹配，按照注册会员级别的不同，享受的信息服务内容也不同。为了能够为没交易的双方提供保障机制，在会员信用、会员资质、支付或者其他方面，市场还提供一些支持服务。市场还为交易双方提供电子化的在线沟通工具等服务，但是目前主要的交易在线下进行。下面分别主要网站的发展状况。

（1）阿里巴巴

阿里巴巴（http://www.alibaba.com）是国内以至全球最大的 B2B 电子商务服务商。其主要服务为中国供应商会员服务与诚信通会员服务，分别针对外贸与内贸。主要收入也来源于

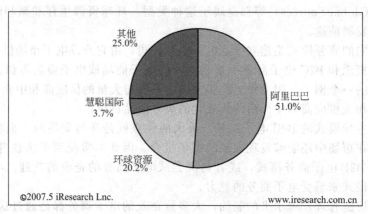

图 6-1 2006 年中国第三方电子商务营业收入规模

这两项服务，据称这两项服务收入分别占到了总收入的 70％与 30％。

阿里巴巴是目前最好的综合类 B2B 服务提供商，在内贸与外贸方面都有不错的表现。广东、浙江、江苏、上海几个东部省市占到了其诚信通会员总数的近 80％，当然这也和这几个省市的企业网络意识比较发达有关。

在具体的行业，阿里巴巴还有许多竞争对手，比较典型的就有我的钢铁网、中国化工网、中国水泥网等行业垂直类 B2B 网站。

（2）环球资源网

环球资源网（www.globalsources.com）是一家 B2B 媒体公司，环球资源为专业买家提供采购资讯，并为供应商提供综合的市场推广服务。2005 年 6 月与环球资源网成立战略联盟，其主要竞争对手是阿里巴巴。环球资源网具有 30 多年的历史，以外贸见长，在全球拥有超过463000 名活跃买家进行更有效的采购，遍布 230 多个国家。

环球资源网在外贸方面的表现非常抢眼，但却基本没有涉足内贸。就其外贸来说，仍然有被阿里巴巴超越的危险。不够本地化或许是其主要的原因，2005 年，环球资源中国总部移师深圳，从某种意义上表明了环球资源网加速本地化的进程。

（3）慧聪网

慧聪网（www.hc360.com）是国内仅次于阿里巴巴的 B2B 电子商务服务商，以商情广告与资讯见长，另外还涉足搜索、网站制作、行业市场研究等方面。慧聪网的主要产品买卖同与阿里巴巴的诚信通服务非常类似，基本没有差别，慧聪最大的问题是与阿里巴巴的重合之处太多。

水平 B2B 电子商务面临的主要问题如下。

① 定位雷同　在互联网行业往往只有第一，没有第二，在某个企业已经稳稳占据第一的情况下，那么其他的竞争对手就很难生存。国内综合类 B2B 市场上有两大巨头，阿里巴巴与慧聪网之间的业务模式就基本相同。如果要想在这个市场上生存，慧聪网最好的方法就是与阿里巴巴等区隔开来。

② 行业研究不够深入　一个 B2B 电子商务网站处在某个行业的话，那么它一定熟悉这个行业内的种种资源。要了解客户的需求，融入这个行业是成功的前提条件之一。

阿里巴巴在许多行业做得非常好，但并非所有的行业。例如服装纺织行业与钢铁行业，阿里在服装纺织行业内或许做得很好，但是在钢铁行业就做得就要差一些了。这是因为钢铁行业与纺织行业的需求差异很大，阿里巴巴的服务能比较好地满足服装纺织行业内需求，却不能比较好地满足钢铁行业需求。因为行业网站能够比较好地了解它所在行业的需求，而阿里巴巴则不能。行业网站每天都在研究它所在的行业，所以它能够了解到客户的需求在什么地方。比如说，一个做紧固件的网站，它就知道某种螺丝具体用在什么地方，这种产品是按国标来生产的还是德标来生产的，这种产品生产时需要用到哪些材料、哪些生产设备等等。所以只要做螺丝的企业一上这个平台，它就能迅速地为客户匹配这些信息，让客户快速地找到所需的客户。

如果综合性网站想要取得更大成功的话，融入相应的行业是一条必须走的路。

③ 资源整合能力不足　B2B 电子商务门户在积累了一定的客户资源后必然要寻找新需求与高增值发展方向，目前其与企业保持的松散关系不利于推出新的 B2B 产品线，B2B 电子商务门户必须深度介入供应链过程才能获得更多的服务机会。

B2B 电子商务网站利用初具规模的市场资源，扮演供应链资源整合者的角色，通过整合各方资源提供集中物流服务、公共服务、信用保障服务、支付服务、资讯服务的一站式服务与供应链运作整体解决方案给客户，并对客户决策产生影响。

目前各 B2B 电子商务网站集中关注的信用与支付问题，将随着社会经济体系的不断完善而得到解决。而企业对实物流动效率的追求则是无限的，受到地理条件等因素的制约，企业永远也不可能做到零时间获取实物资源。因此，物流才是制约电子商务发展的主要瓶颈之一，只有物流、信息流、资金流的三流协同才可能获得采购、分销、仓储等环节的高水平运作。以上问题都考验着各个电子商务企业的资源整合能力。

6.5.3　垂直 B2B 电子商务

近几年来，我国的电子商务飞速发展，取得了长足的进步，行业垂直类 B2B 电子商务并是其中的亮点。行业垂直类网站，大部分都分布在浙江，杭州是行业垂直电子商务最发达的地区，有一半一上分布在这个地区，另外还有一些分布在北京、上海、成都、大连等地。其中中国化工网、我的钢铁网、中国水泥网、中国服装网、中国食品产业网、全球纺织网、全球五金网、建材第一网、锦程物流网等行业 B2B 电子商务企业在每一个行业和领域逐成为主导行业态势的电子商务平台。中国化工网、我的钢铁网等行业垂直类 B2B 网站的年纯利润都能够达到千万元人民货币，这是仅次于阿里巴巴与环球资源网的数字，远远超越其他综合类 B2B 网站。

行业电子商务的发展模式已经发展成为电子商务发展的主导模式之一。行业化的、精细化的电子商务平台是直接实现行业用户价值的合作伙伴。当某个行业的产品价格变化快时，行业内的资讯价值就会显得非常重要。因为资讯的即时性和准确性将对买进或者卖出者的决策起到至关重要的作用。基于此，成功的行业网站往往根据自身的信息优势，帮助行业内的企业对未来价格的走势做出科学的预测。这项服务也成为行业垂直电子商务的重要利润来源之一。

行业垂直类电子商务企业面临的主要问题是：个体规模不大，很难达到足够的品牌积累，无法持续抵御强大竞争对手的激烈竞争；在完成构建电子商务完整产业链的支付体系、信誉评估体系、物流体系等方面心有余而力不足。行业电子商务企业之间的交流和合作，实现资源共享、产业链体系的共建是一个大发展趋势。

下面就重点行业做一个简要的分析。

(1) 钢铁

以中国化工网（http：//www.chemnet.com.cn）和我的钢铁网（http：//www.mysteel.com）为代表的行业网站年纯利润都在千万元以上。它们都有一些共同的特点，那就是都位于产业链的上游，其目标客户往往都是企业。这些行业具有价格变动快、标准化强特点。

由于钢铁行业具有标准化程度非常高、容易描述、不需试用的特点，我的钢铁网、中国联合钢铁网等根据这一特点，建立了网上电子交易系统，真正地实现了企业间的在线电子交易，跳出了阿里巴巴等 B2B 平台只是一个产品集市的这种 B2B 的低级阶段。钢铁行业中我的钢铁网、中国联合钢铁网等还实现了电子交易，这是阿里巴巴都还不能实现的在线 B2B 交易。

行业动态与行业信息也是成功的钢铁行业电子商务网站的重要利润来源。

（2）化工

以中国化工网为代表的化工行业垂直电子商务，取得了巨大的成功。化工行业对电子商务的适应性有无可比拟的先天优势：①产业链长，产品种类多，整个行业产品的关联性大；②产品类别清晰，标准化程度高，容易描述，不需试用；③产业比较成熟，企业可以保持合理的利润；④化工交易往往集中于企业之间，中间的过程比较简单。

中国化工网非常务实，其页面非常简单，并不像某些网站那样注重表面功夫。但是中化网的搜索引擎做得非常好，非常贴近行业，比如在正搜索引擎里输入"磷酸"这个关键词，那么就可以返回有关"磷酸"的产品介绍、上下游行业等等。

行业动态与行业信息也是成功的化工行业电子商务网站的重要利润来源。

（3）五金机械行业

以全球五金网（http：//www.wjw.cn）、今日五金网（http：//www.51wj.com）和中华机械网（http：//www.machine365.com）为代表的行业垂直电子商务网站，也同样得到了飞速发展。

五金机械行业是阿里巴巴上收费会员最多的行业，其中又以五金工具及零配件为主。五金机械行业最重要的两个网站是全球五金网与今日五金网。在五金机械行业还有许多细分的小型网站，就比如华人螺丝网、金蜘蛛（金蜘蛛轴承网金蜘蛛紧固件网）等。其中华人螺丝网是目前五金行业做得非常专业的网站之一，这种精细化的 B2B 电子商务模式可能会成为以后行业网站发展的方向。

全球五金网的资讯做得非常出色，还拥有自己的杂志等。而今日五金位于永康这个非常具有地缘优势的地方。

行业垂直类 B2B 网站最大的威胁其实是来源于阿里巴巴、慧聪等水平电子商务网站。由于行业垂直类 B2B 的优势是专业性强、针对性强、最了解客户的需求，对此应该继续加深对行业的研究，做得更深，更细；劣势是产业链太短、规模太小、研发能力弱、品牌积累差。

行业垂直类 B2B 的主要挑战如下。

（1）规模经济和网站的营销

在行业垂直类 B2B 中的商家几乎都是此行业的生产商，就是说如果是五金网的话，那么这个平台上的会员几乎全部是生产五金的企业；如果是纺织网的话，那么到纺织网上面来的全部都是纺织企业；而化工网上面的则全部是化工相关的企业。但是企业更加关心的是下游的用户在哪里？如果不能吸引来买家，如何吸引厂商持久在网上开展业务。

另外，受到行业规模和市场规模的制约，网站的市场占有率和会员数目紧密相关，市场占有率越大，会员就越多。单个网站投入多少资金和规模才是最佳的，上目前发展中非常关键的问题。

（2）水平与垂直之争

针对一个行业做深、做透，比如我的钢铁网、中国化工网、全球五金网，此类网站无疑在专业上更权威、更精确，但对于大多数行业垂直类 B2B 电子商务网站来说，其缺点则是受众过窄、难以形成规模效应。另一种则是水平 B2B 电子商务网站，基本涵盖了整个行业，在广度上下工夫，比如阿里巴巴、慧聪，这类网站在品牌知名度、用户数、跨行业、技术研发等方面具有行业垂直类 B2B 网站难以企及的优势，不足之处在于用户虽多但却不一定是客户想要的用户，在用户精准度、行业服务深度等方面略有不足。总的来说两者互有优劣，专业化与规模化是 B2B 电子商务的发展方向。

（3）差异化竞争

阿里巴巴是全国性的、世界性的，所以它没有足够的精力顾及全部会员的服务，没有能力照顾全部会员的需求；而有很多的会员却需要更细腻的服务，需要更多的服务，需要各式各样个性化的服务。当阿里巴巴不能满足的时候，只有行业垂直类电子商务网站才能提供这样的服务。

我国很多的电子商务网站都是从正面和阿里巴巴竞争的，比如和阿里巴巴比谁的信息多、谁的功能更强、谁的服务更好等。为企业提供阿里所不能提供的细腻和人性化的服务，以差异求生存，才是行业垂直电子商务的生存发展之路。

6.6 B2B 电子商务发展中的挑战

6.6.1 B2B 电子商务的挑战

除了网络自身的问题和安全性等公共问题以外，还有其自身的一些独特的挑战。

（1）渠道冲突与互斥

已有店铺和分销网络的公司经常担心网站会影响店铺和分销网络的销售。如图 6-2 所示，当公司网站上的销售干扰了现有的店铺和分销网络时，就会发生所谓的渠道冲突或者成为渠道互斥。如国内联想集团在计算机设备销售过程中，由于历史的原因，对教育系统有直接的折扣。但是这样就损害了各地分销商的利益，结果此项优惠活动到处受到经销商的质疑和责难。当企业原来是依靠分销商进行销售时，企业与分销商之间形成了一定的共生关系。渠道冲突实质上是直销与分销商业模式之间的竞争，特别是当电子商务还无法代替传统渠道的时候，挑战就更加明显。

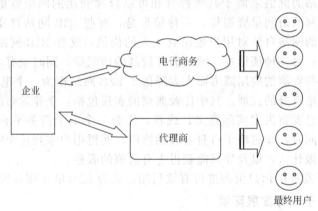

图 6-2 不同渠道之间的竞争示意图

所以，如果不能找到解决渠道冲突的有效手段，企业就很难通过网站直接向客户销售产品。这也是为什么大多数企业的网站只介绍产品和提供售后服务，但是不销售产品，也不标注价格的原因。如何协调不同渠道之间的利益，是 B2B 电子商务发展的重要挑战。

（2）高效的网上展示

传统企业通过大量的广告、鲜明的标志和宏伟的建筑（厂房、办公大楼和仓库等等）来展示自己。一家企业的展示是它传递给利益相关者的公众形象。从整体上对网站页面、产品和信息的发布等方面，充分利用网络提供的便利进行设计，保证企业形象的准确传递。

但是现实是许多企业往往根据表面的感官在设计网站的页面、布局等方面，没有明确网上展示的目标和定位。

（3）网站的可信度

所谓网站的可信度，顾名思义，就是用户对网站的信任程度。网站可信度对于网站访问者最终是否产生进一步的行为动机，如注册为会员、直接购买产品等将产生影响，如果网站缺乏可以让用户信任的基础，如何能获得忠诚的用户。影响网站可信度的因素表现在多个方面，从大的方面来说，比如网站/企业的知名度、网站的功能和服务等，从小的方面来说，有很多细节问题都会或多或少影响用户的信心，如对于企业介绍过于简单、产品信息、联系信息不够全面、使用免费邮箱、信息过于陈旧等等。

（4）向供应链的业务模式设计

以品牌为龙头的供应链的竞争，成为电子商务时代企业竞争的新特点，如何通过电子商务系统的设计实现这一目标，成为电子商务发展和电子商务商业模式设计的重要挑战。

（5）信息系统的整合

由于交易信息都保存在电子商务网站上，如何能够将企业自身的信息系统和电子商务系统整合成为非常棘手的问题，也是B2B电子商务与B2C电子商务明显不同的地方。

在B2B电子商务中，在主导企业内部，电子商务后台信息系统可以通过使用基于内联网的工作流、数据库管理系统（DBMS）、应用软件包和ERP系统来实现整合。在买方主导的电子商务市场中，将电子商务和供应商的后台信息系统集成相对比较容易，但是对于买方来说，要跟踪它们散布在各供应商服务器上的交易实非易事。

在中介导向市场中，买方和卖方都无法方便地组织它们的交易。这种困难对于参与B2B电子商务的买方和卖方来说是一个挑战。

如何将B2B电子商务中，交易双方的信息系统与电子商务系统相连接，成为B2B电子商务发展挑战之一。

（6）信息资源利用

B2B电子商务网站的价值来源于其所拥有和可以合理利用的网络营销资源，包括用户资源、商业信息资源、网站访问量资源等。一种情形是，有些B2B网站自身所拥有的网络营销资源比较欠缺，这样的网站自然对用户也没有太大的价值，这些B2B网站如何才能生存下去将是一个很大的问题；另一种情形是，网站拥有较高的访问量，同时也有丰富的供求信息等资源，但由于缺乏对这些资源的应用能力而大大降低了B2B网站作为一个电子商务平台的价值，其结果同样限制了网站自身的发展。其中比较典型的表现包括：企业发布的商业信息难以被其他用户发现，使得信息发布失去实际意义；或者，作为一个电子商务平台的B2B网站，在为其他企业进行推广的同时，却忽略了自身业务的推广，使得用户来到这个网站除了发布供求信息之外，不知道还能做什么，以及如何能获得更有价值的服务。

如何将B2B电子商务中信息资源进行有效利用，成为B2B电子商务发展另一挑战。

6.6.2 我国B2B电子商务发展环境

iResearch艾瑞市场咨询2006年的研究报告显示，在我国B2B电子商务中主要面临以下问题：非支付型电子商务占主流，网站功能单一、交易手段不完善，以及地区和行业发展不平衡。这些成为影响中国B2B电子商务发展的不利因素。而中国互联网环境的大幅改善，中小企业数量的持续增长和政府政策法规的制定在很大程度上促进了我国B2B电子商务市场的飞速发展，如表6-1所示。

表6-1 中国B2B电子商务平台环境发展因素

有利因素分析	不利因素分析
互联网环境大幅改善，企业人员素质很大提高。中小企业对B2B商务认识加深，营销热情提高	非支付型电子商务仍占主流。大部分企业仍是网上营销，网下支付
中小企业数量持续增长，东南沿海地区外贸型企业的大量增加。为B2B电子商务发展打下良好基础	网站功能单一，交易手段不完善
政府的大力支持，在政策税收等方面的扶持给B2B电子商务发展提供很好的发展空间	地区和行业发展不平衡，传统行业和中西部地区发展很缓慢
电子签名法，电子支付指引，为B2B电子商务发展提供法律保障	网络安全问题仍然影响电子商务发展

（1）宏观政策环境有利于 B2B 电子商务良性发展

我国政府积极推进 B2B 电子商务平台发展建设，先后颁布了一系列电子商务等相关的法律法规，为 B2B 电子商务的健康发展提供了法律保障。此外，B2B 电子商务相关的技术标准建设、安全认证体系、网上支付及物流配送等相关配套支持产业逐渐成熟，将进一步促进我国 B2B 电子商务的良性发展。B2B 电子商务从市场环境、企业认知情况、政策法规到支付保证体系等方面都有了较大的改进，已经开始为企业尤其是中小企业带来效率和效益。

（2）宏观经济环境带动 B2B 电子商务发展

2011 年，我国 GDP 为 7.298 万亿美元，2002～2010 年 GDP 的年增幅都在 10％以上，良好的宏观经济环境使得企业的商务活动更为活跃，在市场优胜劣汰的竞争压力下，将会有越来越多的企业尤其是中小企业通过 B2B 电子商务提升自身竞争力，获得竞争优势。

（3）互联网发展推动 B2B 电子商务进步

在我国互联网基础设施水平逐步提升，网民数量快速增长，企业上网环境改善等诸多因素的综合作用下，2010 年以来，我国 B2B 电子商务市场强势反弹，无论是中小企业 B2B 电子商务的交易规模还是运营商的营业收入规模，均有大幅提升。在市场主体方面，核心运营商在发力海外市场的同时，积极拓展国内新市场，降低门槛，为中小企业提供更加精准有效的服务。

截至 2011 年底，我国 B2B 电子商务服务企业达 10500 家，同比增长 14％。2011 年我国中小企业 B2B 电子商务企业营业收入达到 131 亿元，相比 2010 年同期，B2B 企业营业收入规模实现稳步增长，但增长速度有所放缓。在各 B2B 服务商市场占有率方面，2011 年，国内主要 B2B 服务商市场份额排名前三的分别为阿里巴巴、环球资源、慧聪网。

（4）外贸 B2B 电子商务市场发展稳定

阿里巴巴的中国供应商、环球市场、环球资源等几家老牌 B2B 外贸平台为国内不少外贸企业真正带来了订单、效益，也使得这些外贸平台较早地进入稳定盈利期。正是看好我国外贸 B2B 电子商务发展的前景，2006 年雅蜂网、沱沱网等也都相继进入了外贸 B2B 领域，相信随着国际 B2B 电子商务平台数量和服务水平的提高，外贸 B2B 电子商务也必将迎来高速增长期。

（5）中小企业 B2B 电子商务市场潜力巨大

由于很好地融合了新技术与传统行业，无论是从发展新型产业还是扩大内需的角度来讲，电子商务的前景都非常看好。预计到 2015 年，我国规模以上企业应用电子商务比率达 80％以上，未来中国 B2B 电子商务将逐渐从营销服务向交易服务转变，中国 B2B 电子商务行业将迎来新的发展契机。我国 2006 年企业中 95％都是中小型企业，而中小企业中使用第三方电子商务平台的仅为 28％，大量中小企业的采购、分销仍沿用传统渠道，中小企业的 B2B 电子商务需求仍未充分的释放。可见，我国中小企业 B2B 服务市场潜力巨大。

（6）中小企业电子商务意识日渐成熟

IT 采购的增长、网络应用的普及以及周围企业的示范带动都加快了我国中小企业对 B2B 电子商务环境的理解。在浙江、广东等沿海发达地区，电子商务已经成为不少企业不可缺少的业务工具。越来越多的中小企业意识到网络是他们进行商务活动、获得订单的有效途径，无论是免费还是付费使用第三方 B2B 电子商务平台的中小企业数量都在增加。

在以上六大因素的推动下，经过了初期的市场培育和积累后，我国企业的 B2B 电子商务市场在未来几年将获得较大发展。

本章指定观察网站

http：//www.alibaba.com

http：//www.eceurope.com

http：//www.arabbuild.net

http：//www.commerce.com

http：//www.sugoo.com

http：//www.covisint.com

http：//www.eceurope.com

http：//www.busytrade.com

http：//www.marshall.com

http：//www.gegxs.com

本 章 小 结

① B2B 电子商务就是企业对企业电子商务，也称企业间电子商务，作为电子商务的主要发展领域，B2B 电子商务具有更加丰富的内涵和表现形式，也是电子商务中更加激动人心、引起社会关注的重要领域。

② B2B 电子商务的基本分类方法大体以下 3 种。按照交易过程中有无核心企业主导，B2B 电子商务可以分为：核心企业主导的 B2B 电子商务和无核心企业主导的电子商务。按照业务覆盖的范围，B2B 电子商务可以分为：垂直市场和水平市场。所谓的垂直市场，就是专门针对某个行业，如钢铁、纺织和化工行业等的 B2B 电子商务；水平市场，是指销售的产品和服务可以应用到所有行业，如办公用品，计算机和办公设备，公务旅行服务等。按照举办单位位于供应链中的地位，分为直接销售 B2B 电子商务和中介销售的 B2B 电子商务。直接销售的 B2B 电子商务，往往依靠核心企业本身的强大市场认知度和品牌认知度。

③ 我国 B2B 电子商务发展的主要是中小企业，但是其发展水平较低，因此第三方 B2B 电子商务平台将成为未来中小企业网络营销主要渠道。以阿里巴巴等为代表的、蕴涵着大量市场机遇的独立第三方运营的电子商务市场，成为我国电子商务发展的一个显著特点之一。

④ B2B 电子商务中的关键组成：卖方公司、买方公司、电子中介、交易服务商、物流提供商、网络平台、通信协议和后台信息系统等。由于互联网不需额外的网络设施就可以将各公司连接起来，它提供了最经济的 B2B 电子商务平台。

⑤ 买方主导的 B2B 电子商务是一种以买家为中心，专门为某一家公司所设计的采购型网站，它是由买方自己投资建设的。从买方公司的观点来看，B2B 电子商务是一种改进采购管理的途径，如降低购买费用和缩短购买周期。买方主导的 B2B 电子商务成功的关键是能够吸引到足够多的供应商关注公司的电子商务系统。

⑥ 卖方主导的 B2B 电子商务模式，是最接近 B2C 电子商务的一种 B2B 电子商务模式，是一种以供应商为中心，专门为某一家公司所设计的推广型网站，它是由供应商自己投资建设。大多数生产商开设的电子商店属于这种类型。采用这种模式的网站要维持经营，唯一的要求是供应商在市场上享有盛誉并拥有一群忠诚的顾客。

⑦ 卖方中介主导的 B2B 电子商务模式是指，电子商务系统由卖方建立和控制，卖方通过电子商务不一定获利，但是通过电子商务系统将客户和零配件生产厂商等上游厂商建立联系，大家共同为最终用户提供良好服务的一种电子商务模式。卖方企业可以是生产厂商，也可能是分销商。通过这样的一种模式，最终客户可以利用整个供应链的资源。

⑧ 第三方中介主导模式，是一种不会有买方和卖方的投资，而自行建立起来的中立的网上市场交易中枢。中介导向的商务模式是建立一家电子中介公司，由它开设电子市场供企业买家和卖家进行交易，这一概念和 B2C 电子商务中基于中介的电子商场或电子商店类似。这种模式最大的优点就是参与交易的厂商参与电子商务的门槛较低，而且在市场中还能够发现大量的市场机会。

⑨ B2B 电子商务发展面临的挑战，主要有渠道冲突与互斥、高效的网上展示、网站的可

信度、面向供应链的业务模式设计、信息系统的整合和信息资源利用等几个方面。

思　考　题

6-1　B2B 电子商务的分类方式有哪些？试举例说明。

6-2　如何理解我国 B2B 电子商务的特点，并分析原因。

6-3　试分析说明买方主导的电子商务模式的适用范围和成功的因素有哪些？

6-4　试分析卖方主导的 B2B 电子商务模式与 B2C 电子商务的区别与联系。

6-5　分析阿里巴巴网站的主要功能和成功的主要因素。

6-6　结合网上观察，谈谈对我国水平 B2B 电子商务和垂直 B2B 电子商务未来的发展趋势。

第3篇 实 务 篇

7 电子商务中的消费者

学习目标

掌握什么是电子商务中的消费者及其些特点，网络消费者具有什么样的消费行为特征，网上购物的决策过程和影响这一过程的主要人物和因素，了解企业采购的特征和基本流程。

作为交易中至关重要的参与者，消费者在电子商务中的作用日益受到关注。对消费者的认识越深入全面，对电子商务的理解才能更加透彻。对于电子商务的管理者、市场营销人员和电子商务研究人员，电子商务中的消费者是他们必须关心和关注的重要对象，对于消费者的研究包含着这样几个关键性的命题：他们是谁？他们在哪里？他们具有什么样的特点和行为方式？他们如何进行购买决策？

7.1 互联网上的消费者

由于互联网文化的独特性，使网络上的消费者组成、消费心理和消费行为等方面表现出了新的特点，为了能够更好地分析网上消费者的特点、消费心理和消费行为，我们必须对网上消费者进行分类研究。虽然 B2B 电子商务的购买行为与个人消费者有很大的不同，但是由于整个过程都是由人在操作，因此研究网上消费者的心理和行为，对 B2B 电子商务同样有意义。

7.1.1 消费者类型

研究和观察网上消费者心理和行为的重点不同、角度不同，网上消费者的分类方法也不同。主要有以下几种分类方法：按照消费动机进行分类、按照购物的重点不同；可以分为实用和娱乐两类；还可以按照购买行为对信息的依赖程度进行分类。当然，传统的消费者分类方法也同样适用。下面对具体分类方式进行介绍。

按照购买动机和消费行为将在线消费者划分为以下几种不同的类型。

① 时间饥饿型消费者 大多数为夫妻双职业家庭中，他们愿意在购物时支付更高的价格和额外的费用来节约时间，但是对在线购物的体验不关心。

② 购物逃避型消费者 特征为不喜欢购物，使用互联网来避免拥挤的人群、排队或堵塞的交通。

③ 新技术爱好者 他们通常是对新技术感兴趣的年轻人，上网购物可能仅仅因为那样很酷。

④ 鼠标加水泥消费者 仅使用互联网来查找产品和价格等信息，出于对安全和其他原因的考虑，他们更倾向于在传统的商场购买商品。

⑤ 传统消费者 只喜欢在实体商店购物，不太接受在线购物方式。

⑥ 网上猎奇者 大约占所有在线购物者的 20%，喜欢价格比较的过程和搜索物超所值的商品。

⑦ 品牌忠诚者　是指为了某个特定品牌而在线购买的消费者，也许是能够为品牌提供者带来最高利润的消费人群。

⑧ 单身购物者　大约占所有在线购物者的 16%，上网不仅仅是为了购物，还为了得到银行服务、交流、游戏、新闻以及其他活动。

针对在线消费者的研究和分析，在很多情况下可以沿用以下两个维度进行分析——"实用目的"和"娱乐目的"，对消费者的消费行为进行研究和分类。

所谓"实用目的"，即进行购买活动的只是达到目标或完成任务；"娱乐目的"，即进行购买活动只是因为"它充满乐趣并且喜欢它"。对于实用目的和娱乐目的的理解、研究能够更深入了解许多电子商务消费行为。

在电子商务实践中，购买行为和动机中的实用目的，特别是娱乐目的常常被忽略。

按照消费过程对信息的依赖程度消费者还可以划分为以下几种。

① 冲动型消费者　他们购买时行动迅速。

② 耐心型消费者　他们会在进行一些比较之后才购买。

③ 分析型消费者　他们通常会经过大量的研究后才决定购买。还有一些仅仅是"橱窗浏览者"，他们以浏览为乐。

消费心理和消费行为是企业制订经营策略，特别是制订营销策略的起点和基础。电子商务中消费心理的变化趋势和特征市场，由卖方垄断向买方主导转化，消费者主导的时代已经来临。面对更为丰富的商品选择，消费者心理与以往相比呈现出新的特点和发展趋势，这些特点和趋势在电子商务中表现得更为突出。

7.1.2　消费心理

由于互联网的文化特点，个性、平等、自主等成为网上消费者消费心理的重要特点，网上消费者同传统消费者相比，其消费心理具有新的特点。

① 追求文化品位　在互联网时代，文化的多样性和影响力大增，尤其是青年人对以文化为导向的产品有着强烈的购买动机，而电子商务能满足这一需求。

② 追求个性化　消费品市场的发展，多数产品无论在数量上还是质量上都极为丰富，消费者能够以个人心理愿望为基础挑选和购买商品或服务。现代消费者所选择的已不再单是商品的实用价值，更要与众不同，充分体现个体的自身价值，已成为他们消费的首要标准之一。个性化消费已成为现代消费的主流。

③ 自主、独立　消费者对传统的压迫式营销感到厌倦和不信任。在对大件耐用消费品的购买上表现得尤其突出，消费者往往主动通过各种可能的途径获取与商品有关的信息并进行分析比较。在购物过程中，表现出了明显的自主、独立的特点。

④ 表现自我　由于网络的特点，网上购物独特的购物环境和与传统交易过程截然不同的购买方式，由于大大降低了地域和信息交流的制约，使消费者完全可以按照自己的意愿向商家提出挑战，以自我为中心，根据自己的想法行事，在消费中充分表现自我。

⑤ 追求方便、快捷　在购物中即时、便利、随手显得更为重要。传统的商品选择过程短则几分钟，长则几小时，再加上往返路途的时间，消耗了消费者大量的时间、精力，而网上购物弥补了这个缺陷。2001 年中国互联网络信息中心发布的《中国互联网络发展状况统计报告》的调查数据表明，基于节省时间进行网络购物的人数占网上消费总人数的 49.29%。

⑥ 追求物美价廉　价格始终是消费者最敏感的因素。网上商店比起传统商店来说，能使消费者更为直接和直观地了解商品，能够精心挑选和货比三家。网上购物更能够满足消费者追求物美价廉的心理。

⑦ 追求购物体验　研究表明，消费者的心理反应与过程发生的时间仅为 0.2～1 秒，消费行为在许多情况下是非理性的。根据 Questus 调查，消费者进入一个网站 3 秒内就会对该网站形成

某种印象，因此，尽管网站建设的实际易用性比美观更重要，但网站的美观程度往往也会同时对访问者产生影响。因此，消费者在进行购物的同时，购物的体验对其具有一定的影响力。

7.2　互联网消费者的分布与特点

在制订营销和广告计划的时候，目标消费是谁、他们在哪里、具有什么样的个人特点等都是进行决策的重要依据。一般而言，影响消费者购买决策的主要因素有：社会因素和个人因素。在商家制订营销战略和计划的时候，必须给予这两个因素足够的关注。

7.2.1　社会因素

社会环境包括以下几个方面。

① 社会因素　社会因素在电子商务发展中扮演重要的角色。人们往往受到家庭、同事、邻居等的影响，特别是在消费时尚、流行趋势等方面。在网上社区、BBS、新闻组和 BLOG 中的交流尤其重要。

② 文化因素　人们的文化背景、生活方式和网上行为等，都对消费者的消费心理和行为产生影响。

③ 心理因素　参考上一节。

④ 其他因素　网上信息的可靠性、政府的法规和地理位置等。

7.2.2　个人特点

个人因素中有一些对消费者来说是渐变的，如个人财产状况、年龄、受教育程度、性别、态度、消费心理与行为模式、价值观和生活方式等。网上消费者由于上网人口的分布等原因，具有一定的人口统计学特征，很多情况下，这些特征结合其他因素可以成为重要的营销决策依据。下面根据中国国家互联网信息中心（CNNIC）发表的统计报告，介绍我国上网人口的分布和特点。

截至 2012 年 12 月底，我国网民规模达到 5.64 亿，互联网普及率为 42.1%，保持低速增长。在家中接入互联网的比例继续走高，有 91.7% 的网民在家中上网，较 2011 年增幅达到 3.4%，个人上网设备持有比例的提升和网络接入条件的改善是导致此现象产生的主要原因。截至 2012 年 12 月，我国网络购物用户规模达到 2.42 亿，网络购物使用率提升至 42.9%。与 2011 年相比，网购用户增长 4807 万人，增长率为 24.8%。在网民增速逐步放缓的背景下，网络购物应用依然呈现快速的增长势头。网民的特征结构也发生了相应的变化。深入分析、了解网民的特征结构，探求其变化趋势和规律，可以较好的把握住"谁在使用互联网"这一问题，从而更深入地理解互联网在中国的发展状况。

（1）网民性别

截至 2011 年 12 月，我国网民中男性比例为 55.9%，比女性高出 11.8 个百分点，网民性别比例与 2010 年相比基本保持稳定。男性依然占据网民主体。从普及率的角度来看，男性网民占中国男性总人口的 11.9%，女性网民占女性总人口的 9.0%。

（2）网民婚姻状况

据 2006 年的调查未婚网民占 57.8%，已婚网民占 42.2%。未婚者目前仍然是我国网民的主体。与 2005 年同期相比，已婚网民所占比例增长了 0.1 个百分点，未婚网民所占比例相应有所下降。从绝对数看，已婚网民增加了 1108 万人，达到 5781 万人，增长率为 23.7%；未婚网民增加了 1492 万人，达到 7919 万人，增长率为 23.2%。

（3）网民年龄

网民中 10～19 岁人群比例从 2011 年底的 26.7% 下降至 2012 年底的 24.0%（图 7-1），这与我国该年龄段整体人口总数下降相关。此外，网民中 40 岁以上各年龄段人群占比均有不同程度的提升，互联网在这些群体中的普及速度加快。

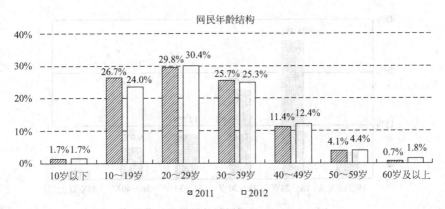

图 7-1 2011 年、2012 年不同年龄段网民的普及率
资料来源：CNNIC 中国互联网络发展状况统计调查，2012.12

网民中 20～29 岁的年轻人所占比例最高，达到 30.4%，其次是 30～39 岁的网民（25.3%）和 10～19 岁以下的网民（24.0%），40～49 岁的网民占到 12.4%，50 岁以上的网民所占比例都比较低，50～59 岁的占到 4.4%，还有 1.8% 的网民在 60 岁以上。40 岁及以下的网民占 82.4%，网民在年龄结构上仍然呈现年轻化的态势。年龄在 20～40 岁之间的人相对于其他年龄段的人，更加容易接受并使用互联网。

由图 7-2、图 7-3 可以明显发现，网民的年龄结构发生了明显变化，网民的加权平均年龄在上升。因此，电子商务的用户基础明显改善，这必将带来市场的根本改变，无论从商品种类、品质还是需求特征。

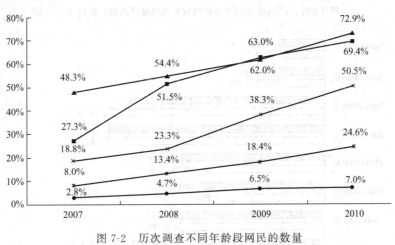

图 7-2 历次调查不同年龄段网民的数量

——■—— 10～19岁 ——▲—— 20～29岁 ——✕—— 30～39岁 ——✳—— 40～49岁 ——●—— 50岁及以上

（4）网民文化程度

高中和大专以上学历人群中互联网普及率已经到了较高的水平，尤其是大专以上学历人群上网比例接近饱和，网民的增长动力来自低学历人群，截至 2012 年底网民中小学及以下人群占比提升至 10.9%（图 7-4）。

（5）网民个人月收入

2012 年网民中月收入在 3000 元以上的人群占比继续提升，达 28.8%，相比 2011 年底提升了 6.5 个百分点。个人月收入在 3001～5000 网民所占比例最高，达到 18.4%，其次是月收入为 2001～3000 元和 500 以下元的网民，比例分别为 18.0%、14.2%，12.3% 的网民个人月收入在 501～1000 元。低收入网民仍然占据主体，但中等收入和高收入者增长迅速。如图 7-5 所示。

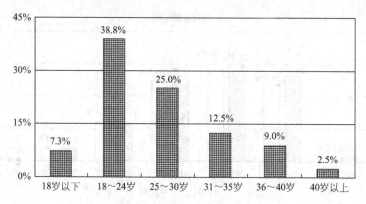

图 7-3 2006 年不同年龄段网民的普及率

数据来源：中国互联网络信息中心（CNNIC）。

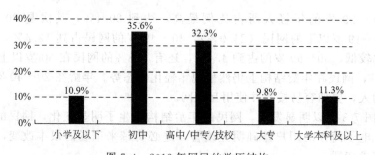

图 7.4 2012 年网民的学历结构

资料来源：CNNIC 中国互联网络发展状况统计调查，2012.12。

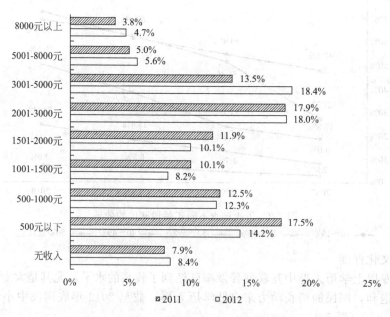

图 7.5 2011 年、2012 年网民收入结构

资料来源：CNNIC 中国互联网络发展状况统计调查，2012.12。

由图 7-5 可以明显发现，网民的收入结构发生了巨大变化，网民的购买能力发生了根本的改变，电子商务的潜力必将会被极大的激发。这可能从一个侧面诠释了 2011～2012 年电商快速发展局面的市场基础。

（6）网民职业

我国网民中学生所占比例依然居高，达到了 25.1%，但是同 2006 年的 32.3% 还是有明显下降；其次是自由职业者和个体户占总数的 18.1%，而 2006 年自由职业者等所占比例仅为 9.6%；排在其后的是企业/公司工作人员所占比例为 13.2%，其他职业的网民所占比例都比较小（图 7-6）。同以往的数据相比较可以发现，除了学生以外，我国网民的组成已经不再具有明显的职业特征，说明了全民上网趋势的进一步明显。

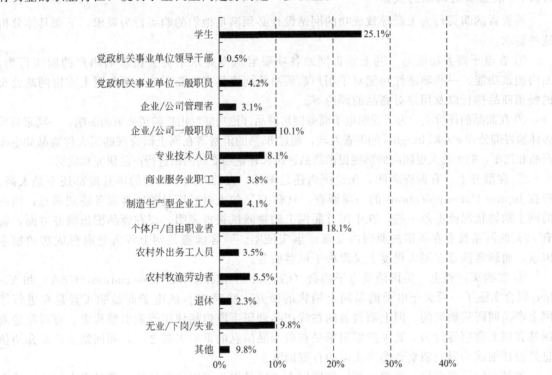

图 7-6　2012 年网民的职业分布
资料来源：CNNIC 中国互联网络发展状况统计调查，2012.12。

综上所述，目前我国的网民仍然以男性、未婚者、40 岁及以下的年轻人为主体，但与去年同期相比，女性、已婚者和 35 岁以上网民的比例都有所上升；文化程度为本科以下的仍然占据网民的大多数，与去年同期相比，这一比例略有上升；从网民个人月收入来看，中等收入以上的网民所占比例大幅提升；学生网民仍然比其他职业的网民要多，但与去年同期相比，其在网民总体中所占比例略有下降，呈现出全民上网的格局。

因此，上述情况表明，我国个人电子商务的主要对象依然是低收入、年轻和学生群体为主。随着时间的推移，当今天的主要上网人群进入中年后，我国电子商务的普及和发展才能进入一个新的阶段。

7.3　在线消费行为

在线消费者行为对 B2C 电子商务的发展至关重要，对消费者购买行为的分析方面常常提及以下三个问题：

① 消费者为什么购买；
② 消费者如何购买、怎么购买；
③ 消费者从在线购买中得到什么好处？

在消费者行为的因素中，有统计和研究表明，对于影响用户网上购买的因素，按照重要性递减的排序分别是：竞争性的价格、详细的产品描述、网站易用性、良好的顾客服务、丰富的选择种类、商品比较功能、商品图片清晰度、品牌知名度、商品评级、顾客评论、购买指南、对网站的熟悉程度、专家建议、是否有线下商店等。因此电子商务要考虑的因素很多，甚至一些看似不起眼的因素都可能决定一个用户最终是否在该网站完成购物。

7.3.1 消费者对网站的要求

消费者的购买行为无疑导致成功的网站设计必须满足他们的购买行为要求，下面具体分析这些要求。

① 在电子商务功能上 网上零售网站各项要素的专业水平会直接影响用户的购买行为，站内搜索功能、一些辅助性功能对于用户购买决策同样具有重要影响，例如网上零售网站公布的畅销商品排行以及用户对商品的评论等。

② 在商品的评价上 为了说明电子商务网站商品评论功能对用户购买决策的影响，一项来自顾客体验咨询公司 eVOC Insights 的调查发现，超过 85％的消费者在网上研究或购买大件商品如电子产品和汽车，63％的人更倾向到那些提供商品评级和评论功能的网站进行产品研究和购买。

③ 在服务上 有调查表明，无论国内还是国外，人们对网上购物的满意度都还不是太高。根据 Jupiter Communications 的一项调查，只有 41％的人对经历过的顾客服务感到满意；国内的网上购物状况就更差一些，在中国首届网上购物测试报告表明，仅在商品配送服务方面，就有 78％的网站没有在承诺的期限内兑现。事实证明，顾客满意是网上零售业取得成功的根本因素，而顾客满意在很大程度上又取决于顾客服务。

④ 在购买过程上 美国消费电子协会（Consumer Electronics Association，CEA）和 Yahoo 联合实施了一项关于电子商品网上销售的研究，发现 77％的电子商品购买者是在进行了网上产品调研后购买的，网上消费者的在线产品调研手段包括使用搜索引擎检索、查看制造商网站和网上商店等行为，其中搜索引擎是获取产品信息的重要工具之一，而网站上产品介绍信息是否详细成为影响消费者购买决策的首要因素。

被调查的消费者称，他们之所以使用网上调研是因为可以比较价格，并且有大量的可选商品类别。不过接近一半的消费者在实施网上调研后，却到线下商店购买选中的商品。

调查还发现那些使用搜索引擎了解产品信息的人认为，通过搜索引擎使自己获得了对产品的全面认识，也更愿意将他们调研的产品推荐给朋友和周围的人。

这一调查结果对电子商务表明，网上商店对产品的介绍要详尽，体现出价格差异，并且给出更多相关的产品。在网上购物者到处寻找商品信息进行比较的时候，如果你的商品信息全面、价格合理，消费者可能就会在你的网站上购买。

7.3.2 购买过程行为

消费者在整个消费过程中，不同阶段对电子商务有着不同的需求，这些需求的满足程度往往决定电子商务的成败，下面具体分析。

在购买前阶段中，消费者实际上是对网上商店的服务、产品价格、配送周期、售后服务措施等全方位了解的过程，一旦出现问题，交易就无法进行下去。影响这一阶段的主要因素有以下几个方面。

① 网页下载速度 这是顾客对网上商店的第一印象，往往影响顾客的购物心理。有研究表明，网站加载速度快比任何时候都重要。页面加载时间每增加 1 秒，会使页面浏览量减少 11％，客户满意度下降 16％，转换率损失 7％；页面加载速度在 3 秒以下的网站，转换率比平均高 2 倍；如果智能手机上网，5 秒内还未打开网址，74％的购物者会离开。

② 产品查询 由于网上购物者多为理智型的消费，事先对所需商品特性、价格等有一定

的计划，上网之后，一般会到合适的分类目录中查找。如果找不到合适的目录或者查询没有结果的话，这个顾客也许很快会离开这个网站。

③ 产品介绍　购物者希望了解详细的资料，诸如外观、功能、体积、重量、品质等。

④ 价格优惠　许多消费者利用网络购物的一个重要原因是价格便宜，对产品的功能、外观等挑选完成之后，另一个要考虑的重要因素就是产品价格了。

⑤ 售后服务　根据 Jupiter 的调查结果，容易退货是对顾客购买动机影响力最大的因素，甚至超过了顾客服务和产品选择。应该清楚明白地告诉消费者，什么样的条件下可以退货，对于款到发货的情况，退货后多长时间可以将货款退还给用户，往返运输费用由谁来承担，否则这个原因会让不少顾客犹豫不决。

⑥ 送货时间和费用　顾客希望能在最短的时间内收到货物，快速明确的配送服务是非常重要的。对于小额订单来说，运输货/送货费用的多少也是影响顾客购买决策的主要因素之一，为了买一本 30 元的书，大概很少有人愿意为此支付 15 元的邮寄费。

交易过程中，就是在订单确认之后，完成付款之前的阶段，有两个关键时刻对网上购物的成败产生影响，这种状况取决于网站、银行和购物者三方面因素的影响。

● 用户注册　也可以在购物之前进行。对于第一次购物的顾客，往往对在要付款时才知道必须注册购物十分反感，如何建立简明和快捷的注册方法是成功的关键。

● 支付流程　稳定、安全而简捷的支付流程，是提高消费者信心和积极性的重要方面。

在购买后阶段，就是订单完成确认之后，网站典型的错误有：产品质量问题、包装问题、实物与网站描述不符、缺货、发货错误、送货误期等，每一个错误都可能造成顾客的流失。对消费者的购买行为产生影响的有以下两个方面因素。

● 订单跟踪　付款之后查询和跟踪订单的处理结果，是可以让顾客自己放心的办法之一。

● 商品验收　顾客收到自己订购的商品，必然要经过仔细的检查，一些在购物前期心存不悦的顾客甚至会加以挑剔。

7.4　在线购买决策

7.4.1　个人消费者的购买决策

个人消费者在做出购买决策时，往往受到许多因素的影响，图 7-12 为电子商务中消费者的行为决策模型，总结了影响消费者购买决策的各个因素。由图中分析可知，影响消费者购买

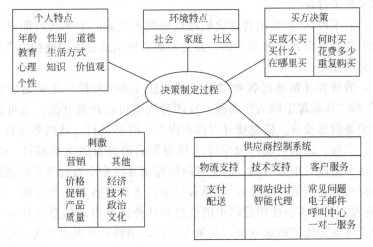

图 7-12　消费者行为决策模型

决策的主要有五个方面，即消费者个人的特点、各个方面的刺激、供应商的控制、消费者购买时的决策和消费者生活的环境。

① 消费者个人的特点　其中包括：年龄、性别、道德、教育、生活方式、心理、知识、价值观、个性。随着我国网络继续深入的发展和网络教育、宣传的深化，群众的网络意识会随着时间的推移而不断提高，网上交易的模式也会被认可。其中政府工作起到关键的作用，能够提高宣传力度和加强网络教育。

②（需求）刺激　其中包括：营销方面（价格、促销、产品、质量）和其他方面（经济、技术、政治、文化）。

③ 环境特点　其影响来自于社会网络、家庭和居住的社区和城市，它们都能够对消费者的购买行为产生影响。

④ 电子商务环境　物流、支付、网络安全、网站功能和客户服务等因素。

7.4.2　消费者购买决策

从个体消费的角度看，问题也比较复杂。一方面网络用户以青年人居多，这部分群体的确没有什么钱，但在市场营销对消费者购买决策过程分析中，有影响者、使用者、购买者、发起者、决策者五种不同角色，这些角色对最终的购买决策都会有影响。目前不少在线用户已经是现实的在线消费者，并成为家庭其他成员购买决策的影响者，随着时间的推移，他们组建家庭后会成为家庭消费的决策者，在线消费潜力巨大。

消费者在线决策的参与者可作如下分类。

① 发起人　第一个提出或者想到要去购买产品和服务的人。

② 影响人　其建议或观点对最终的购买决策造成影响的人。

③ 决策者　做出最终决策决定或者部分决定的人，即决定是否买、买什么、怎么买和到哪里买。

④ 购买者　执行购买行为的人。

⑤ 用户　最终使用产品或服务的人。

一个通用的消费者购买决策制订模型包括五个主要阶段。每个阶段都包括多种行动，在部分阶段要进行一个或多个决策。这五个阶段是①需求确认、②信息搜寻、③备选方案评估、④购买和交货以及⑤购买后的评估。尽管这些阶段提供了一个消费者决策制订的通用模型，但并不能保证消费者的决策一定是遵循这样的顺序。实际上，消费者可能在任何时候回到前面的阶段，或随时结束整个过程。

第①阶段是"需求确认"，当消费者面临理想和现实之间的不平衡时即进入该阶段。营销人员的目标是让消费者意识到这种不平衡，并使消费者确信通过使用他们的产品或服务可以填补理想和现实之间的差距。

需求确认后，消费者开始通过各种渠道搜索信息（第②阶段）来满足需求。决策可分为"购买哪种产品"和"从谁那里购买"两种。这两种决策可以是独立的，也可以是相关的。这个阶段主要进行的是信息搜寻。信息搜寻可以在内部、外部进行，或两者兼有。在外部搜寻过程中，商品目录、广告、促销活动以及推荐人都会影响消费者的决策制订。Compare.com 等产品搜索引擎对这个阶段有很大帮助。消费者的信息搜寻将缩小被选方案的范围。此后，消费者会进一步评估被选方案（第③阶段），如果有可能，还会对各条件作权衡（这是一个复杂的工作）。在这一阶段，消费者会使用记忆中的信息和从外部获得的信息来建立一套标准。这些标准会帮助消费者评估和比较被选方案。在第④阶段，消费者会做出购买决定，安排支付和交货，以及购买担保等。

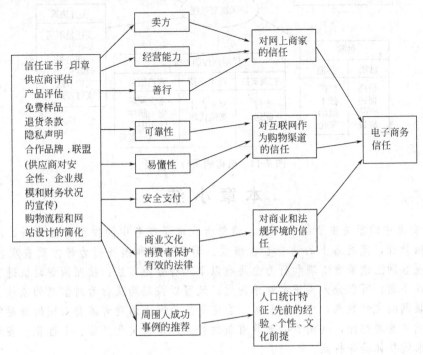

最后还有一个售后阶段（第⑤阶段），包括客户服务（如产品维修）和评价商品的有用性。这个过程可以看成一个产品的生命周期，当产品被丢弃时，周期结束。

7.4.3 购物过程中的信任问题

信任是指参与交易的各方愿意继续沟通、交易来达到预定目标的心理状态。由于在电子商务中交易的双方不见面，因此，在交易双方之间建立信任就成为电子商务交易成功的重要基础。根据图7-13所示的模型，电子商务信任可以由三部分组成，即对网上商家的信任，对因特网作为购物渠道的信任，对商业和法规环境的信任。

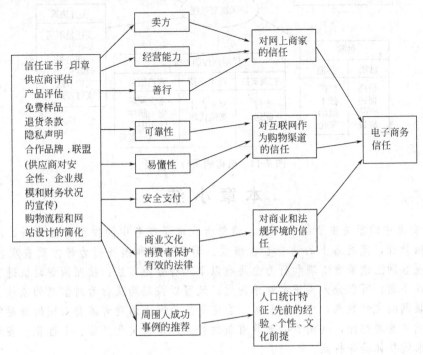

图 7-13 电子商务信任模型

7.4.4 机构购买者的行为

企业和各种组织，也称为机构，可能会与个人购买相同的产品或服务。例如，它们可能会购买同一种书、照相机或者电脑。尽管机构买家的数量远远少于个人买家，但是它们的交易量却要大得多，而且谈判和购买的条件更加复杂。另外，相对个人买家而言，购买过程本身对于机构买家更重要，而且机构买家可能是一个集团。影响个人消费者行为和机构购买行为的因素也有很大不同，参见表7-1。

表 7-1 个人消费者和机构买家的特征比较

特征	个人消费者	机构买家	特征	个人消费者	机构买家
需求	个人需要	机构需要	购买的影响力	单一	多样
购买数量	少	多	谈判的类型	简单	复杂
顾客数量	多	少	互惠条件	无	有
买家的分布	分散	相对集中	租借条件	很少	很多
销售结构	更间接	更直接	主要促销方法	广告	个别推销
购买特性	更加个性化	更加专业化			

机构购买行为可以用图7-14所示的个人买家行为模型相类似的模型来描述，但是有些影响因素是不同的（例如家庭和因特网社区，对机构购买行为可能就没有影响）。新加入模型的是机构模块，它包括机构购买准则和约束（如合同等），还有使用的系统。另外还加入了人际影响模块，包括权威等因素。最后还必须考虑集体决策的可能性。

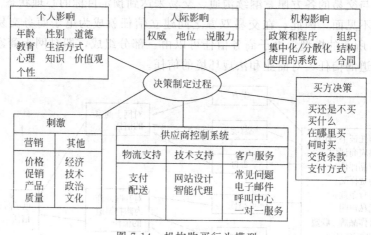

图7-14　机构购买行为模型

本 章 小 结

① 作为交易中的至关重要的参与者，消费者在电子商务中的作用日益受到关注。由于互联网文化的独特性，使网络上的消费者在组成、消费心理和消费行为等方面表现出了新的特点。研究和观察网上消费者心理和行为主要有以下几种分类方法：按照消费动机进行分类、按照购物的重点不同；可以分为实用和娱乐两类；还可以按照购买行为对信息的依赖程度进行分类。由于互联网的文化特点，个性、平等、自主等成为网上消费者消费心理的重要特点，网上消费者同传统消费者相比，其消费心理具有新的特点：追求文化品位、个性化、表现自我、追求方便和追求购物体验等特点。

② 一般而言，影响消费者购买决策的主要因素有社会因素和个人因素。社会环境包括社会因素、文化因素和心理因素等。个人因素中有一些对消费者来说是相对稳定的，如个人财产状况、年龄、受教育程度、性别、态度、消费心理与行为模式、价值观和生活方式等等。网上消费者由于上网人口的分布等原因，具有一定的人口统计学特征，这些特征很多情况下，结合其他因素可以成为重要，营销决策依据。

③ 在线消费者行为对B2C电子商务的发展至关重要，有统计和研究表明，对于影响用户网上购买的因素，按照重要性递减的排序分别是：竞争性的价格、详细的产品描述、网站易用性、良好的顾客服务、丰富的选择种类、商品比较功能、商品图片清晰度、品牌知名度、商品评级、顾客评论、购买指南、对网站的熟悉程度、专家建议、是否有线下商店等。

④ 消费者在整个消费过程中，不同阶段对电子商务有着不同的需求。在购买前阶段中，消费者实际上是对网上商店的服务、产品价格、配送周期、售后服务措施等全方位了解的过程，一旦出现问题，交易就无法进行下去。交易过程中，取决于网站、银行和购物者三方面因素的影响。在购买后阶段，若产品质量问题、包装问题、实物与网站描述不符、缺货、发货错误、送货误期等，每一个错误都可能造成顾客的流失单。

⑤ 个人消费者在做出购买决策时，往往受到许多因素的影响。影响消费者购买决策的主要有五个方面，即消费者个人的特点、各个方面的刺激、供应商的控制、消费者购买时的决策和消费者生活的环境。

思 考 题

7-1 分析消费者在线购买决策制订过程及其影响因素。

7-2 观察不同的消费的网上购物心理，试总结分析之。

7-3 结合我国网民的特点，简述我国商务目前发展的主要对象和未来的市场机会。

7-4 结合自身的购物经历，分析在电子商务过程中，购买活动参与者有哪些？他们是如何起用的。

7-5 对比机构购买行为模型与个人购买行为模型的不同，试分析原因。

8 网络营销

掌握营销管理的基本内容和基本管理的方法。理解网络营销的概念、基本手段。掌握网络营销的基本途径和手段，掌握网络广告的特点、基本呈现形式和广告受众的接受度等概念，明确企业广告决策的基本过程和效果评价方法。网上市场调查的基本概念、优点和局限等内容。

【案例1】

昆山级峰机械设备有限公司应用搜索竞价带来成功

昆山级峰机械设备有限公司作为一家产值过亿元的外向型的企业，需要一个面向全球的定位和运作方式，互联网网站正是弥补空间和时间距离的营销利器。昆山级峰机械设备有限公司利用"搜索竞价"成功推广了自身的网站，改变了只有网站，没有效益的尴尬局面，成为互联网时代网络营销成功的典型。

昆山级峰机械设备有限公司总投资600万美元，具有年产模具铣床3000多台、数控机床及加工中心300多台的生产能力，是台湾翊峰机械有限公司在江沪地区的销售公司，是一家实现销售收入2亿多元、创税上千万元的一家高新技术企业。

昆山级峰机械设备有限公司在成立初期就制作了公司的专业网站，但一段时间过去了，可谓"门庭冷落车马稀"，网络并未给他们任何的青睐。一直到2004年末，从世纪辰光的电子商务代表那里，昆山级峰机械设备有限公司找到了答案：没有做网络推广的企业网站，只能是孤芳自赏。

2004年12月，昆山级峰机械设备有限公司第一次接触搜索竞价，就被其强大的搜索资源、先进的服务体系和低廉的点击收费价格所吸引，一口气做了和产品有关的几十个关键词，并要求全部排名第一。

原本只是抱着试试的心态，但是昆山级峰机械设备有限公司网站的访问量几乎是一夜之间增长了，还经常接到陌生客户询问产品信息的电话。公司的网管从后台监测系统找到了答案：接近80%的网站访问量都是由竞价搜索链接到自己的，而绝大多数的外地客户都是浏览了公司的网站才联系到公司进行合作的。网站的流量上升了，来自网络的订单自然随之增加了。甚至有来自国外的厂商。经过这次"试水"，昆山级峰机械设备有限公司对网络营销的意念也更坚定了。

面对国际化的竞争，传统的营销手段已经不能完全满足企业发展的需求，现代互联网营销的威力已经悄然进入了世人的视野。"亿元企业更需要网络营销"是昆山级峰机械设备有限公司留给我们的深刻启示。

网络营销作为Internet起步最早的成功的商业应用，网络营销得到蓬勃和革命性的发展。电子商务是从企业全局角度出发，根据市场需求来对企业业务进行系统规范的重新设计和构造，以适应网络知识经济时代的数字化管理和数字化经营需要。

在互联网时代，新媒体技术可以将多种信息源的信息集合，多重角度反映产品的信息，消费者也可以通过新媒体将个人意愿予以表达，新媒体缩短了消费者个体意愿与产品的真实价值间的博弈过程，使商品挑选的过程更简单和快捷。简而言之，新型电商们可以集合消费者的意愿，并提供供应信息，集中达成交易，如团购（也可以在你口渴时买了饮料，再买瓶酱油）；可以集合消费者的消费评价，展示给消费者，如点评网站；可以将产品的生产环节信息公布给消费者，打造透明的产品，如食品行业；可以集合消费者意愿，参与到产品的设计生产全过程，可以将消费者集合建立消费者渠道。消费者与供应商的关系已经发生变化，从交易对手到相互合作，从单个消费者的谈判博弈到消费者群体与供应商交易谈判的变化。

8.1 网络营销与网络营销理论

在传统的市场营销中，将产品（Product）、价格（Price）、销售渠道（Place）和促销（Promotion）等市场因素构成营销 4P，被称为网络营销组合，也是整个市场营销学的基本框架。分析、计划、实施和控制构成了营销管理的基本过程。在互联网环境下，国外一些营销学家认为 4C 是网络营销的理论基础，4C 即顾客的欲望和需求（Consumer's Wants and Needs）、满足欲望和需求的成本（Cost to Satisfy Want and Needs）、方便购买（Convenience to Buy）以及与消费者的沟通（Communication），或者是以顾客需求为中心（Customer-oriented）、客户成本（Cost）、客户方便（Convenience）以及沟通（Communication），其中客户沟通又贯穿在营销的始终——它的起点是用户需求，终点是用户满意度。建立在 4C 基础上的营销管理理论的确反映了网络营销的一些特征，并且在不同的网络营销手段中发挥着作用。网络营销的发展更多地在于实践经验的总结，比较注重操作方法和技巧。

8.1.1 网络营销理论

随着电子商务实践和网络营销实践的深入，网络营销理论也不断出现。具体介绍如下。

（1）网络直复营销

根据美国直复营销协会（ADMA）为直复营销下的定义，直复营销（图 8-1）是一种为了在任何地方产生可度量的反应和（或）达成交易，而使用一种或多种广告媒体相互作用的市场营销体

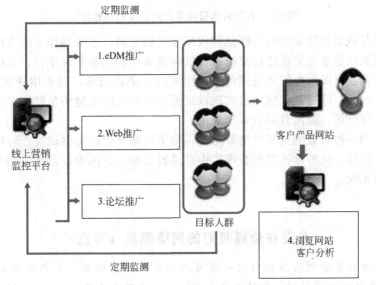

图 8-1 直复营销过程示意图

系。网络作为一种交互式的、可以双向沟通的渠道和媒体，它可以很方便地为企业与顾客之间架起桥梁，顾客可以直接通过网络订货和付款，企业可以通过网络接收订单、安排生产，直接将产品送给顾客。基于互联网的直复营销将更加吻合直复营销的理念。这表现在以下四个方面。

首先，直复营销作为一种相互作用的体系，特别强调直复营销者与目标顾客之间的"双向信息交流"，以克服传统市场营销中"单向信息交流"方式下营销者与顾客之间无法沟通的致命弱点。

其次，直复营销活动的关键是为每个目标顾客提供直接向营销人员反应的渠道，企业可以凭借顾客反应找出不足，为下一次直复营销活动做好准备。互联网的方便、快捷性使得顾客可以方便地通过互联网直接向企业提出建议和购买需求，也可以直接通过互联网获取售后服务。企业也可以从顾客的建议、需求和要求的服务中，找出企业的不足，按照顾客的需求进行经营管理，减少营销费用。

再次，直复营销活动中，强调在任何时间、任何地点都可以实现企业与顾客的"信息双向交流"。互联网的全球性和持续性的特性，使得顾客可以在任何时间、任何地点直接向企业提出要求和反映问题，企业也可以利用互联网，低成本地实现跨越空间和突破时间的限制，与顾客进行双向交流，如图8-2所示。

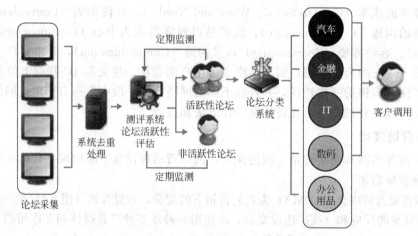

图 8-2　直复营销目标客户识别过程示意图

最后，直复营销活动最重要的特性是其效果是可测定的。互联网作为最直接的简单沟通工具，可以很方便地在企业与顾客进行交易时提供沟通支持和交易实现平台，通过数据库技术和网络控制技术，企业可以很方便地处理每一个顾客的订单和需求，而不用管顾客的规模大小、购买量的多少。因此，通过互联网可以实现以最低成本最大限度地满足顾客需求，同时了解顾客需求，细分目标市场，提高营销效率和效用。

网络营销作为一种有效的直复营销策略，说明了网络营销的可测试性、可度量性、可评价性和可控制性。但是，这种营销思想在现实中总是毁誉参半，因为在营销监测中经常会被指责侵犯了消费者隐私权。

【案例 2】

是谁在偷窥我们的网络隐私（节选）

按照网络广告业界常用的做法（这一点可以在各个统计服务、广告联盟的业务内容中看到），当你进入新浪首页的同时，你还会告诉 Wrating（万瑞数据）、Imrworldwide（尼尔森）、Mediav（聚胜万合）以及 Google Analytics（谷歌统计）中的这些内容：

① 你从哪里来（IP 地址），用的是什么语言，从哪个页面跳转来的；

② 你在新浪首页待了多久，关注了哪些部分（最近很流行的热力图）；

③ 你接下来会去哪里（点击了页面上哪个链接）；

④ 你的显示器分辨率设置是什么；

⑤ 你的浏览器安装了哪些插件。

然后，这四家公司都会在你的浏览器里留下各自的标记，这样以后只要你访问了使用到它们业务的网站，它们就能认出你。这种标记叫做 Cookie，是一种很小的数据片段，网站通过在浏览器中保存 Cookie 来识别用户，Mozilla 曾经称之为"精致的美味"。

当你访问的每一个网站都使用了相同的统计服务商时，就意味着他已经完整地知道了你的上网习惯。在全球范围里，Google Analytics 正是这样的统计服务商。

仅仅这样还不太容易将你的上网习惯与现实中的你关联在一起。因此有人（往往是收集信息的一方）觉得这不是个人隐私。

再看看社交网络吧，如果前面的第三方统计只是过家家的话，这可就不得了。

首先，你心甘情愿地告诉它你是谁，就读于哪个学校，家住哪里，在什么地方上班；然后，为了防止被盗号，你又告诉了它你的手机号码；为了维持和你的老同学之间的联系，你还上传了通讯录。关键的是，这一切都是你心甘情愿的。

最后来欣赏"分享"按钮。你不点击，人家至少知道现实的你访问了这个网站；一旦你点击了，人家还能知道现实的你很在意这个页面。其价值更是不可估量。

这种"分享"按钮方式要比悄悄地搜集信息人性化地多，无论如何，用户总是明确地知道他访问的网页上有第三方内容。当然，你同样不能拒绝这种信息收集，除非使用特制的工具。

资料来源："是谁在偷窥我们的网络隐私"，http://www.williamlong.info/archives/3001.html。

（2）网络关系营销理论

关系营销是 1990 年以来受到重视的营销理论，在微观上，认识到企业与顾客的关系不断变化，市场营销的核心应从过去简单的一次性的交易关系，转变到注重保持长期的关系上来。

关系营销的核心是保持顾客，为顾客提供高度满意的产品和服务价值，通过加强与顾客的联系，提供有效的顾客服务，保持与顾客的长期关系。并在与顾客保持长期关系的基础上开展营销活动，实现企业的营销目标。根据研究，争取一个新顾客的营销费用是老顾客费用的五倍，因此加强与顾客关系并建立顾客的忠诚度，是可以为企业带来长远利益的，它提倡的是企业与顾客双赢策略。

（3）网络软营销理论

软营销理论是针对工业经济时代的、以大规模生产为主要特征的"强式营销"提出的新理论，它强调企业进行市场营销活动的同时，必须尊重消费者的感受和体念，让消费者能舒服地主动接收企业的营销活动。传统营销活动中最能体现强势营销特征的是两种促销手段：传统广告和人员推销。

在互联网上，由于信息交流是自由、平等、开放和交互的，强调的是相互尊重和沟通，网上使用者比较注重个人体验和隐私保护。因此，企业采用传统的强势营销手段在互联网上展开营销活动，势必适得其反，如美国著名 AOL 公司曾经对其用户强行发送 E-mail 广告，结果招致用户的一致反对，许多用户约定同时给 AOL 公司服务器发送 E-mail 进行报复，结果使得 AOL 的 E-mail 邮件服务器处于瘫痪状态，最后不得不道歉平息众怒。网络软营销恰好是从消费者的体验和需求出发，采取拉式策略吸引消费者关注企业来达到营销效果。

网络社区和网络礼仪是网络营销理论中所特有的两个重要的基本概念，是实施网络软营销的基本出发点。网络社区是指那些具有相同兴趣、目的，经常相互交流，互利互惠，能给每个成员以安全感和身份意识等特征的互联网上的单位或个人所组成的团体。网络礼仪是互联网自诞生以来所逐步形成与不断完善的一套良好、不成文的网络行为规范，如不使用电子公告牌（BBS）张贴私人的电子邮件，不进行喧哗的销售活动，不在网上随意传递带有欺骗性质的邮件等。

网络软营销是指在互联网环境下，企业向顾客传送的信息及采用的促销手段更具理性化，如在相应的网络社区发布信息，更易于被顾客接受，进而实现信息共享与营销整合。网络软营销还要求在遵循网络礼仪规则的基础上，巧妙加以运用达到一种微妙的营销效果。

【案例3】

鲁大师借力软文营销以超越短时间超越同行

（1）案例背景

2009年7月底，Z武器软件开发团队接到有关部门通知，根据相关法律法规，软件名称里不能出现"武器"二字。经过慎重考虑，在Z武器网站上贴出公告，决定正式将"Z武器"更名为"鲁大师"。

软件更名势必造成原"Z武器"品牌积累的功亏一篑，新品牌鲁大师面临两大问题，一是如何将原"Z武器"的用户顺利转移到鲁大师，让他们继续对软件保持忠诚度；另一方面，新品牌如何打开局面，提高知名度和认知度。为此，鲁大师运营团队找到软文之家，并经过初期的试合作，充分建立了信任，确定每月固定4篇的软文策划服务，后逐步上升为年度合作。

（2）鲁大师软件介绍

"鲁大师"作者鲁锦，当年凭借一款风靡一时的"Windows优化大师"，一举奠定其在国内软件业界的地位。2009年7月29日，Z武器软件开发团队在其网站上贴出公告，决定正式将"Z武器"更名为"鲁大师"。据该公告说明，此次更名为"鲁大师"的原因为：鲁班是中国历史上能工巧匠的化身，而拳打镇关西、倒拔垂杨柳的鲁智深更在民间广为流传，鲁大师（原Z武器）希望能秉承中国文化和Z武器的传统，继续打造这款助人为乐的免费软件。（现加入起飞计划，成为360旗下产品。）

（3）撰写软文标题集锦（28篇）

① 让鲁大师火眼金睛帮你让奸商无所遁形。

② 新版V2.43鲁大师亮相，助你叱咤游戏疆场。

③ 甄选优质显示器，力荐鲁大师新版2.43。

④ 鲁大师警示：预防电脑《2012》灾难降临。

……

（4）软文投放效果

鲁大师相关软文多次被推荐至天空、IT168、太平洋等IT行业网站的首页头条位置。

资料来源：http://blog.163.com/hexiaoyang@126/。

（4）口碑营销

口碑源于传播学，由于被市场营销广泛的应用，所以产生了口碑营销这一说法。传统的口碑营销是指企业通过朋友、亲戚的相互交流将自己的产品信息或者品牌传播开来。网络口碑营销是口碑营销与网络营销的有机结合，是指消费者或网民通过网络（如论坛、博客、播客、相册和视频分享网站等）渠道分享的，对品牌、产品或服务的相关讨论以及相关多媒体的信息内容。

口碑传播其中一个最重要的特征就是可信度高，因为在一般情况下，口碑传播都发生在朋友、亲戚、同事、同学等关系较为密切的群体之间，在口碑传播过程之前，他们之间已经建立了一种长期稳定的关系。相对于纯粹的广告、促销、公关、商家推荐等而言，可信度要更高，这个特征是口碑传播的核心。

网络口碑营销被业内人士称为"病毒式营销"，因为其传播的影响力非常大。不少企业家会发现，产品拥有一个良好的口碑，会产生更大的利润价值。

网络口碑营销具有以下十大优势。

① 宣传费用低　一个企业的产品或服务一旦有了良好的口碑，人们会不经意地对其进行主动传播。口碑营销的成本由于主要集中于教育和刺激小部分传播样本人群上，即教育、开发口碑意见领袖，因此成本比面对大众人群的其他广告形式要低得多，且结果也往往能事半功倍。

② 可信任度高　当代社会，人们每天都会不可避免的接触到各类广告。人们对媒体广告的信赖度逐渐在下降。根据一些调查报告显示："在市民有相应需求时，他们往往先通过身边的亲朋了解某相关产品或公司的口碑。而且亲朋的建议对最终决策占到了很大的作用。"

③ 针对性准确　当一个产品或者一项服务形成了良好的口碑，就会被广为传播。消费者都有自己的交际圈、生活圈，而且彼此之间有一定的了解。人们日常生活中的交流往往围绕彼此喜欢的话题进行，这种状态下信息的传播者就可以针对被传播者的具体情况，选择适当的传播内容和形式，形成良好的沟通效果。

④ 具有团体性　正所谓物以类聚、人以群分。不同的消费群体之间有着不同的话题与关注焦点，因此各个消费群体构成了有相近的消费趋向和相似的品牌偏好的团体。因此，只要影响了其中的一个人或者几个人，在这沟通手段与途径无限多样化的时代，信息便会以几何级数的增长速度传播开来。

⑤ 提升企业形象　口碑传播是人们对于某个产品或服务有较高满意度的一个表现。拥有良好的口碑，往往会在无形中对企业的长期发展，以及企业产品销售、推广都产生很大影响。口碑是企业的一笔巨大的无形资产，并且，口碑在某种程度上，是可以由企业自己把握的。

⑥ 发掘潜在消费者　研究发现，人们出于各种各样的原因，热衷于把自己的经历或体验转告他人。如果经历或体验是积极的、正面的，他们就会热情主动地向别人推荐，帮助企业发掘潜在消费者。一项调查表明：一个满意消费者会引发8笔潜在的买卖，其中至少有一笔可以成交；一个不满意的消费者足以影响25人的购买意愿。由此"用户告诉用户"的口碑影响力可见一斑。

⑦ 影响消费者决策　在购买决策的过程中，口碑起着很重要的作用。比如，消费者身边的人对产品的态度会对消费者的购买产生直接影响。口碑是"使得消费者决定采取和放弃购买决策的关键时刻"，许多成功的品牌从来不敢轻视在消费者的口碑上下工夫。

⑧ 缔结品牌忠诚度　运用口碑营销策略，激励早期使用者向他人推荐产品，劝服他人购买产品。最后，随着满意顾客的增多会出现更多的"信息播种机"、"意见领袖"，企业赢得良好的口碑，拥有了消费者的品牌忠诚，长远利益自然也就能得到保证。

⑨ 更加具有亲和力　口碑营销具有与众不同的亲和力和感染力。从消费者的角度看，相比广告宣传而言，口碑传播者传递的信息被认为是客观和独立的，被受传者所信任，进一步促成购买行为。

⑩ 避开对手锋芒　随着市场竞争的加剧，竞争者之间往往会形成正面冲突。口碑营销却可以有效地避开这些面对面的较量。富士就是运用这种渗透式口碑传播的高手。

【案例4】

口碑营销案例：三星手机社区营销

2007年6月，三星公司针对新上市的U608手机做了一次网络社区口碑营销，并且获得了非常瞩目的效果。

（1）一次精心蓄谋的策划

三星公司首先对新款手机 U608 针对国内用户的喜好进行了特点分析，超薄炫酷的外观及功能强大，将对用户有着强烈的吸引力，这些特点容易通过图片的方式直观体现在网络社区中。三星通过这些特点策划了以新品曝光为卖点的社区营销文案，"超炫三星 U608 全图详解"、"新机谍报绝对真实三星新机 U608 抢先曝光"两篇图文并茂的曝光新品的文章，吸引了大量的网友的眼球。

（2）传播载体的精准，意见领袖的影响力大

三星公司根据 U608 手机的人群定位，进行了网络社区传播载体的选择，并根据人群定位及社区人气度进行相应级别划分，有针对性地对社区话题进行投放。三星 U608 手机的社区推广活动瞄准了日常生活中的意见领袖，而他们往往也是热门手机社区的泡坛高手。三星在意见领袖密集的热门手机类论坛，投放了精心策划的营销文案，当网友参与到 U608 手机的话题讨论中来，其实针对他们的营销活动就开始了。随着话题活动的升温，策划的话题文章也被大量转载。

（3）强有力的执行，严密的流程控制

在操作实施的过程中，该策划文案被传播至 30 多个论坛，其中部分论坛以置顶的方式在网络社区进行传播。执行人员根据社区网友的互动和反馈，进行有针对性的话题引导，并保持着和意见领袖的沟通，能够让话题更进一步的深入影响下去。同时对负面话题进行监控，及时进行危机公关。

（4）成效显著

根据监测效果显示，三星 U608 在为期两个月的社区论坛口碑营销中，两个帖子的总点击次数达到了近 60000 次，回复近 800 次。置顶期内与"新机谍报绝对真实三星新机 U608 抢先曝光"相同标题的搜索结果 1610 篇，转帖量是发帖量的 53 倍；与"超炫三星 U608 全图详解"相同标题的搜索结果 2290 篇，转帖量是发帖量的 76 倍。

三星 U608 手机社区营销活动的效果，从社区数据反馈来看，活动的营销效果是比较成功的，而从成本来看，可能仅是传统媒体传播投入的非常小的一部分。本次营销活动也并非独立存在的，电视、户外广告、平面媒体的传统媒体都在同一时间进行密集传播，社区营销是三星营销组合拳重要的一部分，是三星整合营销的成功案例。

（5）三星的网络营销成功因素

三星的网络营销成功因素包括以下四点。第一，网络社区营销的目的性非常强。选择的传播载体都是生活中意见领袖汇集之处，他们的意见会影响到周边的人群。第二，充分利用网络社区的分享和互动。三星通过用户的参与、分享、互动，将信息传播至网络更广阔的空间，实现了网络的口碑传播。第三，传播过程中的引导和监测。在社区营销过程中，对用户的引导和交流将会大大增强用户的共鸣。活动过程中的数据包括用户所留下的行为和反馈，都将会帮助企业更好的掌握消费者心理及市场导向。第四，线上和线下营销相辅相成。三星通过立体的营销策略组合使新品营销推广活动大获成功。

资料来源： http://blog.sina.com.cn/s/blog_608c170a0100gfuq.html。

延伸阅读：专业枪手的口碑营销，《新周刊》，2007 年第 21 期，邝新华。

（5）事件营销

所谓事件营销（event marketing），是指企业通过策划、组织和利用具有新闻价值、社会影响以及名人效应的人物或事件，吸引媒体、社会团体和消费者的兴趣与关注，以求提高企业或产品的知名度、美誉度，树立良好品牌形象，并最终促成产品或服务的销售的手段和方式。由于这种营销方式具有受众面广、突发性强，在短时间内能使信息达到最大、最优传播的效果，为企业节约大量的宣传成本等特点，近年来越来越成为国内外流行的一种公关传播与市场

推广手段。

互联网的飞速发展给事件营销带来了巨大契机。通过网络，一个事件或者一个话题可以更轻松地进行传播和引起关注，成功的事件营销案例开始大量出现。事件营销具有以下特点。

① 目的性 事件营销应该有明确的目的，事件营销策划的第一步就是要确定自己的目的，然后明确通过什么样的新闻可以让新闻的接受者达到自己的目的。

② 风险性 事件营销的风险来自于媒体的不可控和新闻接受者对新闻的理解程度。虽然企业的知名度扩大了，但如果一旦市民得知了事情的真相，很可能会对该公司产生一定的反感情绪，从而最终伤害到该公司的利益。

③ 成本低 事件营销一般主要通过软文形式来表现，从而达到传播的目的，所以事件营销相对于平面媒体广告来说成本要低得多。

④ 多样性 事件营销是近年来国内外十分流行的一种公关传播与市场推广手段，它具有多样性的特性，它集合了新闻效应、广告效应、公共关系、形象传播、客户关系于一体来进行营销策划，多样性的事件营销已成为营销传播过程中的一把利器。

⑤ 新颖性 事件营销往往是通过当下的热点事件来进行营销，这样事件营销就是拿当下最热的事情来展现给客户。

⑥ 效果明显 一般通过一个事件营销就可以聚集到很多用户一起讨论这个事件，然后很多门户网站都会进行转载，效果显而易见。

事件营销逐渐受到企业的青睐，组织进行事件营销有两种模式：借力模式和主动模式。

① 借力模式 所谓借力模式就是组织将组织的议题向社会热点话题靠拢，从而实现公众对热点话题的关注向组织议题的关注的转变。要实现好的效果，必须遵循以下原则：相关性、可控性和系统性。

最具代表性就是爱国者赞助《大国崛起》启动全国营销风暴。《大国崛起》将视线集中在各国"崛起"的历史阶段，追寻其成为世界大国的足迹，探究其"崛起"的主要原因，对于中国的崛起有着很深远的启示。而中央台播出的每集节目出现的"爱国者特约，大国崛起"的字幕，同时画外音道白："全球爱国者为中国经济助力、为国家崛起奋进！"震撼了每一个中华民族的拥护者，也极大地提升了爱国者的品牌形象。

② 主动模式 主动模式是指组织主动设置一些结合自身发展需要的议题，通过传播，使之成为公众所关注的公共热点。该模式必须遵循创新性、公共性及互惠性原则。

创新性就是指组织所设置的话题必须有亮点，只有这样才能获得公众的关注。公共性是指避免自言自语，设置的话题必须是公众关注的。互惠性是指要想获得人们持续地关注，必须要双赢。

网络媒体传播速度快、互动性强，可以更好地开展企业营销，使其产生更大的价值，这就是事件营销的价值所在。在事件营销里，一般的大型活动经常会让很多人去讨论，比如我们看到的春节晚会就有很多人在网络上进行讨论，在人们的议论中把春晚的效果不断地放大，而那些投入其中的企业也获得更高的关注度，这也是对企业的附加回报了。所以，想要达到共鸣的效果，需要的是产品的特性和媒介活动的契合。

做好事件营销，要选择好有亮点的话题，让大家得到双赢的局面，这样才可以得到人们持续的关注。

(6) 网络整合营销

新媒体时期，媒体环境已经演化为多种媒体形式并存且相互渗透的局面。电视、杂志、报纸媒体可以穿插短信广告，网络媒体对于广告的存在形式更是全方位的渗透。企业对于传播信息及受众群体的基本操作方法依然可以从"锁定特定人群"及"整合媒体渠道（媒体组合）"

这两点来进行操作。

网络整合营销是在一段时间内，营销机构以消费者为核心重组企业和市场行为，综合协调使用以互联网渠道为主的各种传播方式，以统一的目标和形象，传播连续、一致的企业或产品信息，实现与消费者的双向沟通，迅速树立品牌形象，建立产品与消费者的长期密切关系，更有效地达到品牌传播和产品行销的目的。简单地说，就是整合各种网络营销方法，和客户的客观需求进行有效比配，给客户提供最佳的一种或者多种网络营销方法。

网络整合营销是一种对各种网络营销工具和手段的系统化结合，根据环境进行即时性的动态修正，以使交换双方在交互中实现价值增值的营销理念与方法。

网络整合营销强调 4I 原则：Interesting（趣味原则）、Interests（利益原则）、Interaction（互动原则）、Individuality（个性原则）。

① Interesting（趣味原则）　互联网世界具有浓厚的娱乐属性，在互联网这个"娱乐圈"中，广告、营销也必须是娱乐化、趣味性的。

② Interests（利益原则）　网络是一个信息与服务泛滥的世界。网络营销中提供给消费者的"利益"外延更加广泛，物质实利只是其中的一部分，还可能包括：消费者需要其需求产品的相关信息；将广告化身成为为消费者提供的信息；特定功能或服务；心理满足或者荣誉；实际物质/金钱利益……

③ Interaction（互动原则）　网络媒体区别于传统媒体的另一个重要的特征是其互动性，充分地利用网络的特性与消费者交流。随着数字媒体技术的进步，消费者们完全可以参与到网络营销的互动与创造中来。把消费者作为一个主体，发起其与品牌之间的平等互动交流，可以为营销带来独特的竞争优势。

④ Individuality（个性原则）　网络文化中最鲜明的特点就是个性，专属、个性更容易俘获消费者的心。因为个性，所以精准，所以诱人。个性化的营销，让消费者心理产生"焦点关注"的满足感，个性化营销更能投消费者所好，更容易引发互动与购买行动。

网络整合营销的步骤，有以下七个。

① 找准市场机会和营销目标，对市场进行细分。

② 设计客户体验功能。然后是通过取得第一批客户，建设以他们为主导的信息和商务服务网站。如果自身实力不够的企业，可以选择专业建站的外包公司。

③ 利用技术和数据库手段，根据这部分用户反馈的信息进行分析，确定主要营销战术，满足更多更重要的用户需求。

④ 设计论坛和社区，建立用户与用户的交流平台，设计商家与顾客的交互功能，以建立用户的忠诚度。一般开发自己的论坛需要几年的积累，最好选择已经应用广泛的论坛进行推广。

⑤ 确定对外传播信息，根据已有用户的信息设计和分配各人群的需求，进行对外口碑传播。

⑥ 分析各传播工具的特性以及信息需求，引导外在用户产生兴趣和需求。

⑦ 实施各种免费服务策略，发现用户潜在需求，诱导传播和消费。

8.1.2　网络营销理论的演变

互联网络对市场营销的作用，可以通过对 4P（产品/服务、价格、分销、促销）结合发挥重要作用。利用互联网络传统的 4P 营销组合可以更好地与以顾客为中心的 4C（顾客、成本、方便、沟通）相结合。

（1）产品和服务以顾客为中心

由于互联网络具有很好的互动性和引导性，用户通过互联网络在企业的引导下对产品或服务进行选择或提出具体要求，企业可以根据顾客的选择和要求及时进行生产并提供及时服务，使得顾客跨时空得到所要求的产品和服务；另一方面，企业还可以及时了解顾客需求，并根据顾客要求及时组织生产和销售，提供企业的生产效益和营销效率。

（2）以顾客能接受的成本定价

新型的价格应是以顾客能接受的成本来定价，并依据该成本来组织生产和销售。企业以顾客为中心定价，必须测定市场中顾客的需求以及对价格认同的标准。企业在互联网络上则可以很容易实现，顾客可以通过互联网络提出接受的成本，企业根据顾客的成本提供柔性的产品设计和生产方案供用户选择，直到顾客认同确认后再组织生产和销售，所有这一切都是顾客在公司的服务器程序的导引下完成的，并不需要专门的服务人员，因此成本也极其低廉。

（3）产品的分销以方便顾客为主

网络营销是一对一的分销渠道，是跨时空进行销售的，顾客可以随时随地利用互联网络订货和购买产品。

（4）压迫式促销转向加强与顾客沟通和联系

传统的促销是以企业为主体，通过一定的媒体或工具对顾客采取压迫式的方法加强顾客对公司和产品的接受度和忠诚度，顾客是被动接受的，缺乏与顾客的沟通和联系，同时公司的促销成本很高。互联网络上的营销是一对一和交互式的，顾客可以参与到公司的营销活动中来，因此互联网络更能加强与顾客的沟通和联系，更能了解顾客和需求，更易引起顾客的认同。

8.2　网络营销战略

8.2.1　网络营销的职能

网络营销中网络营销的核心思想就是"营造网上经营环境"，掌握网络营销体的构成和各个基本功能，这样才可以更容易地理解网络营销的实质的全貌。首先应该明确网络营销的职能，网络营销的基本职能表现在八个方面：网络品牌、网址推广、信息发布、销售促进、销售渠道、顾客服务、顾客关系、网上调研；其次就是网络营销的实践和实践经验的理论总结。

① 网络品牌　网络营销的重要任务之一就是在互联网上建立并推广企业的品牌，知名企业的网下品牌可以在网上得以延伸，一般企业则可以通过互联网快速树立品牌形象，并提升企业整体形象。网络品牌建设是以企业网站建设为基础，通过一系列的推广措施，达到顾客和公众对企业的认知和认可，在一定程度上说，网络品牌的价值甚至高于通过网络获得的直接收益。

② 网址推广　这是网络营销最基本的职能之一，在几年前，甚至认为网络营销就是网址推广。相对于其他功能来说，网址推广显得更为迫切和重要，网站所有功能的发挥都要以一定的访问量为基础。所以，网址推广是网络营销的核心工作。

③ 信息发布　网站是一种信息载体，通过网站发布信息是网络营销的主要方法之一，同时，信息发布也是网络营销的基本职能，所以也可以这样理解，无论哪种网络营销方式，结果都是将一定的信息传递给目标人群，包括顾客/潜在顾客、媒体、合作伙伴、竞争者等。

④ 销售促进　营销的基本目的是为增加销售提供帮助，网络营销也不例外，大部分网络营销方法都与直接或间接促进销售有关，但促进销售并不限于促进网上销售，事实上，网络营销在很多情况下对于促进网下销售十分有价值。

⑤ 销售渠道　一个具备网上交易功能的企业网站本身就是一个网上交易场所，网上销售是企业销售渠道在网上的延伸，网上销售渠道建设也不限于网站本身，还包括建立在综合电子

商务平台上的网上商店，以及与其他电子商务网站不同形式的合作等。

⑥ 顾客服务 互联网提供了更加方便的在线顾客服务手段，从形式最简单的 FAQ（常见问题解答），到邮件列表，以及 BBS、聊天室等各种即时信息服务，顾客服务质量对于网络营销效果具有重要影响。

⑦ 顾客关系 良好的顾客关系是网络营销取得成效的必要条件，通过网站的交互性、顾客参与等方式在开展顾客服务的同时，也增进了顾客关系。

⑧ 网上调研 通过在线调查表或者电子邮件等方式，可以完成网上市场调研，相对传统市场调研，网上调研具有高效率、低成本的特点，因此，网上调研成为网络营销的主要职能之一。

开展网络营销的意义就在于充分发挥各种职能，让网上经营的整体效益最大化。

8.2.2 网络营销常用方法

网络营销的职能实现需要通过一种或多种网络营销手段，常用的网络营销方法除了搜索引擎注册之外还有：关键词搜索、网络广告、交换链接、信息发布、邮件列表、许可 E-mail 营销、个性化营销、会员制营销、病毒性营销等。按照一个企业是否拥有自己的网站来划分，企业的网络营销可以分为两类：无站点网络营销和基于企业网站的网络营销。有些方法在两种情况下都适用，但更多方法需要以建立网站为基础，基于企业网站的网络营销显得更有优势。

网络营销的具体方法很多，其操作方式、功能和效果也有所区别，下面简要介绍十种常用的网络营销方法及效果。

（1）搜索引擎注册与排名

这是最经典，也是最常用的网络营销方法之一，现在，虽然搜索引擎的效果已经不像几年前那样有效，但调查表明，搜索引擎仍然是人们发现新网站的基本方法。根据中国互联网络信息中心。（CNNIC）发布的《中国互联网络发展状况统计报告（2001/7）》，将近58％的用户通过搜索引擎了解新的网站。因此，在主要的搜索引擎上注册并获得最理想的排名，是网站设计过程中就要考虑的问题之一，网站正式发布后尽快提交到主要的搜索引擎，是网络营销的基本任务。目前主要的中文搜索引擎仍为免费登录，只要适合网站登记的条件，通常都可以在适当的类别中登记自己的网站。部分中文搜索引擎和多数知名英文搜索引擎都是要收费的，通常需要交纳199美元甚至更多的费用，网站登记请求才可以获得被审核的资格，也就是有了被加入网站目录的可能，但并不保证能够登记成功。

（2）交换链接

交换链接或称互惠链接，是具有一定互补优势的网站之间的简单合作形式，即分别在自己的网站上放置对方网站的 LOGO 或网站名称，并设置对方网站的超级链接，使得用户可以从合作网站中发现自己的网站，达到互相推广的目的。交换链接的作用主要表现：获得访问量、增加用户互相推广。交换链接的作用主要表现在几个方面：获得访问量、增加用户浏览时的印象、在搜索引擎排名中增加优势、通过合作网站的推荐增加访问者的可信度等。不过关于交换链接的效果，业内还有一些不同看法，有人认为从链接中可以获得的访问量非常少，也有人认为交换链接不仅可以获得潜在的品牌价值，还可以获得很多直接的访问量。CNNIC 的统计表明，用户得知新网站的主要途径仅次于搜索引擎的为其他网站上的链接，占将近53％网站链接的作用由此可见一斑。更重要的是，交换链接的意义已经超出了是否可以增加访问量，比直接效果更重要的在于业内的认知和认可，因为一般来说，互相链接的网站在规模上比较接近，内容上有一定的相关性或互补性。

（3）病毒性营销

病毒性营销并非真的以传播病毒的方式开展营销，而是通过用户的口碑宣传网络，信息像病毒一样传播和扩散，利用快速复制的方式传向数以千计、数以百万计的受众。病毒性营销的经典范例包括 Hotmail，AMAZON、ICQ、eGroups 等国际地位著名网络公司。

（4）网络广告

几乎所有的网络营销活动都与品牌形象有关，在所有与品牌推广有关的网络营销手段中，网络广告的作用最为直接。标准标志广告（BANNER）曾经是网上广告的主流（虽然不是唯一形式），尽管现在还出现在大部分网络媒体的页面上，但显然已经走过了自己的辉煌时期，BANNER 广告的平均点击率从最初的 30% 降低到 0.4% 以下。进入 2001 年之后，网络广告领域发起了一场轰轰烈烈的创新运动，新的广告形式不断出现，最具代表性的是 360×300 像素的巨型广告，由于克服了标准条幅广告条承载信息量有限的弱点，这种巨型号广告目前获得了相对比较高一些点击率。不过，有研究表明，网络广告的点击率并不能完全代表其效果，网络广告对那些浏览而没有点击广告的、占浏览者总数 99% 以上的访问者同样产生作用，影响力甚至可以持续相当长一段时间，因此现在的广告客户已经不再单纯追求点击率，更加重视品牌形象展示和广告效果的转化率。除了预算发布网络广告之外，也可以采用交换广告的方式，通常与专业的广告交换网或者与合作伙伴相互交换广告。

（5）信息发布

信息发布既是网络营销的基本职能，又是一种实用的操作手段，通过互联网，不仅可以浏览到大量商业信息，同时还可以自己发布信息。在网上发布信息可以说是网络营销最简单的方式，网上有许多网站提供企业供求信息发布，并且多数为免费发布的信息，有时这种简单的方式也会取得意想不到的效果。不过，最重要的是将有价值信息及时发布在自己的网站上，以充分发挥网站的功能，比如新产品信息、优惠促销信息等。研究表明，大多数消费者访问制造商的网站是为了查找公司联系信息和/或产品基本信息，网站提供有效信息越详细，用户的满意程度越高。如果一个网站的更新周期以季度为单位，甚至整年都是一个老面孔，自然不会受到用户欢迎，也很难取得好的网络营销效果。

（6）许可 Email 营销

基于用户许可的 Email 营销具有明显的优势，比如可以减少广告对用户的滋扰、增加潜在客户定位的准确度、增强与客户的关系、提高品牌忠诚度等。开展 Email 营销的前提是拥有潜在用户的 Email 地址，这些地址可以是企业从用户、潜在用户资料中自行收集整理，也可利用第三方的潜在用户资源。

（7）邮件列表

邮件列表实际上也是一种 Email 营销，与 Email 营销一样，邮件列表也是基于用户许可的原则，用户自愿加入、自由退出。稍微不同的是，Email 营销直接向用户发送促销信息，而邮件列表是通过为用户提供有价值的信息，在邮件内容中加入适量促销信息，从而实现营销的目的。邮件列表的主要价值表现在四个方面：作为公司产品或服务的促销工具，方便和用户交流、获得赞助或者出售广告空间、收费信息服务。邮件列表的表现形式很多，常见的有新闻邮件、各种电子刊物、新产品通知、优惠促销信息重要事件提醒服务等等。利用邮件列表的营销功能有两种基本方式，一种方式是建立自己的邮件列表，另一种方式是利用合作伙伴或第三方提供的邮件列表服务。

（8）个性化营销

个性化营销的主要内容包括：用户定制自己感兴趣的信息内容、选择自己喜欢的网页设计形式、根据自己的需要设置信息的接收方式和接收时间等，如网易的个性化网页设计（my.163.com）。个性化服务在改善顾客关系、培养顾客忠诚以及增加网上销售方面具有明显的效果。但个性化服务的前提是获得尽可能详尽的用户个人信息，这两者之间存在一定的矛盾。据研究，为了获得某些个性化服务，在个人信息可以得到保护的情况下，用户才愿意提供有限的个人信息，这正是开展个性化营销的前提保证。个性化服务是一个循序渐进的过程，需要在一定的基础条件下进行，比如完善的网站基本功能、良好的品牌形象等等。

(9) 会员制营销

会员制营销是拓展网上销售渠道的一种有效方式，主要适用于有一定实力和品牌知名度的电子商务公司。会员制营销已被证实为电子商务网站的有效营销手段，国外许多网上零售型网站都实施了会员制计划，几乎已经覆盖了所有行业。从 2000 年后半年开始，会员制营销方式开始被国内一些电子商务网站采用，如当当网上商店等，尽管还处于初级阶段，但已经看出电子商务企业对此表现出的浓厚兴趣和旺盛的发展势头。除了对网上销售具有直接的促进作用之外，会员制营销方法也可以产生良好的广告效果。

(10) SNS 营销

SNS，全称 Social Networking Services，即社会性网络服务，专指旨在帮助人们建立社会性网络的互联网应用服务。SNS 营销是随着网络社区化而兴起的营销方式。SNS 营销就是利用 SNS 网站的分享和共享功能，通过病毒式传播的手段，让产品被更多的人知道。

SNS 营销的优势可以归纳为以下几点。首先，SNS 营销可以满足企业不同的营销策略，无论是开展各种各样的线上的活动（如悦活品牌的种植大赛、伊利舒化奶的开心牧场等）、产品植入（如地产项目的房子植入、手机作为送礼品的植入等），还是市场调研（在目标用户集中的城市开展调查，了解用户对产品和服务的意见），以及病毒营销等（植入了企业元素的视频或内容，可以在用户中像病毒传播一样迅速地被分享和转帖），所有这些都可以在这里实现。其次，随着网民网络行为的日益成熟，用户更乐意主动获取信息和分享信息，社区用户显示出高度的参与性、分享性与互动性，因此 SNS 营销营销成本低。再次，可以实现目标用户的精准营销，SNS 社交网络中的用户通常都是认识的朋友，用户注册的数据相对来说都是较真实的，企业在开展网络营销的时候可以很容易对目标受众按照地域、收入状况等进行用户的筛选，来选择哪些是自己的用户，从而有针对性地对这些用户进行宣传和互动。最后，SNS 社交网络营销模式契合了网络用户的真实需求，参与、分享和互动，它代表了现在网络用户的特点，只有符合网络用户需求的营销模式才能在网络营销中帮助企业发挥更大的作用。

(11) 网上商店

从根本上说，网络营销的目的直接或间接与销售有关，无论这种销售是网上的还是网下的。建立在第三方提供的电子商务平台上、由商家自行经营网上商店，如同在大型商场中租用场地开设商家的专卖店一样，是一种比较简单的电子商务形式。网上商店除了通过网络直接销售产品这一基本功能之外，还是一种有效的网络营销手段。因为如果从企业整体营销策略和顾客的角度考虑，网上商店的作用主要表现在两个方面：一方面，网上商店为企业扩展网上销售渠道提供了便利的条件；另一方面，建立在知名电子商务平台上网上商店增加了顾客的信任度，从功能上来说，对不具备电子商务功能的企业网站也是一种有效的补充，对提升企业形象并直接增加销售具有较高效率。

【案例 5】

SNS 营销成功案例

对于开心网的老用户，对于"悦活"这个品牌一定不陌生。因为悦活种子曾经是开心农场中最热门的种子，榨"果汁"送网友，也是当时的热门话题之一，其实这是悦活利用开心农场进行的一次 SNS 植入营销。悦活是中粮集团旗下的首个果蔬汁品牌，在其上市之初，并没有像其他同类产品那样选择在电视等媒体上密集轰炸，而是选择了互联网，当时开心网正火，于是在 2009 年，中粮集团与开心网达成合作协议，以当时最火的开心农场游戏为依托，推出了"悦活种植大赛"。

在游戏的过程中，用户不但可以选购和种植"悦活果种子"，还可以将成熟的果实榨成

"悦活果汁"，并将虚拟果汁赠送给好友，系统会每周从赠送过虚拟果汁的用户中随机抽取若干名，赠送真实果汁。在这次活动的基础上，悦活又在开心网设置了一个虚拟的"悦活女孩"，并在开心网建立悦活粉丝群。通过这个虚拟人物，向用户传播产品的理念。由于该活动植入的自然巧妙、生动有趣，所以活动刚上线便受到追捧，且悦活玩转开心农场把虚拟变成现实，为游戏增加了趣味，也提升了用户的积极性，自然使这次活动取得了成功。

两个月的时间，参与悦活种植大赛的人数达到2280万，悦活粉丝群的数量达到58万，游戏中送出虚拟果汁达102亿次。根据某咨询公司调研报告，悦活的品牌提及率短短二个月从零提高到了50%多，品牌价值直线上升。

8.2.3 网络营销方法与营销职能的关系

由于网络营销有多种营销手段，每种营销方法对网络营销职能所发挥的作用是不同的，每一种职能也往往需要通过多种不同网络营销方法来实现，表8-1清晰地表现了网络营销职能与网络营销方法之间的关系。其中"√"表示"相关"。

表8-1 网络营销方法与网络营销职能的关系

职能方法	网络品牌	网址推广	信息发布	销售促进	销售渠道	顾客服务	顾客关系	网上调研
搜索引擎注册与排名	√	√	√	√				√
信息发布			√	√		√	√	√
网站合作(交换链接)		√						
SNS营销	√	√						
网站排名	√	√						
网络广告	√	√	√	√	√		√	
许可Email营销	√	√	√	√			√	
邮件列表	√	√	√	√		√	√	
个性化营销	√					√	√	
会员制营销	√	√				√	√	
网上商店	√	√	√	√		√	√	
移动营销		√	√	√		√	√	

8.2.4 企业网站与网络营销的关系

建设一个企业网站，让网站成为有效的网络营销工具和网上销售渠道。网站的功能主要表现在八个方面：品牌形象、产品/服务展示、信息发布、顾客服务、顾客沟通、网上调查、网上联盟、网上销售、公司运营管理。

① 品牌形象 网站的形象代表着企业的网上品牌形象，人们在网上了解一个企业的主要方式就是访问该公司的网站，网站建设的专业化与否直接影响企业的网络品牌形象，同时也对网站的其他功能产生直接影响。

② 产品/服务展示 顾客访问网站的主要目的是为了对公司的产品和服务进行深入的了解，企业网站的主要价值也就在于灵活地向用户展示产品说明及图片甚至多媒体信息，即使是一个功能简单的网站至少也相当于一本可以随时更新的产品宣传资料。

③ 信息发布 网站是一个信息载体，在法律许可的范围内，可以发布一切有利于企业形象、顾客服务以及促进销售的企业新闻、产品信息、各种促销信息、招标信息、合作信息、人员抛出信息等等。因此，拥有一个网站就相当于拥有一个强有力的宣传工具。

④ 顾客服务 通过网站可以为顾客提供各种在线服务和帮助信息，比如常见问题解答(FAQ)、在线填写寻求帮助的表单、通过聊天实时回答顾客的咨询等等。

⑤ 顾客关系 通过网络社区等方式吸引顾客参与，不仅可以开展顾客服务，同时也有助

于增进顾客关系。

⑥ 网上调查 通过网站上的在线调查表，可以获得用户的反馈信息，用于产品调查、消费者行为调查、品牌形象调查等，是获得第一手市场资料有效的调查工具。

⑦ 网上联盟 为了获得更好的网上推广效果，需要与供应商、经销商、客户网站以及其他内容互补或者相关的企业建立合作关系，没有网站，合作就难以谈起。

⑧ 网上销售 建立网站及开展网络营销活动的目的之一是为增加销售，一个功能完善的网站本身就可以完成订单确认、网上支付等电子商务功能，即网站本身就是一个销售渠道。

⑨ 公司运营管理 建立网站可以对供应链的角度和公司内部的运营管理进行强有力的支持，B2B 电子商务的实践和理论，为公司运营和供应链的管理提供了强有力的支持。

8.3 网络广告

8.3.1 网络广告的发展历程

1997 年 3 月 Chinabyte.com 获得第一笔广告收入，IBM 为 AS400 的宣传付了 3000 美元。这是中国互联网历史的一个里程碑，网络广告开始成为互联网企业最直接、最有效的赢利模式，中国网络广告市场也在这一天开始发展，并逐渐形成了每年数十亿的产业规模。

1999 年 1 月，新浪拿到 IBM 300000 美金广告单子。这是当时最大的单笔网络广告单子，据相关统计数据，2011 年中国网络广告行业规模达到 512.9 亿人民币，超过了报纸，仅次于电视。过去几年网络广告一直保持着比传统媒体商很多的增长率。

尽管市场前景一片大好，但广告投放企业更为看重的是，目标受众能否通过广告对自己产品和品牌产生忠诚度。

8.3.2 网络广告的优势

网络广告的优势是促进网络广告发展的主要原因，网络广告的主要优势如下。

① 网络广告的传播范围广泛 目前中国网民已超过 5 亿多，并且这些用户群还在不断发展壮大。这些网民具有较高的消费能力，是网络广告的受众，他们可以在世界上任何地方的 Internet 上随时随意浏览广告信息。这些效果，传统媒体是无法达到的。

② 网络传播灵活的实时性 在传统媒体上发布广告后更改的难度比较大，即使可以改动也需要付出很大代价。例如，电视广告发出后，播出时间就已确定。因为电视是线性播放的，牵一发而动全身，播出时间改一下，往往全天的节目安排都要重新制作，代价很高，如果对安排不满意，也很难更改。而对于网络广告而言则容易多了，因为网站使用的是大量的超级链接，在一个地方进行修改对其他地方的影响很小。网络广告制作简便、成本低，容易进行修改。当然，随着网络技术的进步和网络带宽的改善，为了追求更好、更震撼的效果，网络广告的制作会越来越复杂、体积会越来越大，修改也会相应地提升成本。但是从目前来说，修改一个典型网络广告的成本和难度都比传统媒体要小的多，这就是网络广告对于传统广告的一个很大的优势。

③ 广告受众数量的可统计性 传统媒体做广告，很难准确地知道有多少人接受到广告信息。而在 Internet 上可通过权威公正的访客流量统计系统精确统计出每个客户的广告被多少个用户看过，以及这些用户查阅的时间分布和地域分布，从而有助于客商正确评估广告效果，审定广告投放策略。

8.3.3 网络广告的形式

网络广告通过各种具体的广告形式，来达到广告的目标。网络广告的主要形式如下。

① Banner 横幅广告 一个表现商家广告内容的图片，放置在广告商的页面上，是互联

广告中最基本的广告形式，尺寸是 480×60 像素，或 233×30 像素，一般是使用 GIF 格式的图像文件，可以使用静态图形，也可用多帧图像拼接为动画图像。除普通 GIF 格式外，新兴的 Rich Media Banner（丰富媒体 Banner）能赋予 Banner 更强的表现力和交互内容，但一般需要用户使用的浏览器插件支持（Plug-in）。

Banner 一般翻译为网幅广告、旗帜广告、横幅广告等，如图 8-3 所示。

② Button 广告　Button 其实是从 banner 广告演变过来的一种广告形式，图形尺寸比 banner 要小，如图 8-4 所示。一般是 120×60 像素，甚至更小。由于图形尺寸小，故可以被更灵活地放置在网页的任何位置。

③ Moving icon 会飞的 button 广告　可以根据广告主的要求并结合网页本身特点设计"飞行"轨迹，增强广告的曝光率，如图 8-5。

图 8-3　横幅广告

图 8-4　按钮广告

图 8-5　浮动按钮广告

④ 网上视频和直播　可以对实时发生的事情进行网上直播，网友可通过互联网实时收看，并可下载以供随时收看。

⑤ 文字链接（Textlink）。

⑥ 全屏广告如图 8-6 所示。

⑦ 通栏广告　首页通栏广告，新闻中心通栏，邮件通栏等，如图 8-7 所示。

⑧ 弹出窗口广告　如图 8-8 所示。

⑨ 声音广告　在各种广告形式中加入声音，增强广告效果，加深受重印象。如图 8-9 所示，泰诺"今天你好吗？"

图 8-6　全屏广告

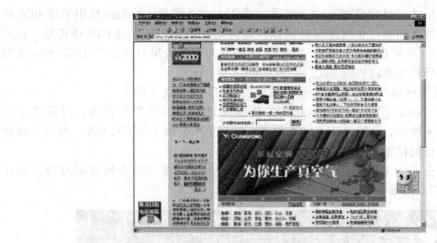

图 8-7 通栏广告

图 8-8 弹出窗口广告

图 8-9 声音广告

⑩ 画中画广告 画中画广告存在于某一类新闻中所有非图片新闻的最终页面，该广告将配合客户需要，链接至新浪网为客户量身定做的迷你网站，大大增强广告的命中率。如图 8-10 所示为雀巢 Kitkat 巧克力广告。

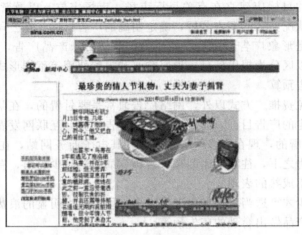

图 8-10 画中画广告

⑪ 定向广告 针对特定年龄，性别等用户，投放客户产品广告，为客户找到精确的受众群。

⑫ 全流量广告 广告客户可以购买各频道某一时段的全部 BANNER 广告，从而加强广告在用户心目中的印象。

8.3.4 网络广告术语

主要网络广告术语如下。

① Impression 即广告的收视次数 counter（计数器）上的统计数字即该网页的 Impression。广告主希望其广告被 10 万人次看到，这 10 万人次就是 10 万个 Impression。

② Clicks 点击次数 访问者通过点击横幅广告而访问厂商的网页，称点击一次。点击这个广告，即表示他对广告感兴趣，希望得到更详细的信息。

③ Click Rate 广告被点击的次数与广告收视次数的比率。即 click/impression。如果这个页面出现了一万次，而网页上的广告的点击次数为五百次，那么点击率即为 5%。目前，亚太区的点击率平均为 0.5%。点击率可以精确地反映广告效果，也是网络广告吸引力的一个标志。

④ CPM Cost per thousand impression（千人成本），即广告主购买 1000 个广告收视次数的费用，或者是广告被 1000 人次看到所需的费用。比如说一个广告 Banner 的单价是 $1/CPM 的话，意味着每一千个人次看到这个 Banner 的话就收 $1，如此类推，10000 人次访问的主页就是 $10。

⑤ Frequency 一个浏览者看到同一个广告的次数。广告主可以通过限定这个次数来达到提高广告效果的目的。

⑥ Key Words 关键字，即用户在搜索引擎中提交的查询关键字。

⑦ Page View 综合浏览量，即网站各网页被浏览的总次数。一个访客有可能创造十几个甚至更多的 Pageviews。是目前判断网站访问流量最常用的计算方式，也是反映一个网站受欢迎程度的重要指标之一。

⑧ First View 访问一个页面时，所看到的第一屏。这是投放广告的最佳位置，所以，我们的广告条一般都设在这个位置。

8.3.5 网络广告的发布

网络广告的发布策略和发布基本的步骤同传统广告十分相似，下面是网络广告计划的一般步骤。

（1）确立网络广告目标

网络广告是网络营销策略的一个组成部分，是为了自己公司的经营需要，而不是赶时髦。因此，网络广告策略的目标应建立在有关目标市场、市场定位，以及营销组合计划的基础之上，通过对市场竞争状况充分的调查分析，确定明确的广告目标。在公司的不同发展时期有不同的广告目标，比如是形象广告、还是产品广告，即使对于产品广告，在产品的不同发展阶段，广告的目标也可以区分为提供信息、说服购买和提醒使用等不同形式。

（2）确定网络广告预算

除了交换广告等免费推广方式以外，网络广告通常是要付费的，在某些情形下，费用还很高。因此，为实现一定的广告目标，需要认真做好广告预算。互联网发展初期，网络公司盲目"烧钱"的行为是不明智的，现在许多网络公司，尤其电子商务网站，在受到融资困难和投资人赢利要求的双重压力之下，往往采用削减广告预算的方法减少支出，有些公司甚至完全取消了广告投放，这都是不成熟的表现。

如何判断花费多少才算适当呢？如果支出太多，则是更为明显的浪费。因此，公司应该根据广告目标，为每个产品做出合理的广告预算。

营销学家已经研究出多种广告预算模式，常用的有：量力而行法、销售百分比法、竞争对等法、目标任务法等。其中，目标任务法要求营销人员通过确立特定的目标，明确为实现目标所要采取的步骤和完成的任务，以及估计完成任务花费的多少来确定营销预算。由于这种方法促使公司确定广告活动的具体目标，因此得以广泛应用。

（3）广告信息决策

即根据广告的目标、公司的发展阶段、产品生命周期、竞争者状况分析等信息，确定广告诉求重点，设计网络广告。广告活动因为不同的创意而产生很大差异，因此，创意因素的效果要比所费资金重要得多，只有在广告引起观众注意后，才能有助于提高品牌形象和销售。

确定创意策略有三个基本步骤：信息制作、信息评估与选择、信息表达。广告创意的确定通常由公司和广告代理公司和广告代理公司共同参与完成。

（4）网络广告媒体选择

做出了广告信息决策之后，就要为广告投放做准备，其中最主要的任务就是选择网络广告媒体。主要步骤包括：确定所期望的送达率、频率与效率，选择需要的媒体种类，决定因素媒体的使用时机以及特殊的地理区域等。

（5）网络效果监测和评价

大多数广告客户都希望了解广告的实际效果，当然，谁也不希望花冤枉钱。在传统的广告宣传测量中，最主要的测量方法是 CPM（Cost per Thousand，每千次费用），一般都基于印刷品的发行量或电视播出的预计观众数量。这些统计量只是一个经验资料，并不能代表真实的观众台数量。不过，大部分广告公司都是把钱花在广告的预先检验上，真正花在事后评价上的很少。网络效果监测和评价是十分重要的，不仅可以对前一阶段广告投放的效果做出总结，还可以作为下阶段调整和改进广告策略的重要依据。

在基于互联网的标志广告测量中，很容易记录观众访问次数及点击标志广告的次数。网络广告效果的最直接评价标准是显示次数和点击率，即有多少人看到了广告，并且又有多少人对广告感兴趣并点击了该广告。大多广告主比较看中点击率，但对于浏览网页广告时所带来的品牌传播作用，广告站点与广告主之间一直存在不同观点，不过谁也不能否认广告有一定的收益滞后性。

但是，仅看点击率和显示次数来评价网络广告是不够的。这是因为，首先误导型广告也会产生较高的点击率。我们常在一些门户网站主要页面上看到某些文字链接广告，使用诱导和带有一定欺骗性的文字来引起人们的注意，点击后却进入广告客户的主页，可能和访问者预期的内容有天壤之别，这样的广告，也许会有很高的点击率，首页访问量也会明显的增加，但很难说对进入网站的用户有什么实际价值，用户进入后发现不是自己希望看到的信息，在几秒钟内用户就会离开，甚至产生一种上当受骗的感觉，对广告主的企业形象也不会有什么正面效果；其次，由于网络广告缺乏相应的法规和公正的第三方监测手段，利用作弊手段增加点击数欺骗广告主的现象时有发生；第三，点击数和成交率之间并没有严格的正相关关系。

8.3.6 网络广告媒体投放策略

网络广告媒体投放策略，就是选择合适的网络媒体，用尽可能少的投入获得尽可能大的效果。首先，如果自己已经建立了网站，别忘了在自己的网站放置标志；其次，要利用尽可能多的交换广告，除了广告交换组织的交换广告之外，在相关的网站之间自行开发广告互换业务也是常用的方法；最后，为了获得最佳的营销效果，除了免费的网络广告之外，通常还需要在其他访问量大的网站或者潜在顾客集中的网站购买广告空间，这时就需要选择合适的网络媒体。

选择网络广告媒体的主要步骤包括：确定所期望的送达率、频率与效率，选择需要的媒体种类，决定媒体的使用时机以及特殊的地理区域等。这个问题有些指标很难量化，但是还有一些可遵循的规律，可根据某些重要参数来进行判断，这些参数包括下列几个方面。

① 网站访问量 广告站点必须有比较高的流量，在 CPM 计价方式下，虽然客户并不会为过少的广告显示多支付费用，但广告效果难以保证，对于有时效性的广告活动，还会贻误时机。人们总是喜欢在访问量高的站点做广告，有统计资料表明，1% 的大型网站控制了 90% 以上的网络广告市场。

② 目标定位 门户网站、娱乐网站、新闻网站等通常有较高的访问量，但广告效果未必好，而且这些高访问量的网站，CPM 的价格也比较高，对一些专业性比较强的公司来说，不见得是最好的选择。

③ 价格因素 最好对比几家类似的网站，在同等情况下，选择价格低一些的网站刊登广告。另外，网站首页的广告价格通常比次级页面要高，可根据自己的情况做出选择。

④ 广告效果监测 网站是否可以出具中立的第三方提供的详细的广告监测报告，这一点也很重要，如果刊登广告的网站可以提供实时、详尽的统计报告，并以表格、图标等方式提供资料，将给市场人员带来极大便利，可以根据监测报告分析许多有关的信息，如重复访问者是否过于集中，网站的访问者主要来自什么地方，因为网站不重复的访问者越多，广告可以送达的受众也越多，而访问者的地域分布则对某些服务范围有一定限制的公司有重要影响。根据实时检测效果可以对网络广告的表现及时做出调整，对提高网络广告的最终效果具有重要作用。

⑤ 方便广告管理 也许需要在一定时期内不断更换广告内容，广告发布管理接口应便于日常进行的上传、查看、调整、确认等操作，并对重要操作过程作记录，甚至应该考虑在多操作者情况下，对权限的分配和协作以及协作的实现。另外，客户服务接口应使客户看到的查询和统计报表简明、清晰、易懂，但又必须能在各种层次上满足多样化的广告投放方法和具体资料。

⑥ 网站服务 这包括网站设备、带宽、人员服务等几个方面的内容。用户希望网页能够尽快下载，这需要提供广告服务的网站设备稳定运行，并能保证在高访问量时的宽带需求，同时，应该有方便的人工服务措施，在发现广告出现异常情况时，便于及时联系并尽快解决。

8.3.7 网络广告优化

网络广告的优化措施有如下几种。

① 设计一个能引起注意的、有创意的网络广告 这是网络广告成功的基础。BANNER 广告要能在几秒甚至是零点几秒之内抓住读者的注意力，否则，访问者很快就会忽略网络广告的存在。在表现形式上，动画比静态或单调的广告更具吸引力，但是如果动画图片应用不当也会

引起相反的效果，如字节数过大会影响下载速度。一般来说，468×60 像素标志广告的大小应该保持在 10K 以下。

② 广告的颜色鲜明　醒目的东西总是更容易被人发现，应尽量使用蓝、绿、黄等颜色，根据广告的创意内容和与站点风格的配合，颜色运用的原则应该比较灵活，但应照顾到用户在不同显示模式下的显示效果。

③ 好奇和兴趣　标志广告宜使用担心、好听、幽默以及郑重承诺等文字，以引起访问者的好奇和兴趣。标志广告中最值得使用的词是"免费"。要获得更多的点击，就得提供让读者心动的利益。

④ "Click Here"　这是网络广告中最为经典的词语了，不要忘记在广告条中加上 "Click" 或 "按此" 的字样，否则访问者会以为是一幅装饰图片。用户经常看到一些英文 BANNER 含有 "Click Here"、"Visit Now" 和 "Enter Here" 之类的字句，尽管这种方法可能让用户习以为常，甚至不以为然，但实践表明，含有号召性字句的 BANNER 点击率会上升 15%。而且根据心理学的规律，这类字句以放在 BANNER 右侧部分为宜，因为这符合大多数人的视觉游动顺序。

⑤ 广告更新周期　如果已经有了一个很好的标志广告，也要经常更换表达的内容，因为即使是最好的标志广告早晚也会失去效力，一个广告放置一段时间以后，点击率会开始下降。

⑥ 定向传播　受众定位程度越高，网络广告越好，现有技术可以按照受众所属行业、地点、兴趣、消费习惯、操作系统和浏览器类型等进行选择性投放，也可以控制同一条广告暴露给同一个受众的次数。有关调查表明，同一个标志广告在向同一受众暴露 4 次以上之后，效果就开始下降。

⑦ 使用疑问句　不要过于直接地在广告中表达商品与服务的内容，而应该站在访问者的角度去设问，比如"您正在寻找免费的软件吗？"、"你看到了没有？"、"觉得下载速度太慢吗？"等。疑问句是最有效的广告诱导工具，而实际经验表明，用这种方法撰写的广告文案使点击率有明显上升。

⑧ 广告条放置的位置　据调查，出现在页面最上方的 BANNER 最可能被点击，所以广告主在决定广告投放时应该尽量选择放在页面的最上方，而最佳的解决方案是在不过多增加费用和网页字节数的前提下，在页面的最上方和最下方出现同一个 BANNER 广告。

【案例 6】

养生堂"尖叫"运动型饮料的网络广告策划

① 产品定位　代表年轻、时尚、崇尚运动和充满活力的运动性功能饮料，主要面向年轻人为主。

② 广告创意　深度认知，该广告成功地将目标群体的"尖叫"和他们所有的兴趣一而再、再而三的联系，让他们发现，他们可以找到不同"尖叫"的理由，形成重复认知，并加深品牌意识。

③ 广告基本目标　时尚创意、精确投放、重复引导、利益驱动。

④ 广告实施策略　为了达到广告的基本目标，该广告从目标群体的网络行为习惯入手进行媒介选择，并在不同的网站播出具有关联性的不同的"尖叫"广告，通过邮件和 MINISITE 通知网民不同的广告可能出现的网站，网民注册之后找出规定数量的不同的广告形式，即可获取抽奖机会。不仅最大限度迎合目标群体的需要，而且大大激发了目标群体的参与热情。

⑤ 广告投放原则　充分考察了产品上市推广覆盖面的要求，同时着重于目标群体的网络行为进行分析，制订出有针对性的媒介策略。

⑥ 广告投放组合分析　根据目标群体年轻、充满活力和参与性比较强的特点，主要选择

门户网站、体育网站或频道、游戏网站等。主要投放组合为：a. 投放网站，新浪、盛大、搜狐、QQ、联众、5460、TOM；b. 网站选择分析，新浪和 TOM 覆盖了大部分的目标受众，从产品形象方面宣传来说，提升了广告的到达率；盛大是目标受众最集中的游戏类网站，该广告分布在盛大的几个主要游戏栏目中，无论是产品知名度和受众到达率都得到了很好的推广效果；c.QQ、联众等网站的特性是网民年轻，活动参与性高，是深入推广产品特点的很好途径，在此推广中也获得了非常好的效果。

⑦ 活动效果分析　在广告投放期间，活动网站平均每天的访问量为 61063 次，是网络广告中效果最好的广告之一；活动获得了注册用户的性别比例与年龄区间完全与产品的目标受众特性吻合，充分证明了"尖叫"非常适合在网络媒体上推广；此次活动的注册用户转化率为2%，在近期的网络活动中是属于效果非常好的。

各网站"尖叫"广告如图 8-11～图 8-15 所示。

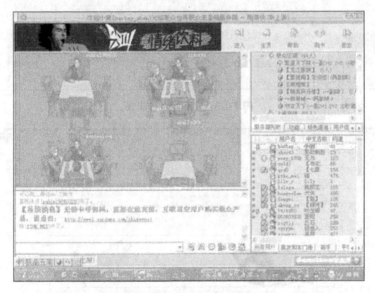

图 8-11　联众游戏大厅下拉 button

图 8-12　TOM 体育频道终端画中画

图 8-13 新浪首页弹出窗

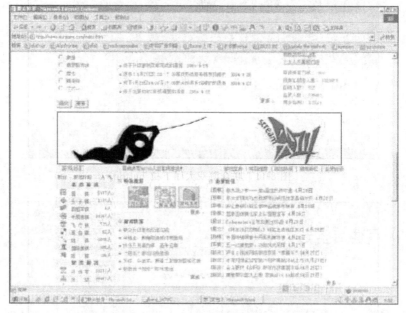

图 8-14 联众网站首页 banner

8.3.8 网络广告的新动向

相比电视、报刊等传统媒体，就目前而言，我国广大网民对网络广告的信任程度远远不足。由于缺乏相关法律规范，目前对网络广告的监管还存在一些空白地带，亟须规范。调查显示，目前我国网络广告存在着"不请自来、挥之不去、坚持到底、诱你点击"的现象。除此种强迫性广告外，虚假、欺骗性广告，滥用他人肖像做广告，侵犯网民隐私权，电邮中的垃圾广告也大量存在。

网民对网络广告的态度已从开始的自由点击变成了无可奈何，甚至是厌倦和反感，并且这种不愉快的感觉随着网络广告铺天盖地的攻势而急剧增加。网络广告的长期成功与否将取决于

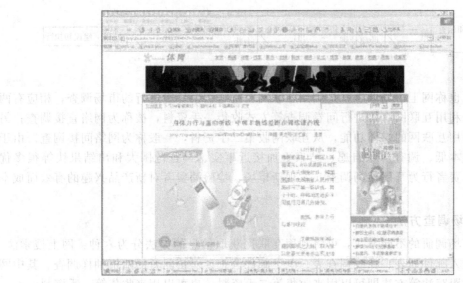

图 8-15　TOM 体育频道终端顶部通栏

内容、用户群和广告效果。在这样的情况下，网络广告必须考虑如何提升受众的接受度和好感度，否则，广告主最在意的"广告效果"将无从谈起。因此应从网络广告技术和广告计划两个方面进行改进。

基于这种考虑，为了不影响网民的正常阅读，同时又将广告做到有的放矢、挖掘有效的潜在客户，互联网企业和广告主都在寻找一种全新的广告形式。北京新锐光芒科技公司推出了最新研发的"点道"技术软件，让这种希望变成了可能。这种新型"关键词广告"，可以让读者在正常浏览网页时不会再受到广告的干扰，只有在用户将鼠标移至网页文章的关键词上时，才会出现一个广告链接，也只有在用户对广告内容感兴趣，用鼠标点击该链接时，才会弹出一个新的广告页面，这样既做到有效点击，又可保证网页的正常浏览速度不受影响。

此外，一种基于宽带网平台的全新增值业务产品——网络定向直投，也正式与用户见面。据介绍，该平台能根据用户上网时间、地点以及兴趣爱好，有针对性、选择性地进行信息发布，从而避免了用户的反感。

这些新出现的网络广告形式经过创新，在一定程度上尊重用户的自主选择权，实现了广告投放企业所期望的变强迫式营销为主动营销，同时也有望改变一些网民对网络广告的看法，更加有利于该市场健康、规范、有序地发展。我国互联网产业市场已开始在应用层面步入快车道。网络广告等多个关键领域已走出市场培育阶段，开始快速发展。与美国等发达国家相比，我国网络广告市场规模还有很大差距，其前景十分广阔。而通过尊重用户的选择权，提高其对网络广告的信任度，将是各方所必须面对和解决的首要问题。

8.4　市场调查

市场调查的目的就是找出描述消费者、产品、营销手段和商家之间的关系，从而为发现市场机会、制订营销计划、更好地理解购买过程和评估营销效果等提供依据。市场调查就是指运用科学的方法，有目的地、有系统地搜集、记录、整理有关市场营销的信息和资料，分析市场情况，了解市场的现状及其发展趋势，为市场预测和营销决策提供客观的、正确的资料。其包括市场环境调查、市场状况调查、销售可能性调查，还可对消费者及消费需求、企业产品、产品价格、影响销售的社会和自然因素、销售渠道等开展调查。一般的市场调研过程可以分为四个步骤，如图 8-16 所示。

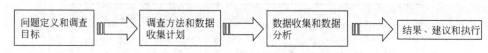

图 8-16　市场调研过程的四个步骤

在线调查，也称网上市场调查，是利用互联网对特定营销环境进行的市场调查，相应有两种方式：一种是利用互联网直接进行问卷调查等方式收集一手资料，被称为网络直接调查；另一种方式，是利用互联网的媒体功能，从互联网收集二手资料，一般称为网络间接调查。由于网络调查具有成本低、调查对象自愿、结果更加接近事实、调查范围大和出结果快等很多优点，因此是对消费者行为开展市场调查、发现新市场、检验消费者对新产品兴趣的有效而成本低廉的工具。

8.4.1　网络市场调查方法

根据网上市场调研的不同方式，可将利用互联网获取信息的方法分为六种：网上搜索法、网站跟踪法、加入邮件列表、在线调查表、电子邮件调查、对访问者的随机抽样调查。其中网上搜索法、网站跟踪法等方法即可以用来收集第二手资料，也可以用来收集第一手资料。

（1）网上搜索法

网上搜索所利用的工具是搜索引擎。网上检索通常作为收集第二手资料的手段，但是利用搜索引擎强大的搜索功能也可以获得大量第一手资料。比如，在传统市场调研中，收集某行业中主要竞争厂家资料的途径包括参加行业博览会索取厂家资料，收集报刊新闻、广告、财务报告、招聘信息，通过行业协会的会刊资料查询，或者主管部门的统计报告等。现在，其中的很多第一手资料可以通过网上搜索来完成。只要企业建立了网站，并在搜索引擎进行登记，就可以找出该企业的网址，然后通过直接访问目标企业的网站查询相关信息，有关该企业的新闻报道等通常也可以直接从网上查到。

利用网上搜索还可以收集到市场调研所需要的大部分二手资料，如大型调查咨询公司的公开性调查报告，大型企业、商业组织、学术团体、著名报刊等发布的调查资料，政府机构发布的调查统计信息等。

（2）网站跟踪法

网上每天都增加大量的市场信息，即使功能最强大的搜索引擎，也不可能将所有信息都检索出来，而且很多有价值的信息并不是随便可以检索得到的，有些网站的信息只对会员才开放。在市场调研的日常资料收集工作中，就需要对一些网站进行定期跟踪访问，对有价值的信息及时收集记录。

一般来说，可以提供大量第一手信息资料和第二手资料的网站有：各类网上博览会、各行业经贸信息网、企业间电子商务（B2B）网站、行业垂直网站、大型调研咨询公司网站及政府统计机构网站等。

（3）加入邮件列表

如果觉得每天跟踪访问大量的网站占用太多时间，也可以利用一些网站提供的邮件列表服务来收集资料。很多网站为了维持与用户的关系，常常将一些有价值的信息以新闻邮件、电子刊物等形式免费向用户发送，通常只要进行简单的登记即可加入邮件列表。比较有价值的邮件列表有各大电子商务网站初步整理的市场供求信息，各种调查报告等。

（4）在线调查表

企业网站本身就是一个有效的网上调查工具。有研究表明，74%的用户表示愿意在网站上提供产品满意度反馈，有50%的用户愿意回答产品需求和偏好方面的问题。

然而，网上调查功能往往被许多企业所忽视，浪费了从顾客那里直接获得有用信息的机会，这也许与一般中小企业网站功能不完善、访问量不大，同时在企业经营中的重要性不高等因素有关。在网页上设置在线调查表，访问者在线填写并提交到网站服务器，这是网上调查最基本的形式，实际上也就是问卷调查方法在互联网上的延伸。

（5）电子邮件调查

电子邮件调查是在线调查的另一种表现形式，与传统调查中的邮寄调查表同一原理。将设计好的调查表直接发送到被调查者的邮箱中，或者在电子邮件正文中给出一个网址链接到在线调查表页面，这种方式在一定程度上可以对用户成分加以选择，并节约被访问者的上网时间。

如果调查对象选择适当且调查表设计合理，往往可获得相对较高的问卷回收率。但采用电子邮件调查的前提条件是已经获得被调查者的电子邮件地址，并且预计他们对调查的内容感兴趣。

（6）对网站访问者的抽样调查

利用一些访问者跟踪软件，可以按照一定的抽样原则对某些访问者进行调查，类似传统方式中的拦截调查。例如在某一天或几天中某个时段，在网站主页上设置一个弹出窗口，其中包含调查问卷设计内容，或者在网站主要页面的显著位置放置在线调查表，请求访问者参与调查。另外，也可以对满足一定条件的访问者进行调查，这些条件可以根据自己的要求设定，比如来自于哪些 IP 地址，或者一天中的第几位访问者。

8.4.2　网络市场实施策略

企业期望成功在网络上进行市场调查，以下几点必须给予关注。

（1）充分利用网络上的数据库

Internet 包含了数目众多的数据库，这些数据库就是企业了解市场信息、产品信息和营销信息的最大资源库。厂商必须查找适合公司需要的数据库，选用适当的搜索引擎。厂商应该经常查看每个已链接的数据库，保证数据库信息的及时性和准确性。网上可供利用的数据库一般有以下几个类型。

① 基于浏览器的数据库　基于浏览器的数据库包括简单的文本文件字段和复杂的附有图表和格式化文本的主页。浏览器一般会下载整个数据库文件来搜索目标对象。为了方便使用，这种数据库文件一般有合理的大小。如果数据库超过了 100KB，就将它按照逻辑顺序分成几个部分，每个部分的开头附上内容提要，以方便访问者选择他们感兴趣的内容。

② 链接型数据库　这种数据库一般使用 HTML 编辑器来建立。像其他文本文件一样，数据库文件能被写入链接。通过往数据库中写入链接，提供 HTML 文本格式和运用逻辑方式组织数据库原材料，用户能创造高质量的数据库。因为源数据库随时会改变，用户需要删除旧的文本文件，再用包含最新信息的文本文件来代替它。除了在文件开头部分实施链接到其他章节中外，还可以从这些章节重复链接至文件开头部分，或者链接至任何章节的开头部分。这种类型的数据库需要厂商投入更多的时间和精力。

③ 基于服务器的数据库　基于服务器的数据库是那些包含非常巨大的信息量或者需要及时更换信息的数据库。这种数据库使用 HTML 表单，不仅能够显示日常的主页信息，而且其中的文本盒还允许使用者键入新信息。为了安装、储存和保留这种数据库，厂商需要和网络服务的有关提供者取得联系，达成协议。

（2）确定网络调查的对象

一般来说，网络调查的对象可分为以下三类。

① 企业产品的购买者　他们可以通过网上购物的方式来访问公司站点，厂商可以通过 Internet 来跟踪消费者，了解消费者对产品的意见以及建议。

② 企业的竞争者　厂商可以通过 Internet 进入竞争对手的站点，查询面向公众的所有信息，例如年度报告、季度评估、公司决策层个人简历、产品信息、公司简讯以及公开招聘职位

等。通过分析这些信息，厂商可以准确把握本公司的优势和劣势，并及时调整营销策略。

③ 企业合作者和行业内的中立者　这些公司可能会提供一些极有价值的信息和评估分析报告。

厂商在市场调研过程中，应兼顾到这三类对象，但也必须有所侧重。特别在市场激烈竞争的今天，对竞争者的调研显得格外重要，竞争者的一举一动都应引起厂商的高度重视。

(3) 明确网络调查的目的

① 识别公司站点的访问者　在 Internet 上进行市场调研，最基本的一个目的是了解谁是厂商站点的访问者。这些信息对从事网上运营的企业来讲是极为重要的。如果掌握了这些信息，企业就可以勾画出目标客户群体的整体结构，然后有针对性地展开营销活动。

② 客户满意度调查　客户的满意度与忠诚度是衡量公司的产品与服务在客户心中位置的重要指标，它将直接影响公司的发展与利润，对这一指标进行有效的调查、评估和管理，对企业的日常操作行为与长期的策略制订具有极其重要的指导意义。

③ 新产品测试　在当前这个富于创新的时代，用户无止境的要求及不断更新的消费观念使企业面临十分严峻的竞争环境。为了进一步满足用户的需求，企业需要不断地推出新产品、新概念或者新的服务方式。为了准确地了解客户的需求，在新产品酝酿中，我们可以利用联机市场调查的方式，对新产品进行宣传与调查，分析产品的优缺点与市场份额。

④ 网站价值评价　如何利用网站这一新的媒体进行市场营销与产品的促销，是广告界与市场研究领域研究的重点。同时，网站价值也是网络广告主投放广告的依据之一。因此，对网站价值的评估十分必要。

网站评估的目的之一是进行网站的优化，以提高网站的客户满意度。调查的方法通常是采取随机邀请网站的访问者参与评测，调查涉及网站的内容是否丰富、结构是否合理及访问速度是否高、客户经验是否多等。另外一个目的是进行网络广告的投放。通常是由网络广告代理公司对将要进行广告投放的网站进行调查。

(4) 灵活使用网络上的调研策略

厂商通过 Internet 能够更方便地收集到顾客和潜在客户的信息。这些信息有助于更好地理解并服务于客户。在 Internet 上，厂商可以通过制作调查表单来进行市场调研。用这种方法，客户可以发现更多的有关公司产品和服务的信息，而厂商则可以了解更多有关客户的信息。

厂商在进行网络调查时，必须采取一定的策略，下面对一些常用的有效策略做一介绍。

① 电子邮件与来客登记　Internet 能在厂商和客户之间搭起一座友谊的桥梁，而在其中起关键作用的是电子邮件和来客登记簿。电子邮件可以附有 HTML 表单，顾客能在表单界面上点击相关主题并且填写附有收件人电子邮件地址的有关信息，然后回发给厂商。厂商通过电子邮件和来客登记簿能获得有关访问者的详细信息。如果有相当人数的访问者回应，厂商就能统计分析出公司的销售情况。

② 物质鼓励　如果厂商能够提供一些奖品或者免费商品，会容易从访问者那里得到想要知道的信息，包括姓名、住址和电子邮件地址。这种策略被证明是有效可行的，因为有物质奖励，许多访问者都会完成由这些站点提供的调查问卷。

③ 注册个人信息　如果厂商用大量有价值的信息和免费使用软件来吸引访问者，还会得到有关个人的详细情况。Industry Net（www.industry.net）是专门登载工业贸易信息的站点，这个站点提供大量的免费信息，允许访问者下载软件，同时鼓励访问者提供包含个人姓名、职位、所在公司及所在行业的有关信息。

④ 选择性调查　人们一般乐于参加调查和意见测验，特别当提及的问题短小精悍时更是如此。一个有效的策略是在制订调查问卷时，厂商应在每个问题后设置 2 个按钮，让访问者直观地表达他们的观点，这要求被调查人将他们的电子邮件地址传送到公司的邮件信箱中。

⑤ 适当的问题数量　在网络上进行调研时，问的问题越多，访问者就越不愿意参与。因此，掌握调查问卷中所含问题的数量是设计调查问卷的一个技巧。在每个行业中，调查问题的最佳数目各不相同，同时，调查问卷中问题的答案选项也应提供给访问者相应的信息。如何让调研行之有效，有赖于厂商从实际操作中不断总结经验与教训。

⑥ 监控在线服务　公司站点的访问者能利用 Internet 上的一些软件程序来跟踪在线服务。厂商则通过监控在线服务来观察访问者挑选和购买何种产品，以及他们在每个产品主页上耗费的时间。通过研究这些数据，厂商能分析出哪种产品是最受顾客欢迎的，产品在一天内的哪个时间段销售情况最好，以及何种产品在哪个地区销售数量最多。

（5）巧妙使用公共网关接口

公共网关接口（Common GatewayInterface，CGI）是一种提供简便地实现网页交互功能的技术。在网络营销的各种实践中，站点经营者经常需要得到访问者的各种行动数据和他们的基本资料，CGI 将帮助大家更好地了解受众。

① 横幅广告轮换和点击统计　当访问者把鼠标移到一些横幅广告上时，经常会发现状态栏中的链接地址指向了一个 .cgi 或 .pl 文件，它们是用来进行地址重定向和记录显示/点击的。所有的网站广告都需要在一个标准化的环境下实现基本的数据统计和一次性的广告内容编辑。

② 邮件列表程序　当站点更新时，厂商总想一次性地向经常性的访客或客户发送通知和摘要性内容，尽管厂商可以使用"密件抄送"功能，一次性地向他们发送电子邮件，但随着订户人数的增长，厂商会受到接入服务商的警告，并且访问者不能方便地订阅和退订，这时，一个好用的邮件列表管理 CGI 会给厂商带来很大的方便。

③ 来访者投票　为了了解客户需求，很多传统企业不得不花费很大成本进行市场调查，而利用 Web 网页进行在线调查和投票是非常简单易行的。

网上市场调查的主要优点除了高效、快捷、低成本以外，还能接触到更加广泛的被调查者和更加有效的沟通，甚至是一对一个别交流的可能，可以是问卷、邮件还可以在线直接沟通等。网上市场调查的主要劣势就是：网上被调查者是否具有普遍的代表性、缺乏交流的调查是否可信和邮件调查的回复率低等问题。因此，在市场调查中，数据挖掘、客户跟踪等技术可以帮助发现更加丰富的信息。

8.5　客户关系管理

进入 21 世纪，营销界最热门的话题是"客户关系管理（CRM）"。而对这一热潮最为热衷的却是 IT 行业，许多软件和硬件企业跃跃欲试，准备大战商机。而一些准备上 CRM 的公司，人们的关注点几乎都被技术锁住了。只要引进一套电脑硬件和软件的系统，似乎 CRM 就可大功告成。

多年投身 CRM 的专家美国人 Frederick Newell 总结了不少公司实施 CRM 时没有取得成功的原因，他指出："公司不理解实施顾客关系管理重要的是关注顾客的利益，而不是关注你所出售的产品。"有些公司把 CRM 理解为就是较早前流行的数据库营销的翻版，是一些惯常所见的"折扣销售"或"优惠券营销"等，也就是用电脑管理的客户名单进行各种促销活动。Newell 认为这些只是对客户实施的昂贵的"贿赂"行动，而它并不能买来顾客的忠诚。

现在面临的真正挑战是通过长期地引导顾客行为、强化公司与顾客的关系。这种关系不是"优惠卡"，而是从顾客利益与公司利益两个方面实现的价值最大化，是顾客与公司的双赢。从顾客角度增加客户关系的价值，是 CRM 的根本。成功并不在于拥有怎样的工具，而在于为客户做了些什么，这才真正显示了对顾客的关怀。在德国，如果有人买了一辆保时捷（Porsche）轿车，不管什么时候他要乘飞机旅行，只要驾驶保时捷车到机场，把它停在 Vias 汽车租赁行，那里的工人你提供免费洗车、泊车服务，并将负责汽车的安全。顾客需要的是直接的、持久的、个性化的服务，而不是积攒积分换取优惠。他们不喜欢被一视同仁，而需要公司对他们作出有意义的关怀。而建立客户关系管理，正是基于客户有这些价值需要的方法。

成功开展客户关系管理的成功经验有以下几个方面。

① 要有领导意识上的投资 让高层管理者对实行 CRM 有全面和正确的认识。CRM 会给企业带来长期价值，但同时是一项管理的变革，最初阶段通常见不到回报，有时因体系的震荡可能业绩会有所下降。但只要方向清楚，顾客利益与公司利益的结合必定会产生最大的价值回报。

② 投资于改变公司的组织结构 使得整个组织可以把只注重销售数量转向注重顾客的长期价值。CRM 的成功需要全员的参与。组织的变动会引发一些人的反对，如果不能让全体员工意识到 CRM 对大家将产生长期的好处，实行过程中的阻力可能产生致命的作用。

③ 投资于相关的软件和硬件系统 包括客户数据库（收集和储存关于顾客姓名联络方法，生活习性，心理特征，购买时间、频度、数量等信息）、数据库查询工具（把庞杂的数据库信息按一定的目的搜索和查询，把信息转化为全面了解顾客的知识）、互联网（向客户提供产品和服务信息、听取客户意见和进行对话的场所）、电子邮件系统（最低成本，可在同一时刻与百万客户进行一对一联络的工具）、个性化彩色打印系统（提供每份都不一样的高质量的信件）和呼叫中心（提供公司最直接地与顾客对话和提供服务）等。

④ 投资于员工的学习 把 CRM 作为一项长期的商业过程对待，员工在这一过程中不断地学习了解提高客户价值和公司价值的方法，学习通过"对话"这一最基本但又最重要的方法与客户保持长期的关系。学习不断采用新的信息分析方法提高认识客户的知识。同时公司还应投资与"知识管理"，让员工在工作中总结出来的知识得到最大程度的推广。

一项顾客关系管理的微观营销原则是：把目标指向最佳的顾客，并与这些顾客建立关系。在任何情况下，只有 45% 的超市顾客是有价值的。有时，大量广告会带来一些不合适的顾客。选择最有价值的顾客需要顾客的知识，要得到顾客的知识需要一个顾客数据库。

贺曼（Hallmark）是一家生产贺卡的公司。当人们想向朋友表示关爱的时候会买上一张贺卡，寄出自己的祝福。1996 年，贺曼给购买最多的 10% 的会员顾客赋予了一种贵宾资格。贺曼想保持贵宾顾客的特殊性，向他们颁发了一份装在烫金信封里的，能凸显贵宾身份的会员金卡。除了会得到更多的积分、奖品和免费拨打专线电话的特权外，公司还向这些贵宾会员保持交谈，提供最新产品信息和赠品，向每一位贵宾会员赠送他（她）最喜爱的那类贺卡。该公司金卡项目经理说，"金卡计划实际上是一个建立关系的营销计划，对我们非常重要"。

要赢得顾客的心，必须深谙面向顾客并与之便利地进行沟通和交易的方法。思科系统公司在这一方面颇有成效。"思科在线联络"是该公司向客户提供的全天候服务与技术支持资源系统。只有思科现实客户才能上网，可在网上查询订单、了解产品和价格信息、重新检查合同、下载软件。思科还可就其软件瑕疵在第一时间向顾客公告。

实行 CRM 的全部内涵，在于与顾客建立互动的关系——与顾客开展形式多样的"一对一"对话。通过对话实现销售，并且是长期的、有利润保证的销售。只有和顾客共同参与互动的对话，才能赢得顾客的"心"。

本 章 小 结

① 在传统的市场营销中，将产品（Product）、价格（Price）、销售渠道（Place）和促销（Promotion）等市场因素构成营销 4P，被称为网络营销组合，也是整个市场营销学的基本框架。随着电子商务实践和网络营销实践的深入，以"网络直复营销"、"网络关系营销理论"、

"网络软营销理论"和"网络整合营销"为代表的新的网络营销理论不断出现。

②互联网络对市场营销的作用，可以通过对 4P（产品/服务、价格、分销、促销）结合发挥重要作用。利用互联网络传统的 4P 营销组合可以更好地与以顾客为中心的 4C（顾客、成本、方便、沟通）相结合。

③网络营销中网络营销的核心思想就是"营造网上经营环境"，网络营销的基本职能表现在八个方面：网络品牌、网址推广、信息发布、销售促进、销售渠道、顾客服务、顾客关系、网上调研。

④网络营销的职能的实现需要通过一种或多种网络营销手段，常用的网络营销方法除了搜索引擎注册之外还有：关键词搜索、网络广告、交换链接、信息发布、邮件列表、许可 E-mail 营销、个性化营销、会员制营销、病毒性营销等等。

⑤网络广告具有传播范围广泛、实时性和广告受众数量的可统计性等优点，得到了快速的发展。网络广告主要形式有：横幅广告、旗帜广告、浮动按钮广告、网上视频和直播、文字链接、全屏广告、通栏广告、弹出窗口广告、声音广告、画中画广告、定向广告、全流量广告等多种形式。

⑥网络广告媒体投放策略，就是选择合适的网络媒体，用尽可能少投入获得尽可能大的效果。首先，如果自己已经建立了网站，别忘了在自己的放置标志；其次，要利用尽可能多的交换广告，除了广告交换组织的交换广告之外，在相关的网站之间自行开发广告互换业务也是常用的方法。

⑦在线调查，也称网上市场调查，就是借助互联网进行市场调查的总称。由于互联网具有成本低快速和马上可以看到结果等很多优点，因此是对消费者行为开展市场调查、发现新市场、检验消费者对新产品兴趣的有效而成本低廉的工具。

⑧客户关系管理是从顾客利益与公司利益两个方面实现的价值最大化。是顾客与公司的双赢。从顾客角度增加客户关系的价值，是 CRM 的根本。成功开展客户关系管理的成功经验是：领导重视、转变公司的组织结构，使得整个组织可以把只注重销售数量转向注重顾客的长期价值、投资相关的软件和硬件系统和持续不断的员工培训。

思 考 题

8-1 查阅文献资料，总结新的营销理论的内容和主要方法，并举例说明其应用。

8-2 结合本章的学习，为一个运动服装厂商设计网络广告推广方案，要求按照实际的成本，制订方案预算并测算广告效果。

8-3 总结网络市场调研的优势和劣势，结合网络的实际，在新浪网上设计一个网络调研方案。

8-4 结合一款 CRM 软件功能，分析网上客户关系管理的主要内容和发展潜力。

9　在线拍卖

学习目标

掌握拍卖的基本原理和特征，理解动态定价的概念和分类。熟悉各种主要的拍卖方式及其特征；了解拍卖的优势、发展的制约因素和主要应用；掌握拍卖的流程与运行方式；了解理解拍卖中的欺诈行为及其防范措施。

【案例1】

糯米网——团购网成功案例

自美国团购网站 Groupon 被引入到中国，在 2010 年短短几个月，团购网站发展到 1000 多家。它的中国学习者们很快也证明了这个模式多有爆发力：糯米网（图 9-1）第一单卖出 15 万单，创造出网络神话。在如此神奇的业绩下，引来众多创业者跟随。而行家预测，99% 的团购网站都会死掉。这就要求团购网站需要做出自己的特色、打出品牌。该网站定位于"本地精品生活指南"，为商家创造"精准营销平台"，是社交化电子商务领域中的"精品版"，实现用户、商家和网站的三赢局面。依托集团旗下人人网、猫扑网的强势媒体资源，合作商家在糯米网上的信息，将有效地传递给高品质的目标客户群体。

糯米网高薪聘请经验丰富的销售人员保证高品质的单子。与俏江南、《第一财经周刊》等知名企业有高质量的合作，《第一财经周刊》在糯米网上出售 3 天卖出 7311 套，大大提高了杂志订阅量和阅读人群。

《第一财经周刊》一份有关团购行业的调查显示，糯米网的市场占有率大大高于其他团购网站。在已经是"千团大战"的团购市场中，糯米网稳稳地占据了优势的位置。

2012 年团购网站排名及市场占有率：1，糯米网 33.13%；2，美团 21.25%；3，F 团 3.05%；4，新浪团 3.00%；5，58 团 2.18%；6，爱帮团 1.85%；7，24 券 1.80%；8，搜狐爱家 1.63%；9，大众点评网 1.25%；10，酷团 1.20%。

图 9-1　糯米网页面截图

　　要了解网络拍卖，浏览一下 eBay.com 是很有必要的。eBay 在 2001 年春季就是一个拥有 2000 万注册用户的世界上最大的拍卖网站。该网站主要为个人提供服务，但同时也服务于一些小型公司。2000 年它的销售额有 50 亿美元，主要集中于收藏品，但也进行其他商品的拍卖（如剩余物资）。在 2001 年 eBay 开始和英国的 icollector.com 合作进行艺术品拍卖。该网站还提供固定价格的交易。eBay 是全球化运作的，允许进行跨国交易，在美国、加拿大、法国、英国、澳大利亚以及日本均有本地化的网站。来自 150 多个其他国家的购买者也可以参与。eBay 还提供一个企业交易社区出售或购买一件商品。

　　我国 C2C 市场在电子商务市场中的份额很低，但最近几年一直保持高速增长。据不完全统计，2005 年，我国 C2C 电子商务的注册用户总数超过 3000 万，2005 年我国 C2C 电子商务交易额超过 100 亿元人民币。截止到 2006 年第三季度，我国 C2C 用户总数突破 6000 万人。2006 年中国 C2C 市场交易额约为 270 亿人民币。我国 C2C 市场呈现三足鼎立的形势：老牌的 eBay 易趣，一直坚持着收费方针，市场份额不断减少；后起之秀的淘宝网，以免费的措施不断扩张自己的市场空间，已经超过了 eBay 易趣成为第一大 C2C 电子商务网站；异军突起的腾讯旗下拍拍网，免费策略加上腾讯 QQ 的巨大用户数量优势，2005 年 9 月上线以来，呈现高速增长态势，截止到 2006 年 9 月 12 日，注册用户数已超过 2500 万，在线商品数突破 500 万。

　　随着 C2C 电子商务的发展，网络拍卖也进入了人们日常购物的视野，引起了人们的关注。什么是网络拍卖，它同传统拍卖相比有什么优势，它的发展有什么制约因素，网络拍卖有什么应用，网络拍卖在实施中必须注意哪些问题，未来的发展方向如何，都是本章要讨论的问题。

9.1　拍卖概述

　　在讨论网络拍卖之前，首先要搞清楚拍卖的内容和含义。

9.1.1　拍卖的定义

　　拍卖（Auction）是一种买主进行投标而卖主提供产品的市场机制。在拍卖中，最终价格是通过竞争确定的。各类开展拍卖的在线市场都符合该定义。拍卖是经过几代人建立起来的一种商业方式，专门处理传统营销渠道无法有效处理的商品和服务。拍卖可以加速处理那些需要清算或者需要立即出售的商品。它可以向买卖双方提供通过传统渠道无法获得的交易机会，并且仔细保证合同的执行。

　　因特网为以低成本执行拍卖，以及容纳众多买家和卖家提供了基础设施。个人和公司都可以参与这种发展迅速和非常方便的电子商务。到 2002 年，网络拍卖业的销售额达到 520 亿美元。

表 9-1　动态定价类型

卖家 买家	一个	多个
一个	谈判、易货、议价	反向拍卖、询价单、招标
多个	正向（普通）拍卖	动态交易

9.1.2　拍卖与拍卖的特征

　　拍卖有多种类型，每种都有自己的起因和程序。克雷恩（Klein 1997）按照买家和卖家数量将它分为四种类型，如表 9-1 所示。它们可以在线或离线进行。

　　（1）传统拍卖

　　传统拍卖，无论属于哪种类型，都有一些限制因素。例如，出售一件物品的过程通常只持续几分钟甚至几秒钟。在这么短的时间里潜在买家几乎没有时间做决策，因此可能不会投标；因此，卖家可能无法得到最高的价格，而竞拍者可能得不到真正想要的东西，或者支付价格过高。而且在许多情况下，竞拍者没有足够的时间对物品进行检验。因为竞拍者通常必须亲自出现在拍卖现场，所以许多潜在竞拍者被排除在外。同样，卖家要将货物运到现场可能也十分复杂，佣金也非常高，因为要租借场地、做广告，还要向拍卖人和其他雇员付费。电子拍卖方式消除了这些不足。

(2) 电子拍卖

电子拍卖（E-auction）已经在局域网中存在了许多年，并且在 1995 年开始应用于因特网中。除了使用计算机以外，这种方式和离线交易很相似。因特网上的主机就像经纪人一样，允许卖家将货物公开出售并允许买家竞价。许多网站都有一定的行为规则，以保证交易的公平（可以参考 eBay.com 和 taobao.com）。usaweb.com 网站提供网络拍卖的列表和搜索引擎。Bidfind.com 集中了几百个拍卖网站，让你知道哪件物品正在哪个网站上被拍卖。

网络拍卖主要消费产品、电子零件、艺术品、度假套餐、飞机票和收藏品的交易，另外在 B2B 市场上还拍卖过剩产品和存货。还有一类在线拍卖提供新型商品的交易，如电子力、汽油和能源以及频段的拍卖。传统的商业活动依赖于合同和固定价格，现在正在转向拍卖，通过竞价进行在线采购。

尽管大部分消费产品（除了刚才讨论过的）并不适于拍卖，并且这些产品更适于传统的销售方式（如标明价格进行零售），但是在线拍卖的灵活性也许会带来交易过程的革新。例如，买家不必再在销售商的网站上搜索产品和供应商，而是可以要求所有的潜在卖家报价。这种购买机制是如此新颖，以至于可能会被应用在几乎所有的消费产品领域中。

拍卖最主要的特征是基于动态定价。所谓动态定价（Dynamic Pricing）是指价格不固定的商业交易。与此相反，商品目录中的价格是固定的，百货商店、超市以及许多门店的价格也是固定的。

动态定价有几种不同的形式。也许最古老的一种是谈判和议价方式，这种交易方式在露天市场中沿用了很长时间。习惯上，根据买卖双方的人数将动态定价分为四类，参见表 9-1。

从表中可以看出，存在四种可能的结构。

(1) 一个买家，一个卖家

在第一种结构中，可以使用谈判、议价和易货方式。最后的价格由议价实力、商品市场上的供求和商业环境因素决定。

(2) 一个卖家，许多潜在买家

在第二种结构中，卖方采用正向拍卖，或称普通拍卖。有四种主要的正向拍卖方式：英国式、美国式、荷兰式和自由落体式。

① 英国式拍卖 在英国式拍卖中，买家依次出价。这种方式通常规定了最少加价金额。拍卖持续进行，直到没有人再出价，或者拍卖时间结束。如果价格是唯一标准，那么获胜者就是出价最高的人。如果考虑其他标准，如支付安排或买家取货的及时程度，那么就从出价最高的那些人中选择获胜者。因特网上的正向拍卖可以持续数天，而联机拍卖可以是实时（当场进行）的，或许只持续几分钟。英国式拍卖在 C2C、B2C、B2B 和 G2B 市场中都有应用。

② 美国式拍卖 在美国式拍卖中，卖家提供多件完全相同的商品，并给出底价。出价人可以在底价之上出价购买任何数量的商品。获胜者支付成交价（最高报价）。这种拍卖也可以采用反向拍卖方式。

③ 荷兰式拍卖 它的起价非常高，荷兰国际鲜花市场一直沿用这种方式。价格被缓缓降低，同时竞拍者指定其在较低价格上愿意购买的数量。荷兰式拍卖适用于大批同质商品的拍卖。在因特网出现以前，荷兰式拍卖以人工方式通过一座大钟进行，钟的指针显示了价格。现在这座钟被计算机化了，一旦竞拍者愿意按拍卖商给出的价格购买，可以出售的产品数量就会被调整，直到所有产品都被售出。

荷兰式拍卖的速度很快，即使在因特网上也是如此；相比之下，英国式拍卖可能要花几天时间。荷兰式拍卖还有一些衍生形式。

下面描述一下在 eBay.com 上的荷兰式拍卖过程。

- 出售者列出商品的起价以及待售数量。
- 如果没有人竞价就降低价格。
- 竞拍者同时指定出价和希望购买的数量。
- 所有的获胜者为每件商品支付同样的价格，即最低的成交价。这可能低于你的出价。
- 如果需要的数量大于商品数量，则最早出价的人获得商品。
- 出价更高的竞拍者将更有可能得到需要的商品数目。

荷兰式拍卖中不使用代理拍卖制。竞拍者可以拒绝数量不足的商品。例如，假如你竞价 10 个单位的商品，但是拍卖后只得到 8 个单位，那么你完全可以 1 件都不买。

④ 自由落体式（降价）拍卖　这其实是荷兰式拍卖的一种衍生方式，在这种方式下一次只拍卖一件商品。一开始起价很高，然后按固定的时间间隔降价，直到有人出价成交。这种方式被用在有许多人想购买的热门商品上，它的成交速度相当快。

（3）一名买家，许多潜在的卖家

在第三种结构中，使用反向拍卖的方式，它也被称为竞标或招标系统。在反向拍卖中，买家将需要的项目写在询价单上，然后所有的卖家进行竞标，不断降低价格。在电子化竞标中，往往要经历几个回合，直到竞标人不再降低价格。如果只考虑价格者将从一批人（如报价最低的五个投标人）中选出。

① 封闭式第一价格拍卖　在这种方式下你仅能出价一次。这是一种无声拍卖，投标人不知道谁在竞标，也不知道其报价。标的由报价最低的投标人获得。

② 封闭式第二价格拍卖（Vickrey 拍卖）　标的被授予报价最低的投标人，但成交价格是第二低的竞标价。这是为了消除投标人对报价低于真正市场价格的顾虑。

这里我们仍然假设每位投标人仅投标一次，且不知道其他人的投标情况。这种方式在因特网上使用不多，原因在于大部分的网络拍卖都不是封闭的。事实上，网络技术有助于价格发现，如英国式拍卖的情况。

（4）许多卖家，许多买家

在最后一种结构中，买家及其还价和卖家及其要价要匹配，并考虑双方报出的数量。股票和商品市场都是典型的例子。买卖双方可以是个人也可以是企业，这种拍卖也被称为双向拍卖（Double Auctions）。

反向拍卖既可以是让所有投标人知道竞标价的公开式拍卖，也可以是封闭式拍卖。

在了解了拍卖的定义和动态定价的类型后，下面分析拍卖的性质。

9.2　拍卖的性质与应用

9.2.1　拍卖的优势

无论是对于个人还是商业组织，电子拍卖都日益成为买卖商品的重要渠道。电子拍卖使买家在任何地方都可以对商品或者服务进行竞标，而且几乎可以获得价格、产品、供需等方面的完全信息。所有人均从这些特征中受益。

对于卖方的益处如下。

① 通过扩大顾客的数量和缩短商业周期来增加收入　通过电子拍卖，卖方可以以有效的方式接触最感兴趣的顾客，并且恰好以买方愿意支付的价格出售。这样就不必再预测需求，并

避免了定价过高或过低的风险。

② 最佳的定价 卖方可以通过拍卖来收集价格敏感度的信息，为其在其他固定价格市场上定价提供参考。

③ 非中介化 卖方可以避开费用较高的中间商或者昂贵的传统拍卖，从直接销售中获得更多收入。

④ 更好的顾客关系 买卖双方有更多的机会和时间进行接触，这带来了社区的感觉和忠诚度。另外，通过收集顾客兴趣爱好的信息，卖方可以改进购买者的整体电子商务体验，为他们提供更加人性化的内容，从而改进与顾客间的关系。

⑤ 流动性 卖方可以迅速处理掉大量过时产品。

对于买方的益处如下。

① 有机会发现一些特殊物品和收集品。

② 讨价还价的机会 这种拍卖机制允许买方和卖方讨价还价，而不是以固定价格购买。

③ 娱乐性 参与电子拍卖可能十分有趣和令人兴奋。买卖双方的交互可能创造一种亲切感和积极情绪，买方之间也可以随意接触。

④ 匿名性 通过第三方的帮助，买方可以保持匿名。

⑤ 便利性 买方能在任何地方进行交易，甚至通过移动电话进行。

对于电子拍卖人的益处如下。

① 更高的重复购买单 Jupiter 通信公司在 1998 年进行了一次调查，比较各主要电子商务站点的顾客重复购买率。结果显示，eBay 和 uBid 等拍卖网站比亚马逊这样的 B2C 电子商务网站拥有更高的重复购买单。这就是所谓的网站的黏性。

② 黏性（Stickiness）是指顾客在（拍卖）网站长时间停留和再次登录的趋势。拍卖网站往往比那些固定价格的网站更具有黏性，黏性强的网站可以获得更高的广告收入，因为浏览者有更深的印象和更长的浏览时间。

③ 拍卖业务的拓展。

【案例 2】

曼海姆拍卖公司的成功

曼海姆拍卖公司是世界上最大的拍卖行，在 1999 年创立了曼海姆在线（MOL）来出售以前用于出租的汽车，以应对日本 Aucnet 公司进入美国汽车拍卖业的努力。这种基于因特网的销售体系具有改变汽车拍卖业的巨大潜力。在美国有 8 万多家二手汽车经销商，曼海参姆公司每年为它们拍卖 600 万辆汽车。为了利用自己对汽车行业的了解来为客户提供服务，曼海姆公司开发了另外两种产品：Manheim Market Report 和 AutoConnect。公司还将拍卖业务扩展到了欧洲。曼海姆希望继续在 MOL 上附加价值来抵御竞争能力，并在不影响该公司核心业务的基础上增加网上销售。

9.2.2 拍卖的制约因素

电子拍卖也存在一些限制因素，包括如下几个方面。

① 欺诈的可能性 在许多情况下拍卖品是独一无二、二手货或是古董。因为买家看不到实物，所以可能购到有缺陷的产品。而且买家也有可能实施欺诈，因此欺诈率很高。

② 有限的参与者 有些拍卖只有受到邀请才能参与，还有些只对经销商开放，因此它们并不是完全公开的。

③ 安全性　有些在因特网上进行的 C2C 拍卖并不安全，而一些 B2B 拍卖在非常安全的专用网上进行。

④ 软件问题　现在只有很少一部分"完全"和"现成"的解决方案可以支持优化定价策略所需的动态商务功能，并且能定制以适应某公司或行业的特定需要。简而言之，动态商务的"最佳实践"仍被局限于行业内部，并将随着新的在线业务流程的出现而继续发展。

9.2.3　拍卖和定价机制的应用

通过利用拍卖的动态定价机制，买家和供应商能优化产品的库存水平，并且迅速调整定价策略。例如，通过使用基于 Web 的拍卖和交易，供应商能迅速清空过量库存和将闲置资产变现，而买方可以以自己希望的价格采购商品和服务。最后还能精确估计和充分利用市场的供需信息，这比竞争能力方式更加快速和有效。

阿伯丁集团（Aberdeen 2000）的调查表明，利用拍卖交易模式做市商比仅使用"目录-订单"模式的做市商更快地达到"流动性"。然而，现在的企业仍在努力了解如何真正利用动态定价模式来扩展现有业务。

韦斯特兰（Westland 2000）在发现电子拍卖比电子销售给予消费者更多权利之后，针对上述问题提出了建议。他认为可以从股票交易所得到关于电子拍卖的 10 点启示。

① 客户被电子拍卖市场吸引是因为它提供了比传统市场更高的流动性；借助电子网络，这种流动性使参与者的地理分布更广泛。

② 电子拍卖市场可以更有效地发现一件产品的最佳价格。

③ 电子拍卖市场可以在低成本下提供极高的市场行为和产品质量透明度。

④ 电子拍卖市场比传统市场的效率更高。这种有效性使电子拍卖能提供更有用的信息来帮助确定市场中交易资产的价格。

⑤ 电子拍卖能使市场的交易成本更低。

⑥ 客户最终会抛弃一个被认为不公平的市场，即使他们一开始从这种市场的"不公平"交易中获利。使客户远离市场交易会带来一种错误感觉，即市场允许不公平和不透明的交易行为。

⑦ 电子拍卖系统必须管理交易活动的方方面面，从主持拍卖到结算和送货。如果市场不能将价格发现和订单完成（结算）都整合到运作过程中，那么将助长不公平和不透明的交易行为。

⑧ 由于价格响应的延迟可能导致极短的拍卖时间，所以出现反馈循环和不稳定情况的可能性更大，这威胁到交易的公平性和定价的有效性。

⑨ 由于客户使用网络的相对速度不同，所以电子拍卖可能会助长不公平交易行为。

⑩ 订单驱动的电子拍卖市场要求市场严格定义销售何时完成。

由于交易目标和拍卖内容是多种多样的，所以拍卖的经济原理以及参与拍卖的各方的动机也有很大不同。以下是一些典型的影响。

① 拍卖作为一协调机制　拍卖正被越来越多地用做一种建立平衡价格的有效的协调机制。一个典型的例子就是长途电信带宽的拍卖。在这些拍卖过程中几乎没有人为干涉。

② 拍卖作为确定价格的社会机制　对于不在传统市场中交易的物品，例如稀有物品，以及偶尔提供或者很长时间才能提供的产品，拍卖可以创立一个市场来吸引潜在买家（往往是专家）。通过提供这些特殊的物品来吸引注意力，拍卖可以集中必要的购买和销售订单，从而决定价格并提高市场的流动性。典型的例子也包括艺术珍品和稀有物品的拍卖、通信频段的拍卖、横幅广告以及广告空间的拍卖等。例如，winebid.com 是酒类收藏者的全球拍卖网站。

③ 拍卖作为影响力强的销售机制 另一种类型的拍卖与上一种很相似，但只提供特价产品。在这种情况下，拍卖的建立方式有所不同：典型情况是一名供应商拍卖数量有限的物品，主要是利用拍卖来赢得注意力，并吸引那些寻找便宜货的人或偏爱拍卖过程的投机性的人。美洲航空公司的航班座位拍卖都属于这一类。

拍卖作为电子商务的组成部分。拍卖可以独立进行，也可以和其他电子商务活动结合在一起。例如，将团体购买与反向拍卖相结合。

【案例 3】

新加坡的反向抵押拍卖

住宅购买者希望获得最低的抵押贷款利率。在美国，如果你"自定价格"，则 price-line.com 将按你的要求替你寻找抵押贷款。而新加坡的住宅购买者有更好的选择即将反向拍卖与团体购买相结合，可以使每位户主在偿还期内节约 2 万美元，以及 1200 美元的弃权法律费用。

Dollardex.com 在新加坡、中国香港和其他地方提供这项服务。该网站除了提供住房抵押贷款服务以外，从 2000 年春季开始还提供汽车贷款、保单和其他金融服务。下面介绍该网站是如何开展第一个项目的。

该网站邀请 3 套住宅的潜在买家使用其服务。买家在一个安全网站上提交申请书以及财务状况证明，然后 7 家银行被邀请对贷款进行投标。

在一个安全的"电子房间"里，借贷双方进行谈判。经过两天对利率和其他条件的商谈后，借款者对贷款银行进行选择在第一个项目中，有 18 位借款者同意向 UOB 借款，支付的利率比通常利率低 0.5%。同时，借款者也就法律上的弃权费用进行谈判。最后，UOB 获得了 1000 万美元的业务。今天，消费者如果不想加入团体购买，则可以参与个人反向拍卖。

银行能看到竞争者的报价。灵活性很高，除了利率以外，可以就定金数额以及从固定利率到可变利率的转换权进行谈判。平均而言，每位客户可以得到 2.6 家银行的投标。

该网站提供旅行和保险的匹配服务，还允许比较那些愿意提供更低手续费的共同基金。

电子拍卖的一些影响，还说明了拍卖的构成要素、参与者和过程。这些影响在表 9-2 中进行了总结。

表 9-2 电子拍卖的影响

对 象	网 络 的 影 响
拍卖人	更低的进入障碍，直销的机会
进入规则	可以定制，理论上可以接触数以百万计的潜在用户
拍卖物	可以拍卖各类产品，技术增加了产品描述的复杂程度
交易规则	交易规则显示了服务保证的缺乏
执行过程	对于电子产品，整个交易周期都可以在网上完成；对于实物产品，交易过程和实体物流可以分开进行，这带来了成本的降低

9.3 网络拍卖的运作方式与特点

拍卖网站是一种特殊的网上商店，现在网络拍卖的形式多种多样，但基本上都是在两类网

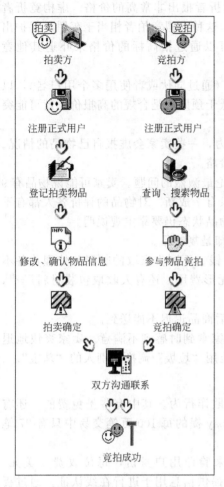

图 9-2 拍卖流程示意图

站上实现的。一类是像 eBay、Yahoo、Amazon 这种专为买卖双方提供商品或服务交易的平台式拍卖网站，一般采取 P2P（个人对个人）或 B2C 的经营模式；另一类是企业为推销自己的产品或服务而建立的专业拍卖网站，一般以 B2B 经营模式为主。

网络拍卖的基本运作方式是：卖家在拍卖网站上展示欲出售物品的图片及资料，供人挑选。买主可以随时登录到拍卖网站上，挑选自己想购买的物品、出价竞标，实时查看整个拍卖过程。这种以竞拍方式进行的网上交易，能让卖家争取到公平的市场价格，让买家找到相对廉价的所需物品，这与传统拍卖方式是相同的。具体的交易过程如图 9-2 所示。

网络拍卖有一些与传统拍卖不同的特点。

① 交易双方不受时间、地域的限制。个人可以自由出入随时买卖各种物品，无需支付中间人费用。这是一种大众化的交易方式，称之为"平民之间的自由交易"。

② 拍卖网站不一定是拍卖人，卖方也不一定是委托人。许多拍卖网站只是提供一个虚拟的交易场所，所有人都可以在此进行拍卖活动。

③ 不必事先缴付保证金，凭借网站自建的信用评价系统，借助所有用户的监督力量来营造一个相对安全的交易环境，买卖双方都能找到可信赖的交易伙伴。

④ 买卖各方在竞价过程中可以自由交流。如对拍卖品进行提问、回答、讨论与留言等。拍卖网站一般都提供网页供用户登录求购信息，或协助寻找厂商或卖方。

⑤ 卖方可根据买方的信用情况，选择出价者中的任何一方成交，而非一定是"价高者得"。国内的易趣网就是采用这种方式：卖方在网站免费注册登录物品信息，买方出价竞价，最后卖方选择买方，与其联系完成交易。

9.4 拍卖中的欺诈与防范

根据因特网欺诈监督机构（Internet Fraud Watch, fraud.org/internet/intset.htm）的调查，有所有通过因特网开展的电子商务活动中，电子拍卖中的欺诈问题是最严重的，在 1999 年它占了所有电子商务欺诈的 87%。根据全美消费者联合会（National Consumer League）国家欺诈信息中心（National Fraud Information Genter）的统计，在所有与因特网相关的投诉中有 9/10 的涉及拍卖欺诈。每起投诉的平均拍卖损失为 248 美元，1999 年因欺诈活动带来的损失约为 110 万美元。

2000 年 10 月，亚马逊取消了 World Series 的入场券拍卖活动，因为其过度的投机行为触犯了纽约州的法律——该法律禁止入场券售价高于面值 5 美元或 10%。

9.4.1 电子拍卖中的欺诈

在网络拍卖中，买家和卖家都可能实施欺诈，下面是一些例子。

① 竞价盔甲 是指在拍卖开始的时候使用虚构的竞折者报出非常高的价格。虚构竞折者在拍卖的最后一分钟退出，报价很低的竞拍者就会获胜。这种虚拟竞拍者相当于盔甲，保护出低价的竞拍者。借助竞价盔甲，一批不诚实的竞拍者可以通过抬高标的价格来吓退其他竞拍者。

②"托儿" 卖家特意安排，对物品给出虚假的报价（通过同伙或者使用多个用户名），以人为抬高价格。如果在拍卖接近结束时，他们看到一个低于预期但是合规的高报价，就可能突然闯入以操纵价格。

③ 虚假照片和误导性描述 为了吸引竞拍者的注意力，一些卖家会虚报自己物品的情况。借用图片、含糊其辞和弄虚作假是拍卖可能使用的一些策略。

④ 不正确的评级技术 物品评级经常是买卖双方争论最激烈的问题。卖家可能说物品有 9成新，但是当竞拍者收到物品和付清贷款后，却感到它只有 7 成新。对物品的评价各人都有不同的观点。尽管人们设计和采用了许多评级系统，但是物品状态仍要靠主观说明。

⑤ 出售复制品 卖家声称出售的是真品，但实际上却是复制品。

⑥ 运费和处理费 一些卖家想从竞标者那里多收点钱。不同卖家取的邮费和处理费各不相同。有些人收取额外费用来补偿"处理"成本和其他无形费用，还有人收取包装材料厂费，尽管这些材料厂能免费得到。

⑦ 不交货 这是老式的"拿钱就跑"伎俩。付款之后商品迟迟不能送到。

⑧ 遗失和退货 卖家成功地拍卖掉一件物品，但买家拿到时感到不满意。卖家爽快地退款，但拿回的退货却和原先送出的不一样。有些买家可能用"垃圾"调换了别人的"珠宝"。

9.4.2 电子拍卖中欺诈的防范

最大的网络拍卖商——eBay 采取了一些措施来减少欺诈行为。其中有些是免费的，还有一些要收费。公司成功地达到了这一目标，在 2000 年 eBay 提的每 100 万笔交易中只有 27 笔存在欺诈。以下就是该公司采取的措施。

① 用户身份认证 eBay 使用 Equifax 提供的服务来验证用户身份，每位收费 5 美元。"eBay 用户认证"这项自愿参与的计划鼓励用户向 eBay 提供信息用于进行在线认证。通过提供其社会保障号码、驾驶执照号码和生日，用户可以获得最高级别的 eBay 认证。

② 鉴定服务 产品鉴定的目的是确认拍卖品是否是真货，以及描述是否恰当。鉴定工作很困难应力感生缺陷为它依赖于鉴定者的经验。凭借专业培训和经验，专家经常可以根据细节识别出假货（要收取费用）。然而，对于同一件物品两名专家的观点可能有所不同。

③ 评级服务 评级的目的是确认拍卖品的物理状态，如"质量很差"或"状态一般"。实际的评级各级党组织取决于物品的类型。不同的物品有不同的评级系统——交换卡按 A1 到F1 评级，而硬币的级别从"品相很差"一直到"全新未流通过"。

④ 反馈论坛 的反馈论坛允许注册的买家和卖家建立自己的网上交易声誉。它使用户能评价与其他人的交易经历。

⑤ 保险单 eBay 提供由伦敦劳埃德公司（Lloyd）承担的保险。用户最多可获 200 美元的赔偿，起赔点是 25 美元。这项保险是免费提供给 eBay 用户的。

⑥ 托管服务 对于价值超过 200 美元的物品，或者当买家或卖家感到需要额外的安全保障时，eBay 推荐使用托管服务（要收取费用）。通过方便地连接到第三方托管服务商，交易双方都得到了保护。

买家将贷款寄给托管服务商，后者确认款额后通知卖家一切妥当；然后卖家将货物送到买家处；在预先约定的一段检查明后，买家通知服务商，由其将支票寄给卖家。（例如，tradenable.com 就提供此类在线托管服务）。

⑦ 对拒付者的惩罚 eBay 对那些拒绝交易的中标者实施惩罚。为了帮助保护卖家，对第

一次拒付给予警告，对第二次拒付给予严厉警告，对第一次拒付将暂停交易 30 天，对第四次拒付将无限期停止交易。

⑧ 评价服务　评价人员使用多种手段来评价物品价值，包括专家估计以及对近期市场中出售的类似物品的回顾。在评估当时，这种评估值通常是很精确的，但随着时间的推移，物品在市场中的受欢迎程度会发生变化，评估值也将随之改变。

⑨ 验证　验证的目的是确认物品的属性和状态。第三方机构可以通过多种手段评估和确认一件物品。例如，一些收藏者记录了藏品的交易历史，以便将来易主后可以继续跟踪。

9.5　其他形式的拍卖

除了传统的拍卖活动，在电子商务中还有一些其他形式的应用模式：在线谈判，在线议价和在线易货等。

9.5.1　在线谈判

动态价格也可以由谈判决定，尤其是对于昂贵或专门化的产品。这在网下的房地产、汽车和农产品交易中很常见。

与拍卖很相似，谈判价格来自于买卖双方间的交流和议价。然而与拍卖不同，谈判还涉及价格以外的条件，如支付手段和信贷。

根据乔伊和温斯顿的观点（Choi and Winston 2000），电子环境下的谈判比实体环境下的容易。同时，产品和服务的定制和捆绑，也需要谈判价格的其他条件。电子市场允许对几乎所有产品和服务进行谈判。以下三个因素可以为价格谈判带来便利。

① 执行搜索和比较任务的智能代理，它们能提供高质量的客户服务，并为价格谈判创造基础。

② 方便进行价格谈判的计算机技术。

③ 被捆绑和定制的产品和服务。

某一价格可能并不适用于所有消费者，这有时候使 MySimon 和其他在线购物比较服务难以进行。在个人服务或保险市场，因为每件产品和服务都存在差异，所以我们几乎看不到公开的报价。那些没有标准价格的非标准化数字产品和服务可以被个性化，也可以作为一项智能服务被整合。消费者对此类捆绑服务的偏好各不相同，因此就有各种服务的组合和相应的价格。

9.5.2　议价的技术

谈判和议价涉及买卖双方间的交流。买卖双方要采取下列完成交易所必需的 5 个步骤。

① 搜索　收集关于产品和服务的信息，寻找潜在的供应商或客户。

② 选择　通过处理和过滤信息来选择一件产品和一名交易伙伴。

③ 谈判　处理出价、还价、协议和合同。

④ 继续选择和谈判　如果需要的话不断重复，直到达成协议。

⑤ 完成交易　支付和送货。

在线议价的具体步骤如下。

（1）搜索

议价从收集各类关于产品和卖家或买家的信息开始。计算机化的市场使这种搜索富有效率。一旦信息收集好，下一步就是将其整理成有用的数据集合并用于决策制订。

（2）选择

选择过滤器可以筛选信息，帮助决定买（卖）什么和向谁谁买（卖给谁）。这包括根据消费者提供的价格、质保、货源、交货时间和声誉等标准对产品和卖家进行评价。这一选择步骤会产生一系列产品和交易伙伴的名称，用于下一阶段的谈判。Pricemix（pircemix.com）等软件代理和其他工具可以帮助进行选择（参见第4章）。

（3）谈判

谈判阶段的重点是如何建立交易条件如价格、产品特点、送货和支付条件等。谈判的持续时间和复杂性随市场的不同而不同。在网上市场，谈判的所有阶段都可以由自动程序或软件代理完成。

谈判代理是一种软件程序，它可以根据预先给定的约束条件，独立决定接受或拒绝出价或者自动还价。可能存在谈判规则或协议以便让卖新高度和买方代理进行交互。例如，根据规则，价格谈判可能以卖家的报价为出发点，也可能从任何出价或还价出发。

下面是电子谈判带来的主要好处。

① 买家和卖家不需要预先决定价格，因此不必再费力收集相关信息。价格谈判将价格决定的任务（即市场评价）交给了市场本身。由于市场流程效率很高，所以最终的谈判价格将是公正和高效的。

② 智能代理可以同时就价格和非价格条件进行谈判，如交货时间、退货条款和其他增值交易。智能代理可以与多个交易伙伴打交道（参见 prenhall. com/turban 的附录D）。这种应用的一个例子是不同公司的多家货运中心谈判其运输工具的路线问题。其他应用包括工厂车间调度，即同一个转包合同网中的不同公司谈判合作调度问题，还有机场资源管理，即班机间对飞机服务的谈判。

（4）完成交易

在决定了产品、供应商和价格后，最后一步是完成交易。它包括根据谈判期间决定的条款进行在线支付和送货。另外还可能实施客户服务、质保和退款。

9.5.3 在线易货交易

易货（Bartering）是最古老的交易手段。它是指货物和服务的交换，今天通常在企业间进行易货中存在的问题是难以找到交易伙伴，因此人们创立了易货交易所（Bartering Exchange），由中介来安排交易。其流程如下：

① 易货方告知中介自己提供的产品或服务；

② 中介估计易货方的剩余产品或服务的价值，然后给易货方一定的"点数"（或"易货美元"）；

③ 易货方使用这些"点数"来购买需要的东西。

由第三方手工匹配将带来佣金过高的问题（30%甚至更多），并且完成一项交易可能要花很长时间。

电子易货（E-exchange）可以通过将更多客户吸引到交易所来改进匹配流程，而且匹配速度更快。其结果是可以找到更好的交易对象，同时佣金低得多（5%~10%）。

经常进行易货的项目包括办公空间、仓储空间、制造场地、闲置设备和劳动力、产品以及横幅广告。

企业和个人可以使用分类电子广告来公布自己需要的东西和提供的东西。然而交易所的效率要高得多。在电子易货中还有一些税收问题需要考虑。开展易货的网站包括 Bigvine.com、Bartertrust.com、ubarter.com 和 whosbartering.com。

易货网站在金融方面必须是安全的，否则用户可能没有机会使用他们积累的点数。（要了解更多情况，可以参考 fsb.com，搜索"virtual bartering 101"。）

除了易货之外，还可以拍卖剩余物资，然后用得到的钱购买所需要的东西。一些拍卖网站专门进行针对剩余物资的销售（如 tradeout.com）。

9.6　网络拍卖的发展

9.6.1　移动拍卖

研究机构估计，到 2003 年全世界移动电话用户将达 14 亿，其中 50％的将能使用因特网和无线应用协议（WAP）。移动电话和其他无线设备将成为许多人上网的主要手段，这会引发大规模的移动商务（M-cmmerce），并给拍卖带来机会。

在美国，eBay1999 年 10 月进入移动因特网，uBid 和 FairMarket 则从 2000 年开始，雅虎和其他拍卖网站也正试图进入无线领域。在英国，二手车拍卖网站 bluecycle.com 允许经销商使用移动电话从任何地方参与竞价。

对于在线拍卖，移动通信系统有下列好处和限制因素。好处包括如下几个方面。

① 方便性和普遍性　通过移动电话，人们可以在移动中和任何地方参与拍卖。

② 隐秘性　手机比个人电脑更隐秘，并且可以随身携带。人们可以在任何地方拍卖任何东西，并在咖啡桌边闲聊时搜索信息，也可以及运动中查询竞价情况。所有这些都构成了一个安全和个人化的环境。

③ 更简单和更快捷　因为在线拍卖只要求有限数量的信息，所以可以相对容易地应用在手机上，即使只能处理有限的带宽和数据。

移动拍卖发展的限制因素包括以下三个方面。

① 视觉质量　手机的屏幕很小，人们从中读到的信息量无法与计算机相比，同时屏幕的显示质量也不如计算机显示器。人们可以将产品图片发送给竞标者，但是如果图片太复杂，画面将会模糊不清。通过手机发送产品信息也比通过计算机难得多。

② 内容容量　手机的内存容量非常小。在不久的将来，新的无线通信服务的开发可能会迫使硬件制造商给移动终端配备更好的内存系统。

③ 安全性　的安全问题是通过新的安全标准，如 SIM 工具包和无线传输层安全协议来解决的。

9.6.2　全球化拍卖

许多工作拍卖公司在网上出售产品和服务，并在不断扩大规模，途径之一就是全球化。然而，此为公司可能会面临在国外开展网上销售的普遍问题。

9.6.3　艺术品网上实时拍卖

从 2001 年 1 月开始，英国的收藏者可以使用 eBay 和 icollector.com 提供的服务参与网上直播拍卖。

Icollector 帮助实时访问 300 家独立的拍卖行，如伦敦的菲利浦（Phillips）拍卖行。世界最大的艺术品拍卖行索斯比（Sotheby）和克里斯蒂（Christie）都有自己的网站，但它们不允许（到 2001 年春季）在网上直接参与现场拍卖。在美国，Butterfields.com 网站允许进行实时竞拍，并与 eBay 开展合作。

9.6.4　战略联盟

拍卖可能对竞争和行业结构产生重要影响。另外，拍卖可能被跨国公司作为战略工具。由于能带来双赢的结果，这种战略联盟在将来可能会非常流行。

本 章 小 结

① 拍卖（auction）是一种买主进行投标而卖主提供产品的市场机制。在拍卖中，最终价

格是通过竞争确定的,各类在线拍卖市场都符合该定义。互联网为以低成本执行拍卖,以及为容纳众多买家和卖家提供了基础设施,个人和公司都可以参与这种发展迅速和非常方便的电子商务。

② 拍卖最主要的特征是动态定价。所谓动态定价(Dynamic Pricing)是指价格不固定的商业交易。按照买卖数量,一个或多个的不同动态定价有四种基本结构。

③ 无论是对于个人还是商业组织,电子拍卖都日益成为买卖商品的重要渠道。电子拍卖使买家在任何地方都可以对商品或者服务进行竞标而且几乎可以获得价格、产品、供需等方面的完全信息。所有人均从这些特征中受益。电子拍卖也存在一些限制因素,包括欺诈的可能性、有限的参与者、安全性和软件问题。

④ 拍卖网站是一种特殊的网上商店,现在网络拍卖的形式多种多样,但基本上都是在两类网站上实现的。一类是像 eBay、Yahoo、Amazon 这种专为买卖双方提供商品或服务交易的平台式拍卖网站,一般采取 P2P(个人对个人)或 B2C 的经营模式;另一类是企业为推销自己的产品或服务而建立的专业拍卖网站,一般以 B2B 经营模式为主。

⑤ 拍卖的基本运作方式是:卖家在拍卖网站上展示欲出售物品的图片及资料,供人挑选。买主可以随时登录到拍卖网站上,挑选自己想购买的物品、出价竞标,实时查看整个拍卖过程。这种以竞拍方式进行的网上交易,能让卖家争取到公平的市场价格,让买家找到相对廉价的所需物品,这与传统拍卖方式是相同的。

⑥ 除了传统的拍卖活动,在电子商务中还有一些其他形式的应用模式:在线谈判、在线议价和在线易货等。动态价格也可以由谈判决定,尤其是对于昂贵或专门化的产品。这在网下的房地产、汽车和农产品交易中很常见。易货(Bartering)是最古老的交易手段。它是指货物和服务的交换,今天通常在企业间进行易货中存在的问题是难以找到交易伙伴,因此人们创立了易货交易所(Bartering Exchange),由中介来安排交易。

⑦ 移动电话和其他无线设备将成为许多人上网的主要手段,给拍卖带来机会。对于在线拍卖,移动通信系统有方便性、普遍性和隐秘性等优点,也有视觉质量差、内容容量少和安全性差的缺陷。

思 考 题

9-1 结合网上观察,分析 C2C 电子商务迅速发展的原因。

9-2 与传统拍卖相比,网络拍卖的优势有哪些?

9-3 通过网上观察,找出卖家可能做出的三种欺诈行为,试分析适合保护自己。

9-4 观察易趣网、拍拍网等拍卖网站,整理出它们的拍卖流程,试分析它们的成功因素。

9-5 给出四种动态定价类型,试列举实例说明。

9-6 分析在线易货交易成功的前提条件和成功因素。

10 物流与供应链管理

学习目标

理解电子商务运作必须有物流的支持。掌握订单履行与物流的概念理解订单履行与物流之间的关系；掌握物流和物流管理的概念，了解物流功能要素；正确理解电子商务与物流的关系，明确电子商务环境下物流业的特点和发展方向。掌握配送与配送中心的含义和电子商务配送的主要影响因素。明确供应链管理的基本概念、特点、过程，掌握电子商务下供应链管理的内容。

由于物流管理体系还不完善，跟不上电子商务的发展速度，以至于形成了配送瓶颈：服务无法控制和保证，对出现的问题响应太慢，外地的配送成本过高、效率低下，可以配送到的城市范围还很少等问题，制约了电子商务业务的发展。如果对电子商务的物流问题没有足够的认识和充分的重视，电子商务的优势就很难在我国发挥出来。

10.1 订单履行与物流

一个完整的电子商务交易过程一般包含以下四种基本的"流"：信息流、商流、资金流和物流。信息流是指有关交易的各种信息的交流；商流是指商品在购销过程中所有权转移的一系列活动；资金流是指交易过程中资金的转移过程；物流是指产品实体从供应者向需求者流动的过程。因此理解物流在电子商务中的地位和作用，必须从订单履行着手。

10.1.1 订单履行和物流概念

通过因特网接收订单可能是 B2C 电子商务中较容易实现的部分，而订单履行和送货才是难点所在，许多电子零售商在开始实施电子商务的时候都遇到了订单履行的问题。例如，亚马逊最初是一家完全的虚拟公司，后来为加快送货和降低订单履行成本而增加了实体仓库。澳大利亚的沃尔沃斯（Woolworhts）是一家提供在线服务的大型超市，在新鲜食品的订单履行和送货方面遇到了严重问题，不得不彻底重建其配送系统。

配送延误可能由多种因素造成，从不能准确预测需求到零售供应链的效率低下都有可能。但是有一个因素是电子商务特有的，即电子商务是建立在从订单（通常是定制化订单）开始的"拉"操作概念上的。相比之下，传统零售业是从存货开始的，将产品"推"给顾客。在"拉"方式下，由于缺乏经验而更加难以预测需求。另一个因素是在 B2C 的"拉"模式下必须将货物送到顾客门前，而在实体零售方式下则由顾客自己到商店取货。在分析订单履行问题和解决方案前，需要介绍一些基本概念。

① 订单履行（Order Fulfillment） 不仅指准时向客户提供其订购的产品和服务，还包括提供所有相关的客户服务。例如，客户在拿到新产品时，必须同时得到安装和操作说明书。可以将文字说明附在产品中，也可以在网上提供说明。此外，如果客户对产品不满意，必须提供换货或退货。因此，虽然订单履行主要是后台运作的一部分，但它与前台运作同样紧密相关。

② 物流（Logistics） 物流的定义有很多，下面是美国物流管理委员会（Council of Logistics Management)(clml. org) 采纳的物流定义为："为了满足顾客需求，计划、实施和控制从起始点到消费点之间的产品、服务和相关信息的有效流动和储存过程。"这个定义包括了向内、向外、内部和外部的原料及货物的流动，以及退货过程，还包括了订单履行过程。还有，物流是所有涉及产品移动管理的活动，即以正确价格把正确数量的产品在正确时间送到正确地点。

10.1.2 订单履行流程

典型的电子商务订单履行流程如下。

① 确定客户会付款　根据支付方式和预先安排的不同，必须对支付的有效性进行调查。所需支付信息需要被传送到检查机制或者外部机构中，然后反馈传回给财务、会计部门和客户。相关各方面的交流必须是高效的，任何延迟都可能导致装运的耽搁，从而带来信誉的丧失甚至客户的流失。

② 检查存货情况　无论供应商是零售商还是制造商，都必须审查其是否有存货，这时可能有多种情况，涉及原料管理和生产部门，以及外部供应商。此时订单信息同样需要与存货信息相连接。另外，如果某件产品已被承诺交货，就应该自动从存货中减去。

③ 安排装运　如果产品有货，就可以运送到客户那里（否则进入生产阶段）。产品可以是数字化的，也可以是实体的。如果产品是实体的，并且有现货，就可以安排包装和运输了。这一步涉及装运（包装）部门以及内部运输人员或外部运输公司。数字产品永远有现货，因为其"存货"不会被耗尽。但是像软件这样的数字产品可能会处于修订阶段，一时无法交货。不管是哪一种情况，信息都需要在多方间流动。

④ 保险　有时候需要对装运的货物进行保险。这一步可能涉及财务部门和保险公司，此时信息不但要在公司内部流动，还要流向客户和保险代理人。

⑤ 生产　定制订单总是会带来对制造和组装操作的需求。同样，如果标准产品缺货，也需要被生产出来。生产可以由企业自己完成，也可以由承包商完成。生产计划涉及人工、设备、财物资源以及可能的供应商和次级承包商。制造则涉及原料和零件的取得。供应商可能还有自己的供应商，并且可能包括多个层次。实际的生产设备也许和公司总部或零售商不在同一个国家。这使交流和信息流动更加复杂。

⑥ 车间服务　组装和/或制造过程需要多种车间服务，包括在商业伙伴之间的可能的合作。服务可能包括人工和设备的进度安排、生产计划修订或工程上的修改。

⑦ 采购和仓储　如果卖方是零售商，如亚马逊或沃尔玛，就需要从制造商处采购。可能存在几种情况。采购过来的产品可能被存放在仓库中，就像亚马逊存储热销书籍那样。但亚马逊不会存储销量很少的书籍，在这种情况下，就需要出版商提供特殊的配送服务。不但需要有效的信息流动，还需要对原料和产品进行适当的接受和质量保证。一旦完成了采购和生产，就可以开始装运了。

⑧ 联系客户　销售人员需要同客户保持持续的联系，从订单接受通知开始，到运送或日期更改通知结束。这些联系大都通过电子邮件进行，邮件一般是自动生成的。

⑨ 退货　在某些情况下，客户希望更换或退换商品。这种退货已成为一个重要问题，因为客户购买的商品有 30% 的被退回（在美国）。这种退还商品从客户到供应商的流动被称为反向物流（Reverse Logistics）。

还有以下一些活动与订单履行流程相关。

① 需求预测　如果产品是标准化的（如玩具），则为了确定供应链各点适当的存货量，必须对需求进行预测。在发展迅速的电子商务领域进行这样的预测是很困难的。在定制化产品的生产中，需要预测完成订单所需的原料和零件数量。需求预测往往必须与供应链合作伙伴共同进行，这将在后面进行讨论。

② 反向物流　上面描述的流程说明订单履行涉及企业内部和外部多个单位间的产品（实

体或数字产品）和大量信息的流动。因而，流程不仅要连接到现有的内部信息系统中，还要连接到供应商、客户和其他业务伙伴的信息系统中。

订单履行流程可能随产品和供应商的不同而发生变化。在 B2B 和 B2C 活动之间、产品和服务的提供之间以及小型产品和大型产品的提供之间都存在差别。另外，在某些特定情况下可能需要额外的步骤。

10.1.3 物流与物流管理

从物流的定义可以看出，包含以下要点：物流的研究对象是贯穿流通领域和生产领域的一切物料流以及有关的信息流；物流的研究目的是对其进行科学规划、管理与控制；物流的作用是将物资由供给主体向需求主体转移（包含物资的废弃与还原），创造时间价值和空间价值，并且创造部分形质效果；物流的活动（物流要素）包括运输、保管、装卸搬运、包装、流通加工以及有关的信息活动等。

物流管理是指在社会再生产过程中，根据物质资料实体流动的规律，应用管理的基本原理和科学方法，对物流活动进行计划、组织、指挥、协调、控制和监督，使各项物流活动实现最佳的协调与配合，以降低物流成本，提高物流效率和经济效益。物流管理的内容包括：对物流活动诸要素的管理，包括对运输、保管、装卸搬运、包装、流通加工以及有关的信息活动等环节的管理；对物流系统诸要素的管理，即对其中人、财、物、设备、方法和信息六大要素的管理；对物流活动中具体职能的管理，包括物流计划、质量、技术、成本效益等职能的管理等。

物流管理包括企业物流管理和社会物流管理两方面。社会物流以社会为范畴，是面向全社会的物流，也就是说，社会物流的范畴是社会经济大领域。社会物流研究内容包括：再生产过程中随之发生的物流活动；国民经济中的物流活动；如何形成服务于社会、面向社会又在社会环境中运行的物流；研究社会中物流体系结构和运行。因此带有宏观性和广泛性。而企业物流则是从企业角度上研究与之有关的物流活动，是具体的、微观的物流活动的典型领域。这里主要就企业物流展开讨论。

企业物流包括生产物流、供应物流、销售物流、回收物流和废弃物流。生产物流一般是指原材料、燃料、外购件投入生产后，经过下料、发料、运送到各加工点和存储点，以在制品的形态，从一个生产单位（仓库）流入另一个生产单位，按照规定的工艺过程进行加工、储存、借助一定的运输装置，在某个节点内流转，又从该节点流出，始终体现着物料实物形态的流转过程，这样就构成了企业内部物流活动的全过程。所以生产物流的边界起源于原材料、外购件的投入，止于成品仓库，贯穿生产全过程。物料随着时间进程不断改变自己的实物形态和场所位置，物料不是处于加工、装配状态就是处于储存、搬运或等待状态。

企业物流中生产物流处于中心地位，它是和生产同步进行的，是企业内部所能控制的，其实现合理化的条件最成熟。而供应物流和销售物流是生产过程物流的外延部分（上伸和下延），它受企业外部环境影响较大，如政策与市场环境、仓储与运输环境和一些间接环境等都会对其产生影响。供应物流包括原材料等一切生产资料的采购、进货运输、仓储、库存管理、用料管理和供料运输。它是企业物流系统中独立性相对较强的一个子系统，并且和生产系统、搬运系统、财务系统等企业各部门以及企业外部资源市场、运输条件等密切相关。供应物流系统的功能主要包括采购、供应、库存管理、仓库管理等。销售物流是企业物流系统的最后一个环节，是企业物流与社会物流的又一个衔接点。它与企业销售系统相配合，共同完成产品的销售任务。销售物流涉及工业包装、成品储存、销售渠道、产品的发送、信息处理等几个方面。

从生产到消费过程中产生的一些废弃物，一部分可以回收并再生利用，称为再生资源，它们形成了回收物流；另一部分在循环利用过程中基本或完全失去了使用价值，形成无法再利用的最终排放物，即是废弃物。废弃物经过处理的返回自然界，形成了废弃物流。

10.1.4 物流功能要素

物流是由运输、仓储、搬运装卸、包装、流通信息等环节组成的。物流要素各有其自身的特点，对物流要素的理解是理解物流的基础。需要说明的是，物流系统的效益并不是它们各个局部环节效益的简单相加，因为各环节的效益之间存在相互影响、相互制约的关系，也就是交替损益的关系。如过分强调包装材料的节约，则因其易于破损可能给装卸搬运作业带来麻烦；片面追求装卸作业均衡化，会使运输环节产生困难。任何一个环节过分削弱都会影响到物流系统的整体强度。重视系统观念，追求综合效益最佳，这是物流学最基本的观点之一。

（1）运输

运输的任务是对物资进行较长距离的空间移动。物流部门通过运输解决物资在生产地点和需要地点之间的空间距离问题，从而创造商品的空间效益，实现其使用价值，满足社会需要。运输是物流的中心环节之一，可以说是物流最重要的一个功能。运输在经济上的作用是扩大了经济范围和在一定的经济范围内促进物价的平均化。现代化大生产的发展，社会分工越来越细，产品种类越来越多，无论是原材料的需求，还是产品的输出量，都大幅度上升，区域之间的物资交换更加频繁，这就促进了运输业的发展和运输能力的提高，所以产业的发展促进了运输技术的革新和运输水平的提高。另一方面运输手段的发达也是产业发展的重要支柱。比如，现代钢铁企业每日需万吨以上铁矿石原料，往往是从几千里甚至几万里之外用大型货车运来，许多发达国家需要数万吨以至数十万吨级油轮从国外输送石油，没有这样强有力的输送手段，许多大型工业企业就难以存在，甚至国民经济也难以正常运转。

下面分析运输方式及特点。

陆地、海洋和天空都可以作为运输活动的空间，运输的主要方式有铁路运输、公路运输、水路运输、水路运输、航空运输和管道运输。

铁路运输是陆地长距离运输的主要方式。由于其货车在固定轨道线路上行驶，可以自成系统，不受其他运输地启动制动、可重载高速运行及运输单位大等优点，从而使运费和劳务费降低。但由于在专用线路上行驶，而且车站之间距离比较远，因此缺乏机动性，此外，运输的起点和终点常常需要汽车进行转运，增加了搬运次数。

公路运输是最普及的一种运输方式，包括汽车运输、人力运输和畜力运输等，其中汽车运输是主要形式。汽车运输最大优点是空间和时间方面具有充分的自由性，不受路线和停车站的约束，可以实现从发货人到收货人之间门对门直达输送。由于减少了转运环节，货物包装可以简化，货物损伤、丢失和误送的可能性很小。不过，汽车运输的运输单位小，运输量和汽车台数与操作人员数成正比。产生不了在批量输送的效果。动力费和劳务费较高，特别是长距离输送中缺点较为显著。此外，由于在运行中司机自由意志起主要作用，容易发生交通事故，对人身、货物、汽车本身造成损失。由于汽车数量的增多，容易导致交通阻塞，使汽车行驶困难，同时产生的废气、噪声也造成了环境污染。

水路运输有海运和内河航运两种。利用水路运送货物，在大批量和远距离的运输中价格便宜，可以运送超大型和超重货物。运输线路主要利用自然的海洋与河流，不受道路的限制，在隔海的区域之间是代替陆地运输的必要方式。水上航行的速度比较慢，航行周期长，易受天气影响，建设港湾也要花费高额费用。

航空运输的主要优点是速度快。因为时间短，货物损坏少，特别适合一些保鲜物品的输送。但是航空运输的费用高，对于离机场距离比较远的地方其利用价值不大。客运飞机可以利用下部货仓运送少部分货物。随着空运货物的增加，出现了专用货运机，采用单元装载系统，缩短装卸时间，保证了"快"的特色。

自来水和城市的煤气的输配送是和人们生活最为密切相关的管道运输。管道运输的主要优点是基本没有运动部件，维修费便宜。管道一旦建成，可以连续不断地输送大量物资，不费人力，运输成本低。管道铺设可以不占用土地或占地较少。此外，管道运输还具有安全、事故少、公害少等优点。管道运输的缺点是在输送地点输送对象方面具有局限性，一般适用于气体、液体、如天然气、石油等。

（2）仓储

仓储（保管）在物流系统中起着缓冲、调节和平衡的作用，是物流的另一个中心环节。它的目的是克服产品生产与消费在时间上的差异，创造商品的时间效应，内容包括储存、管理、保养、维护等活动。如大米一年收获 1～2 次，必须用仓库进行储存以保证平时的需要；又如水果或者鱼虾等水产品在丰收时需要在冷藏库进行保管，以保证市场的正常需要并防止价格大幅度起落。所以产品从生产领域进入消费领域之前，往往要在流通领域停留一定时间，这就形成了商品储存。

自从人类社会生产有剩余产品以来，就有储存活动，而储存物品的建筑物或场所，一般称为仓库。随着社会生产水平的提高，社会化生产方式的出现，产品空前丰富，商品经济占有重要地位，出现了为商品流通服务的仓库。社会化的大生产又需要有保证生产需要的原材料和零部件的仓库。仓库成为生产和消费领域中物资集散的中心环节，其功能已不单纯保管、储存。从现代物流系统观点来看，仓库具有储存和保管、调节供需、调节货物运输能力以及配送和流通加工的功能。

（3）搬运装卸

搬运装卸是指在同一地域范围内进行的以改变物的存放状态和空间位置为主要内容和目的的活动，具体来说，包括装上、卸下、移送、拣选、分类、堆垛、入库、出库等活动。搬运装卸是伴随输送和保障而产生的必要的物流活动，但是和运输产生空间效用以及保管产生时间效用不同，它本身不产生任何价值。但这并不说明搬运装卸在物流过程中不占有重要地位，物流的主要环节，如运输和存储等是靠搬运装卸活动联结起来的，物流活动其他各个阶段的转换也要通过搬运装卸联结起来，由此可见在物流系统的合理化中，装卸和搬运环节占有重要地位。

搬运装卸作业有对输送设备（如辊道和车辆）的装入、装上、取出和卸下作业，也有对固定设备（如保管货架）的出库、入库作业。堆放（或装上、装入）作业是指把货物移动或举升到装运设备或固定设备的指定位置，再按所要求的状态放置的作业；而拆垛（卸下、卸出）作业则是其逆向作业。分拣是在堆垛作业前后或配送作业之前把货物按品种、出入先后、货流进分类，再放到指定地点的作业。配货则是把货物从所定的位置按品种、下一步作业种类、发货对象进行分类的作业。搬送、移送作业是为了进行装卸、分拣、配送活动而发生的移动物资的作业，包括水平、垂直、斜行搬送及几种组合的搬送。

（4）包装

无论是产品还是材料，在搬运输送以前都要加以某种程度的包装捆扎或装入适当容器，以保证产品完好地运送到消费者手中，所以包装被称为生产的终点，同时也是社会物流的起点。包装的作用是保护物品，使物品的形状、性能、品质在物流过程中不受损坏。通过包装还使物品形成一定的单位，作业时便于处置。此外，由于包装使物品醒目、美观，可以促进销售。包装的种类有单个包装、内包装、外包装三种。内包装和外包装属于工业包装，更着重于对物品的保护，其包装作业过程可以认为是物流领域内的活动，而单个包装作业一般属于生产领域活动。包装材料有容器材料、内包装材料、包装用辅助材料等，主要有纸和纸板制品、塑料制品、木制容器、金属容器等。

（5）流通加工

在流通过程中，辅助性的加工活动称为流通加工。流通与加工的概念本属于不同范畴。

加工是改变物质的形状和性质、形成一定产品的活动；而流通则是改变物质的空间状态与时间状态。流通加工则是为了弥补生产过程加工不足，更有效地满足用户或本企业的需要，使产需双方更好地衔接，将这些加工活动放在物流过程中完成。从而成为物流的一个组成部分。流通加工是生产加工在流通领域中的延伸，也可以看成流通领域为了更好地服务，在职能方面的扩大。流通加工的形式有散件组装成成品、商品的分割、商品分类加工等。流通加工的内容一般包括袋装、定量化小包装、挂牌子、贴标签、配货、拣选、分类、混装、刷标记等。生产的外延流通加工包括剪断、打孔、折弯、拉拔、挑扣、组装、改装、配套以及混凝土搅拌等。

（6）物流信息

物流活动进行中所必要的信息为物流信息，所谓信息是指能够反映事物内涵的知识、资料、信息、情报、图像、数据、文件、语言、声音等。信息是事物的内容、形式及其发展变化的反映。因此，物流信息和运输、仓储等各个环节都有密切关系，在物流活动中起着类似神经系统的作用。加强物流信息的研究才能使物流成为一个有机系统，而不是各个孤立的活动。在一些物流技术发达的国家，物流信息工作被看做改善物流状况的关键而给予充分的注意。在物流中对各项活动进行计划预测、动态分析时，还要及时提供物流费用、生产情况市场动态等有关信息。只有及时收集和传输有着信息，才以使物流通畅化、定量化，在物流服务水平要求不断提高的今天，利用物流信息的导向作用，借助于物流信息来对物流活动进行优化，这是物流活动中重要的内容。

10.2 电子商务中的物流

10.2.1 电子商务中物流的地位与作用

电子商务的发展给物流提出了更高的要求，这在客观上促进了物流的发展，电子商务所代表的新的信息技术，直接作用于物流活动，提高了物流运作的水平。另一方面，物流的发展也为电子商务的发展创造了条件，这一点在现实的电子商务实施过程中表现得尤为突出。

（1）物流是电子商务的重要组成部分

不同的人会对于电子商务的概念有着不同的理解和定义。由于业务范围的限制，一些美国的 IT 厂商往往把电子商务定位于"无纸贸易"。在这类电子商务的定义中，电子化工具主要是指计算机和网络通信技术，电子化对象主要是针对信息流和资金流，并没有提到物流。

但必须注意到这样一个事实：电子商务概念的提出首先是美国，而美国的物流管理技术自 1915 年发展至今已有 90 年的历史，通过利用各种机械化、自动化工具及计算机和网络通信设备，早已日臻完善。同时，美国作为一个发达国家，其技术创新的本源是需求，即所谓的需求拉动技术创新。开展电子商务的最终目的是为了解决信息流和资金流处理上的延迟。可见，美国在定义电子商务概念之初，就有强大的现代化物流作为支持，只需将电子商务与其进行对接即可，而并非电子商务过程不需要物流的电子化。中国作为一个发展中国家，物流业起步晚、水平低，在引进电子商务时，并不具备能够支持电子商务活动的现代化物流水平，所以，在引入时一定要注意配备相应的支持技术——现代化的物流模式，否则电子商务活动难以推广。

因此，中国一些专家在定义电子商务时，提出了包括物流电子化过程的电子商务定义。在这一类电子商务定义中，电子化的对象是整个的交易过程，不仅包括信息流、资金流，而且还包括物流；电子化的工具也不仅仅指计算机和网络通信技术，还包括叉车、自动导向车、机械手臂等自动化工具。可见，从根本来说，物流电子化应是电子商务的组成部分，缺少了现代化的物流过程，电子商务过程就不完整。

（2）物流是电子商务概念模型的基本要素

电子商务是对现实世界中电子商务活动的一般抽象描述，它由电子商务实体、电子市场、交易事务和信息流、商流、资金流、物流等基本要素构成。在电子商务下，信息流、商流及资金流的处理都可以通过计算机和网络通信设备实现。对于少数商品和服务来说，可以直接通过网络传输的方式进行配送，如各种电子出版物、信息咨询服务、有价信息软件等。而对于大多数商品和服务来说，物流仍要经由物理方式传输，但由于一系列机械化、自动化工具的应用，准确、及时的物流信息对物流过程的监控，将使物流的流动速度加快、准确率提高，能有效地减少库存、缩短生产周期。

（3）物流是实现"以顾客为中心"理念的根本保证

没有物流，生产无法进行，社会交换不能顺畅地开展。没有良好的物流服务，"以顾客为中心"的理念只能是一句空话。物流作电子商务活动的最后一个关键环节，是电子商务最重要的环节之一。

10.2.2 电子商务中物流需求与供给

电子商务发展过程，实质性的商品配送是不可省略的过程。从目前国内外开展网上销售的企业已经面临的问题和取得的经验来看，电子商务中物流活动的基本特点可表现为"批量小、变化大、时间紧、区域广"，而对物流活动所带来的主要难点则表现为"规模小、成本高、预期差、周转难"。从经济学的角度讲，物流活动的经济性主要体现在物流规模的扩大、渠道和流量的稳定以及周转周期的缩短，而从上面的分析中可以看到，电子商务对物流的要求同其经济性的要求恰恰是相反的。

（1）电子商务物流供给与需求的观念差距

电子商务物流供给与需求之间存在观念和认识上的差距。一方面，电子商务提出的物流需求尚没有被物流服务提供商正确理解，电子商务运营商也没有完全理解物流服务提供商如何提供物流服务；另一方面，电子商务运营商和物流服务提供商都对电子商务环境下的物流运作不甚理解。

（2）电子商务物流供给与需求的业务规模差距

在业务规模上，电子商务物流供给与需求之间也存在差距。目前普遍的现象是，网站的在线订货量很小，但物流公司的配送规模起码要用吨或立方米来算，网站的很小的订单对物流公司没有吸引力，因此这部分物流需求没有供给。也有些物流服务商给网站提供物流服务，但配送产生的费用由最终消费者根据订购的商品数量和价值来分担，这样又导致消费者的不满，其结果是消费者放弃电子商务。于是原本不大的电子商务物流需求规模进一步减少，形成了一种恶性循环。要解决这样的问题，必须扩大物流服务需求的规模，如通过多家网站联合开展配送服务的方式扩大规模，选择 B2B 电子商务方式也有助于扩大规模，将电子商务方式的物流需求与传统商务方式的物流需求合并也可以扩大规模。这些问题都需要在实际运作中来加以设计和实施。

除此之外，物流服务商与电子商务运营商之间和谐的合作关系、良好的信息沟通和资源整合等的建立都是需要研究和解决的。

10.2.3 电子商务中物流业的特点

电子商务时代的来临，给全球物流带来了新的发展，使物流具备了一系列新特点。

（1）物流信息化

电子商务时代，物流信息化是电子商务的必然要求，它表现为物流信息搜集的代码化、物流信息处理的电子化、物流信息传递的标准化和实时化、物流信息存储的数字化以及物流信息自身的商品化等。因此，条码技术（Bar Code）、数据库技术（Database）、电子订货系统（Electronic Ordering System，简称 EOS）、EDI、快速反应（Quick Response，简称

QR）、有效的客户反映（Effective Customer Response，简称 ECR）和 ERP 等技术与观念在中国的物流中将会得到普遍的应用信息化是一切的基础，没有物流的信息化，任何先进的技术设备都不可能应用于物流领域，信息技术及计算机技术在物流中的应用将人彻底改变世界物流的面貌。

（2）物流自动化

自动化的基础是信息化，自动化的核心是机电一体化，自动化的外在表现是无人化，自动化的效果是省力化。另外不可以扩大物流作业能力、提高劳动生产率、减少物流作业的差错等。物流自动化的设施非常多，如条码/语音/射频自动识别系统、自动分拣系统、自动存取系统、自动导向车、货物自动跟踪系统等。这些设施在发达国家已普遍用于物流作业流程中，而在中国由于物流业起步晚、发展水平低，自动化技术的普及还需要相当长的时间。

（3）物流网络化

物流领域网络化的基础也是信息化，这里指的网络化有两层含义：一是配送系统的计算机通信网络，包括配送中心与供应商或制造商的联系要通过计算机网络，另外与下游顾客之间的联系也要通过计算机网络通信。比如，配送中心向供应商提出订单这个过程就可以使用计算机通信方式，借助于增值网（Value Added Network，简称 VAN）上的电子订货系统和 EDI 技术来自动实现，配送中心通过计算机网络收集下游客户的订货的过程也可以自动完成。二是组织的网络化，即所谓的组织内部网。比如，台湾的电脑业在 20 世纪 90 年代创造出了"全球运筹式产销模式"，这种模式的基本流程是按照客户订单组织生产，生产采取分散形式，即将全世界的电脑资源都利用起来，采取外包的形式将一台电脑的所有零部件、元器件、芯片外包给世界各地的制造商去生产，然后通过全球的物流网络将这些零部件、元器件和芯片发往同一个配送中心进行组装，由该配送中心将组装的电脑迅速发给订户。这一过程需要有高效的物流网络支持，当然物流网络的基础是信息、电脑网络。

物流的网络化是物流信息化的必然，是电子商务下物流活动的主要特征之一。当今世界全球网络资源的可用性及网络技术的普及为物流的网络化提供了良好有外部环境，物流网络化不可阻挡。

（4）物流智能化

这是物流自动化、信息化的一种高层次应用，物流作业过程大量的运筹和决策，如库存水平的确定、运输（搬运）路径的选择、自动导向车的运行轨迹和作业控制、自动分拣机的运行、配送中心经营管理的决策支持等问题，都需要借助于大量的知识才能解决。在物流自动化的进程中，物流智能化是不可回避的技术难题。好在专家系统、机器人等相关技术在国际上已经有比较成熟的研究成果。为了提高物流现代化的水平，物流的智能化已成为电子商务下物流发展的一个新趋势。

（5）物流柔性化

柔性化本来是实现"以顾客为中心"理念而在生产领域提出的，但需要真正做到柔性化，即真正地能根据消费者需求的变化来灵活调节生产工艺，没有配套的柔性化的物流系统是不可能达到目的的。20 世纪 90 年代，国际生产领域纷纷推出弹性制造系统（Flexible Manufacturing System，简称 FMS）、计算机集成制造系统（Computer Integrated Manufacturing System，简称 CIMS）、制造资源系统（Manufacturing Requirement Planning，简称 MRP-II）、企业资源 ERP 以及供应链管理的概念和技术，这些概念和技术的实质是要将生产、流通进行集成，根据需求端的需求组织生产、安排物流活动。因此，柔性化的物流正是适应生产、流通与消费的需求而发展起来的一种新型物流模式。这就要求配送中心要根据消费需求"多品种、小批量、多批次、短周期"的特色灵活组织和实施物流作业。

另外，物流设施、商品包装的标准化及物流的社会化、共同化也都是电子商务下物流的新特点。

【案例1】

售后服务不到位成快递业评价偏低主因

自 2008 年连续开展快递服务满意度调查，至今已有五年时间。调查范围涉及邮政 EMS、圆通速递、韵达快递等 11 家企业。调查城市涉及所有直辖市及省会城市的 50 个城市。

最新调查结果显示，2012 年快递服务总体满意度 71.7 分，与 2011 年相比，提升 2.8 分。其中公众满意度 74.5 分，时测满意度 69 分，也有所提高。相比之下，投递和售后服务满意度均比 2011 年下降，其中投递服务下降 1.9 分，售后服务下降 4.2 分。从服务链角度来看，当前快递服务重前不重后，前后端发展不平衡的问题较突出。

整体递送速度的加快使得消费者对快递服务满意度有所提高。分析表明，2012 年时测总体时间为 55 小时，比 2011 年缩短 5.5 小时，由此带来总体满意度的提升。从时限结构上来看，目的地分拣与派送时间的缩短是总体时限提升的重要原因。

在售后服务中，最让消费者不满意的是投诉环节。调查显示，2012 年投诉服务满意度为 44.7 分，较 2011 年下降 17.5 分，成为影响满意度提升的最重要因素。2012 年调查中，总共有 13% 的受访者表示曾经向快递公司投诉过。投诉电话不畅通、投诉服务态度差、投诉处理时间长、投诉结果难以令人满意是导致投诉服务评价偏低的主要因素。

从最近五年监测的情况来看，投诉服务是唯一一项满意度下降的指标，五年来平均下降 2.7 分，而其他指标均有不同程度的改善。分析认为，投诉服务下降主要是近两年来快递业务量高速增长，快递企业投诉处理能力跟不上业务量增长所致，未来快递企业需要在投诉线路的设置、人员的配备以及投诉流程的优化、投诉赔付的合理性方面加大投入力度。

从本次被监测的 11 家企业得分来看，有一家企业的满意度突破 80 分，七家企业满意度得分在 70 分以上。与往年相比，70 分以上企业数量明显增加，2011 年 70 分以上企业仅为 2 家。

资料来源：中国经济网——《经济日报》。

案例问题：

1. 分析我国快递行业售后服务不到位的主要原因是什么？
2. 分析售后服务不到位对电子商务，特别是 B2C 电子商务的影响。

10.3　物流配送与配送中心

与电子商务密切相关的是配送，配送是物流活动的缩影，同时又较之一般的物流活动有其自身的特点。与配送活动紧密相关的是配送中心，电子商务配送中心有不同的类型。

10.3.1　配送与配送中心的含义

根据《物流术语》国家标准，配送是指在经济合理区域范围内，根据用户要求，对物品进行拣选、加工、包装、分割、组配等作业，并按时送达指定地点的物流活动。一般来讲，配送的货物是多品种的，这些货物大批量进入物流据点（仓库或配送中心），经过必要的储存、保管，按照顾客订货的要求进行分拣、配货后，将配好的多品种、较小批量货物在规定的时间内送交顾客。配送与运输是有明显区别的。配送不是单纯地进行货物运输或输送，配送过程中涉及储存、保管、包装、加工、分拣、配货等环节，当然也包含运输或输送环节，但绝不是仅仅包含运输或输送环节。在很多情况下，比如网上书店的市内图书配送中，运输或输送不是主要的环节，配送中所花时间和成本比重最大的可能是拣货和配货。配送中的送货仅指从物流据点至需求顾客之间的货物输送，它在货物的整个输送过程中处于"终端运输"的地位。在整个货物运输中，货物从工厂配送中心的运输费用一般占运输费用的较大部分，而配送中的货物输送所占的比重很小。配送的运输距离较短，货物品种较多，货物批量较小，时间性强，而且配送的目的地较为分散，所以一般用汽车来开展。而运输中的运输工具则具有多样性，更多情况会采用火车、轮船等。配送是"配"和"送"的结合。根据顾客订单中载明的订货要求，按照商品品种、规格、等级、型号、数量等在物流据点中进行拣选、组配，这个过程可以称为"配"；配好的货物，在进行包装的基础上，按照顾客指定的送货时间和地点，将货物送达，这个过程可以称为"送"。在实际动作中，"配"和"送"是紧密结合的，例如，配货时要根据送货目的地和送货时间的要求，将多个客户的货物组配在一起，方便送货。

配送中心是指从事配送业务的物流场所或组织，应基本符合下列要求：主要为特定的用户服务；配送功能健全；完善的信息网络；辐射范围小；多品种、小批量；以配送为主，储存为辅。配送中心是配送活动完成的场所，也是配送活动的承担者。配送中心可以有效减少流通环节，降低客户库存的同时提高供货的保证程度。通过配送中心将众多小批量的物流需求进行集中，形成规模，有利于节约物流费用。电子商务特别是 B2C 电子商务，其物流需求一般规模较小，而且十分分散，这就需要配送中心将这些分散的、小批量的物流需求进行汇总，从而以可接受的物流成本提供电子商务物流服务。配送中心的功能通常包括进货、储存、拣选、流通加工、分拣、配装、送货和信息处理等。

10.3.2 新型配送中心特征

根据国内外配送业发展情况，在电子商务时代，信息化、现代化、社会化的新型配送中心具有以下特征。

① 配送反应速度快 新型配送服务提供者对上游、下游的配送需求的反应速度越来越快，前置时间越来越短，配送时间越来越短，配送速度越来越快，商品周转次数越来越多。作业的规范化和程序化是配送反应速度加快的保障。

② 配送功能集成化和服务系列化 新型配送着重于将物流与供应链的其他环节进行集成，包括物流渠道与商流渠道的集成、物流渠道之间的集成、物流功能的集成、物流环节与制造环节的集成等。新型配送强调配送服务功能的恰当定位与完善化、系统化、除了传统的储存、运输、包装、流通加工等服务外，还在外延期扩展至市场调查与预测、采购及订单处理，向下延伸至配送咨询、配送方案的选择与规划、库存控制策略建议、货款回收与结算、教育培训等增值服务，在内涵上提高了以上服务对策的支持作用。

③ 配送目标系统化 新型配送从系统角度统筹规划一个公司整体的各种配送活动，处理好配送活动与商流活动及公司目标之间、配送活动与配送活动之间的关系，不求单个活动的最优化，只求整体活动的最优化。

10.3.3 电子商务配送的影响因素

推行电子商务的关键之一是制订和执行一套合理的物流方案。电子商务物流方案较多体现为配送方案的选择，体现为配送中心的动作方式。在设计电子商务物流方案时以下因素应该重点考虑。

（1）消费者的地理分布

Internet 的物理分布范围正在迅速扩展，Internet 所及的地区不一定都是电子商务的销售区域，至少在电子商务发展的初级阶段这是不可能的。一般商务活动的有形销售网点资源按销售区域来配置，每一个销售点负责一个特定区域的市场。比如，把全国划分为七个销售大区，每个大区内有若干销售网点，再设立一个配送中心，负责向该大区内的销售网点送货，销售点向配送中心订货和补货，配送中心则在规定的时限内将订货送达。电子商务也有可能按照这种方式来操作，但问题在于，电子商务的客户可能在地理分布是十分分散的，要求送货的地点不集中，物流网络并没有像 Internet 那样广的覆盖范围，无法经济合理地组织送货。所以，提供电子商务服务的公司也需要像有形店铺销售一样，要对销售区域进行定位，对消费人群集中的地区提供物流承诺，否则是不经济的。还有一种处理办法，就是对不同的销售区域采取不同的物流服务政策，如在大城市因为电子商务的普及，订货可能比较集中，适于按不低于有形店铺销售的送货标准组织送货，但对偏远地区的订单则要进行集货，送货期限肯定要比大城市长得多，那些地区的电子商务消费者享受的服务就要差一些。从电子商务的经济性考虑宜先从上网用户比较集中的大城市起步，这样建立基于一个城市的物流、配送体系也比较好操作。如果电子商务的消费者是十分分散的，那么在配送问题上或者分区域设立多个配送中心，或者与有良好配送网络的物流公司合作，只有这样才能保证物流对电子商务的支持。

（2）销售的品种

不是所有的商品都适合采用电子商务这种形式，至少在电子商务发展的初期是这样的。不同商品的消费特点和流通特点不同，尤其表现在物流环节上。音乐、歌曲、电影、游戏、图片、图书、计算机软件、电子邮件、新闻、评论、教学节目、医疗咨询、汇款等可以通过信息传递完成服务实现过程，这些商品最适合采用电子商务销售。因为，商品信息查询、订货、支付等商流、信息流、资金流可在网上进行，而且无需物流支持。比如，消费者可以在网上选择流行音乐，点击音乐名称即完成订货和付款，收听音乐的过程就是服务实现的过程，所以无论是亚马逊（www.amazon.com）还是当当（www.dangdang.com），都是从销售这些商品开始的。当然，如果消费者除了需要满足视听需求外，还要拥有这些商品的载体本身，如发烧者要珍藏歌星的盒带、要满足多次重放功能等，那么物流过程还是需要单独完成的，需要将盒带、光盘或其他载体本身送到消费者手中。

从理论上讲，没有什么商品特别不适合于采用电子商务的销售方式。但从流通本身的规律来看，需要有商品定位。现在的商品品种有四五十万种之多，一个大型百货商店充其量经营10万种商品，没有一个公司能够经营所有的商品，因此总是要确定最适合自己销售的商品。电子商务也一样，为了将某一商品的销售批量累积得更大，就需用筛选商品品种。同时，电子商务也要有一定的销售渠道配合，不同的商品进货和销售渠道可能不同。品种越多、进货渠道及销售渠道越复杂，组织物流的难度越大，成本也就越高，因此，为了考虑在物流环节不增加过多的费用，也需要将品种限制在一定的范围之内。一般而言，商品如果有明确的包装、质量、数量、价格、储存、保管、运输、验收、安装及使用标准，对储存、运输、装卸等作业等无特殊要求，就适合于采用电子商务的销售方式。否则，电子商务所需的物流支持要求很高，难以操作实施。

（3）配送细节

同有形市场一样，电子商务这种无店铺销售方式的物流方案中，配送环节是完成物流过程并产生成本的重要环节，需要精心设计配送细节。一个好的配送方案应该考虑以下内容：库存的可供性（Stock Availability）、反应速度（Responsiveness）、首次报修修复率（First Call Fix Rate）、送货频率（Frequency OF Delivey）、送货的可靠性（Delivery Reliability）、配送文档的质量（Documentation Quality）。同时还要设计配套的投诉程序（Claim Procedure），提供技术支持（Technical Support）和订货状况信息（Order Status Information）等。配送是国内电子商务发展的瓶颈，目前已有了一些解决方案。比如，时空网（www.shikong.com）于1999年12月3日宣布，将在北京中视红叶电子科技有限公司原遍布全国的27个分公司或办事处及约2500个销售网点的基础上，建立覆盖全国地级以上城市的专业电子商务配送网络，该网络将接受国内外企业的网络销售业务。这类公司成功的专业电子商务配送网络，该网络将接受国内外企业的网络销售业务。这类公司成功的关键不在于是否能有这样大的配送网络，而在于能否在完成配送服务的同时，保证配送系统高效、低成本地运作，这是一项专业性很强的工作，必须聘请专业人员对系统的配送细节进行精心设计。

（4）服务提供商的集成

网络服务提供商（Service Provider，简称 ISP）、网络内容提供商（Internet Content Provider，简称 ICP）、传统零售商店、传统批发企业、制造企业等均有条件开展电子商务业务，但不同的电子商务服务提供商具有不同的组织商流、物流、信息流、资金流的能力。从物流的角度看，传统的零售商、批发商的物流能力要优于纯粹的网络服务提供商和网络内容提供商，也优于一般的制造商，但从商流、信息流和资金流的角度来看，可能正好会相反。因此，设计物流方案时，要根据电子商务服务提供商的不同，扬长避短，发挥各自的优势，实现供应链集成，共同完成向消费者提供电子商务服务的工作。

（5）物流成本与库存控制

电子商务的物流成本可能比有店铺销售方式的物流成本高，因为，电子商务的物流更加具有"多品种、小批量、多批次、短周期"的特点，由于很难单独考虑物流的经济规模，因而物流成本较高。比如，消费者自己到一个商店去购买一台电视机，商店提供免费送货。假设一次送货费为 50 元，这时商店一般会将其他消费者购买的商品配装在同一货车中，一次完成送货。如果是 5 台电视机时送货，即使是免费送货，每台电视机的送货费用也只有 10 元。但当采用电子商务时，公司很难这样如愿地将消费者的订货在一个比较短的时间内集中起来并配装在一台货车中，这样就会造成送货次数的增加和送货批量的降低，直接导致物流成本的提高。电子商务服务商必须扩大在特定的销售区域内消费者群体的基数，如果达不到一定的物流规模，物流成本肯定会居高不下。因此，电子商务更应该注意控制物流成本的问题。如果要严格控制物流成本，配送的服务水平宜定得较低一些。

库存控制历来就是销售管理中最难的课题，电子商务经营很难预测其某种商品的销售量，因而在库存控制问题上就更难。回避库存问题的最佳办法就是仿效戴尔公司，采用直销方式。不过，并非任何经营者都可成功地采取直销的方式来规避库存风险。

世界上的制造和销售企业普遍采用的库存控制技术是根据对历史数据、实时数据的分析，依照一定模型预测未来的需求。有的企业进行长期预测，有的只进行短期预测或侧重于对时点数据进行分析，有的则不进行预测或不相信预测结果，对应的库存策略会有很大的区别，库存对销售的保障程度及库存成本也会各不相同。电子商务经营者可以仿效传统企业的库存控制方法。不过，由于电子商务的分散性，电子商务经营者将会遇到比店铺销售更加复杂的库存控制问题，要保证有高的供货保证程度，那么势必提高库存的规模；而要严格控制库存风险，则可能在一定程度上会降低供货保证程度。这是在考虑电子商务配送时必须加以权衡并作出决策的问题。

此外，在设计电子商务的物流方案时，还应规划好运输工具、运输方式及运输方案等。

10.3.4 电子商务配送中心的类型

从电子商务企业所使用的配送中心的不同运作方式来看，配送中心有三种，分别是电子商务企业自建的配送中心、社会化的配送中心和综合性配送中心。

（1）电子商务企业自建配送中心

一些大型零售连锁经营公司都拥有自己的配送中心。如沃尔玛公司是全美商业排位第一的大型零售连锁经营公司，公司拥有 25 个大型配送中心、2.3 万辆集装箱卡车，其芝加哥配送中心建筑面积就有 10 万平方米，可同时接纳 168 辆集装箱卡车进行装卸作业。在日本，规模较大的零售商如大荣、西友、伊藤洋华堂等，都有自己的配送中心。与零售连锁经营公司类似，电子商务经营者可以自建配送中心。

企业自建配送中心适用于已达到一定规模的企业。从传统零售业来看，配送中心与店铺面积有一个相适应的比例关系。根据经验，一个便利连锁公司，在拥有 20 个店，总面积达到 4000 平方米时，就可考虑建配送中心；一个超市连锁公司，在拥有 10 个店，总面积达到 5000

平方米时，就有建立配送中心的必要。考虑到配送收入与配送成本因素，配送中心应具有相应的配送经济规模。一般来讲，判断标准应是：分店规模扩大使配送中心正常运转所取得的数量折扣和加速资金周转所取得的效益，足以抵偿配送中心建设和配送设施所花费的成本。当前处在电子商务发展初期，电子商务经营者一般很难达到需要的规模，其产生的效益不足以抵消自建配送中心的成本支出。因此，自建配送中心对电子商务企业来讲，一般不太可取。

（2）社会化的配送中心

一些大型超市公司投资建造的配送中心，比较顺利地完成商品配送任务。而一些中小型超市公司则更多依靠社会化的配送中心来完成其配送业务。随着科技的进步，生产的分工越来越细，已经出现了许多专门承担配送任务公司，一些连锁企业不再自建配送中心，转而依托社会化的配送中心。这一点很值得电子商务企业借鉴。电子商务企业可以利用为传统商务活动服务的社会化配送中心来开展配送业务。电子商务企业的物流需求是多品种、小批量的，如果各自进行配送，势必增大物流的成本。社会化的配送中心可以把传统零售的配送业务和多家电子商务企业的配送业务集中起来，形成一定的规模，大幅度提高配送效率，实现集约化，从而节省物流成本。

（3）综合性配送中心

许多大型连锁企业的配送中心都开始或多或少承担其他公司的配送任务。如日本的西友公司在自建配送系统的基础上，还同时为社会上其他企业配送商品。传统商业中的配送中心尚且如此，电子商务企业也可以借用这一模式。不同于社会化的配送中心，大型企业的配送中心一般以为本企业服务为主要目的，同时也为其他企业提供服务。这也是电子商务企业开展其配送的一种方式。这种综合性的配送中心的业务一般不如社会化配送中心那样广泛，但如果电子商务企业的业务与该大企业的主营业务比较类似，比如都是从事食品的销售，那么其服务设施和服务能力足够提供对电子商务支持服务，而且其费用通常比社会化配送中心更低。

10.4 供应链及其管理

10.4.1 供应链的概念

供应链（Supply Chain）是指物资、信息和服务从原材料供应商通过工厂和仓库到最终顾客的流动。供应链中还包括那些创造和向最终顾客传送产品、信息和服务的组织以及处理过程。

供应链的组成部分，如图 10-1 所示，一条简单的供应链将生产或组装一种产品的公司（位于链的中央）与其供应商（在左侧）和销售商以及顾客（在右侧）相连。该图给出了一条一般供应链，同时还将供应链中信息流、物流、资金流的流向。图中箭头显示了物资是如何在各成员间流动的，资金流动与物流方向相反，信息流则是双向的。

供应链由以下三个组成部分。

① 上游部分　这部分包括供应商（可能是制造商和/或组装商）及供应商的供应商。这种关系可以向左延伸数层，直到物资的最初形态（例如矿石和农作物等）。

② 内部供应链　这部分包括将来自供应商的输入转变为输出的所有处理过程，从物资输入组织开始，到产品进入组织以外的销售渠道结束。

③ 下游部分　这部分包括所有将产品传递给最终顾客的活动。（供应链实际上终止于产品废弃处理阶段。）

供应链包含了整个产品生命周期里的所有活动。然而，供应链并不局限于此，因为还需要处理信息和资金的流动，以及产品或服务的移动。最后，相关的组织和个人也被认为是供应链的一部分。

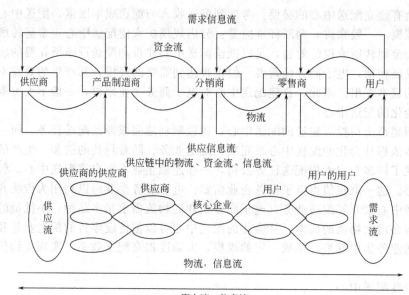

图 10-1 供应链示意图

10.4.2 供应链管理

（1）供应链管理的定义

根据美国俄亥俄州立大学 SCM 论坛的定义，供应链管理（Supply Chain Management，SCM）是指"从最终用户到最初供应商的商业流程的整合，它提供产品、服务和信息，从而为客户带来价值。"它包括许多活动，如采购、原料处理、生产计划和控制、物流和仓储、存货控制以及分销和送货。

此外还有其他定义。供应链管理包括了对涉及采购、外包、转化等过程的全部计划和管理活动以及全部物流管理活动。更重要的是，它包括了与渠道伙伴之间的协调和协作，涉及供应商、中间商、第三方服务提供商和客户。

我国 2001 年发布实施的《物流术语》国家标准（GB/T 18354—2001）对供应链管理的定义如下：利用计算机网络技术全面规划供应链中的商流、物流、信息流、资金流等，并进行计划、组织、协调与控制。供应链管理具有这样几个本质特征：战略性、系统性、过程性、动态性、立体性、信息性、交叉性和创新性。

IBM 将供应链管理定义为"借助信息技术和电子商务，将供应链上业务伙伴的业务流程相互集成，从而有效地管理从原材料采购、产品制造、分销、到交付给最终用户的全过程。在提高客户满意度的同时，降低成本、提高企业效益"。从这一定义中可以看出，借助电子商务实现企业间的物流、信息流和资金流的集成是一种很好的选择。因为电子商务是 21 世纪企业活动的主流形式，借助电子商务的技术平台实现供应链管理，对企业来说是一件非常具有吸引力的事情，这已成为企业、尤其是大中型企业实施电子商务所追求的一个目标。

从本质上讲，供应链管理是企业内部和企业之间的供给和需求管理的集成。它的首要职责是联结企业内部和企业之间的主要业务功能和业务流程，形成高度融合和高绩效的业务模型。供应链管理的每一个阶段既包括上面已经叙述的所有物流管理活动，也包括了相应的制造过程，它驱动企业内部和企业之间的营销、销售、产品设计、财务和信息技术等过程和活动的协调。

供应链管理有以下两个特点：第一，它是一种跨企业的集成管理；第二，它是以现代网络信息技术作为支撑的。

（2）供应链管理的功能

SCM 的功能是计划、组织、和协调所有的供应链活动。今天，SCM 的概念体现了整个供应链的全局管理方式。在大多数组织中，有效的供应链管理是电子商务成功的关键，并且十分依赖信息系统的支持。由于企业业务和生产过程组织的复杂性，供应链的形态和规模各异的供应链可能相当复杂。如汽车制造商的供应链包括数百个供应商、几十家生产厂（零件）和组装厂（汽车）、经销商、直接业务客户、批发商（一些是虚拟的）、客户和支持部门（如产品工程与采购）。

高效供应链管理（SCM）带来的好处有以下两个方面。

① 现代 SCM 的目标是减少供应链上的不确定性和风险，从而积极影响存货水平、周转周期、流程和客户服务。所有这些都能帮助提高利润和竞争力。

② 货物、服务、信息和其他产品流动的设计不仅是为了有效地运送原料以保证产品和服务的完成，还要考虑这种运送的效率。特别的，这种流动必须带来价值的增长。SCM 的一个主要目标是将这种价值最大化，所以必须采用信息技术。现在我们将目光转移到一种特别的供应链上，其订单履行涉及两个或更多国家。

10.4.3　电子商务对供应链管理的影响

随着 Internet 技术的日益成熟，电子商务真正的发展将是建立在 Internet 技术上的。从贸易活动的角度分析，电子商务可以在多个环节上实现，由此也可以将电子商务分为两个层次：较低层次的电子商务，如电子商情、电子贸易、电子合同等；完整的高级形式的电子商务应该是利用 Internet 网络进行全部的贸易活动，即在网上将信息流、商流、资金流和部分的物流进行完整的实现。

供应链管理和电子商务都是一个从生产商到最终用户的价值增值过程，电子商务是在一个更新的、更有效的技术平台（网络）上构建的供应链，实现电子商务的价值增值过程就是一个供应链管理问题。

电子商务的本质是为商务活动建立一个完整的电子信息系统，在商品的采购。库存管理、供需见面、结算、配送、售后服务等诸方面都运用电子信息化管理手段，从根本上使传统的商务活动成为一种低成本、高效率的商务活动。

电子商务的运用对供应链管理的影响如下。

① 电子商务为供应链管理开辟了一个崭新的世界，它全面采用电脑和网络支持企业及其客户之间的交易活动，包括产品销售、服务、支持等。

② 电子商务帮助企业拓展市场，拉近企业与客户之间的距离。

③ 电子商务促进企业合作，建立企业与客户之间的业务流程的无缝集成。最终达到生产、采购、库存、销售以及财务和人力资源管理的全面集成，使物流、信息流、资金流发挥最大效能，把理想的供应链动作变为现实。

10.5　电子商务环境下的供应链管理

10.5.1　基于电子商务的供应链管理的系统模型

21 世纪的市场竞争将不是企业与企业之间的竞争，而是供应链与供应链之间的竞争。电子商务作为一种崭新的商务运作方式，随着世界经济一体化和全球化进程的加快，电子商务必将给人类带来一场史无前例的产业革命。它将促使企业的生产组织模式由纵向一体化运作模式开始过渡为横向一体化运作模式。

通过供应链节点企业在互联网上的协作，企业可以大幅度增加收入，减少成本，迅速推出

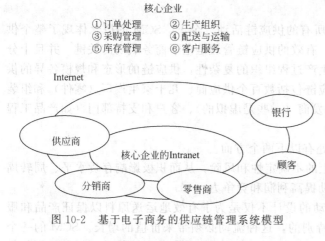

图 10-2　基于电子商务的供应链管理系统模型

新产品以响应市场的需求。供应链与电子商务相结合，电子商务供应链管理（E-SCM）应运而生，其核心是高效率地管理企业的信息，帮助企业创建一条畅通于顾客、零售商、分销商、供应商之间的信息流，消除整个供应链网络上不必要的运作和消耗，促进供应链向动态的、虚拟的、全球网络化的方向发展。

根据电子商务与供应链管理的有效结合应用，可以构建基于电子商务的供应链管理的系统模型，如图 10-2 所示。

10.5.2　基于电子商务的供应链管理

供应链管理涉及的内容很多，包括生产计划与控制、库存控制、采购、销售、物流、需求预测、客户管理、伙伴管理等，但归根到底无非是信息流、物流和资金流的管理，因此可从这"三流"的运动来说明供应链管理的基本原理。假设信息技术支撑体系基于 Internet/Intranet，供应链成员企业内部信息化程度较高，所有成员企业的 Intranet 通过 Internet 实现互联而形成 Extranet，信息高度集成与共享；厂商采用分销渠道模式。这是利用电子商务实现供应链管理的理想环境。下面是对需求拉动的供应链管理中信息流、物流和资金流管理的简要描述。

（1）信息流（以订单运动为例）

用户通过分销商网站进入其电子商务交易系统在线下单，由于整个供应链内信息高度透明，不仅分销商，厂商与供应商也同时得到了这个需求信息。由于内部高度信息化，分销商订单处理实时完成。并立刻向厂商在线下单采购，相似地，厂商实时处理完成分销商的采购订单并向其上级供应商采购零部件或原材料。

上述信息流的特点是：第一，需求信息高度透明，供应链内上游企业同时获得了市场的真实需求信息，避免了需求信息失真导致的需求变异放大效应，使供需一致；第二，虽然与传统供应链一样都是从下游向上游逐渐下单，但由于是通过 Internet 在线下单，加之供应链内成员企业内部信息化程度高，订单在各成员企业内的处理速度以及在成员企业之间的移动速度都相当快。

（2）物流

物流方向与传统供应链管理没有太多的区别，也是从供应商到厂商到分销商再到用户。不同的是：第一，物流的流动速度，信息流指挥物流，是决定物流速度的关键因素，信息的高度共享和快速流动势必带来物流的高速响应（物流的实际速度还取决于其他因素）；第二，物流的适时性，即物料或产品在指定时刻到达指定地点，从而减少甚至消除各节点企业的库存，这是由基于 Internet/Intranet 电子商务的高度信息共享和即时沟通能力带来的。

（3）资金流

资金流方向与传统供应链管理也没有什么不同，也是从用户到分销商到厂商到供应商。不同的是支付方式以在线支付为主，从而大大提高了订单的执行速度和交货速度。

【案例 2】

戴尔别具一格的电子商务化物流

戴尔（Dell）公司，以网上直销闻名的计算机厂商，该公司在商用桌面 PC 市场上已成为第一大供应商，其销售额每年以 40% 的增长率递增，是该行业平均增长率的两倍。在美国，电子商务的提出最终就是为了解决信息流、商流和资金流处理上的繁琐对现代化物流过程的延迟，进一步提高现代化的物流速度。可见，美国在定义电子商务概念之初，就有强大的物流支持，只需将电子商务与物流对接起来就可以，而并非电子商务过程不需要物流的电子化。而Dell公司的成功归功于物流电子商务化的巧妙运用。

（1）Dell公司的订单处理流程

① 订单处理　在这一步，Dell要接受消费者的订单。消费者可以拨打800免费电话，也可以通过Dell的网上商店进行订货。Dell首先检查订单项目是否填写齐全，然后检查订单的付款条件，并按付款条件将订单分类。采用信用卡支付方式的订单将被优先满足，其他付款方式则要更长时间得到付款确认。只有确认支付完款项的订单才会立即自动发出。零部件的订货将转入生产数据库中，订单也随即转到生产部门进行下一步作业。用户订货后，可以对产品的生产过程、发货日期甚至运输公司的发货状况等进行跟踪。

② 预生产　Dell在正式开始生产之前，需要等待零部件的到货，这就叫做预生产。预生产的时间因消费者所订的系统不同而不同，主要取决于供应商的仓库中是否有现成的零部件。

（2）Dell实施电子商务化物流的成效

Dell就是通过国际互联网和企业内部网进行销售的。在日常的经营中，Dell仅保持两个星期的库存（行业标准超过60天），其存货一年可周转30次以上。基于这些数字，Dell的毛利率和资本回报率也是相当高的：分别是21%和106%。这些都是Dell实施电子商务化物流后取得的物流效果。

（3）电子商务化物流给Dell带来的利益。

使用电子商务化物流后，Dell一方面可以先拿到用户的预付款和运费，另一方面，Dell是在货运公司将货运到后才与其结算运费。也就是说，Dell既占压着用户的流动资金，又占压着物流公司的流动资金；Dell的竞争对手一般保持着几个月的库存，但Dell的按单生产没有库存风险，使其具有只保持几天库存的水平，这些因素使Dell的年均利润率超过对手50%。

（4）实施电子商务化物流为用户带来的利益

但无论何种成功的销售方式，首先必须对用户有好处，Dell的电子商务型直销方式对用户的价值包括：一是可以满足个性化的用户需求；二是Dell精简的生产、销售、物流过程可以省去一些中间成本，使价格因此较低；三是用户可以享受到完善的售后服务，包括物流、配送服务等。

（5）实施电子商务化物流面临的挑战

决定Dell直销系统成功与否的关键之一是要建立一个覆盖面较大、反应迅速、成本适合的物流网络和系统。如果Dell按照承诺将所有的订货都直接从工厂送货上门，就会带来两个问题。

① 物流成本过高　如果用户分布的区域很广，订货量又少，则这种系统因库存降低减少的库存费用将无法弥补因送货不经济导致的运输及其他相关成本上升。因此在某些重要的销售市场设立区域配送中心是必要的，但这可能使库存成本上升，而交货期缩短。

② 交货期过长　在传统的销售渠道下，消费者面对现货；在Dell的销售方式下，用户面对的是期货。消费者看在名牌企业的份上还可能这样去等待，但这并不是消费者期望的事情。像Dell这样依赖准确的需求预测、电话订货或网上订货，然后再组织生产和配送的模式，实际上蕴藏着较大的市场、生产及物流风险，不是很容易办到的。

【案例3】

上海贝尔供应链管理的电子化

电子商务的发展成为企业解决供应链管理问题有效途径。本文通过研究上海贝尔的电子商务供应链管理战略实施案例，分析了基于电子商务的供应链管理的要素，并对应用的关键切入点进行了探讨。

(1) 上海贝尔面临的供应链管理问题

中比合资的上海贝尔有限公司成立于 1984 年，是中国现代通信产业的支柱企业，连续名列全国最大外商投资企业和电子信息百强前茅。公司总注册资本 12050 万美元，总资产 142 亿元，现有员工 4000 多人，平均年龄 29 岁，72% 以上的员工具有大学本科以上学历，拥有硕士和博士生 500 余名，其中科研开发人员占员工总数的 40%。

上海贝尔拥有国家级企业技术中心，在通信网络及其应用的多个领域具有国际先进水平。17 年来，公司建立了覆盖全国和海外的营销服务网络，建成了世界水平的通讯产品制造平台。公司的产品结构主要由两部分构成：①传统产品：指 S12 系列程控交换机系列；②新产品：相对 S12 产品而言，由移动、数据、接入和终端产品构成；产值比例约为 8∶2。

上海贝尔企业内部的信息化基础良好，有良好的内部信息基础设施、ERP 系统、流程和职责相对明晰。但上海贝尔与外部供应链资源的集成状况不佳，很大程度上依然是传统的运作管理模式，而并没真正面向整个系统开展供应链管理。从 1999 年始，全球 IT 产品市场需求出现爆发性增长，但基础的元器件材料供应没及时跟上，众多 IT 行业厂商纷纷争夺材料资源，同时出现设备交货延迟等现象。由于上海贝尔在供应链管理的快速反应、柔性化调整和系统内外响应力度上有所不够，一些材料不成套，材料库存积压，许多产品的合同履约率极低，如：2000 年上半年普遍履约率低于 70%，有的产品如 ISDN 终端产品履约率不超过 50%。客观现状的不理想迫使公司对供应链管理进行改革。

(2) 上海贝尔的电子商务供应链管理战略

电子商务是一种未来企业提高国际竞争力和拓展市场的有效方式，供应链管理与电子商务相结合，产生了电子商务供应链管理，其核心是高效率地管理企业的信息，帮助企业创建一条畅通于客户、企业内部和供应商之间的信息流。

上海贝尔的电子商务供应链管理战略的重点从市场需求预测的 E 化入手、供应商关系管理的 E 化、外包决策和跟踪控制的 E 化和库存管理战略的 E 化多管齐下，一条畅通于客户、企业内部和供应商之间的信息流。

① 需求预测和响应的 E 化　上海贝尔要发展成为世界级的电信基础设施供应商，必然面对全球化的市场、客户和竞争，势必对市场研究、需求预测和响应作相应地变革。成功企业的经验表明，没有精准的预测就没有高效的供应链管理。

● E 化的市场研究和需求预测。上海贝尔的库存风险来自两方面：其一是库存管理模式，其二是市场预测的偏差大。强化市场研究、减少需求预测偏差势在必行。电子商务技术的应用可从研究范围、信息来源、反馈时间、成本费用等提高市场预测的水平。上海贝尔可以在公司原有 Intranet 的基础上，与各分公司、分销商专门建立需求预测网络体系，实时、动态地跟踪需求趋势、收集市场数据，随时提供最新市场预测，使上海贝尔的供应链系统能真正围绕市场运作。

● E 化的市场和客户响应。现在，上海贝尔各大分公司通过传递合同文本至总公司审查确认，然后进入 ERP 运行，周期平均为 7～10 天，而现有的合同交货周期大量集中在 20～30天，生产的平均周期为 10～15 天，运输周期为 3～5 天，如此操作，极易造成交货延迟，ERP系统在物理上的延伸的确能较大地改善需求和合同响应效率。

② 库存管理战略的 E 化　近几年，由于全球性的电子元器件资源紧缺，同时上海贝尔的原有库存管理体系抗风险能力差，结果库存问题成为上海贝尔的焦点问题之一。面向供应链管理的库存管理模式有多种，根据上海贝尔的库存管理种类和生产制造模式，采用如下库存管理模式：

● 材料库存和半成品库存管理。在上海贝尔，材料和半成品库存管理基本是对应于订单生产模式的，市场需求的不确定性迫使企业备有一定的安全库存，这样就产生了库存的管理问题。根据近年遇到的实际情况，对关键性材料资源，考虑采用联合库存管理策略。通过供应商和上海贝尔协商，联合管理库存，在考虑市场需求的同时，也顾及供应商的产能，在电子商务手段的支持下，双方实现信息、资源共享、风险共担的良性库存管理模式。

● 成品库存管理。由于上海贝尔公司的产品结构和近期市场需求旺盛两方面的原因，近年来基本无严重成品库存管理问题，但是因市场需求波动造成的缺货压力偏大。上海贝尔较终端产品的渠道和分销商信息 IT 系统和基础设施比较完善，能有力地支持库存管理，同时企业实力、存储交货能力也较强，2000 年公司已开始尝试运用总体框架协议、分批实施、动态补偿，同时实行即时的相关信息交换，采用供应商管理客户库存模式来实现终端成品库存管理。

③ 供应商关系管理的 E 化　对上海贝尔而言，其现有供应商关系管理模式是影响开展良好供应链管理的重大障碍，需要在以下几个方面作 E 化的调整。

● 供应商的遴选标准。首先，依据企业/供应商关系管理模型对上海贝尔的需求产品和候选供应商进行彼此关系界定；其次，明确对供应商的信息化标准要求和双方信息沟通的标准，特别关注关键性材料资源供应商的信息化设施和平台情况。传统的供应商遴选标准＋分类信息标准是 E 化供应商关系管理的基础。

● 供应商的遴选方式和范围。上海贝尔作为 IT 厂商，其供应商呈现全球化的倾向，故供应商的选择应以全球为遴选范围，而充分利用电子商务手段进行遴选、评价，如：运用网上供应商招标或商务招标，一方面，可以突破原有信息的局限，另一方面，可以实现公平竞争。

④ 生产任务外包业务的 E 化　目前，IT 企业核心竞争优势不外乎技术和服务，上海贝尔未来的发展方向是提供完善的信息、通信解决方案和优良的客户服务，生产任务的逐步外包是当然选择。未来外包业务量的增大势必会加大管理和协调的难度和复杂度，需要采用电子商务技术管理和协调外包业务。

● 外包厂商的选择。除原有的产能、质量、交货等条件外，增添对其生产计划管理系统和信息基础建设的选择标准，保证日后便于开展 E 化运行和监控，如：上海无线电 35 厂一直是公司的外包厂商，但其信息基础设施相对薄弱，一旦外包任务量大增，市场需求信息频繁变动，落后的信息基础设施和迟缓的信息响应，会严重影响供应链的效率。

● 外包生产计划的实时响应。上海贝尔现拥有 Intranet 和 ERP 系统，外包厂商可借助 Internet 或专线远程接入 ERP 管理系统的生产计划功能延伸模块，与上海贝尔实现同步化生产计划，即时响应市场、需求的变动。

（3）电子商务供应链管理的要素

供应链管理模式要求突破传统的计划、采购、生产、分销的范畴和障碍，把企业内部及供应链节点企业间的各种业务看作一个整体功能过程，通过有效协调供应链中的信息流、物流、资金流，将企业内部的供应链与企业的供应链有机地集成，以适应新竞争环境下市场对企业生产和管理运作提出的高质量、高柔性和低成本的要求。基于电子商务的供应链管理的主要内容涉及订单处理、生产组织、采购管理、配送与运输管理、库存管理、客户服务、支付管理等几个方面。

从信息的角度看，通过先进的电子商务技术和网络平台，可以灵活地建立起多种组织间的电子连接，从而改善商务伙伴间的通信方式，将供应链上企业各个业务环节孤岛连接在一起，使业务和信息实现集成和共享，使一些先进的供应链管理方法变得切实可行。

企业的供应链管理是一个开放的、动态的系统，可将企业供应链管理的要素区分为两大类：①区域性因素：包含采购/供应、生产/计划、需求/分销三要素；②流动性因素：包含信息流、资金流和物流等六元素。根据供应链管理系统基本六元素的区域性和流动性，可形成供应链管理系统矩阵分析模型，管理者可以从供应链管理矩阵的角度，根据供应链管理系统的具体内容，系统地认识和分析电子商务应用的关键切入点，并充分发挥电子商务的战略作用。

上海贝尔的电子商务供应链管理实践表明，该战略的实施不仅可以提高供应链运营的效率，提高顾客的满意度；而且可以使供应链管理的组织模式和管理方法得以创新，并使得供应链具有更高的适应性。

本章小结

① 典型的电子商务订单履行流程：确定客户支付方式、检查存货情况、安排装运、保险、生产、车间服务、采购和仓储、联系客户和退货等环节，还有需求预测和反向物流等与订单履行流程相关。

② 物流包含以下要点：物流的研究对象是贯穿流通领域和生产领域的一切物料流以及有关的信息流；物流的研究目的是对其进行科学规划、管理与控制；物流的作用是将物资由供给主体向需求主体的转移（包含物资的废弃与还原），创造时间价值和空间价值，并且创造部分形质效果；物流的活动（物流要素）包括运输、保管、装卸搬运、包装、流通加工以及有关的信息活动等。

③ 物流是由运输、仓储、搬运装卸、包装、流通信息等环节组成的。运输的任务是对物资进行较长距离的空间移动。仓储（保管）在物流系统中起着缓冲、调节和平衡的作用，是物流的另一个中心环节。搬运装卸是指在同一地域范围内进行的以改变物的存放状态和空间位置为主要内容和目的的活动，具体来说，包括装上、卸下、移送、拣选、分类、堆垛、入库、出库等活动。包装的作用是保护物品，使物品的形状、性能、品质在物流过程中不受损坏。流通加工则是为了弥补生产过程加工不足，将一些加工活动放在物流过程中完成，从而成为物流的一个组成部分。在物流中对各项活动进行计划预测、动态分析时，还要及时提供物流费用、生产情况市场动态等有关信息。电子商务时代的来临，为全球物流带来了新的发展，使物流具备了信息化、自动化、网络化、智能化和柔性化等一系列新特点。

④ 物流与电子商务密切相关的是配送，配送是物流活动的缩影，同时又较之一般的物流活动有其自身的特点。与配送活动紧密相关的是配送中心，电子商务配送中心有不同的类型。根据国内外配送业的发展情况，在电子商务时代，新型配送中心具有反应速度快、功能集成化、目标系统化和服务系列化的特征。从电子商务企业所使用的配送中心的不同运作方式来看，配送中心有三种，分别是电子商务企业自建的配送中心、社会化的配送中心和综合性配送中心。

⑤ 供应链（Supply Chain）是指物资、信息和服务从原材料供应商通过工厂和仓库到最终顾客的流动。供应链中还包括那些创造和向最终顾客传送产品、信息和服务的组织以及处理过程。供应链管理（Supply Chain Management，SCM）是指"从最终用户到最初供应商的商业流程的整合，它提供产品、服务和信息，从而为客户带来价值。"它包括许多活动，如采购、原料处理、生产计划和控制、物流和仓储、存货控制以及分销和送货。

⑥ 电子商务作为一种崭新的商务运作方式，电子商务供应链管理（E-SCM）应运而生，其核心是高效率地管理企业的信息，帮助企业创建一条畅通于顾客、零售商、分销商、供应商之间的信息流，消除整个供应链网络上不必要的运作和消耗，促进供应链向动态的、虚拟的、全球网络化的方向发展。

思 考 题

10-1 什么是物流系统？它由哪几个部分组成？它们之间的相互关系如何？

10-2 什么是供应链管理？分析供应链管理的特点和优势是什么？

10-3 简述电子商务与物流之间的关系。

10-4 通过网上调研，总结现阶段我国 B2C 电子商务的主要物流模式。

10-5 试论述电子商务与供应链管理的关系，物流管理与供应链管理的关系。

10-6 查找资料，分析物流成本的构成，论述降低物流成本的途径有哪些。

11 电子商务的规划与实施

学习目标

掌握规划电子商务的概念；了解建立电子商务网站的策略；掌握管理电子商务的实施。

戴尔公司和思科公司电子商务战略的成功，使电子商务的发展成为企业战略发展的重要选择。企业发展电子商务，有许多可以发展的项目，主要涉及的电子商务项目有销售产品的网站、提供顾客服务的网站、改进公司基础结构、管理供应链、协调后勤、拍卖网站和创建虚拟社区网站。公司如何实现电子商务战略、实现的方法和途径是什么？本章主要讨论这个问题。

电子商务系统的规划与实施，就技术层面和项目管理的层面而言，同一般的管理信息系统的规划实施没有本质的区别。因此，本章仅就电子商务规划中较为特殊的问题进行讨论，其他相关内容参考管理信息系统的规划与实施。

11.1 电子商务规划

公司计划、设计和实施电子商务战略的能力决定了公司的成败。公司利用互联网抢先进入市场或以全新方式开展业务所能得到的优势已引起许多行业的高级管理人员的注意。成功实施任何技术项目的关键是计划和执行。本章可为负责电子商务计划、实施和应用电子商务的管理者提供指导。实施电子商务计划应包括确定电子商务计划的目标并将这些目标与企业战略衔接起来。企业网站开发与实施过程如图 11-1 所示。

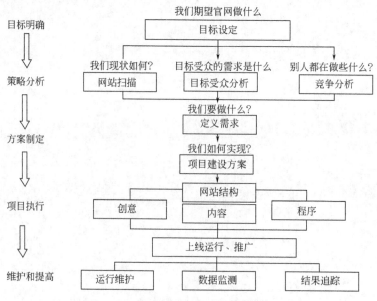

图 11-1 企业网站开发与实施过程示意图

在设定电子商务的目标时，管理者们应该考虑项目的战略意义、实施范围和实施可用的资源。制订电子商务规划的主要步骤有：首先确定电子商务计划的目标；其次将这些目标与企业战略衔接起来；最后是网站建设策略及如何管理电子商务项目的开发与实施。

11.1.1 设定目标

企业规划电子商务的首要任务就是确定电子商务的目标。企业开展电子商务会有各种理由，既有战略目标，如保持竞争优势和市场领先地位；又有战术目标，如提供高效的客户服务和增加销售额等。通常希望通过电子商务实现的目标是提高现有市场的销售、进入新市场、为现有的客户提供更好的服务、寻找新的供应商、与现有的供应商更好地协调或提高招聘的效率。

不同规模的企业电子商务的目标也不一样。例如，小公司希望建一个网站来鼓励访问者利用现有渠道进行交易而不是开展网上交易，以便降低网站建设的成本。设计、建设和维护一个只提供产品信息的网站所需的成本要远远低于一个提供交易、竞价、沟通或其他功能的网站。电子商务计划的资源决策需要考虑预期效益和预期成本。在决策时还需要考虑电子商务项目本身的风险，并将这个风险与不采取行动而导致的战略劣势进行比较。

11.1.2 与企业战略匹配

企业可以采用下列策略，关注企业为客户提供的价值。也可以考虑上向策略，关注与供应商的合作以及降低成本。

前面已经讲述了企业可以利用网络完成的各种业务。虽然对于许多公司来说在线销售有很大的潜力，但电子商务还有其他多种应用方式，远不止销售，公司可以用网络来完善其商业战略并提高竞争地位。电子商务的目标可以支持公司开展如下活动：

- 建立品牌；
- 改进现有营销方案；
- 销售产品和服务；
- 销售广告版位；
- 更好地了解消费者的需求；
- 改善售后服务和支持；
- 购买产品和服务；
- 管理供应链；
- 进行拍卖；
- 创建虚拟社区和网络门户。

从某种程度上讲上述所有活动的成功，都以某种指标进行衡量，但许多公司在设定具体的目标前就开展了这些活动。20 世纪 90 年代中期电子商务尚处于初级阶段时，那些有好想法的公司在网上开展某种商业活动遇不到什么竞争，成功还是失败马上就能见分晓；某家公司要么变成自己行业的 eBay，要么就破产消失或被别的企业收购。

当电子商务逐渐成熟时，越来越多的公司开始仔细地审查电子商务行动带来的效益和成本。重要的是对效益和成本都进行衡量。好的商业计划要为效益和费用设定具体的目标。很多情况下，公司会创建一个试验性的网站来测试其电子商务的想法，在网站工作正常后推出正式版本。这些公司必须明确试验的目标，以便知道何时网站已经就绪。

11.1.3 衡量效益目标

电子商务计划的有些效益是可见、容易测量的，例如提高销售或降低成本；有些效益是不可见的，例如，对客户满意度目标可以通过计量客户回头率来加以测量。

有些公司建立网站是为了树立品牌或增加一种营销方案。这些公司可根据品牌知名度的提升来设定目标，而品牌知名度的提升可以通过市场调查和民意测验来衡量。有些公司则想在网站上销售产品或服务，这就可根据销售量或销售额来衡量。在衡量这两种效益时出现的一个复杂的问题是：品牌认知和销售的增加可能是由公司同期开展的其他活动或经济环境的总体改善所引起的。好的营销人员或外部的咨询公司能够帮助公司确定营销/销售方案的因果联系，还可以帮助公司来制订和评价电子商务的这些目标。

还有些公司想要用网站来改善对顾客服务或售后支持，它们可以设定增加顾客满意度或降低顾客服务与支持成本的目标。例如，飞利浦照明设备公司（Philips Lighting）想用互联网为无法使用 EDI 的小客户提供订货服务。最初的目标是降低处理小额订单的成本，因为飞利浦公司发现，处理小额订单时一半以上的费用花在处理顾客询问产品存货和订购状态的电话及传真上。

飞利浦公司建立了一个试验性的网站并邀请许多小客户来试用这个网站。飞利浦公司发现，测试组里客户的服务电话下降了 80%，效率明显提高了。飞利浦公司于是决定加大硬件和人员投资，让网站能够处理所有小客户的业务。小额订单处理成本的降低证实了这些投资是值得的。

开展电子商务的其他效益可用多种衡量方法进行评价。供应链经理可以衡量供应成本的降低、质量的提高或订单履行时间的缩短；拍卖网站可设定目标，包括拍卖量、出价人和卖家数量、卖掉物品的金额、卖掉物品的数量或注册用户的数量，拍卖网站软件通常都内置了跟踪这些指标的功能；虚拟社区和网络门户则可以衡量访问者数量，并尽量衡量访问者对网站的认知质量。

有些网站利用在线调查来收集这类数据，而大多数网站则通过衡量每个访问者在网站的滞留时间和访问该网站的频率进行大致的衡量。表 11-1 所示为公司可用来评估电子商务的测量方法（也叫衡量标准）。

表 11-1　电子商务效益衡量方法

电子商务目标	衡量效益的方法
建立品牌	衡量品牌知名度的问卷调查或民意测验
改进现有营销方案	单位销售额的提高
提高客户服务	顾客满意度调查，顾客投诉量
降低售后服务的成本	支持活动的数量与类型（电话、传真、电子邮件）
提高供应链的运作	材料或服务的成本质量和交付时间
进行拍卖	拍卖量、出价人和卖家数量、卖掉物品的金额、卖掉物品的数量或注册用户的数量
网络门户和虚拟社区	访问者数量、每个访问者再次访问次数和每次访问的滞留时间

不论公司采取哪种方法来衡量网站的效益，通常都想用金额来衡量所有的活动。以金额衡量效益的方法能够直接比较效益和成本，而且可以将由此带来的纯收益（效益减去成本）同由其他项目得到的纯收益进行比较。虽然每种活动都为公司带来一定的价值，但常常很难用金额来衡量这些价值。即便真的把效益转变成了具体的金额，得到的结果也只是大致的数字。

11.1.4　成本管理

识别和估计成本比设定效益目标复杂很多。但许多管理者发现，信息技术项目的成本同样难以估计和控制。开发网站所需的软硬件要比其他信息技术项目所用的软硬件变化快，管理者们经常觉得自己以前的经验对成本估计没有多少帮助。硬件成本在不断下降，但软件复杂性的增加需要更多新的便宜的硬件，又导致了硬件总成本增加。复杂的软件也经常超出最初的预算。开展电子商务所需的时间比其他许多信息技术项目要短一些，但网络技术的迅速变化会很快破坏掉某个管理者有最好依据的计划。

在进行电子商务活动成本管理时，下列成本因素必须加以考虑。

（1）总成本

除了硬件和软件成本以外，项目预算还包括网站设计、软件开发、内容创作和网站运营维护等员工的培训成本及人员工资。许多企业现在都按作业记录成本，并计算此作业的总成本。这种成本核算方式称为所有总成本（TCO），包含某作业相关的所有成本。电子商务实施的所有总成本包括硬件成本（服务器、路由器、防火墙、负载平衡系统）、软件成本（操作系统、WWW 服务器软件、数据库软件和应用软件）、网站设计的外包费、项目参与员工的工资与福利、网站开通后的维护费用等，最好还要考虑网站未来改版的费用。

（2）变革管理

任何信息系统项目都会带来变革，变革往往会让人感到不安。当员工熟悉了自己的业务工作后，多数人都会对自己目前的知识技能水平感觉自信并因此产生安全感，因为他们知道这是一份好工作而且自己能够胜任。当工作场所出现任何变革，员工们都会关注自己是否具备应对这些变革的能力，以及继续完成本职工作的能力，并开始担心会不会丢掉饭碗。这些焦虑会增大员工的工作压力，并导致士气低下和工作绩效滑坡。管理学研究人员对此提出了变革管理方法，帮助员工应对突如其来的变化。变革管理涉及同员工沟通变革的必要性，让员工参与变革决策，让员工参与制订变革的计划，以及其他让员工感到自己参与变革的技巧。这样就可以帮助员工战胜恐惧感、减少压力，也不影响工作绩效。

（3）机会成本

对许多公司来说，电子商务计划最大的成本就是不开展电子商务带来的损失。公司因放弃电子商务计划而失去可能的效益就是成本。管理人员和会计师用机会成本这个术语来描述不行动而导致的效益损失。

（4）网站成本

根据国际数据公司（IDC）和顾能（Gartner）公司最近的调查，大公司建立和实施一个完整的电子商务网站大约花费 100 万美元。其中 79％是人力成本，10％花在软件上，其余 11％用于硬件的投资。顾能公司还说，建立一个能同顶级网站匹敌的网站需要 200 万～500 万美元。国际数据公司指出前 100 个电子商务网站中有 10 家在开发和实施电子商务上花了一千多万美元。

尽管一些小企业花费不到 4000 美元就可以建成网站，但建立一个具有完备的交易和支付功能的电子商务网站每年的花费很难低于 8000 美元。事实上，最近的调查显示，小企业每年构建新的电子商务网站的平均费用达到 11 万美元。专家估计建立基本的电子商务网站最少需要 10 万美元。

顾能公司估计建立基本电子商务网站需要 10 万～100 万美元，建立杰出电子商务网站至少需要 1500 万美元。图 11-2 所示为建立基本型电子商务网站、普通型电子商务网站及完全电子商务网站所需要的成本。就美国而言，上述开发成本也是十分惊人的。

不幸的是，你的投入还远不止构建电子商务网站的成本。由于 WWW 技术发展非常快，很多企业都要利用这种技术来维持竞争力。大多数专家都认为，一旦建好网站并开始运营后，不管其规模大小，年维护成本会达到网站

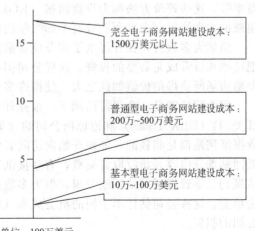

单位：100万美元

图 11-2　电子商务网站的开发投资规模示意图

建设投资的 50%～200%。因此，在实施决策时持续维护成本的影响要大于构建电子商务网站的成本。

麦肯锡管理咨询公司在 2001 年发表的一篇文章中提到对杂志网站建设与持续运营成本的研究结果。这项研究估计了两类杂志网站：独立的全门户网站和印刷版杂志的辅助网站。全门户网站的建设成本大约 240 万美元，每年运营成本约 430 万美元，需要 35 位员工；辅助网站的建设成本大约 15 万美元，每年运营成本约 27 万美元，需要 2 位员工。这些成本都不包括网站内容成本，并假定杂志社已经具备服务 30 万印刷版客户所需的信息系统。

随着越来越多的传统企业开始开展电子商务，建立一个真正的差异化的网站（杰出并且能为顾客带来新价值）的成本会不断提高。这种网站的大部分成本会花在网站动作模式而不是访问者的感官上。例如，Kmart 公司花了超过 1.4 亿美元创办了网上零售商店。这个网站的主页设计得很漂亮，而且功能很强大。即便如此，普通访问者也想象不出这个网站的建设会花费如此巨大。这个网站的大部分成本都是隐性的，基本投在同 Kmart 公司庞大的仓库和物流数据库的连接上。

11.1.5 投入产出分析

大多数公司都规定对重大支出要进行评价。这些在设备、人员和其他财产上的重大投资称为资本项目或资本投资。公司评价资本项目所用的技术，从非常简单的计算到复杂的计算机模拟型分析都有。但不管技术有多复杂，总要比较效益和成本。如果一个项目的效益大大超过了成本，公司就会在这个项目上进行投资。

规划电子商务项目的一个关键是识别潜在效益（包括雇员满意度和公司声誉等无形效益）和确定获得这些效益所需的成本，并比较效益和成本。公司应该用这种成本-效益方法对电子商务战略的各部分进行评价。图 11-3 所示是一个最简单的成本效益方法的评价示意图。

图 11-3 电子商务的投入产出评价示意图

11.1.6 投资回报

你可能已经在会计或金融课上学过了资本项目评价的技术，如回报法、净收益法、内部收益率等。这些评价方法称为投资回报（ROI）技术，它们量化了投入的净收益，还可以调整递减的未来回报（未来所获效益不如当年所获效益有价值）。

虽然大多数公司在开展电子商务项目前都要进行某种形式的价值评价，但越来越多的公司把这些项目看成是必要的投资。这样公司担心在进入在线市场时被竞争对手甩下。尽早进入一个新市场所获得的价值如此之大，使得许多公司愿意投入大量资金而不考虑短期的利润前景。

报纸网站就是一个很好的例子。报业开展电子商务而获利的情况，如 Gannet 公司的《今日美国》（USA Today）和道琼斯公司的《华尔街上报在线版》（WSJ.com），是很少的。大多数报纸网站都是赔钱的，即使开始向访问者收费也无法做到收支平衡。本书前面讲过，有些报纸网站部分内容开始收取订阅费，有些报纸网站也对过刊内容收费，但是这些收入不足以使网站赢利。尽管报纸网站不断亏损，但大多数报业公司认为忽视网络长期潜力所造成的损失更无法承受。这些公司估计不上网的机会成本（如网站未来收益的损失或市场份额的缩小）要大于近期的损失。

在电子商务第二次浪潮中，公司对电子商务预算采取不正当手段进行严格的审核。许多公司采用投资回报法来评估电子商务项目，这种方法以前用来评估企业的其他 IT 项目。投资回报法既简单又容易应用，但使用它来评估电子商务计划时要慎重，因为它本身的一些缺点会误导决策者。

首先，投资回报法要求将所有成本和效益以金额来表述。由于成本比效益更易于定量表示，这就使投资回报法偏重成本。其次，投资回报法注重可预测的效益。许多电子商务计划带来的效益是计划者难以预见的，只是在计划完成后才出现。例如，思科（Cisco）公司建立了在线论坛让客户彼此讨论产品问题，此计划当初的主要目的是降低客户服务成本并提高客户满意度，结果发现此论坛对思科公司的工程师了解客户对新产品的反馈帮助极大。这个效益是计划者原来没有想到的，现在却成为论坛最重要的效益。采取投资回报法就根本考虑不到这个效益。

投资回报法的另一个缺点是更强调短期效益而不是长期效益。投资回报法的计算会考虑两种效益，但短期效益容易预计，所以会加以考虑。长期效益难以预见也难以量化，所以在投资回报计算时往往不会考虑或者不准确。这就会导致强调短期成本和效益，从而导致管理者做出错误的决策。

11.2 电子商务网站开发战略

公司刚开始建立网站时，网站往往是静态的手册，没有用新的信息来更新，无法帮助顾客或供应商办理业务。当网站逐步发展成交易处理中心和各种业务流程自动处理中心后，这些网站就成为公司信息系统的重要组成部分了。图 11-4 所示为网站的功能从电子商务早期的静态手册发展成交易处理工具直到今天的各种业务流程自动处理中心的历程。

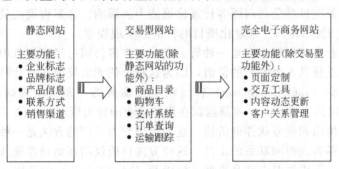

图 11-4　网站的功能演化示意图

这种转变非常迅速，多数情况下只有一两年的时间。由于网站建设的焦点变化如此之快，今天很少有企业能够改变自己的网站开发和维护方式来应对这种变化。虽然网站的目的和范围发生了很大的变化，很少有企业将网站作为动态业务应用来进行管理，但幸运的是，一些大企业多年来一直在开发用于管理软件开发项目的工具。当企业开始把网站当做应用软件的集合，它们就开始使用这些工具管理、开发并维护它们的网站了。

要在这种系统上开发新的信息系统和网站来开发新市场并重构供应链，许多大中型企业都发现这是非常困难的。以前，企业要花费很多时间（常常是好几年）实现同顾客建立新的接触方式或重构供应链以改变与供应商的关系。但是，互联网改变整个行业价值链上市场和渠道的速度不允许这么久的转型时间。现在，公司要想很好地适应信息时代经营环境的迅速变化，不能够再采取传统的系统开发方法，而应采取一些新方法。这些新方法包括本章后面将讲述的孵化器和快速风险投资等。

11.2.1　内部开发与外包

电子商务系统的开发可以采用由内部人员负责的自主开发和以外部人员为主的外包开发两

种基本模式。许多公司认为将整个电子商务项目外包也能够在网上开展业务，但大多数公司持相反的看法。不论采用哪种电子商务方案，项目的成功取决于电子商务同企业业务的集成和支持程度。由内部人员负责项目的优点是了解企业的特殊需求，能够保证项目符合企业的目标和组织的文化。外部咨询人员不可能在实施项目之前非常熟悉企业的文化。大多数公司的企业规模不大或者内部专家太少，无法在没有外部帮助的情况下开展电子商务项目。即使年销售额1500亿美元的沃尔玛（Wal-Mart），也无法独自承担在 2000 年时它的网站的改版工作。电子商务成功的关键是在外包和内部支持之间取得平衡。委托另一家公司为项目提供外部支持的做法称为外包。

（1）内部团队

信息系统发展的历史表明，即使是用外包方式进行开发，内部团队也是十分重要的。因此，在确定电子商务哪部分项目需要外包时，首先要组建负责该项目的内部团队。这个团队应该包括了解互联网及其技术的人，他们知道技术的能力和限制；团队成员应该有创造性思维，他们希望公司能够超越目前的境况；他们在公司的业务非常出色，如果其他同事不把他们看做是成功者，这个项目就会缺乏公司内部的信任。

有些公司常犯的一个错误是：招募一位技术奇才来领导电子商务项目，此人对业务了解不多，公司上下也没几个人认识他。这样的项目失败的概率很高。在实施电子商务时，业务知识、创造性和公司部门经理的尊敬要比技术专长重要得多。项目的领导应当非常熟悉公司的目标和企业文化，以有效地管理项目的实施。

衡量内部团队的绩效非常重要，但不一定用金钱指标，可以用任何适合目标衡量的指标。顾客满意度、增加的销售量和缩短订单处理时间都可作为评价团队绩效的衡量指标。这种衡量应该体现出电子商务项目对公司向顾客让渡价值能力的影响。许多咨询人员建议，应该拨出专款（占项目预算的5%～10%）来量化项目的价值的实现程度。

员工的企业和业务流程知识也是一种智力资本，许多公司已经逐渐意识到它的重要性。过去，许多公司并不重视其人力资产的价值，因为这种价值无法反映在会计科目或财务报表里。

利夫·埃德温森（Leif Edvinsson）曾经衡量过瑞典的一家大型理财企业——斯堪的亚（Skandia）集团公司的人力资产。埃德温森在衡量企业的智力资产时，除了员工的能力外，还考虑了顾客忠诚的价值和业务伙伴的价值。这种评价智力资产的方法是一种很好的评估和跟踪内部团队及其与外部咨询顾问联系的工具。这种方法目前仅用在衡量系统开发的工作上。有兴趣的读者可以阅读一下埃德温森和马克斯·博伊萨（Max Boisot）的著作，其中介绍了另一种人力资产衡量的方法。

内部团队应该负责从设定目标到网站的最终实施和运营的整个过程。内部团队还要决定将项目的哪些部分外包（以及外包给谁），公司需要为项目聘请什么样的咨询顾问或伙伴。在项目早期，咨询顾问、外包商和合作伙伴非常重要，因为他们要比大多数信息系统专家更早地接触和应用新技术。

（2）早期外包

在多数电子商务项目中，为了快速开展项目，往往将最初的网站设计和开发外包出去，然后由外包商培训公司的信息系统人员，并把网站的运营交给他们，这种方式称为早期外包。电子商务网站能够迅速为公司带来竞争优势，因而应该尽早让公司自己的信息系统人员参与项目并提出改进意见。

（3）晚期外包

更传统的信息系统外包方式是由公司自己的信息系统人员完成最初的设计和开发工作并实施这个系统，直到它成为公司稳定的组成部分。等到公司得到了系统带来的所有竞争优势后，就可以把电子商务系统的维护工作外包，以便公司的信息系统专业人员能把注意力和精力转移到另外的能带来进一步竞争优势的新技术上，这种方式称为晚期外包。多年来，晚期外包已成为充分利用稀缺的信息系统人才的标准方式，但对于电子商务项目来说，还是应该更多进行早期外包。

（4）部分外包

在早期外包和晚期外包两种方式中，项目整个设计、开发和运行的责任都是由单独的群体（公司内部或外包方）来承担的。这种典型的外包模式在很多信息系统项目中都能很好地发挥作用，但电子商务项目还可以进行部分外包。部分外包也称为局部外包，即公司将部分项目交给另一家专业公司进行设计、开发、实施和运作。

许多小网站常常将电子邮件处理和回复工作外包出去。顾客希望与自己打交道的网站能够迅速回复自己的电子邮件。许多公司会收到订单或信用卡付款后立即用电子邮件自动发出订单确认，其中很多公司将这种电子邮件自动回复功能外包出去了。

电子结算系统是部分外包的又一个典型例子。许多结算服务商能够提供全面的结算处理技术。当顾客准备付款时，由这些结算服务商的网站"接过"顾客，在处理完支付交易后，又把顾客送回原来的网站。

互联网连接、应用和业务服务商（包括ISP、CSP、MSP和ASP）向别的公司提供主机服务，这些公司想建电子商务网站，但又不想在网络服务器硬件和技术人员上投资，服务商可提供这些公司所需的多种服务。小公司可在服务商的服务器上租用空间，大公司可购买服务器硬件，放在服务商处，由服务商负责安装和维护，提供电子商务网站每天24小时、每周7天（不间断运作）所需的人员和专业技术。大多数服务商能提供多种服务，甚至包括个人网络拉入。有些服务商则专门为公司提供服务，满足它们开办电子商务网站的需要，这些服务商能比小服务商提供更宽的带宽和更可靠的不间断服务。

许多服务商和其他公司为开展电子商务的企业提供网络接入之外的服务。这些服务多数都是前面讲过的适合部分外包的业务，比如电子邮件自动回复、交易处理、结算处理、安全顾客服务和支持、订单履行以及产品分销等。

【案例1】

诺德航空公司电子商务开发

诺德（Nordisk）航空公司是挪威海德鲁（Norsk Hydro）集团的子公司，主要业务是为世界各大航空公司及诸如联邦快递（FedEx）和联合包裹（UPS）等货运公司设计、生产、修理空运集装箱，也负责设计空运集装箱的搬运系统及托盘。公司年销售额两亿多美元，有五百多名员工，分布在世界各地的22个分支机构。

诺德公司的IT项目采用外包，IT部门只有两个人，主要是负责监督公司的IT设计与项目实施，还负责管理其他公司提供的IT服务。

在2000年底，公司总裁曼弗雷德·戈兰特（Manfred Gollent）决定将多年来只能进行信息发布的网站升级成门户网站，以方便客户检查订单履行状态，了解空运集装箱与搬运系统的设计进展。按照常规做法，诺德会把项目外包给一家公司。

公司IT部门的两个员工立即着手寻找合适的网站开发公司。负责创建公司现在网站的那个程序员已经找不到踪影了，他当初在建公司网站时编制了很多程序来生成动态页面但是只将运行程序交给公司，没有提供源代码和文档。

当初网站根本不是公司重要的战略项目，公司IT部门的员工忙着其他重要的项目，没有追要源代码和文档。现在诺德公司要想在网站上增加一些功能，就得找一家开发公司重建整个网站，诺德公司案例带给我们的教训就是：即使公司将网站开发工作全部外包，也得采取相应措施保证对项目的内部管理并建立完备的文档。

11.2.2 选择主机租用服务

内部团队应该负责选择由哪家 ISP 为网站提供主机服务。对比较小的电子商务项目，内部团队可以了解信息服务提供商 ISP。充分利用网站的搜索引擎，可以帮助访问者从数千家服务商里选择满足需求的 ISP 公司、主机服务商或 ASP 公司。

对于大网站的建设项目，内部团队会希望得到诸如 HostCompare.com 和 Keynote System 等咨询顾问对服务商（ISP、ASP 和 CSP）的评估。选择主机服务时要考虑的重要因素如下。

① 功能：能否满足网站发展的需要。

② 可靠性：能否保证网站的可靠性。

③ 带宽和服务器的扩展能力，保证在访问高峰时访问的正常进行和网站升级时服务器具有足够的扩展空间和处理能力。

④ 安全：提供完整的安全机制。

⑤ 备份和空难恢复功能是否完备。

⑥ 成本：一次性投入和日常费用。

既然公司的客户、产品、定价和其他信息都交到了服务提供商的手里，那么它的安全措施就非常重要了。服务提供商应该详细说明所能提供的安全类型以及实行措施。不论服务提供商保证提供什么安全措施，公司都应该让自己的员工或聘请安全顾问公司来监督电子商务运营的安全。

11.2.3 部分外包的新方法

过去 5 年里，出现了许多实施部分外包的新方法，下面介绍两种比较常见的方法。

（1）孵化器

孵化器就是以低价格为创业公司提供办公场所、财务与法律咨询、计算机、互联网连接的公司。有时孵化器还提供启动资金、管理意见和营销建议。作为交换，孵化器会拥有此公司的股份，一般是 10%～50% 之间。

当这家公司成长到能够获得风险投资甚至股票上市，孵化器会卖掉全部或部分股份，将收回的资金投资到别的创业公司。最早的孵化器之一 idealab 曾经帮助 CarsDirect.com、Overture 和 Tickets.com 等公司起步。

有些公司还成立了内部孵化器。过去曾有许多公司利用内部孵化器开发计划用在主营业务中的技术，这类项目（如 20 世纪 80 年代柯达公司的内部孵化器）多数都失败了。内部孵化器的员工发现在得知所开发的技术最终会被母公司拿走时就很难保持创业精神。

最近，松下美国公司成立了内部孵化器以帮助其能成长为自己战略伙伴的创业公司。在这个孵化器中的公司会保持自己的管理团队和所开发的产品。这种战略伙伴孵化器的前景看起来要比那些老式的技术开发孵化器好一些。

（2）快速风险投资

大企业在启动自己的电子商务计划时常常想仿效小企业的创业精神。很多企业都在尝试扩展内部孵化器的模式，为诸如电子商务等新业务和技术提供有效的支持系统。现在比较流行的一种方法是快速风险投资，在快速风险投资模式下，一家希望启动电子商务项目的公司可以同外部的资本伙伴合作，还可以同具备快速开发和扩展项目所需要经验与技能的运营伙伴合作。资本伙伴一般是银行或风险投资公司，可以提供资金，但更重要的是提供从指导以前投资过的创业公司所获得的经验。运营伙伴一般是系统集成公司、咨询公司或网络门户，具备推进项目和扩展原型的经验。

创业公司的出资者是想启动电子商务计划的公司。资本伙伴以前曾为创业公司提供过启动资金，对运作创业公司经验丰富，它可用这些知识帮助没有经验的出资者。运营伙伴曾经建过网站，具备成功运营电子商务网站所需要的技术和业务经验。

11.3　电子商务的实施

复杂的电子商务系统的开发和实施，必须采用项目管理技术，对电子商务项目的开发和实施进行管理。在项目管理的过程中，项目管理、项目组合管理、人员配置和系统评价等环节，对电子商务项目的成功实施都是十分有效的。

11.3.1　项目管理

项目管理是一整套用于计划和控制为达到某个目标所采取行动的规范技术。项目管理是20世纪五六十年代由美国军方和政府的承包商在研制武器和其他大系统时发展出来的。在那时，不仅防御系统的经费增加了，而且私营项目之多、范围之广，管理者们如果没有某种协助几乎不可能保持对项目的控制。

项目计划包括有关成本、时间安排和绩效的指标，能帮助项目经理根据这三个指标做出明智的决策。例如，如果项目有必要提早完成，那么可能通过增加项目成本或降低项目的绩效来压缩时间。

现在，项目经理使用项目管理软件来辅助项目管理业务。诸如 Microsoft Project2000 和 Primavera Project Planner 等项目管理软件提供了管理资源和时间的整套工具，并用图表显示如下内容：项目哪部分属于关键任务，哪部分推后不会影响项目完成日期，哪些资源对项目赶工最无效。

除了管理人员和内部团队的任务外，项目管理软件还能够帮助团队管理指派给咨询顾问、技术伙伴及外部服务提供商的任务。当任务完成后，项目经理检查成本和完成时间就能知道项目进展的情况，并不断修订以后任务的预计成本和完成时间。

信息系统开发项目更容易失去控制并最终失败，它比其他类型的项目（如建筑项目）更可能失败。信息系统项目失败的主要原因是技术变化迅速、开发时间长和客户期望的不断变化。由于信息项目的这个弱点，许多团队都依靠项目管理软件来帮助达到项目目标。

虽然电子商务采用的也是迅速变化的技术，但大多数电子商务项目的开发时间还是相当短的，常常在不到6个月的时间内就能完成。这样，技术和顾客期望都较少发生变化。开展电子商务总的来说比其他信息系统应用更容易成功。

11.3.2　项目组合管理

大企业往往同时实施多个 IT 项目，有些属于电子商务实施或升级。现在，有些大公司的信息主管（CIO）采用组合法管理这些项目。项目组合管理是对每个项目当成投资组合的一项投资进行监督的技术。信息主管在表中（一般使用电子报表或数据库软件）记录所有的项目，并定期用每个项目当前状态信息来更新这个表。

这种管理有点类似项目管理软件管理一个项目内多项任务的功能，但是多数项目管理软件包主要用于管理单个项目，无法处理跨项目的任务。另外，项目组合管理所用的信息与管理单个项目所用信息也存在差异。项目管理软件跟踪的是每个项目完成特定目标进展的细节信息。在项目组合管理中，信息主管根据各项目对企业战略目标的重要性及风险级别（即失败的概率）决定项目等级。

确定项目等级后，信息主管就可以采用财务经理评估企业资产投资风险时所用的各种方法了。采用财务经理的工具可以帮助信息主管将电子商务项目解释成资产投资，即使用财务经理（包括公司总裁）能够理解的语言。

11.3.3 人员配置

无论内部团队是否决定要外包部分设计和应用工作，都必须确定开展电子商务所需的人员。一般公司在开展电子商务项目时，一般都为电子商务项目配置人员，包括：

- 业务经理；
- 项目经理；
- 客户经理；
- 应用专家；
- 网页程序员；
- 网站美工；
- 内容作者；
- 内容经理或内容编辑；
- 客户服务人员；
- 系统管理员；
- 网络管理员；
- 数据库管理员。

业务管理职能需要内部人员。业务经理应该是为项目设定目标的内部团队里的一员。业务经理负责实施业务计划并实现内部团队设定的目标。如果在项目进行中有必要进行修订，业务经理还要负责计划修改和追加资金提案，并呈交内部团队和高级管理层批准。

业务经理应该具备电子商务网站业务活动的经验和知识。例如，若要建立一个消费品零售网站，业务经理就应该具有零售运作经历。

在开展大型的电子商务时，除业务经理外，电子商务项目的业务管理部门还需要其他人来承担业务经理没有时间亲自处理的事，如项目管理或客户管理等。项目经理受过专门训练，能够跟踪项目中特定目标的成本及进展。许多项目经理都有诸如项目管理协会等组织颁发的证书，能够熟练使用项目管理软件。

客户经理要记录项目所用的各种版本的网站或者记录项目进展以便未来合并成一个大网站。许多大项目都有位于不同服务器上的测试版、演示版和正式版网站。测试版是"正在建设中"的网站版本。大多数网站都要用新功能和新内容来定期更新，测试版是在网站正式展示给顾客前对新功能进行检验的网站版本。演示版是新功能已通过测试，要展示给内部观众（如市场部）以求批准的网站版本。正式版是展示给顾客和其他访问者的正式运转的网站版本。当网站从测试版过渡到演示版再到正式版时，客户经理要监督特定网页的位置和相关的软件。

很多供应商可以提供电子商务软件包，所以公司需要能安装并维护这些软件的信息系统人员。许多大公司由应用专家来维护财务软件、人力资源软件和后勤管理软件。同样，购买了专门软件来处理商品目录、结算业务和其他业务的电子商务网站也需要应用专家来维护这些软件。虽然这些软件包的安装工作可以外包，但大多数公司希望培训自己的人员，当网站开始运转后由他们来承担这个任务。

以前的静态 HTML 网站现在已经发展为包含动态页面生成技术与 XML 数据整合的复杂网站。网站越来越复杂，因此也越来越需要能够设计与编写动态网页编码的网页程序员。网页程序员了解各种动态网页生成技术，往往还能进行数据库管理和查询，如编写 SQL 或 PHP 程序。

网站是一个虚拟媒体，因此每个页面上的图形元素就非常重要。公司要么寻求专业艺术设计公司的服务，要么聘用美工。网站美工是受过艺术和平面布局专业训练并且了解网页制作的人士。网站美工或大型网站的美工小组要保证网页的视觉效果、方便易用以及各页面风格一致。

很多大网站和小网站都有专为网站创建的内容。其他网站将公司现有资料用在网站上或购买用在网站上的内容。这些工作需要公司聘用内容作者来创作相应的内容，聘请内容经理或内容编辑购买现成材料并加以改编后用在网站上。

网络为公司提供了主动接触顾客的机会。这样，无论是消费类网站还是企业间商务的网站，都需要具备客户关系管理的职能。客户服务人员在电子商务运营中帮助设计和应用客户关系管理，例如发布和管理密码、设计客户界面、处理客户电子邮件和电话请求以及为网站进行电话销售。公司努力提供最好的服务以满足客户的需求。客户实力的增强并在网上表达自己的期望是二十多年来消费者运动的自然结果。

有些公司将部分客户关系管理工作外包给独立的呼叫中心。呼叫中心是为其他公司处理客户电话和电子邮件的公司。对客户询问量不大的小企业来说，外包给呼叫中心比自己建立内部呼叫中心要划算。有些呼叫中心为各种各样的公司服务，有些只专注于特定领域。例如，一家专门的呼叫中心可与软件开发公司签约，为其软件产品提供安装服务。熟练指导用户安装一种软件的呼叫中心员工也能够快速学会其他软件的支持服务。

了解服务器硬件和操作系统的系统管理员是应用电子商务不可少的。系统管理员负责保障系统的可靠和安全运转。如果网站的运转是外包给 ISP 或 CSP，就由他们来负责。如果是公司自己管理网站，就需要安排专人来负责这项工作。另外，还需要足够的人手 24 小时不间断地来维持网站的安全，这些网络管理员的职能包括预测和监控负荷、解决网络出现的问题、设计和应用容错技术，以及管理外包给服务商或电话公司的网络运行业务。

11.3.4 系统评价

电子商务网站建成后，项目的资源就转到维护和改善网站的运营上了。越来越多的公司已经认识到了事后评价的价值。电子商务系统评价是在项目运营后进行的正式审核。

经理通过事后评价来检查在项目计划阶段确立的目标、性能指标、预计成本和预计的完成日期，并对比预定目标和实际情况。过去，大多数项目评价时总是要找出超支或延期的责任人。由于技术项目有很多外部因素超出了经理的控制范围，这种寻找责任人的方式没什么好处，反而会让项目经理感到不舒服。

系统评价允许内部团队、业务经理和项目经理质疑项目的目标，并了解目标和实际结果的差异。事先决定不找替罪羊，公司就能得到对规划未来项目有益的信息，也为参加者提供了一次很有价值的学习机会，是保证系统评价客观公正的基础。

评价的结果是一份全面的评价报告，分析项目整体效果、技术水平、项目管理水平、组织结构是否适合项目以及项目级的绩效。系统评价报告的每一节都应对比项目的目标和实际结果。很多公司在项目完成后都会根据系统评价报告对项目管理组织结构进行调整，有时还在报告中的保密章节中评价项目各级成员的表现，这样可以帮助管理层决定哪些员工应该加入未来的项目组。

【案例 2】

电子商务创业失败的一些总结

我们花了三个月做了一个电子商务平台，让它顺利上线。我们花了几天做了一个微博应用，效果很好，很受欢迎。于是网易微博也邀请我们把应用搬过去，我们网站流量大增，订单也逐渐有了。但从流量分析，我们也看出了这首页设计得非常的糟糕，所以改版正在进行中。

以我们的执行力，只要有正确的方向，我们就绝对会做得很好，可惜……我们的电子商务创业经历的几点体会总结如下。

（1）关于流程

这流程是完完全全按照我的思路设计的，而且我们可以不断的改善，只要发现流程中有不顺畅的地方，我们就会改进。我们不缺执行力和创造力。

（2）关于团队

说实话，当我听到公司关闭的决定以后，我并不在意自己的工作没了，一直不能释怀的，是这么好的团队没有了。我擅长技术，也擅长发挥组员的主观能动性，但是我这半年来，最满意的，就是招到了这么好的人，把这么好的团队建立起来，在一个合适的流程当中，每个人可以协调的把各种各样的事情完成。系统上线，会员系统完成，微博应用完成，各种配合营销的功能完成。只要想做什么，就能做什么，我们不缺执行力。

- 我们有一位表面上不聪明，但是一点即通，可以懂事的处理各种问题的行政人员；
- 我们有一位第一版设计得好看但是不好用，第二版设计得好用但是太简单，第三版就让你眼前一亮，专业、美感与用户体验兼具的非常有灵性的UI设计师；
- 我们有一位刚开始不太懂DIV切图，但是设计了几个网页以后就做得炉火纯青，而且能不断重构优化，学习能力非常强的HTML工程师；
- 我们有一位单靠她一个人或者带一位新人就可以完成整个平台的测试，而且很少出错的测试工程师；
- 我们有一位非常诚恳、非常谦虚，做事谨慎而且又有两年开发经验的测试工程师；
- 我们有一位工作经验不多，但是功能设计很专业、细节面面俱到，你不问还以为她是高手，压根儿看不出她才这么几年工作经验的产品经理；
- 我们有一位开发效率非常高，设计思路很专业，时时都在进步，任何复杂的大功能都搞得定的程序员；
- 我们有一位什么问题交给她，她都能解决，虽然脾气有时有点暴躁但是做出来的功能展现又让你无可挑剔的程序员；
- 我们有一位开发出来的功能你几乎挑不出bug，思维无比严谨的程序员；
- 我们有一位非常聪明，你一直给她加难度，但是不管再怎么加难度，她的潜力永远超过你的预期的程序员；
- 我们有一位专门解决疑难杂症、架构问题，有问必有答的程序员高手；
- 我们有一位文笔很强，出过几本小说，很有性格，但做事任劳任怨，态度积极的文案；
- 我们有一位经常会有很多问题要问你，而自己又能不断去寻找网络推广思路并且执行的网络推广专员；
- 我们有一位不爱说话，但是在他的工作范围以内，总能让你很满意，经常能想到你所想不到的商品管理人员；
- 他们还有一个共同的特质，就是任何一位老板都希望自己的员工具有的责任感。东西完不成，他们会比老板还急。你不用叫他们加班，他们自己会过来加班，甚至你已经说了你不建议周末加班，他们还会自己跑过来加班。

（3）关于错误

现在回顾一下，这半年来，我们一共犯过如下几个错误。

① 运营团队组建得太晚，网站上线快2个月以后才开始有一些推广，而且我的运营经验太弱。

② 当初首页是由不懂网站的设计公司设计的，美感有余，而用户体验不足，浪费了一些市场反馈的时间。

③ 我没有创业的经验，对资金没有急迫感，成本没控制好，建立的团队能力已经远远超过初期的需求。

④ 对股东的财务状况和财务计划没有清晰的认识。这是最大的错误！

（4）有几点道理

人生有好几十年，你总会碰到各种各样的事情，趁现在年轻，早点碰到总比晚点碰到要好；从零做一项事业，并不只要执行力，机遇、资金同样不可或缺。你能改变的是执行力，但是机遇跟资金，得之我幸，失之我命。

资料来源：http://www.williamlong.info/archives/3165.html。

案例问题：

1. 结合商业计划书的一般内容要求，分析本案例中，王伟杰的电子商务创业项目在规划阶段有哪些缺失？

2. 结合案例，分析该电子商务项目在实施过程中，有哪些成功之处和不足？

3. 结合案例，分析文中指出的"公司计划、设计和实施电子商务战略的能力决定了公司的成败"的含义。

4. 结合案例，谈谈你对创业的理解和认识。

本 章 小 结

① 企业规划电子商务的首要任务就是确定电子商务的目标。企业开展电子商务会有各种理由，既有战略目标，如保持竞争优势和市场领先地位；又有战术目标，如提供高效的客户服务和增加销售额等。通常希望通过电子商务实现的目标是提高现有市场的销售、进入新市场、为现有的客户提供更好的服务、寻找新的供应商、与现有的供应商更好地协调或提高招聘的效率。

② 好的商业计划要为效益和费用设定具体的目标。在评价电子商务行动带来的效益和成本时，重要的是对效益和成本都进行定量的衡量。不论公司采取哪种方法来衡量网站的效益，通常都想用金额来衡量所有的活动。以金额衡量效益的方法能够直接比较效益和成本，而且可以将由此带来的纯收益（效益减去成本）同由其他项目得到的纯收益进行比较。

③ 电子商务系统的开发可以采用由内部人员负责的自主开发和以外部人员为主的外包开发两种基本模式。公司必须决定电子商务项目采取哪种开发方式，是自主开发还是外包。决定外包的第一步是组成一个相关人员参加的内部团队，由它负责确定具体的目标并负责实现这些目标。内部团队确定外包战略、选择主机服务（或自己购买主机）并管理项目参与人员。

④ 项目管理是计划和控制任务及管理项目资源的规范方式。项目经理可运用这个工具在项目时间、成本和性能上做出明智的决策。大企业承包开始采用项目组合管理技术来跟踪和管理多个正在进行的项目。电子商务计划通常需要很快完成，同其他信息系统开发项目相比，电子商务网站失去控制的可能性很小。

⑤ 越来越多的公司已经认识到了事后评价的价值。电子商务系统评价是在项目运营后进行的正式审核。不管项目是否要外包，公司都必须为电子商务配备人员。需要配备人员的类型包括业务经理、应用专家、客户服务人员、系统管理员、网络管理员和数据库管理员等。让所有人都能从项目中学到东西的最好办法就是事后审计，对项目目标和实际结果进行对比。

思 考 题

11-1　简述电子商务系统的规划过程。

11-2　策划一个电子商务网站，试确定市场调研的对象和内容。

11-3　试分析一个成功的电子商务网站的结构、布局和色彩运用的方面的优点与不足。

11-4　实施电子商务的成本、收益有哪些？

11-5　试分析电子商务项目实施效果评估的内容和意义。

11-6　电子商务网站开发外包中，为了保证项目成功应当关注的点有哪些？试阐明理由。

第4篇 环 境 篇

12 电子商务的技术体系

学习目标

　　掌握电子商务系统的技术体系结构和应用体系结构；理解电子商务系统所涉及的网络技术、数据库技术和 WEB 技术等；了解电子商务应用系统主要应用技术。

12.1　电子商务系统的体系结构

　　以电子技术为手段的商务活动称为电子商务，而这些商务活动所赖以存在的环境则称为电子商务系统。电子商务系统涉及信息的搜集、处理、控制和传递活动，它能适时、适地地提供恰当的信息以支撑电子商务的运行，进行信息沟通与交流，电子商务与电子商务系统最核心的区分在于目标不同，电子商务的目标是完成商务，而电子商务系统的目标是提供商务活动所需要的信息沟通与交流的环境，以及相关的信息流程。因此，要实现电子商务，必须首先建立电子商务系统。

　　从广义上讲，电子商务系统是指支持商务活动的电子技术手段的集合；而从狭义上则指在 Internet 的基础上，以实现企业电子商务活动为目标，满足企业生产、销售、服务等生产和管理的需要，支持企业的对外业务协作，为企业提供商业智能的信息系统。电子商务对于电子商务系统的依赖已经远远超越了信息技术应用的范畴，在很多场合，人们并不对这两个名称作确切的区分。

12.1.1　电子商务系统的框架结构

　　根据电子商务系统需求的发展特征，将电子商务系统的框架结构定义为如下几个方面。

　　(1) 社会环境

　　电子商务系统同其他系统一样，需要特定的法律环境，法律、国家政策等是电子商务系统框架必不可少的支撑环境。电子商务的社会环境主要包括法律、税收、隐私、国家政策及人才等方面，它规范和约束电子商务系统的生存环境和发展模式，同时也鼓励甚至引导电子商务系统的建设。

　　(2) 计算机系统平台

　　这部分包括计算机硬件、软件及网络平台。电子商务系统的硬件环境主要由计算机主机和外部设备构成，为电子商务系统提供底层基础。网络基础设施可以利用电信网络，也可以利用无线网络和原有的行业性数据通信网络，如铁路、石油、有线广播电视网等。由于电子商务活动的广泛社会性，电子商务系统中的应用系统大都构造在公共数据通信网络基础上。软件系统平台包括了操作系统和网络通信协议软件等，是系统运行和网络通信的基本保障。

（3）数据库平台和 Web 信息平台

这一层主要提供系统信息资源的管理。在传统信息系统中，主要由数据库管理系统承担，但在电子商务系统中，存在着大量非结构化数据，包括各种文档和各类多媒体信息，它们以超链接文件形式存储于各级系统之中。

（4）应用开发支持平台

这部分是指为电子商务系统的开发、维护提供支持的工具软件。电子商务系统的开发工具中 Java 语言及其相关产品和标准逐渐成为主流。为提高软件的可重用性，组件技术和协同开发平台发展很快并逐渐推广。

（5）电子商务服务与应用平台

从功能上讲，商务服务平台可以分为两个部分：第一部分侧重于商务活动，包括安全、支付、认证等；另外一部分则侧重于系统的优化，包括负荷均衡、目录服务、搜索引擎等。商务服务平台为特定商务应用软件的正常运行提供保证，为电子商务系统中的公共功能提供软件平台支持和技术标准。电子商务应用是利用电子手段开展商务活动的核心，也是电子商务系统的核心组成部分，是通过应用程序实现的。

12.1.2 电子商务应用系统的体系结构

网络环境中对于资源均衡、有效应用的需求，推动了客户/服务器结构及相关技术的发展；随着 Internet 技术的发展和普及，电子商务应用中对于更大范围商务活动的跟踪和控制需求，又带来了三层和多层应用体系结构的出现，并极大地推动了这一领域的技术发展。

（1）客户/服务器体系结构

客户/服务器结构（Client/Server，简写为 C/S）是指在客户/服务器计算模式下，一个或多个客户、一个或多个服务器与操作系统协同工作，形成允许分布计算、分析、表示的合成系统。它是一种灵活的、规模可变的体系结构和计算平台。

客户/服务器的概念是 20 世纪 80 年代中期提出来的，从硬件角度讲，客户/服务器结构是指将某项任务在两台或多台计算机之间进行分配，其中客户机用来提供用户接口和前端处理的应用程序，服务器提供可供客户机使用的各种资源和服务。客户机在完成某一项任务时，通常要利用服务器上的共享资源和服务器提供的服务。在一个客户/服务器体系结构中通常有多台客户机和服务器。从应用系统，特别是应用软件的角度讲，客户/服务器结构将信息系统进行层次划分，提高各层的逻辑独立性以及对上层处理的透明性，其目的在于提高系统的灵活性和可扩展性，方便应用系统在网络环境中的配置和使用。

随着软件技术的提高，特别是数据库管理系统自身客户/服务器计算能力的提高，客户端只需要将数据请求发送给服务器端，由服务器端完成数据查找及客户的请求处理工作，将处理结果发送回客户端，再由客户机完成与用户的交互工作。该模式中，数据处理任务分别在客户端和数据库服务器上进行，客户端负责用友好的界面与用户交互，从客户发往数据库服务器的只是查询请求；服务器专门负责数据库的操作、维护，从数据库服务器传回给客户的只有查询结果，减少了网络上的传输量，提高了整个系统的吞吐量、减少了响应时间，并充分利用了网络中的计算资源。

（2）电子商务应用系统的体系结构

在传统的客户/服务器的应用分配模型中，由客户机完成表示部分和应用逻辑部分的功能，在软件开发中，这两部分通常紧密地耦合在一起，即设计和代码编写中并不对两部分的内容进行明确的划分，应用中这两部分也作为一个整体安装在客户机上。

电子商务应用系统的主要特征体现在 Internet 技术的使用上，用户的数量和范围都在不断扩张，用户类型也有很大的不确定性，如果客户端需要复杂的处理能力，需要较多的客户端资源，必然会导致应用系统总体费用的增加，这与客户/服务器结构所期望的借助任务共担提高网络资源利用率以减少总体费用的初衷相违背，即对传统应用逻辑分配方案带来挑战。

因此，为了解决应用任务的分担问题、客户端系统的分发问题以及界面问题，在电子商务等新的应用中，产生了两类新的结构：三层客户/服务器结构和浏览器/服务器（Browser/Server，B/S）结构。

在三层客户/服务器结构中，商业和应用逻辑独立出来，组成一个新的应用层次，并将这一层次放置于服务器端。数据在发送到网络之前首先由功能性服务器加以过滤，网络通信量会因此下降。三层结构的客户端并不直接同数据库打交道，而是通过中间层的统一调用来实现，因此具有较好的灵活性和独立性，而且适合于不同数据库之间的互联。

B/S 结构特指客户端使用了 Web 技术，即在客户端使用浏览器，并在应用服务器端配置 Web 服务器以响应浏览器请求。

12.1.3 电子商务系统的实现要素

电子商务系统的信息交互范围大，包括组织内部的信息流程以及组织与外部的信息交互；系统所涉及的环节和角色多，包括相关的法律、安全、电子支付等。更重要的是，所有这些必须有机地整合在一起，形成一个标准统一、各方协作、信息畅通的一体化系统。

电子商务系统中的各方没有像传统商务活动中大量存在的直接联系，而是完全通过网络进行信息沟通，因此需要一些传统商务活动中没有（如认证中心）或者重要程度不同（如物流中心）的电子商务系统角色。至于网络平台，则更是传统商务系统中所没有的。

电子商务系统的顺利运行，需要有众多环境技术的保障：网络支付技术是实现真正网上交易的基本保障，也是制约电子商务发展的关键环节；电子商务交易过程中，如何保证商业机密和交易过程的安全可靠，是电子商务推广普及的先决条件；物流技术在电子商务中的应用与发展，为电子商务的有效开展提供了重要保障。

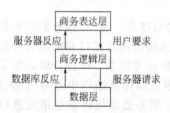

图 12-1　电子商务系统应用
逻辑结构与关系示意图

电子商务系统的复杂性使得电子商务应用系统及其开发运行环境要比传统信息系统复杂得多。在应用逻辑上（图 12-1），电子商务系统由商务表达层、商务逻辑层和数据层组成，而在具体实现中，涉及硬件环境和应用软件的具体配置。

（1）商务表达层

商务表达层主要为电子商务系统的用户提供使用接口，最终表现在客户端应用程序的硬件设备——商务表达平台上，如计算机、移动通信设备等，应用程序或是浏览器，或是专用的应用程序。从物理平台上看，商务表达平台是一种瘦客户逻辑，但具体的实现过程中，表达逻辑还要依赖 Web 服务器等后台设备和软件，更多的是服务器端的逻辑处理以及前后台的通信处理技术。

（2）商务逻辑层

商务逻辑层描述处理过程和商务规则，是整个商务模型的核心，该层所定义的应用功能是系统开发过程中需要实现的重点。企业的商务逻辑可以划分成两个层次：一个层次是企业的核心商务逻辑，需要通过开发相应的电子商务应用程序实现；另一层次是支持核心商务逻辑的辅助部分，例如安全管理、内容管理等，这些功能可以借助一些工具或通用软件来实现。从物理实现上看，商务逻辑运行在商务支持平台上，企业核心商务逻辑由电子商务应用系统完成，需要根据系统需求进行应用软件的开发，相对比较独立；提供辅助功能的通用软件集成在一起，通过与其他软硬件的集成构成支持商务逻辑的商务支持平台。

（3）数据层

数据层为商务逻辑层提供数据支持。一般来说，这一部分为商务逻辑层中的各个应用软件提供各种后端数据，这些后端数据具有多种格式，有多种来源，例如企业内部数据库、ERP

系统的数据、EDI 系统的数据以及企业外部的合作伙伴、商务中介（如银行、认证中心等）的数据。数据层规划时的重点是标识清楚各种数据的来源、格式等特征，确定数据层与商务逻辑层数据交换的方式；构造数据层的重点是开发电子商务系统与外部系统、内部信息资源的接口，完成系统集成。

12.2 计算机网络与 Internet 技术

12.2.1 计算机网络技术

计算机网络就是利用通信设备和线路将地理位置分散、功能独立的多个计算机互联起来，以功能完善的网络软件（即网络通信协议、信息交换方式和网络操作系统等）实现网络中资源共享和信息传递的系统。计算机网络一般由计算机、通信处理设备、物理连接介质等组成。

（1）计算机网络的主要功能

计算机网络的主要功能如下。

① 资源共享　充分利用计算机资源是组建计算机网络的重要目的之一。资源共享除共享硬件资源外，还包括共享数据和软件资源。

② 数据通信能力　利用计算机网络可实现各计算机之间快速可靠地互相传送数据，进行信息处理，如传真、电子邮件、EDI、BBS、远程登录（Telnet）与信息浏览等通信服务。

③ 均衡负载　均衡负载是指工作被均匀地分配给网络上的各台计算机系统。网络控制中心负责分配和检测，当某台计算机负荷过重时，系统会自动转移负荷到较轻的计算机系统去处理，以此扩展计算机系统的功能，提高系统可靠性，提高性能价格比，通过网络缓解用户资源缺乏的矛盾，使各种资源得到合理的调整。

④ 分布处理　一方面对于一些大型任务，可以通过网络分散到多个计算机上进行分布式处理，也可以使各地的计算机通过网络资源共同协作，进行联合开发、研究等；另一方面，计算机网络促进了分布式数据处理和分布式数据库的发展。

⑤ 提高计算机的可靠性　计算机网络系统能实现对差错信息的重发，网络中各计算机还可以通过网络成为彼此的后备机，从而增强了系统的可靠性。

（2）计算机网络的组成与分类

计算机网络系统由通信子网和资源子网组成，网络软件系统和网络硬件系统是网络系统赖以存在的基础。网络软件是挖掘网络潜力的工具，常见的网络软件主要包括网络协议和协议软件、网络通信软件、网络操作系统、网络管理及应用软件等。网络硬件是计算机网络系统的物质基础。要构成一个计算机网络系统，首先要将计算机及其附属硬件设备与网络中的其他计算机系统连接起来。随着计算机技术和网络技术的发展，网络硬件日趋多样化，功能更加强大和复杂。

计算机网络可按网络拓扑结构、网络覆盖的地理范围、网络通信技术、网络操作系统类型、系统拥有者以及服务对象等不同标准进行划分，因此一个网络可以从不同的角度被划分到不同的类别。

① 按网络的作用范围和计算机之间的相互距离分类　计算机网络可以分为广域网、局域网和城域网。

广域网（Wide Area Network，WAN）：分布范围可达几千千米乃至上万千米，横跨洲际，Internet 就是典型的广域网。

局域网（Local Area Network，LAN）：分布范围一般在几米到几千米之间，最大不超过十千米，如校园网。

城域网（Metropolitan Area Network，MAN）：适合一个地区、一个城市或一个行业系统使用，分布范围一般在十几千米到上百千米。

② 按网络的数据传输与交换系统的所有权分类 计算机网络可以分为专用网（如用于军事的军用网络）和公共网（如基于电信系统的公用网络）。

③ 按网络的拓扑结构分类 计算机网络可以分为总线形网络、星形网络、环形网络、树形网络等。

④ 按传输的信道分类 计算机网络可以分为基带网和宽带网、模拟网和数字网。

（3）网络系统结构

国际标准化组织（International Standard Organization，ISO）于 1981 年正式推荐了一个网络系统结构——七层参考模型，即开放系统互联（Open System Interconnection，OSI）模型，如图 12-2 所示。OSI 参考模型将整个网络通信的功能划分为七个层次，每层完成一定的功能，每层都直接为其上层提供服务，并且所有层次都互相支持。第四层到第七层主要负责互操作性，而第一层到第三层则用于两个网络设备间的物理连接。

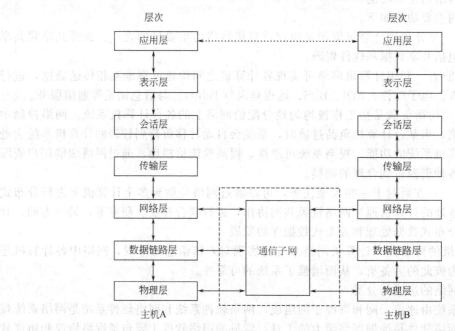

图 12-2 OSI 参考模型

① 物理层 物理层定义了网络传输介质、发信号的方法、位同步、体系结构（例如以太网或令牌环网）和铺设电缆的拓扑结构。它还定义了网络接口卡（NICs）与介质（铺设电缆）是如何交互的。物理层通过通信通道传输原始比特。

② 数据链路层 数据链路层的任务是获取原始的传输信息，并把它转换到线路中。经此转换，到达网络层时已消除了传输错误。数据链路层的工作过程为：把输入数据划分成数据帧，按顺序传输这些帧，处理从接收者返回的应答帧。

由于物理层只接收和传输比特流而不考虑意义和结构，所以直到数据链路层才产生和识别帧的边界。这可以通过在帧的开头和末尾附加特殊的比特模式来完成。

③ 网络层 网络层控制子网的操作，它决定节点—主机接口的主要特性，以及包怎样在子网中按规定的路径传送，包是指此层中信息交换的单元。这层软件要做的基本上是从源主机接收信息，把它们转换成包，并监控着包传向目的地。

④ 传输层 传输层的基本功能是从会话层接收数据，如果必要的话，将其切分成较小的单元，再传输到网络层，并确保这些数据包全部正确到达另一端。传输层排序数据包，以便数

据包能够在目的地按照正确的顺序重新组合。它产生应答，并转发数据包。它还在接收到数据包后对数据包进行装配。这一层是真正的端对端层，换句话说，源机器上的程序和目标机器上相似的程序使用信息头和控制信息进行对话。

⑤ 会话层　会话层定义如何建立连接、维护连接和结束连接。它还实现名字的解析功能。会话层是"一个用户与网络的接口"。在会话层用户必须协商建立与另一机器上一个进程的连接，这一连接通常称为会话。一个会话可能用来允许用户登录到一个远程分时系统上，或者在两个机器间传输文件。

⑥ 表示层　表示层将应用程序所传送的数据翻译为适合于网络传输的格式。它实现某种数据变换。这一层可以实现的变换包括为了常规事务而进行的文本压缩、将一个编码系统变换为另一个编码系统、加密与解密，以及为了在不兼容的显示器上显示数据而在不同终端类型之间进行的变换等。

⑦ 应用层　应用层提供用户应用程序与网络功能的接口，控制应用程序如何访问网络，以及生成错误信息。这一层的内容由每位用户决定。当两个程序在不同的机器之间进行通信时，他们必须独立地决定所允许的信息集以及收到信息时的活动。应用层程序负责向用户隐藏所有下层的活动。

（4）网络协议

网络中的计算机与终端间要想正确地传送信息和数据，必须在数据传输的顺序、数据的格式及内容等方面有一个约定或规则，这种约定或规则称作协议。网络协议主要由语义、语法和时序三个部分组成。网络协议对于计算机网络来说是必不可少的。不同结构的网络，不同厂家的网络产品，所使用的协议也不一样，但都遵循一些协议标准，这样便于不同厂家的网络产品进行互联。在同一网络中，可以有多种协议同时运行。

一个功能完善的计算机网络需要制订一套复杂的协议集合，对于这种协议集合，最好的组织方式是层次结构模型。即将每个计算机网络分为若干层次，处在高层次的系统仅是利用较低层次的系统提供的接口和功能，不需了解低层实现该功能所采用的算法和协议；较低层次也仅是使用从高层系统传送来的参数。这就是层次间的无关性，因为有了这种无关性，层次间的每个模块可以用一个新的模块取代，即使它们使用的算法和协议都不一样，只要新的模块与旧的模块具有相同的功能和接口即可。计算机网络层次结构模型与各层协议的集合定义为计算机网络体系结构。

12.2.2　Internet 技术

12.2.2.1　Internet 协议组

Internet 协议组是一组计算机通信协议的集合，由于 TCP 协议（传输控制协议）和 IP 协议（网际协议）是保证数据完整传输的两个基本的重要协议，所以习惯上又称整个 Internet 协议组为 TCP/IP 协议组。主要包括 TCP、IP、UDP（用户数据报协议）、ICMP（互联网控制信息协议）、SMTP（简单邮件传输协议）、SNMP（简单网络管理协议）、FTP（文件传输协议）、ARP（地址解析协议）等许多协议。

TCP/IP 协议是 20 世纪 70 年代中期美国国防部为 ARPANET 广域网开发的网络体系结构和协议标准，以它为基础组建的 Internet 是目前国际上规模最大的计算机网络，正因 Internet 的广泛使用，使得 TCP/IP 成了事实上的标准。TCP/IP 的目的是允许互相合作的计算机系统通过网络共享彼此的资源，这里的计算机系统既包括同构的系统，也包括异构的系统。网络可由同构的网络系统组成，也可由异构的网络系统组成，TCP/IP 协议主要针对的是异构的网络系统。TCP/IP 协议并不完全符合 OSI 的七层参考模型，TCP/IP 通信协议采用了四层的层级结构，这四层是物理层、网络层、传输层和应用层。

物理层相当于 OSI 的第一、二层，表示 TCP/IP 的实现基础，如 Ether-net、Token Ring、Token Bus 等。

网络层又进一步细分为网络接口层和网络层。网络接口层包括了硬件接口和 ARP、RARP（反向地址解析协议），这两个协议主要是用来建立送到物理层上的信息和接收从物理层上传来的信息。ARP 负责将网络地址映射到硬件地址，RARP 将硬件地址映射到网络地址。

传输层上的主要协议是 TCP 和 UDP。正如网络层控制着主机之间的数据传递，传输层控制着那些将要进入网络层的数据。TCP 是一个基于连接的协议，它要为用户进程提供虚电路服务，并为数据可靠传输建立检查。UDP 则是面向无连接服务管理方式的协议，提供给用户进程的无连接协议，用于传送数据而不执行正确性检查。

应用层向用户提供一组常用的应用程序，比如电子邮件、文件传输访问、远程登录等，应用层位于协议栈的顶端。

12.2.2.2 企业相关网络

通常企业建立互联网 WWW 网站不久后就会要求建立内部网。同样，在管理层同意建立内部网后不久，就会有人提出把内部网扩展为外部网。内部网是基于 WWW 的专用网络，它在局域网中使用互联网应用软件。内部网可加快企业的信息在企业内部及分支机构间的传播。外部网扩展了内部网的概念，它是将企业的内部网连入其业务伙伴、顾客或供应商的网络。虽然目前流行的业务方式还是传真、电话、电子邮件和特快专递，但外部网很有希望取代这些缓慢且昂贵的技术。企业在选择其网络系统时，应该考虑内部网和外部网的安全问题。

（1）内部网

从技术上讲，内部网和互联网没有太大的差别，只是访问内部网需要授权。由于同样是基于客户机/服务器模型，内部网对文件、文档和图表等内部请求的处理过程与互联网是一样的。例如，一个地区销售经理用 WWW 浏览器询问他负责的地区一年来的销售状况，WWW 客户机通过 TCP/IP 和企业的内部网向目标企业的服务器发出 HTTP 信息，服务器的授权检查证明请求者（地区销售经理）是否有对文件的访问权，然后把文件发回到内部网上发出请求的客户机上，这个地区经理就可以看到该地区最新的销售数据，并把这些数据同计划进行比较。

内部网是传播企业信息的一种流行方法，而且成本也很低。内部网使用基于互联网的协议，包括 TCP/IP、FTP、Telnet、HTML 和 WWW 浏览器。因为企业的内部网和互联网是兼容的，企业外部的消费者可以很容易共享内部网的信息。使用内部网的一个好处是，企业内部有不同计算机硬件的部门可以在内部网上互相沟通。这是因为内部网软件和协议是独立于硬件的。

内部网服务器可以对信息进行收集和分类，这样信息就可发到互联网上实现信息发布。假设顾客想了解某种产品或某些产品的价格和现货情况，内部网可从内部数据库中寻找信息，这些信息包括库存和半成品信息，然后把这些信息转成正确的格式，接着把信息从内部网发到互联网上再送到顾客手中。

内部网的成本很低。如果企业的 PC 机已经连入与互联网相连的局域网，内部网基础设施的要求就已经满足了。内部网的基础设施包括一个 TCP/IP 网络、WWW 制作软件、WWW 服务器、硬件和软件、WWW 客户机和一台防火墙服务器。因为内部网使用的是客户机/服务器两层或三层结构，在内部网上运行的硬件和软件也可以在互联网上运行。此外，由于内部网使用标准的 TCP/IP 协议，这就保证了现在使用互联网的任何企业都能够很容易地建立内部网。换句话说，不需要多种标准来同时支持互联网和内部网，一种标准就足够了。大部分内部网使用的是三层结构，因为内部网所支持的功能是传统的两层互联网模型不具备的。

内部网可以节约企业的时间和金钱。不管对大企业还是小企业，内部网总是传输各种企业内部信息的最佳手段，因为创建和分发纸面信息通常缓慢且昂贵。例如，如果人力资源部门使用内部网，就可以利用内部网节约分发员工手册、企业政策和政府相关法规所花的时间和金钱。如果你处理过大量的、经常变化的企业政策手册，你就会赞成放弃打印与分发逐月或逐年变化的政策手册。内部网可处理的其他信息包括工作任命、内部绩效和生产信息、白皮书和技术报告、企业电话簿、电子邮件、软件手册和政府法规等。内部网还有助于人员培训，可节约培训费用，提高培训的便利性。利用内部网，员工可以随时随地地接受在线培训。在内部网上的培训比传统的面对面培训要节约很多费用，因为企业不用再花费把员工送到培训中心所需要的运输和食宿成本。

内部网还加快了应用软件的分发和升级。管理和维护企业的 PC 软件花费很高。通过减少软件维护和升级成本，内部网可降低网络系统总成本。计算机维护人员可把软件的升级和更新内容放入内部网，企业雇员下次登录自己的工作站时，这些脚本就可自动更新工作站。传统方法需要逐台更新计算机软件，费时费力，相比之下，内部网的优势非常明显，企业也可以从内部网的使用中获益匪浅。

内部网的优势包括：
- 高效、节约和环保（"绿色"）的内部交流；
- 购置成本和安装成本低；
- 维护成本低；
- 增加了信息的可用性；
- 准确及时地获取信息；
- 信息发布和人员培训非常方便节约。

然而，内部网也有一些缺点。开发内部网需要成本，所以企业必须权衡收益和成本。目前很难精确计算投资回收期（这是会计和财务主管想知道的重要指标）。另外，内部网的一些工具还不成熟，还不能大规模地使用。内部网很容易失去控制，需要认真地监控，以确保企业内部网能够万无一失地工作。

（2）外部网

外部网把企业及其供应商或其他贸易伙伴联系在一起。外部网可以是下列几种网络类型的任何一种：公共网络、安全（专用）网络或虚拟专用网络（VPN）。这几种网络都能实现企业间的信息共享。外部网的信息是安全的，可以防止信息泄露给未经授权的用户。授权用户可以公开地通过外部网连入其他企业的网络。外部网为企业提供了专用的设施，帮助企业协调采购，通过 EDI 交换业务单证，实现彼此之间的交流和沟通。实际上外部网可通过互联网建立起来，但外部网一般是联系业务的独立网络。利用传统的互联网协议，外部网可用互联网实现网间通信，即使是独立于互联网的专用网络也可使用互联网的协议和技术来进行通信。

一些外部网是从内部网发展而来的，这些内部网服务企业已有多年了。然后，管理层将内部网数据向互联网用户开放，以减轻企业雇员的工作负荷。

一个著名的例子是 FedEx（联邦快递）。多年来，顾客跟踪他们包裹的方法一直是：拨打 FedEx 的免费电话，告诉接线员自己的包裹号码；接线员输入包裹号码后，包裹跟踪信息就会显示在接线员的控制台上；最后，接线员把包裹状态告诉顾客。有关包裹的所有信息都属于 FedEx 的内部信息。几年前，FedEx 免费向所有提出要求的人分发包裹跟踪软件。软件安装在顾客的计算机上，通过调制解调器拨叫 FedEx 的计算机，询问包裹的状态，并在顾客的计算机上显示出结果。

随着 WWW 的普及，FedEx 现在放弃了客户机软件，而在其网站上提供包裹跟踪服务。这种最新的系统叫做 FedEx Ship，可提供多种 WWW 访问服务，包括包裹跟踪、在线生成空运单据、运输货物登记及 FedEx 物资运输服务。顾客可键入自己的账号和空运单据号，然后进入 FedEx 的作业系统跟踪货物的运输流程，重要的信息（如包裹的状态）都保存在 FedEx

的外部网中。这个系统将顾客的订单及仓库数据管理系统与 FedEx 的收货、开具发票和包裹跟踪软件集成了起来。

① 公共网络　如果一个组织允许公众通过任何公共网络（如互联网）访问该组织的内部网，或两个或更多的企业同意用公共网络把它们的内部网连在一起，公共网络外部网就出现了。在这种结构中，安全性是大问题，因为公共网络不提供任何安全保护措施。为了保证合作企业之间交易的安全，每个企业在把它的信息送到公共网络之前，必须对这些信息提供安全保护。内部网一般用防火墙来检查来自互联网（它当然是一种公共网络）的信息包，但是防火墙也不是百分之百的安全。这就是公共网络外部网在实际中很少采用的原因，因为风险太大了。专用网络和虚拟专用网络都能提供足够的安全保护来满足企业间交易的需要。

② 专用网络　专用网络是两个企业间的专线连接，这种连接是两个企业的内部网之间的物理连接。专线是两点之间永久的专用电话线连接，和一般的拨号连接不同，专线是一直连通的。这种连接的最大优点就是安全。除了这两个合法连入专用网络的企业，其他任何人和企业都不能进入该网络。所以，专用网络保证了信息流的安全性和完整性。

专用网络的最大缺陷是成本太高，因为专线是非常昂贵的。每对想要专用网络的企业都需要一条独立的专用（电话）线把它们连到一起。例如，如果一个企业想通过专用网络与 7 个企业建立外部网连接，企业必须支付 7 条专线的费用。企业一般把这个问题称为"伸缩"问题：增加专用网络的数目很困难、昂贵且耗时。那么企业到底该如何在它们的内部网之间建立紧密和专用的联系呢？答案可能就是基于虚拟专用网络设计的外部网。

③ 虚拟专用网络（VPN）　虚拟专用网络（VPN）外部网是一种特殊的网络，它采用一种叫做"通道"或"数据封装"的系统，用公共网络及其协议向贸易伙伴、顾客、供应商和雇员发送敏感的数据。这种通道是互联网上的一种专用通路，可保证数据在外部网上的企业之间安全地传输。由于最敏感的数据处于最严格的控制之下，VPN 也就提供了安全的保护。VPN 就像高速公路（互联网）上的一条单独的密封的公共汽车通道，公共汽车通道外的车辆看不到通道内的乘客。利用建立在互联网上的 VPN 专用通道，处于异地的企业员工可以向企业的计算机发送敏感的信息。

外部网合作伙伴间的这种受保护的通道方案发展很快，而且成本也很低。大部分的外部网都是局域网-局域网型的外部网或客户机/服务器型的外部网。早期的系统（如 EDI）是局域网-局域网型的代表，现在流行的是客户机/服务器型的外部网。如果一个企业想和其供应商或贸易伙伴建立更为密切的联系，可以用 VPN 把它们连接在一起。建立 VPN 不需要专线，除了每个公司的内部网外，所需的唯一设施就是互联网。

虽然 VPN 是一种外部网，但并不是每个外部网都是 VPN。设计虚拟专用网络可以节省成本，尽管其主要目的是利用合作企业间的联盟创造一种竞争优势。同使用专线的专用网络不一样，VPN 适时地建立了一种临时的逻辑连接，一旦通信会话结束，这种连接就断开了。VPN 中"虚拟"一词的意思是：这种连接看上去像是永久的内部网络连接，但实际上是临时的。一旦两个内部网之间发生交易，VPN 就建立起来，交易通过互联网完成，交易结束后，连接就终止了。

（3）互联网接入的各种方案

互联网由一系列互相连接的网络组成。一个企业或个人连入一个局域网、内部网或建立了拨号连接，就成为了互联网的一部分。为其他企业提供互联网接入服务的企业叫做互联网接入服务商（IAP）或互联网服务商（ISP），它们可以提供多种接入服务。

ISP 为顾客提供多种互联网接入的方式。不同的 ISP 及其所提供服务的主要区别是每个服务商所提供的连接带宽是不同的。前面已经讲过，带宽是单位时间内通过一条通信线路的数据量。带宽越大，数据文件的传输速度就越快，WWW 页面在计算机屏幕上显示速度也就越快。

当然，互联网及本地服务商上的拥挤状况大大地影响了实际带宽，实际带宽是指考虑到任意时间通信通道上的拥挤情况时信息传输的实际速度。如果要求 ISP 提供服务的人很少，实际带宽将接近服务商的带宽上限。反之，在通信拥挤的时段，会感到上网的速度大大下降了。根据互联网接入类型的不同，向上传输带宽和向下传输带宽可能会差别很大。向上传输也称为上载，是指从客户的计算机向 ISP 发送信息。向下传输也称为下载或向下连接，是指信息从 ISP 流向客户的计算机，例如，一个 WWW 页面被发送到客户的计算机上。

在卫星连接和有线电视网连接中，向上传输带宽和向下传输带宽是不同的。例如，线缆调制解调器从客户机向服务器传输数据时，最大的传输速度一般可达到每秒 1MB，而向下传输的速度可达到每秒 10MB。与 ISP 建立连接的常用方法是通过电话服务商。传统的电话服务使用现有的电话线和模拟调制解调器，可提供大约每秒 56KB 的带宽。有些电话公司提供更高级的服务，称作数字用户服务或数字用户线路（DSL）协议。电话公司还开发出综合业务数字网（ISDN）来使用 DSL 协议集。

线缆调制解调器连接所用的电缆和电视机用的宽带同轴电缆是一样的。仅在美国就有 1 亿个家庭和机构有条件使用宽带有线电视电缆，7000 多万个家庭安装了有线电视。用一条双绞线和一个以太网卡连在 PC 机上，就可用线缆调制解调器与 ISP 建立相对低成本和高带宽的连接。线缆连接提供的向上传输带宽在每秒 300KB 到每秒 500KB 之间，向下传输带宽最大可达每秒 1.5MB（向上传输和向下传输的理论速度可以更高一些，但在实际运行时理论速度是很难实现的）。和 ADSL 不同，线缆的带宽会随网络用户数目的变化而变化。

ADSL 是一条专用线路，没有竞争者争夺线路资源。在网络通信的高峰期，在有很多用户的网络中，数据的传输速度会大大下降。如果大公司内有成千上万的独立用户需要连入互联网，该公司就需要很大的带宽。网络访问服务商（NAP）是指那些为 ISP 提供互联网接入服务务的企业，它们一般使用 T1 和 T3 线路，有时也会使用新的异步传输模式（Asynchronous Transfer Mode，ATM）连接，这种连接的最大带宽可达 622Gbps。一些大学和美国国家科学基金会（NSF）正在同 NAP 合作推广新的互联网，即第二代互联网，其带宽将超过 1Gbps。

12.3 电子商务的基础技术

Web 是 Internet 的一部分，它是一些计算机按照一种特定方式互相连接所构成的 Internet 的子集，这些计算机可以很容易地进行内容互访。Web 的另一个重要的特点是具有容易操作的标准图形界面，这种界面使得那些对计算机并不精通的人也可用 Web 访问大量的 Internet 资源。

12.3.1 Web 的技术架构

与传统的信息形式相比，Web 所采用的超文本的含义有两层：一是信息的形式不再限于简单的字符或数值型数据，而是可以包含多媒体信息；二是超文本可以实现网络上信息之间的相互连接。

（1）超文本传输协议（HTTP）

Web 是通过 Internet 连接，由浏览器和服务器软件组成的，HTTP 提供了服务器与浏览器沟通的语言，用于在 Internet 上传输文档。HTTP 是建立在 TCP/IP 之上的应用协议。

（2）统一资源定位器（URL）

每个网页都有一个独一无二的位置，称为统一资源定位器（URL），Web 浏览器借此来寻找 Web 服务器。Web 的威力在于它可以使用超链接连接分散的网页，让读者借助点选网页上的超文本在网页间移动。

（3）超文本标记语言（HTML）

HTML 是个可以包含文字、窗体及图形信息的超文本文件的表现语言，其目的在于使得 Web 页面能显示在任何支持 HTML 的浏览器中，而与联网的机器平台无关。特别需要指出的是，HTML 提供的链接机制是 Web 的本质特性之一。

（4）Web 服务器

Web 服务器也称 HTTP 服务器，是储存文件和其他内容的软硬件组合，用于提供 HTTP 及 FTP 等服务，有的还可作为代理服务器（一个可以从别的服务器上为它的客户存取文件的服务器）。本来 Web 服务器只提供"静态"内容，返回在 URL 里指定的文件的内容。现在也可以采用 CGI 等技术从一个运行的程序里得出"动态"内容。

（5）Web 浏览器

Web 客户通常指的是 Web 浏览器，如 Netscape Navigator 和 Microsoft Internet Explorer 等。这种浏览器能理解多种协议，如 HTTP、HTTPS 和 FTP 等；也能理解多种文档格式，如 TEXT、HTML、JPEG 和 XML 等；也具备根据对象类型调用外部应用的功能。

12.3.2 电子商务表达层基础技术

（1）表达层技术实现的分类

客户端是电子商务系统的用户接口，从设备角度，可以将客户端分成普通计算机（包括 PC、工作站等）、移动终端（如手机、PDA、寻呼机等）和其他信息终端（如通过无线或有线方式与电子商务系统连接的家用电器、ATM 取款机等）。在技术上，要求这些设备支持标准协议（HTML、WML、XML），能够从网络上下载插件，支持连接诊断或在线升级。这些客户端通常通过 Internet 与电子商务系统连接，并进行交互。它们一般都具有图形用户界面，一般需要支持电子商务表示层的各种格式化数据表达标准。

从逻辑角度，或以将客户端分为基于浏览器的瘦客户端和有数据处理功能的传统客户端应用程序（即所谓胖客户端）。在电子商务系统中，通常采用瘦客户端策略，大多数的数据操作都在服务器端进行，浏览器的使用使得任何用户都不需要任何方面的训练，就可以通过良好的用户界面使用这些应用程序。

从客户端设备上所显示的信息，即网页的内容进行划分，可以分为静态内容和动态内容。静态网页是指网页的内容对访问者而言是单向的、固定不变的，即访问者不能通过自己的操作来改变网站的内容。动态网页的内容对访问者来说是双向的、动态变化的，即访问者可以通过自己的操作获取不同的显示内容，以及有限度地更新网站服务器上的内容。

（2）静态页面与标记语言

以 HTML 为代表的标记语言是静态页面表达的技术基础，XML 语言在处理机器之间的相互交流和信息传递等方面所表现出来的技术优势，使其日益受到关注。

静态网页的内容存储于 Web 服务器上，包括 HTML 文件、图像和电影等多媒体文件。这些文件通常由各种页面设计、图形制作等相应工具制作而成，事先存放在 Web 服务器的文件系统中，当客户在浏览器页面中点选了某个超链接，浏览器就会发出相应页面的请求，并通过 Internet 发送到 Web 服务器，Web 服务器识别所请求的文件后，将复制文件通过 HTTP 发送回浏览器，由浏览器解释并显示在界面之上。

客户端向 Web 服务器发送的请求以及服务器返回给客户端的应答都遵循 Internet 的标准协议：HTTP 协议。电子商务系统的商务信息是通过统一的浏览器界面进行表达，由客户端设备完成与用户的交互工作，由客户端与 Web 服务器共同承担交互过程的实现。物理上，Web 服务器属于后台设施，逻辑上主要用于商务表达信息的完成，是商务表达平台的重要组成部分。从商务信息即静态网页的内容编制上讲，标记语言是静态网页的核心技术。

（3）动态页面的体系结构

与静态网页设计相比，动态网页的设计不仅仅是文字、图形、音像的编排和组织，更重要的是交互功能的实现。要产生动态网页，一定要选择一种程序语言编写程序，程序的可执行端分成 Web 服务器端和浏览器端，由此形成了不同的界面体系结构和不同的应用开发技术。

动态页面的核心在于提供更丰富的用户交互能力，特别是将业务数据处理、存储与 Web 页面进行集成，能够将来自用户的数据用于业务处理，并存储到企业的数据库中，也能够将处理结果和企业数据库内容显示在用户的网页上。需要强调的是，"动态"的重点在于实现用户与应用程序的交互，以及如何将所获得的数据显示在网页中。

电子商务系统的开发技术中，商务信息的表达通常由客户端和 Web 服务器共同承担，逻辑功能实现上的不同划分方法，导致了多种体系结构的出现，每种结构在应用特征和技术实现方法上各有特点。商务表达层各种体系结构的选择需要考虑多方面的因素，其中界面的易用性、整体结构的性能、系统的安全性、平台的兼容性等，都是重要的技术考察指标，也是赢得用户的重要内容。

① 客户端应用体系结构 除了 JavaScript 等客户端脚本程序以外，在客户端加入逻辑的另一个体系结构是提供一个运行在客户端的功能完全的应用程序，用户可以下载这个程序，此后由它控制与用户的交互和内容构造。这种体系结构的好处是：将用户界面和业务逻辑的区别去掉了；和用户交互时与服务器的通信很少；Web 页面可以离线浏览；不需要很多服务器资源。

② 客户端脚本体系结构 一种向客户端提供动态内容的有效途径是将脚本作为 HTML 页面的一部分从服务器传送给客户端，脚本通常包括一些不需要与服务器应用程序通信就能在客户端执行的应用逻辑，例如数据域检查。这些应用逻辑通常比较简单，不需显示新的内容，不做页面切换。通常复杂逻辑仍由服务器执行，它们需要客户端给服务器新的请求，服务器处理后，结果将返回给客户端，最终还是由脚本进一步处理。这种体系结构的好处是：服务器与用户的通信比较少，需要的服务器资源少，可以对用户动作作更多的响应。

③ 服务器端逻辑体系结构 服务器端逻辑体系结构完全依靠服务器提供用户界面内容，客户端由浏览器显示从服务器上得到的页面，每个用户动作，例如按下一个按钮，都产生一个对服务器的请求，服务器处理请求并计算结果，生成一个新的页面发送到客户端。这种体系结构的好处是：所需的客户端资源很少；应用逻辑不用装入；启动用户交互所需的网络通信量很少；动态内容完全由服务器端的可执行代码完成，仅仅将 HTML 页面返回客户端，这样服务器端的应用程序就不必考虑浏览器和客户平台的差异。

12.3.3 电子商务应用逻辑层基础技术

商务表达层的技术重点在于如何呈现商务信息，提供用户与电子商务系统的交互接口。商务逻辑层的功能在于根据用户输入进行商业逻辑处理，将逻辑处理结果提供给商务表达层，完成动态内容的构建，其技术重点是如何构建和实现复杂的业务逻辑。

（1）商务逻辑层概述

企业的商务逻辑可以划分成两个层次：一个层次是企业的核心商务逻辑，这一部分通常具有明显的企业特征；另一层次是支持核心商务逻辑的辅助部分，大多数企业有许多相似之处。商务逻辑层通过不同的方式实现这两个层次，一般的，企业的核心逻辑依靠电子商务应用程序实现，而辅助部分可以通过不同的技术产品来集成，搭建支持商务应用程序运转的支持平台。因此，商务逻辑层包括商务应用软件和支持平台两个层次。

电子商务应用软件是指结合各企业具体应用，针对各企业的行业特点和业务流程所开发的应用系统，实现企业的主业务。虽然电子商务提供许多通用模式，但不同企业的电子商务软件也不会完全相同，通常是由各企业根据自己的特点专门开发的，即使有一些成型的产品，往往也需要针对不同企业的特点进行二次开发。

支持平台向上层（商务应用）提供的服务主要包括表达、商务支持、运行支持、开发和集成服务。构成支持平台的技术产品至少应当包括 Web 服务器、商务支持软件、集成与开发工具、计算机主机、网络、其他系统软件（如操作系统、管理工具软件等）。通常 Web 服务器、商务支持软件、部分集成开发工具被集中在一个称为"应用服务器"的软件包中，所以商务逻辑层在物理上可以简化为以下三个部分：应用软件（实现商务逻辑）、应用服务器（为应用软件提供软件支持平台）和其他支持软件、计算机主机及网络（为应用软件提供硬件支持平台）。

(2) 核心商务逻辑的实现及其技术

核心商务逻辑的实现主要是借助程序语言完成的，从最初的公共网关接口（CGI）技术，其目前广泛应用的 ASP 和 Java 技术，该类技术从简单的语言选择已经发展到平台之间的选择。

① 公共网关接口（CGI）　Web 技术发展的早期，HTML 语言提供了静态页面的编制技术，动态页面的内容需要依靠传统语言与 CGI 技术的结合完成。CGI 并不是一种程序语言，而是一种从浏览器向服务器申请执行程序的机制，是一种基于浏览器的输入，在 Web 服务器上运行相应程序的技术标准。这种标准规定了服务器如何获得客户端的输入、如何输出处理结果以及相关的一些技术标准等。CGI 是 Web 服务器调用外部程序的一个接口。通过 CGI，Web 服务器能将用户从浏览器中录入的数据作为参数，运行本机上的程序，并把运行结果通过浏览器返回给用户。

② 基于 ASP 的系统开发　ASP 是微软推出的动态 Web 设计技术，是 Web 技术一个新的发展方向。ASP 能够将代码直接嵌入 HTML，是一种在 Web 服务器上解释执行的脚本程序，可以很容易地把 HTML 标记、文本、脚本命令及 ActiveX 组件混合在一起构成 ASP 页，以此生成动态网页，创建交互式的 Web 站点，实现对 Web 数据库的访问。ASP 在服务器端运行，运行结果以 HTML 主页形式返回用户浏览器，也就是说，用户在客户端浏览器看到的仅仅是 ASP 页的执行结果所生成的页，而 ASP 页本身的内容用户在客户端浏览器看不到的，因而 ASP 源程序不会泄密，增加了系统的安全保密性。

③ Java 语言　Java 是 SUN 公司于 1990 年开始为消费者电子市场如电视机、电话、烤面包机等家用电器的控制和通信而设计的软件。Java 简单可靠，是面向对象、与平台无关的，它最大限度地利用了网络，具有可移植性好、安全性好、支持多线程等特点。Java 不仅是一种编程语言，也成为一种平台。Java 平台是运行于其他硬件平台之上的纯软件平台，而大多数其他平台是硬件和操作系统的结合。Java 平台由 Java 虚拟机和 Java 应用程序接口两部分组成。Java 技术为构建多层应用软件体系结构提供了一系列的相关技术，SUN 公司为此制订了相关技术规范，形成了基于 Java 的技术平台 J2EE。

(3) 商务支持平台及相关技术

根据所提供的商务服务功能特征，商务支持平台可以划分为商务基础平台和商务服务平台，分别完成对系统性能和商务服务的支持。

① 商务支持平台及相关技术　商务支持平台就是对企业的商务应用系统提供支持，使企业的商务应用能更好地开展一些服务。根据所提供服务的特征，一般可以将支持平台进一步划分为商务基础平台和商务服务平台。前者旨在提高系统性能，侧重于保障系统的效率、可靠性和优化，例如负载平衡、系统管理等；后者提供更多的商务服务，为企业的核心商务逻辑提供服务，例如供应链管理、客户关系管理、安全认证等。商务支持平台的出现使得企业能够将更多的精力集中于其核心业务的构建上。

商务支持平台一般应具备以下特征。

- 可靠及高性能。可靠的平台是应用软件能够稳定、持续地向客户提供服务的基本保证。平台的可靠性和高性能主要体现在：支持多种错误恢复手段及容错方式，具备对大量访问负荷实现均衡的能力；支持多线程、多进程的操作系统；支持集群结构和多 CPU 主机；可以不间断运行。
- 支持商务逻辑的动态分布。
- 平台应当预置各种应用，提供多种服务。例如内容管理、搜索工具等，提供多种开发工具，支持多种开发语言。

- 平台应当支持多种工业标准和操作系统平台。
- 易于管理。
- 平台是模块化的，各个部分是低耦合的，这样它具有通用性。

商务支持平台的功能主要通过通用软件包完成，Web应用中承担了不同的责任，它们自身技术的发展也反映了商务支持平台的技术发展规律。

② Web服务器与应用服务器　Web平台中，传统Web服务器的作用相当于使用HTTP协议的文件服务器，主要功能在于Web页面的组织和存取。随着电子商务系统规模的扩大，其功能也在不断丰富，在传统CGI编程接口基础上，提供了其他应用开发接口，并增强了网络管理等系统管理功能，有些产品的功能足以承担商务服务处理的需要。

随着电子商务系统三层体系结构的提出和明确，更细致的层次划分又导致了应用服务器的出现。应用服务器是一个软件包，它将一些通过用的、与具体商务应用无关的软件集成为一个整体，为电子商务应用系统的运行提供基础平台。此外，应用服务器预装了部分功能，并提供了一些开发工具，在其基础上开发应用软件能够简化用户接口、减少开发难度。从电子商务系统的体系结构上看，应用服务器是商务服务平台和基础服务平台的某些功能的一个集合。

12.3.4　电子商务数据层基础技术

电子商务应用对数据模型、数据性能等核心技术以及数据访问接口技术提出了一系列新的需求，推动了Web数据库技术的诞生与发展。

（1）电子商务系统中的数据管理技术

数据管理是指对数据的分类、编码、存储、检索和维护，而数据库技术正是数据处理技术发展到比较成熟后的产物，并成为计算机系统框架中相对独立的一个层次，成为信息技术应用的支撑技术。随着应用的不断深入和软硬件技术的不断进步，数据库技术在自身数据管理和对外信息处理方面得到了飞速的发展，到目前为止，主要经历了手工管理、文件系统、数据库系统和数据仓库这几个阶段，并形成了众多领域。

电子商务系统中的信息需求更加广泛。数据库技术对电子商务的支持是全方位的，电子商务应用的推广和发展对数据库技术提出了新的要求，推动了数据库技术与Web技术的全面结合，在数据库核心技术和数据库访问接口技术等多方面得到了发展。在电子商务中，从底层数据基础到上层的应用都涉及数据库技术，如图12-3所示。

① 数据的收集、存储和组织　数据库技术的主要目标是解决数据管理中数据的存储、访

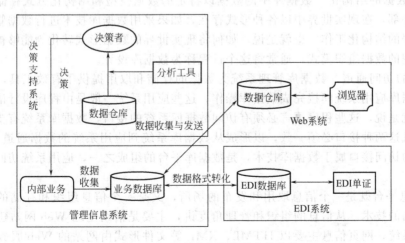

图 12-3　电子商务的数据库技术

问、处理等问题，存储和管理各种商务数据是数据库技术的基本功能。对于参与电子商务的企业而言，数据来源不仅仅是企业内部管理信息系统，还包括大量的外部数据。数据是企业的重要资源，是进行各类生产经营活动的基础及结果，是决策的根本依据。利用数据库技术对数据进行全面、及时的收集、正确的存储和有效的组织管理，是充分利用这一重要资源的基础工作。

② 决策支持　信息系统的广泛应用为企业积累了大量的原始数据，电子商务的应用，特别是互联网的大量应用，大大丰富了企业外部信息来源。特别是电子商务中用户跟踪和网上行为和互动的大量应用，使数据仓库、联机分析处理和数据挖掘工具为企业充分利用电子商务的海量数据进行决策分析提供了技术手段，为企业的正确决策提供了分析基础，便于随时调整经营策略，以适应市场的需求。

③ 对EDI的支持　EDI是电子商务重要的组成部分，特别在对外贸易领域中应用十分广泛。要想成功实现EDI，企业的基础设施建设是关键，而数据库系统的建设是其中重要的一环。如果有良好的数据库系统的支持，就可以实现应用到应用的EDI过程。业务数据库和EDI系统之间接口的功能为：提供标准的信息格式定义；数据库管理系统的无关性；自动抽取数据库中的相关数据转化为EDI单证格式；自动抽取EDI单证的关键数据存储到数据库中。

④ Web与数据库的结合　在很多资料中可以看到Web数据库这样的名称，实际它并不是一种新的数据库系统，而是指如何将Web应用和传统的数据库系统连接起来，特别是如何在传统数据库管理系统中提供更好的Web应用访问接口、更多的数据存储和处理类型以及有关异种平台的互联能力。

（2）电子商务系统数据层的实现

数据层是信息系统的核心平台之一，提供系统信息资源的管理。传统信息系统中主要由数据库系统承担，电子商务系统中由数据库平台和Web信息平台共同完成。

从信息需求和数据管理的目标来看，数据库平台建设主要涉及以下问题。

① 数据的结构化存储　数据管理技术的效率来源于数据的结构化存储和管理，数据的结构化存储方式主要是数据库，在数据库中，数据根据事先设定的数据模型进行存储。在数据库技术的发展过程中，出现了多种数据模型。

② 数据的管理与访问　数据库数据的存储和管理是由数据库管理系统完成的，在DBMS基本理论体系的指导下，各数据库厂商开发出许多各具特色的产品，并不断丰富和优化它们的功能，以满足不同的应用需求。近年来，各厂商普遍提高了Web平台的支持。

③ 现实数据的结构化　数据库中的数据以特定的数据模型和结构化方式存储。数据通常来自于组织外部，在现实世界中以各种形式存在，如果采用数据库技术进行数据管理，就必须完成这些数据的结构化工作。也就是说，如何将现实世界的数据形式转化为能够被数据库系统所识别和管理的数据组织模式，通常将这个过程称为数据库设计。

④ 数据的访问通道　数据库管理系统为数据的存储和取用提供了有效工具，但最终用户通常通过数据库应用系统间接完成数据库操作，这些应用系统一般是由程序设计语言编制的应用软件。也就是说，这些程序语言必须有访问数据库系统的接口，数据库系统有支持访问命令的接口，而且这两种接口必须一致，以形成从数据库系统到应用系统的数据通道。严格地讲，数据库系统的访问接口属于数据库技术，是数据库平台的组成之一，应用系统访问接口属于应用平台。

Web信息平台既是一个信息取用和发布的场所，又是一个信息组织和存储的场所，因此涉及多个层面的技术。从信息的组织和管理角度讲，主要是借助全球Web网站建立全球的网页信息共享系统，网页信息主要以HTML、XML等文件形式由网站的Web服务器统一管理和提取。从信息存储角度讲，Web信息平台的信息以文件方式组织和存储，借助超链接实现信息的共享，因此需要更好的考虑超链接的组织。

在 Web 信息获取方面，主要是通过信息检索技术，如检索目录使信息具有更好的结构化，通过搜索引擎技术提高信息的捕获能力。从信息发布的角度讲，对于静态页面直接由 Web 服务器提取，对于动态页面，还需要从数据库获取信息，完成页面组合。

（3）Web 与数据库的访问接口

Web 与数据库的访问接口技术主要有以下几种。

① 基于 CGI 的 Web 数据库访问　组建一个 Web 网络数据库服务系统，需要一个 Web 服务器、客户端浏览器和 CGI 应用程序。浏览器向 Web 服务器提出服务请求并显示服务器传递过来的服务结果；Web 服务器是信息交换中心，将客户请求正确传递给 CGI 接口程序，待 CGI 程序运行完毕后，再将执行结果传递给客户端的浏览器；CGI 接口程序负责完成 Web 服务器传递过来的客户服务请求，如果是对于 Web 数据库服务的请求，CGI 接口程序将作为数据管理系统的前端，负责接收客户的数据库操作请求，完成与数据库服务器的交互，并返回操作结果。对于 Web 数据库服务，CGI 接口可以接收对数据库的各项服务请求，包括查询、修改、添加、删除等服务，然后将结果返回给 Web 服务器。

② Web API 技术　Web API（Web 应用编程接口）是一种 Web 数据库接口技术。Microsoft 和 Netscape 公司分别开发了基于 IE 和 Navigator 浏览器的数据库 API 接口（即 ISAP 和 NSAPI），它们均允许附加应用程序来执行，因此能够得到更紧密的集成和更好的性能。然而，作为专用接口，它们只适用于它们各自的平台。

③ 基于 Java 技术的 JDBC　现在，最为常用的是使用一种专门的 Web 开发设计的特殊的编程语言生成到后端数据库的界面，就是由 Sun Microsystems 首创的 Java 编程语言，使数据库连接成为语言的一部分。最近，许多基于 Java 语言的工具都提供了构造交互式表单以直接通往数据源。其中最基本的接口技术是 JDBC。

④ Microsoft 的 ADO（ActiveX Data Objects）技术　操作系统、Web 服务器、数据库服务器、数据连接 API 及开发人员工具的紧密集成是 Microsoft 最强大的力量，虽然这些产品都存在平台依赖性等问题，仍不影响它们的广泛使用。ADO 是微软数据接口组件之一，主要用于客户/服务器或 Internet/Intranet 环境下，是一项容易使用，且可扩展的将数据库访问添加到 Web 页的技术。

本 章 小 结

① 以电子技术为手段的商务活动称为电子商务，而这些商务活动所赖以存在的环境则称为电子商务系统，要实现电子商务，必须首先建立电子商务系统。从广义上讲，电子商务系统是指支持商务活动的电子技术手段的集合；而从狭义上则指 Internet 的基础上，以实现企业电子商务活动为目标，满足企业生产、销售、服务等生产和管理的需要，支持企业的对外业务协作，为企业提供商业智能的信息系统。

② 网络环境中对于资源均衡、有效应用的需求，推动了客户/服务器结构及相关技术的发展；随着 Internet 技术的发展和普及，电子商务应用中对于更大范围商务活动的跟踪和控制需求，又带来了三层和多层应用体系结构的出现，并极大地推动了这一领域的技术发展。

③ 电子商务系统的信息交互范围大，包括组织内部的信息流程以及组织与外部的信息交互；系统所涉及的环节和角色多，包括相关的法律、安全、电子支付等。更重要的是，所有这些必须有机地整合在一起，形成一个标准统一、各方协作、信息畅通的一体化系统。

④ 计算机网络就是利用通信设备和线路将地理位置分散、功能独立的多个计算机互联起来，以功能完善的网络软件（即网络通信协议、信息交换方式和网络操作系统等）实现网络中

资源共享和信息传递的系统。计算机网络一般由计算机、通信处理设备、物理连接介质等组成。计算机网络的主要功能有资源共享、数据通信能力、均衡负载、分布处理和提高计算机的可靠性等目标。

⑤ Web 是 Internet 的一部分，它是一些计算机按照一种特定方式互相连接所构成的 Internet 的子集，这些计算机可以很容易地进行内容互访。Web 的另一个重要的特点是具有容易操作的标准图形界面，这种界面使得那些对计算机并不精通的人也可用 Web 访问大量的 Internet 资源。

⑥ 电子商务应用对数据模型、数据性能等核心技术以及数据访问接口技术提出了一系列新的需求，推动了 Web 数据库技术的诞生与发展。

思 考 题

12-1　如何理解电子商务系统框架的演进？简单分析该框架对于电子商务系统建设的主要影响。

12-2　三层客户/服务器结构的核心思想是什么？与两层结构相比，三层客户/服务器结构具有哪些优势？

12-3　从系统框架结构和应用系统体系结构的角度，分析电子商务系统所涉及的技术及其主要的技术特色。

12-4　计算机通信协议的组成及作用是什么？采用层次结构模型的意义何在？

12-5　Web 技术架构的主要组成包括哪些？为什么 Web 能够成为电子商务信息表达的技术平台？

12-6　实现动态页面主要有哪些技术？特点如何？

13 电子支付与支付体系

学习目标

　　系统、全面掌握网络支付的定义、功能、特征与分类，掌握支持电子商务发展的电子支付动作体系结构；理解和掌握网络支付的基本流程；掌握信用卡、电子现金、电子钱包、电子汇兑系统与网络银行等现在比较典型的一些电子支付方式。

　　2011 年中国银行卡总规模达到 29.5 亿张，同比增长 22.1%；其中信用卡总规模达 2.9 亿张，同比增长 24.3%，占整体银行卡总规模的 9.7%。银行卡受理环境日趋成熟，2011 年，全国联网商户和联网 POS 终端分别达到 318 万户和 482.7 万台，同比增长 45.7% 和 44.8%。银行卡消费金额（不含房地产、大宗批发等交易类型）达到 7.1 万亿元。

　　相关法规的出台也促进了电子支付的发展。《银行卡收单业务管理办法（征求意见稿）》对于资金转接清算职能以及跨省收单等相关问题进行了进一步明确和规范，从而增强了对服务质量和效率的保障，有效防范套现、移机、数据泄露等风险，保障产业健康发展。《银行卡刷卡手续费标准调整方案》的实施将有助于优化银行卡刷卡费率结构，降低总体费用水平，扩大银行卡使用范围，从而促进我国银行卡收单行业的规模增长。

13.1　电子支付系统概述

　　在传统支付模式中，银行作为金融业务的中介，通过自己创造的信用流通工具为商人与商家办理支付与结算，主要利用传统的各种纸质媒介进行资金转账，比如通过纸质现金或纸质单据等方式。现金是由本国政府发行的纸币和硬币形式供应的，支付的纸质单据主要指银行汇票、银行支票或国家邮政部门等公认机构所签发的邮政汇票等。随着计算机系统及 Internet 的普及应用，银行的业务开始以电子数据的形式通过网络进行办理，诸如信用卡、电子汇兑等一些电子支付方式开始投入使用，并且发展迅速。以 Internet 为主要平台的网络支付方式在许多国家已逐渐投入使用，应用面越来越广，已经形成一定的理论与应用体系，并正在不断发展和完善中。

13.1.1　电子支付与网络支付的定义

　　电子支付，英文描述为 Electronic Payment，或简称 E-payment，指的就是通过电子信息化的手段实现交易中的价值与使用价值的交换过程，即完成支付结算的过程。远程网络通信、数据库等电子信息技术应用于金融业，如信用卡专线支付结算方式在 20 世纪 70 年代就产生了，因此电子支付方式的出现要早于现在的 Internet。随着 20 世纪 90 年代全球范围内 Internet 的普及和应用，电子商务的深入发展标志着信息网络经济时代的到来，一些电子支付结算方式逐渐采用费用更低、应用更为方便的公用计算机网络特别是 Internet 为运行平台，网络支付方式就应运而生了。

　　网络支付，英文叫做 Net Payment 或 Internet Payment，是指以金融电子化网络为基础，以商用电子化工具和各类交易卡为媒介，通过计算机网络系统特别是 Internet 来实现资金的流通和支付。

可以看出，网络支付是在电子支付的基础上发展起来的，它是电子支付的一个最新发展阶段；或者说，网络支付是基于 Internet 并适合电子商务发展的电子支付，带有很强的 Internet 烙印，并愈发如此，所以很多学者干脆称之为 Internet Payment。它是基于 Internet 的电子商务的核心支撑流程。网络支付比现存的信用卡 ATM 存取款、POS 支付结算等这些基于专线网络的电子支付方式更新、更先进、更方便，将是 21 世纪网络时代里支撑电子商务发展的主要支付与结算手段。

13.1.2 支付系统的相关术语

支付系统包括结算系统和清算系统，涉及的主要术语介绍如下。

（1）结算

结算通常指那些伴随各种经济交易的发生，交易双方通过银行进行债权债务清偿的货币收付行为。结算分为现金结算和非现金结算两种形式。结算通常是在商业银行和企业之间进行的，由商业银行操作。

（2）清算

清算通常是指那些伴随各种结算业务发生的，需要通过两家以上银行间账户往来或通过当地货币清算系统的清算账户来完成的货币划转。清算分为同城清算和异地清算，是进行债权债务清偿的货币收支行为。与结算不同，清算通常发生在银行之间。

（3）支付

支付是银行的主要功能和业务之一。支付既包含结算行为，也包含清算行为。支付是经济交易的双方和它们各自的开户银行之间的资金收、付关系。银行之间的资金收、付交易，又必须通过中央银行进行资金的清算，才能最后完成支付的全过程。

（4）电子支付

实现电子支付的银行客户首先将一定金额的现金或存款从发卡者处兑换成代表相同金额的数据，然后，通过使用某些电子化方法将该数据金额直接转移给支付对象，从而能够清偿债务。

（5）国际支付

国际支付也称为跨国支付，国际支付主要通过 SWIFT 网络和国际支付电传网络传输支付信息，通过布鲁塞尔、纽约、伦敦和东京等国际金融中心进行资金结算。

13.2 基于 Internet 的网络支付体系

13.2.1 网络支付体系的构成

网络支付与结算的过程涉及客户、商家、银行或其他金融机构、商务认证管理部门之间的安全商务互动，因此支撑网络支付的体系可以说是融购物流程、支付与结算工具、安全技术、论证体系、信用体系以及现在的金融体系为一体的综合大系统。

具体到电子商务系统中，电子商务的网络支付指的是客户、商家、金融机构及认证管理机构之间使用安全电子手段进行的网上商品交换或服务交换，主要以 Internet 为应用网络平台。这种在电子商务中主要基于 Internet 公共网络平台的网络支付结算体系的基本构成如图 13-1 所示。

图 13-1 中主要涉及七大构成要素，以下分别叙述。

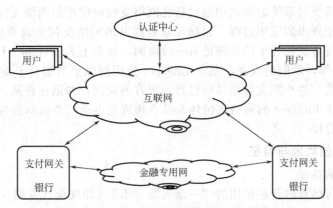

图 13-1　电子商务网络支付体系示意图

① 客户是指在 Internet 上与某商家或企业有商务交易关系并存在未清偿的债权债务关系（一般是债务）的一方。客户用自己拥有的网络支付工具（如信用卡、电子钱包、电子支票等）来发起支付，是网络支付体系运作的原因和起点。

② 商家，是拥有债权的商品交易的另一方。商家可以根据客户发起的支付指令向中介的金融体系请求获取货币给付，即请求结算。商家一般设置了专门的服务器来处理这一过程，包括协助身份认证以及不同网络支付工具的处理。

③ 客户的开户行，是指客户在其中拥有资金账户的银行。客户所拥有的网络支付工具主要就是由开户银行提供的，客户开户行在提供网络支付工具的时候也同时提供了一种银行信用，即保证支付工具是真实并可兑付的。例如，在利用银行卡进行网络支付的体系中，客户开户行又被称为发卡行。

④ 商家开户行，是商家在其中开设资金账户的银行，其账户是整个支付结算过程中资金流向的地方或目的地。商家将收到的客户支付指令提交给其开户行后，就由开户行进行支付授权的请求以及进行商家开户行与客户开户行之间的清算等工作。商家的开户行是依据商家提供的合法账单（客户的支付指令）来工作的，因此又称为收单行或接收行。

⑤ 支付网关，英文为 Payment Gateway，是 Internet 公用网络平台和银行内部的金融专用网络平台之间的安全接口，网络支付的电子信息必须通过支付网关进行处理后才能进入安全的银行内部支付结算系统，进而完成安全支付的授权和获取。支付网关的建设关系着整个网络支付结算的安全以及银行自身的安全，关系着电子商务支付结算的安全以及金融系统的风险，必须十分谨慎。不过，支付网关这个网络节点不能分析通过的交易信息，支付网关对送来的双向支付信息也只是起保护与传输的作用，即这些保密数据对网关而言是"透明"的，即无需网关进行一些涉及数据内容级的处理。

⑥ 金融专用网络，是银行内部及银行间进行通信的专用网络，不对外开放，具有很高的安全性，如正在完善的中国国家金融通信网，其上运行着中国国家现代化支付系统、中国人民银行电子联行系统、工商银行电子汇兑系统、银行卡授权系统等。目前中国传统商务中主要应用的电子支付与结算方式，如信用卡 POS 支付结算、ATM 资金存取、电话银行、专业 EFT 系统等，均运行在金融专用网上。中国银行的金融专用网发展很迅速，虽然不能直接为基于 Internet 平台的电子商务进行直接的支付与结算，但是它为逐步开展电子商务提供了必要的条件。因为归根结底，金融专用必然是涉及银行业务这一端的电子商务网络支付 Internet 平台的一部分。

⑦ 认证中心。作为认证机构的认证中心必须确认各网上商务参与者的相关信息（如在银行的账户状况、与银行交往的信用历史记录等），因此认证过程其实也离不开银行的参与。

在电子商务网络支付系统的构成中也包括在网络支付时使用的网络支付工具以及遵循的支付通信协议，即电子货币的应用过程。目前经常被提及的网络支付工具有银行卡、电子现金、电子支票、网络银行等。银行卡的发展已有一段时间，社会上大多数银行卡只用在金融专用网络的 POS 支付结算等，发展到现在，基于 Internet 公用网络上的银行卡支付已基本成熟，应该说在电子商务中的一些小额支付结算中已得到很好的应用，并迅速普及。

综上所述，基于 Internet 的网络支付体系基本构成是电子商务活动参与各方与网络支付工具、支付协议的结合体。

13.2.2 网络支付的功能与特征

（1）网络支付的特征

相比较传统支付结算时普遍使用的"一现三票一卡"（即现金、发票、本票、汇票和信用卡）方式，以 Internet 为主要平台的网络支付结算方式表现出更多的优点和特征，总结如下。

① 网络支付结算主要在开放的公共网络系统中通过看不见但先进准确的数字流来完成相关支付信息传输，即采用数字化的方式完成款项支付结算。而传统支付结算方式则通过纸质现金的流转、纸质票据的转让和银行的汇兑等物理实体的流转来完成款项支付，需要在较为封闭的系统中运行，大多需要面对面处理。

② 网络支付具有方便、快捷、高效、经济的优势。用户只要拥有一台上网的计算机，便可足不出户，在很短的时间内就可以完成整个支付与结算过程。手续费用仅相当于传统支付的几十分之一，甚至几百分之一。而传统的支付方式，由于票据传递迟缓和手工处理的手段落后，造成大量的在途资金，无法做到银行间当天结算，交易双方的资金周转速度很慢。网络支付系统可以直接将钱打到收费者的银行账号上，比通过邮寄或第三方转款大大缩短了付款时间，提高了资金的周转率和周转速度，既方便了客户，又提高了商家的资金运作效率，同时也方便了银行的处理。例如，在美国，据咨询公司 Booz 所作的调查，一桩通过 Internet 完成的网络支付结算成本仅为 1 美分，而通过 POS 专线支付和营业员柜台操作完成结算的成本分别高达 27 美分与 1.07 美元。

③ 网络支付具有轻便性和低成本性。与电子货币相比，一些传统的货币如纸质货币和硬币则愈发显示出其奢侈性。在美国，每年搬运有形货币的费用高达 60 亿美元，英国则需要 2 亿英镑，中国由于电子支付比例小，费用也非常庞大，而世界银行体系之间的货币结算和搬运费用占到其全部管理费的 5%。而采用网络支付方式，因为电子信息系统的建立和维护开销很小，无论小公司还是大企业都可从中受益。

④ 网络支付与结算具有较高的安全性和一致性。支付的安全性是保护买卖双方不会被非法支付和抵赖，一致性是保护买卖双方不会被冒名顶替。网络支付系统和现实的交易情况基本一致，而付费协议提供了与纸质票据相对应的电子票据的交易方法，网络支付结算协议充分借用尖端加密与认证技术，设计细致、安全、可靠。所以，网络支付远比传统的支付结算安全可靠。另外，使用网络支付对于保障人身安全也大有益处，使用电子货币不用随身携带大量现金，本身就意味着提高了安全性，也减少了麻烦，现在越来越多的人持卡出门游玩、消费正说明了大家开始认识到电子货币较为安全方便。

⑤ 网络支付可以提高开展电子商务的企业的资金管理水平，不过也增大了管理的复杂性。采用了网络支付方式以后，不仅可以作原有的网络广告宣传，而且能够十分方便地利用收集到的客户信息建立相关决策支持系统，比如作账单分析、估测市场趋势、预算新举措费用等，为企业进行科学的决策、降低经营风险等提供了有利支持。同时，网络支付系统的高效率，可以使企业很快地进行资金处理和结算，有效地防止了拖欠的发生，这对于提高资金管理和利用水平有很大的帮助。

⑥ 银行提供网络支付结算的支持使客户的满意度与忠诚度均上升，这为银行与开展电子

商务的商家实现良好的客户关系管理提供了支持。例如，美国花旗银行自开展网络银行与网络支付业务以来，由于网络支付的便利，客户的满意度提高了，反应在具体数据上是客户账户的资金余额增加了，并且客户流失率降低。

当然，就目前的技术水平而言，网络支付作为新兴方式，还存在一定的安全性以及支付环境的具备、管理规范的制订等问题，但这些问题在传统支付结算中也存在。伴随着电子商务的蓬勃发展，电子货币和网络支付的发展已经呈现出加速趋势。

（2）网络支付的功能

虽然网络支付体系的基本构成在不同的环境中不尽相同，但安全、有效、方便、快捷是所有网络支付方式或工具追求的共同目标。对于一个实用的网络支付系统而言（可能专门针对一种网络支付方式，也可能兼容几种网络支付方式），应该具有以下所述的基本功能。

① 能使用数字签名和数字证书等手段实现对电子商务各方进行认证，以防止支付欺诈。例如，防止一些网上黑店利用 Internet 的漏洞来骗钱，近期就有不法分子利用工商银行的名义在网上骗取用户资金账号的使用密码等。

② 能使用较为尖端安全的加密技术对相关支付信息流进行加密。可以采用单密钥体制或双密钥体制来进行信息的加解密，并可采用数字信封、数字签名等技术来加强数据传输的保密性与完整性，以防止未被被授权的第三者获取消息的真正含义。例如，防止网上信用卡密码被黑客破译窃取。

③ 能使用数字摘要（即数字指纹）算法以确认支付电子信息的真实性，防止伪造假冒等欺骗行为。为保护数据不被未授权者建立、嵌入、删除、篡改、重放等，而是完整无缺地达到接收者一方，可以采用数据杂凑技术（Hash 技术），通过对原文进行杂凑运算生成数字摘要一并传送给接收者，接收者就可以通过收到的数字摘要来判断所接受的电子消息是否完整。若发现接收的消息不完整，要求发送端重发以保证其完整性。

④ 当网上交易双方出现纠纷特别是有关支付结算的纠纷时，系统能保证对相关行为或业务的不可否认性。这用于保护通信用户对付来自其他合法用户的威胁，如发送用户否认他所发的消息，接收者否认他已接收的消息等。

⑤ 整个网络支付结算过程对网上贸易各方特别是对客户来讲，应该是方便易用的，手续与过程不能太繁琐，大多数支付过程对客户与商家来讲应是透明的。

⑥ 能保证网络支付结算的速度，即应是让商家与客户感到均是快捷的，这样才能体现出电子商务的效率，发挥出网络支付结算的优点。否则，如一位先生在情人节当天早上买鲜花，客户在网上填入信用卡号码与密码并提交支付表单，这些过程均挺快，可是以银行为基础的网络支付体系迟迟不能与商家进行结算，导致商家在第二天才收到货款而发货，这样送出来的鲜花已满足不了客户的需求。

（3）网络支付的基本模式

网络支付结算的应用流程其实就是电子货币流动过程的普遍形式，但不同的电子货币的应用流程还是有区别的。

这里，根据电子货币的支付流程的区别，可以把网络支付的基本系统模式大体分为：类支票和类现金电子货币支付系统模式。

类支票电子货币支付系统模式是典型的基于电子支票、电子票证汇兑、信用卡、网络银行账号等的网络支付系统模型，支持大、中、小额度的资金支付与结算。

类支票电子货币支付系统模式，顾名思义，就是类似传统的纸质支票应用系统模式，原理上差不多，主要涉及三个当事实体，即买方、卖方和各自的开户银行。银行可为同一个，也能是不同银行，当然在网络平台上还涉及认证中心。

类支票的基本应用过程可简要描述如下。

① 电子商务买卖双方都在银行拥有账户,而买方应在开户行有一定的存款。

② 在买卖双方开始交易以前,买方先从银行得到电子支付票证,即授权的电子货币。

③ 买方把授权的电子货币交给卖方,卖方验证此电子票证的有效性后,继续交易过程。

④ 卖方将收到的电子票证转给自己的开户银行,要求资金兑付。

⑤ 银行收到卖方的电子票证,验证确认后进行后台的资金清算工作,并给买卖双方回送支付结算成功消息。至此,这次网络支付完毕。

类现金电子货币的网络支付系统模式,是一种新的网络支付模式,其主要的网络支付工具是类现金电子货币,如现在开始应用的电子现金以及装电子现金的电子钱包,较有代表性是电子现金。类现金,顾名思义,就是类似传统的纸币现金,所以为现金电子货币的网络支付系统模式与传统纸币的支付模式也基本类似,原理上差不多,只是货币表现形式上有所不同。类现金电子货币表现为特殊的加密电子信息串,用户可以像用纸币一样用类现金在网络平台上进行日常买卖。类现金同样主要涉及三个当事实体,即买方、卖方和各自的开户银行,银行可为同一个,也可能是不同银行,当然在网络平台上还要涉及认证中心。

类现金的基本应用过程可简要描述如下。

① 电子商务中的买方先在开户银行中有一定的存款,并对应其类现金账号。

② 在买卖双方开始交易以前,买方先从银行通过银行存款请求兑换类现金,就像人们平时去银行从资金账号中提取纸币现金一样。

③ 银行根据买方的请求把相应的类现金发送至买方的计算机中,可以随便使用。

④ 买方根据付款数额把相应书面的类现金发送给卖方的计算机,卖方验证此类现金有效性后,继续交易过程。

⑤ 卖方可以把收到的类现金暂时存储起来,也可以发送给相应银行,银行清算后增加卖方账号的对应资金数额,卖方还可以把收到的类现金发送给自己的另一个商务货币如供应商进行网络支付。至此,这次类现金的网络支付过程完毕。

13.2.3 网络支付的基本流程

网络支付借鉴了很多传统支付方式的应用机制与过程,只不过流动的媒介不同,一个是传统纸质货币与票据,大多手工作业,另一个是电子货币并网上作业。可以说,基于 Internet 平台的网络支付结算流程与传统的支付结算过程是类似的,如果熟悉传统的支付结算方式如纸币现金、支票、POS 信用卡等方式的支付结算过程,将大大有助于对网络支付结算流程的理解。例如,用户通过 Internet 进行网络支付的过程与目前商店中的销售点系统(即 POS 信用卡支付结算系统)的处理过程非常相似,其主要不同在于网络云集的客户是通过 PC、Internet、Web 服务器作为操作和通信工具,而 POS 信用卡结算应用专用刷卡机、专用终端、专线通信等。

以 Internet 为基本平台的网络支付的一般流程如图 13-2 所示。

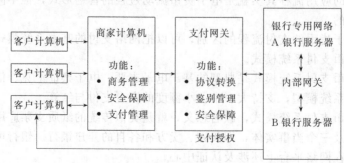

图 13-2 网络支付一般流程示意图

基本的流程可以描述如下。

① 客户连接 Internet，用 Web 浏览器进行商品的浏览、选择与订购。填写网络订单，选择应用的网络支付结算工具，并得到银行的授权使用，如信用卡、电子钱包、电子现金、电子支票或网络银行账号等。

② 客户机对相关订单信息如支付信息进行加密，在网上提交订单。

③ 商家电子商务服务器对客户的订购信息进行检查、确认，并把相关的经过加密的客户支付信息等转发给支付网关，直至银行专用网络的银行后台业务服务器进行确认，以期从银行等电子货币发行机构验证得到支付资金的授权。

④ 银行验证确认后通过刚才建立起来的经由支付网关的加密通信通道，给商家服务器回送确认及支付结算信息，并为进一步的安全给客户回送支付授权请求（也可没有）。

⑤ 银行得到客户传来的进一步授权结算信息后，把资金从客户账号转拨至开展电子商务的商家银行账号上，可以是不同的银行，后台银行与银行借助金融专网进行结算，并分别给商家、客户发送支付结算成功信息。

⑥ 商家服务器接收到银行发来的结算成功信息后，给客户发送网络付款成功信息和发货通知。至此，一次典型的网络支付结算流程就结束了，商家和客户可分别借助网络查询自己的资金余额信息，以进一步核对。

需要说明的是，图 13-2 所示的网络支付结算流程只是对目前各种网络支付结算方式的应用流程的普遍归纳，并不表示各种网络支付方式的应用流程与图中所示是一模一样的，或不同网络支付结算工具的应用流程也是一样的。在实际应用中，这些网络支付方式的应用流程由于技术、资金数量、管理机制上的不同还是有所区别的，但大致遵守该图示流程。

13.2.4 网络支付方式的分类

发展中的以 Internet 为主要运作平台的网络支付方式也有很多种分类标准，而且随着电子商务的发展与技术的进步，更多更新的网络支付工具还被不断地研发并投入应用，又会产生新的分类。

通过对目前国内外正在使用与实验中网络支付方式的调研分析，本书主要讨论电子商务下网络支付方式的以下两种分类。

（1）按开展电子商务的实体性质分类

大家知道，电子商务的主流分类方式是按照开展电子商务的实体性质分类的，即分为B2B、B2C、C2C、G2B、G2G 等各种类型的电子商务。目前，客户在进行电子商务交易时通常会按照开展电子商务类型的不同来选择使用不同的网络支付与结算方式。这正如企业在进行传统商务时，一般小金额的消费直接就用信用卡与现金进行支付以图方便，而购买像计算机、数字摄像机、汽车等贵重设备时，由于涉及较大金额付款，就常用支票结算，而大批量订货时就用银行电子汇票。

所以，考虑到这些不同类型的电子商务实体的实力、商务的资金流通量大小、一般支付结算习惯等因素，可以按开展电子商务的实体性质把当前的网络支付方式分为以下两类，即 B2C 型网络支付方式和 B2B 型网络支付方式。

这也是目前较为主流的网络支付结算分类方式，由于与传统的商务支付方式分类相近，大家容易理解，就是说，个体消费者有自己习惯的支付方式，而企业与政府单位用户也有与之适合的网络支付方式。

① B2C 型网络支付方式 主要用于企业与个人、政府部门与个人、个与个人进行网络交易时采用的网络支付方式，比如信用卡网络支付、IC 卡网络支付、电子现金支付、电子钱包支付以及最新的个人网络银行支付等。这些方式的特点就是适用于不是很大金额的网络交易支付结算，应用起来较为方便灵活，实施起来也较为简单，风险也不大。

② B2B 型网络支付方式 主要用于企业与企业、企业与政府部门单位进行网络交易时采用的网络支付方式，比如电子支票网络支付、电子汇兑系统、国际电子支付系统 SWIFT 与 CHIPS、中国国家现代化支付系统、金融 EDI 以及最新的企业网络银行服务等。这些方式的特点就是适用于较大金额的网络交易支付结算。

把一些基于专用金融通信网络平台的电子支付结算方式如电子汇兑系统、国际电子支付系统 SWIFT 与 CHIPS、中国国家现代化支付系统、EDI 等都归结为 B2B 型网络支付方式，主要因为银行金融专用网本来也是大众化的 Internet 支付平台的一部分，随着新一代 Internet 如 IPv6 的使用，银行金融专用网、EDI 网与 Internet 的融合趋势越来越明显。

（2）按支付数据流的内容性质分类

同样是进行网络支付，用电子支票支付与用电子现金支付在网络平台上传输的数据流的性质是有区别的，正如用纸币现金支付与用纸质支票支付传递的信息性质不同一样，收到 100 万元的纸币现金给人的感觉是收到了真的 100 万元"金钱"，而收到 100 万元纸质支票只是收到了可以得到 100 万元"金钱"的指令。

因此，根据电子商务流程中用于网络支付结算的数据流传递的是指令还是具有一般等价物性质的电子货币本身，可以将网络支付方式分为如下两类。

① 指令传递型网络支付方式 支付指令是指启动支付与结算的口头或书面命令，网络支付的支付指令是指启动支付与结算的电子化命令，即一串指令数据流。支付指令的用户从不真正地拥有货币，而是由他指示银行等金融中介机构替他转拨货币，完成转账业务。指令传递型网络支付系统是现有电子支付基础设施和手段（如同城清算 ACH 系统和信用卡支付等）的改进和加强。

指令传递型网络支付方式主要有银行网络转拨指令方式（如电子资金转账 EFT、国际电子支付系统 SWIFT 与 CHIPS、电子支票、网络银行、金融电子数据交换 FEDI 等）、信用卡支付方式等。其中，金融电子数据交换 FEDI 是一种以标准化的格式在银行与银行计算机之间、银行与银行的企业客户计算机应用之间交换金融信息的方式。因此，FEDI 可较好地应用在 B2B 的电子商务交易的支付结算中。

② 电子现金传递型网络支付方式 电子现金传递型网络支付是指客户进行网络支付时在网络平台上传递的是具有等价物性质的电子货币本身即电子现金的支付结算机制。主要原理是：用户可以从银行账户中提取一定量的电子现金，并把电子现金保存在一张卡（如智能卡）或是用户计算机中的某部分（如一台电脑或个人数字助理 PDA 的电子钱包）中，这时，消费者拥有了真正的电子"货币"，他就能够在 Internet 上直接把这些电子现金按相应支付数额转拨给另外一方，如消费者、银行或供应商。

13.3 典型的网络支付方式介绍

典型的 B2C 型网络支付方式包括信用卡、电子现金和电子钱包等，B2B 型网络支付方式则包括电子汇兑系统、国际电子支付系统等。下面介绍这些电子支付方式的主要应用技术及业务过程。

13.3.1 电子现金

（1）电子现金的定义

电子现金也称数字现金，英文大多描述为 E-Cash，是一种以电子数据形式流通的、客户和商家普遍接受的、通过 Internet 购买商品或服务时使用的货币。电子现金是一种隐形货币，表现为由现金数值转换而来的一系列电子加密序列数，通过这些加密序列数来表示现实中各种金额的币值。比如，利用特殊制作的加密序列数"1101…100"表示 100 元人民币，"1001…

"50"表示50元人民币，"0011…20"表示20元人民币，这也好理解，就像现实生活中利用一张规格特定的泛红的印有毛主席头像并有隐藏水印的特殊纸张来表示100元人民币一样。只不过传统商务中用纸张作介质，电子商务中用摸不着的电子数字串作介质，其实纸质现金与电子现金都是货币的代币。电子零钱或电子硬币本质上也属于电子现金范畴，指价值数额微小的电子现金。

可以说，电子现金是纸币现金的电子化，与纸币现金一样具有很多优点。随着电子商务的发展，必将成为网络支付的一种重要工具，特别是涉及个体的、小额网上消费的电子商务活动，比如很远的两个个体消费者进行C2C电子商务时的网络支付与结算。

电子现金从产生到投入应用，具备一些特点，例如货币性、可分性、可交换性、不可重复性以及可存储性等。

（2）电子现金的原理

电子现金的网络支付方式，就是在电子商务过程中客户利用银行发行的电子现金网上直接传输交换，发挥类似纸币的等价物职能，以实现即时、安全的在线支付形式。这种支付方式，在电子现金的产生以及传输过程同样运用了一系列先进的安全技术与手段，如公开密钥加密法、数字摘要、数字签名以及隐藏签名技术等手段，所以其应用还是比较安全的。

电子现金网络支付方式的主要好处就是在客户与商家运用电子现金支付结算的过程中，基本无需银行的直接中介参与，这不但方便了交易双方应用，提高了交易与支付效率，降低了一些成本，而且电子现金具有类似纸币匿名而不可追溯使用者的特征，可以直接转让给别人使用（就像借纸币给别人一样）并保护使用者的个人隐私。电子现金的这些特征与信用卡、电子支票等网络支付方式就不同，后者的支付过程中是一直有银行的中介参与的，而且是记名认证的。当然，电子现金支付过程因为无需银行直接中介参与，所以可能存在伪造与重复使用的可能，在这一点上各电子现金发行银行也正采取一些管理与技术措施来完善它。比如，发行银行建立大型数据库来存储发行的电子现金的序列号、币值等信息，商家每次接受电子现金后均直接来银行兑换入账，银行进行记录已使用电子现金；在接受电子现金的商家与发行银行间进行约定，每次交易中由发行银行进行在线鉴定，验证送来的电子现金是否伪造或重复使用等。这样会在一定程度上牺牲了电子现金像纸币一样充当一般等价物的自由流通性，但更加安全。随着电子现金相关的新技术的不断开发与应用、技术与应用规范的统一完善，电子现金也会更加自由地流通，真正发挥出"网络货币"的职能。

（3）电子现金的网络支付流程

应用电子现金进行网络支付需要在客户端安装专门的电子现金客户端软件，在商家服务端安装电子现金服务器端软件，在发行银行运行对应的电子现金管理软件等。为保证电子现金的安全以及可兑换性，发行银行还应该从第三方认证中心申请数字证书以证实自己的身份并借此获取自己的公开/私人密钥对，并把公开密钥公布出去，利用私人密钥对电子现金进行签名。

电子现金的网络支付业务处理流程，涉及三个主体，即商家、用户与发行银行，涉及四个安全协议过程，即初始化协议、提款协议、支付协议以及存款协议，一般包括如下步骤（图13-3）。

① 预备工作1，电子现金使用客户、电子现金接受商家与电子现金发行银行分别安装电子现金应用软件，为了交易与支付的安全，商家与发行银行从认证中心申请得到数字证书。

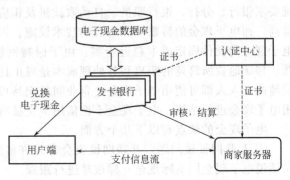

图13-3 电子现金网络支付流程示意图

② 预备工作 2，客户端在线认证发行银行的真实身份后，在电子现金发行银行开设电子现金账号，存入一定量的资金，利用客户端与银行端的电子现金应用软件，遵照严格的购买兑换步骤，兑换到一定数量的数字现金（初始化协议）。

③ 预备工作 3，客户使用客户端电子现金应用软件在线接收从发行银行兑换来的电子现金，并存在客户机硬盘上（或电子钱包、IC 卡上），以备随时使用（提款协议）。

④ 预备工作 4，接收电子现金的商家与发行银行间应在电子现金的使用、审核、兑换等方面有协议与授权关系，商家也可在发行银行开设接收与兑换电子现金的账号，也可另有收单银行。

⑤ 客户验证网上商家的真实身份（安全交易需要）并确认其能够接收本方电子现金后，挑好商品，选择己方持有的电子现金来支付。

⑥ 客户把订货单与电子现金借助 Internet 平台一并发送给网上商家（可利用商家的公开密钥对电子现金进行加密传送，商家收到后利用私人密钥解开）。对客户来说，到这一步支付就算完成得差不多了，并无需银行的中转（支付协议）。

⑦ 商家收到电子现金后，可以随时地一次或批量地到发行银行兑换电子现金，即把接收到的电子现金发送给电子现金发行银行，与发行银行协商进行相关的电子现金审核与资金清算，电子现金发行银行认证后把同额资金转账给商家开户行账户（存款协议）。

⑧ 商家确认客户的电子现金真实性与有效性后，或兑换到货款后，确认客户的订单与支付并发货。

（4）电子现金的应用与解决方案

在电子现金应用上，目前很多国际知名公司提供了电子现金的应用解决方案，如 Digi-Cash、CyberCash 和 IBM 等，也有很多银行支持电子现金的网络支付服务，如包括 Mark Twain、Eunet、Deutsche、Aduance、CiTi Bank 等在内的世界著名银行。但总体来说，有关电子现金的支付结算体系还在发展完善中，在英美等国均有一些小型的电子现金系统投入实际应用，如 Mondex 电子零钱（预付卡式），而纯电子形式的电子现金就更不普及了。这主要因为各个电子现金发行机构之间还没有就电子现金的应用形成统一的技术与应用标准，在使用上某些方面也不完全成熟，如防止重复消费问题。

中国近些年电子商务与网络支付发展均很快，但更为普及的信用卡网络支付还在拓展中，电子现金的实际应用基本还是空白。但由于传统延续下来的庞大的喜欢现金式消费的客户，所以近年来对电子现金的发展已逐渐开始关注。比如，近年来，中国人民银行已在北京、上海等地进行电子现金运作的试点，以期推动电子现金的网络支付，满足中国庞大的小额网络支付需求与消费习惯。

（5）电子现金的优缺点

总的来说，电子现金比其他结算方式更为有效，从而使更多的企业发展起来，最终为消费者带来更低的价格。在互联网上现金转账的成本要比处理信用卡的成本低。传统的货币交换系统要求银行、分行、银行职员、自动取款机及相应的电子交易系统来管理转账和现金，成本非常高。而电子现金的转账只需现有的技术设施、因特网和现有的计算机系统就可以，所以处理电子现金的硬件固定成本趋近于零。由于因特网能够覆盖全球，所以电子交易的距离不是问题。传统通货所跨越的距离和其处理成本是成正比的，通货跨越距离越远，移动它所需的成本就越高。人人都可使用电子现金。企业间的交易可用电子现金来结算，而消费者彼此之间也可用电子现金进行结算。电子现金不像信用卡交易所要求的特殊认证。

电子现金的缺点有以下几个方面。

① 互联网征税问题。互联网税收会带来许多问题，用电子货币付税没有审计的记录，换句话说电子现金同实际现金一样很难进行跟踪。

② 由于真正的电子现金无法进行跟踪，这就又带来另一个问题：洗钱。用电子现金采购

可轻易地进行洗钱，而非法获取的电子现金可匿名采购商品，而所购商品又可公开销售以换得真正的现金。而且商品还会购自另一个国家，使法律问题更加复杂化了。

③ 像传统的现金一样，电子现金也可伪造。尽管困难越来越大，还是能够伪造电子货币并消费。除需要防止伪造外，还有一些对数字经济有潜在威胁的破坏因素，如由于银行向消费者或商家的银行账户贷出电子现金而引起货币供应扩大。

13.3.2 电子钱包

电子钱包，英文大多描述为 E-wallet 或 E-purse，是一个可以由持卡人用来进行安全电子交易特别是安全网络支付并储存交易记录的特殊计算机软件或硬件设备，就像生活中随身携带的钱包一样。电子钱包中能够存放客户的电子现金、电子信用卡、电子零钱、个人信息等，经过授权后可以进行相应操作，可以说是"虚拟钱包"。电子钱包在具有中文环境的 Windows 95 或 Windows NT 操作系统上运行。

电子钱包最早于 1997 年由英国西敏史银行开发成功，经过这几年的发展，电子钱包已经在世界各国得到广泛使用，特别是预付式电子钱包，即 IC 卡式或智能卡式电子钱包。对于纯软件电子钱包方案由于只能在 Internet 平台上应用，投入较大，配置麻烦一些，所以成本较高，目前应用范围上还有些局限。目前世界上最主要的三大电子钱包解决方案是 VisaCash、Mondex 和 Proton，不过多是基于卡式的，既可以用于传统 POS 支付，也可用于 Internet 平台上网络支付，详细情况见后面智能卡部分。对于纯软件形式的电子钱包解决方案，比如，支持电子现金与支票等进行网络支付，各个银行也在发展与试运行，应该说这还在发展成熟中。

电子钱包具有如下功能。

① 电子安全证书的管理：包括电子安全证书的申请、存储、删除等。

② 安全电子交易：进行 SET 交易时辨认用户的身份并发送交易信息。

③ 交易记录的保存：保存每一笔交易记录以备日后查询。

持卡人在使用长城卡进行网上购物时，卡户信息（如账号和到期日期）及支付指令可以通过电子钱包软件进行加密传送和有效性验证。电子钱包能够在 Microsoft、Netscape 等公司的浏览器软件上运行。持卡人要在 Internet 上进行符合 SET 标准的安全电子交易，必须安装符合 SET 标准的电子钱包。

可以看出，电子钱包本质上是个装载电子货币的"电子容器"，把有关方便网上购物的信息如信用卡信息、电子现金、钱包所有者身份证、所有者地址及其他信息等集成在一个数据结构里，以供整体调用，需要时又能方便地辅助客户取出其中电子货币进行网络支付，是在小额购物或购买小商品时常用的新式虚拟钱包。因此，在电子商务中应用电子钱包时，真正支付的不是电子钱包本身，而是它装的电子货币，就像生活中钱包本身并不能购物付款，但可以方便地打开钱包，取出钱包里的纸质现金、信用卡等来付款，看起来就像用钱包付款一样。

电子钱包本身可能是个特殊的计算机软件，也可能是个特殊的硬件装置，当其形式上是软件时，常常称为电子钱包软件，如 Microsoft Wallet。当其形式上是硬件时，电子钱包常常表现为一张能储值的卡，即 IC 卡，用集成电路芯片来储存电子现金、信用卡号码等电子货币，这就是智能卡。所以有些书籍，常常干脆把智能卡就叫电子钱包，只不过是硬式的，应用方式上与软件式的电子钱包基本一样。

13.3.3 信用卡

（1）信用卡简介

从广义上说，凡是能够为持卡人提供信用证明，持卡人可凭卡购物、消费或享受特定服务的特制卡片均可称为信用卡。广义上的信用卡包括贷记卡、准贷记卡、借记卡、储蓄卡、提款卡（ATM 卡）、支票卡及赊账卡等。图 13-4 展示了中国银行卡的产业链。

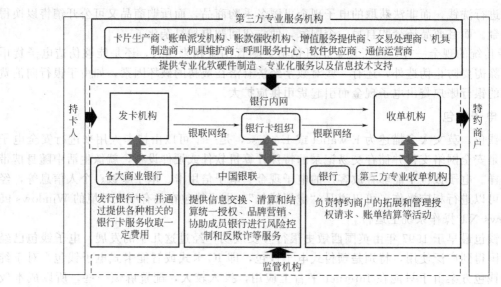

图 13-4 中国银行卡产业链示意图

信用卡具有支付结算、消费信贷、自动取款、信息记录与身份识别等多种功能，是集金融业务与电脑技术于一体的高科技产物。信用卡已经成为当今发展最快的一项金融业务之一，它将在一定范围内用电子货币替代传统现金的流通。

具体到电子商务来讲，利用信用卡支付还具有以下独特的优点。

① 在银行电子化与信息化建设的基础上，银行与特约的网上商店无需太多投入即能付于使用，而持卡人几乎只需登记一下就可以。

② 每天 24 小时内无论何时何地只要能连接上网均可使用，这极大方便了客户与商家，避免了传统 POS 支付结算中布点不足带来的不方便。

③ 目前几乎所有的 B2C 类电子商务网站均支持信用卡的网络支付结算，客户熟悉。

④ 相比较其他更新的网络支付方式如数字现金、电子支票等，信用卡在网络支付上的法律和制度方面的问题较少。

（2）基于 SSL 协议机制的信用卡支付方式

① 基于 SSL 协议机制的信用卡支付方式简介　SSL 协议机制是一种具有较高效率、较低成本、比较安全的网上信息交互机制，大量应用于目前的网络支付实践中。所谓基于 SSL 协议机制的信用卡支付方式，就是在电子商务过程中利用信用卡进行网络支付时遵守 SSL 协议的安全通信与控制机制，以实现信用卡的即时、安全的在线支付。也就是说，持卡客户在公共网络即 Internet 上直接同银行进行相关支付信息的安全交互，即通过对持卡人信用卡账号、密码的加密并安全传递以及与银行间相关确认信息的交互，来实现快速安全支付的目的。

在这种信用卡网络支付方式中，运用了一系列先进的安全技术与手段，如对称密钥加密法、公开密钥加密法、数字摘要以及数字证书等手段，但还需一个发行数字证书的间接的认证中心机构协助。

② 基于 SSL 协议机制的信用卡网络支付流程　目前消费者客户端上的网络浏览器软件产品、商家的电子商务服务器软件等基本都内嵌了对 SSL 协议的支持，而绝大多数银行以及第三方的支付网关平台也都研发了大量支持 SSL 协议的应用服务与产品，这些都为持卡客户借助 SSL 协议机制利用信用卡进行网络支付提供了方便。

• 持卡客户在网上或直接到发卡银行进行信用卡注册，得到发卡银行网络支付授权，下一次网络支付就不需要再注册了。

● 持卡客户确认订货单的商品与资金金额信息，在选择付款方式时选择信用卡支付方式及信用卡类别，提交后，生成一张带有信用卡类别的订货单发往商家电子商务服务器。

● 商家服务器向持卡客户回复收到的订货单查询 ID，但并不确认发货；同时，商家服务器生成相应订单号加上其他相关支付信息发往银行（或还借助第三方网络支付平台）。

● 在订货单提交后，支付持卡客户机浏览器弹出新窗口页面提示即将建立与发卡银行端网络服务器的安全连接（或还借助第三方网络支付平台），这时 SSL 协议机制开始介入。

● 持卡客户端自动验证发卡银行端网络服务器的数字证书。通过验证发卡银行端网络服务器的数字证书后，这时 SSL 握手协议完成，意味着持卡客户端浏览器与发卡银行端网络服务器的安全连接通道已经建立，进入正式加密通信浏览器端出现"闭合锁"状，是 https 通信的标志。

● 出现相应发卡银行的支付页面，显示有从商家发来的相应订单号及支付金额信息，持卡客户填入自己的信用卡号以及支付密码，确认支付。这时还可以取消支付，只不过原发给商家的订货单作废。

● 支付成功后，屏幕提示将离开安全的 SSL 连接。持卡客户确认离开后，持卡客户端与银行服务器的 SSL 连接结束，SSL 介入结束。

● 发卡银行后台把相关资金转入商家资金账号，并发送付款成功消息（如电子邮件方式）给商家。商家收到银行发来的付款成功消息后，发送收款确认信息给持卡客户，并承诺发货。持卡客户还可以根据订货单查询 ID，在线以及电话查询该订货单的执行情况。

从上述过程看出，SSL 介入时是涉及持卡客户的信用卡隐私信息的传送方面，而且现在大多是持卡客户与银行服务器的直接加密通信，而不通过商家中转，是相当安全的。

③ 基于 SSL 协议机制的信用卡网络支付模式的特点与应用　分析上面基于 SSL 协议机制的信用卡网络支付模式的业务流程以及 SSL 协议的技术细节，可以得到这种支付模式的一些特点。主要有：a. 实现的是部分信息加密，以提高效率；b. 使用了对称（私有）密钥和非对称（公开）密钥加密技术，各尽所长，相当安全，目前普遍使用 56 位 DES 进行加密和 768～1024 位 RSA 公开/私人密钥对；c. 对商家身份验证数字证书，客户端可选，提高支付效率；d. 由于持卡客户端进行在线购物时只需一个信用卡卡号和密码，无需任何其他硬件设施如 POS 机，可以说比传统的信用卡支付投入少，所以这种支付方式给支付客户带来极大的方便，支付处理速度也比较快，一般整个支付过程大约历时 15～20s 就能完成。

其实在这里，信用卡的硬件已经没有多大作用了，只需记住一个信用卡号与密码就行了。这与个人的网络银行账号、存折账号性质是一样的，所以大家也基本清楚个人网络银行的网络支付、个人存折的网络支付的原理与流程了。

世界上著名的 CyberCash 公司研发的安全 Internet 信用卡支付模式就是基于 SSL 协议机制的信用卡网络支付模式，应用比较广泛。作为一个第三方的网络支付平台软件产品提供商与服务商，它支持多种信用卡。由于基于 SSL 协议机制的信用卡网络支付模式应用方便、成本较低、安全性高、市场产品成熟，中国的几个大商业银行的信用卡网络支付系统大多采用了这种技术模式。例如，中国工商银行北京分行的牡丹灵通卡、中国银行北京分行的长城信用卡、中国建设银行北京分行的龙卡、中国招商银行北京分行的"一网通"进行网络支付均采用这种模式，绝大多数的网上商家如中国商品交流中心的电子商务系统、Sina 商城、Sohu 商城、易趣等也均支持这种模式的信用卡应用。中国商业银行的银行卡应用领域及交易渠道如图 13-5 所示。

13.3.4　第三方支付

电子商务的第三方支付，就是一些和产品所在国家以及国外各大银行签约、并具备一定实

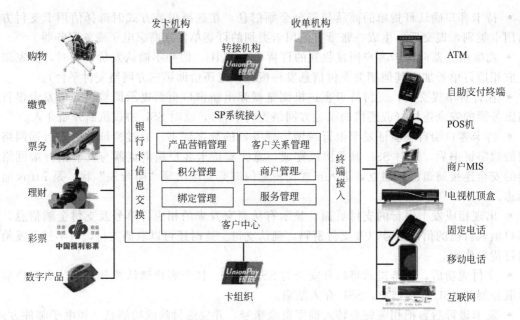

图 13-5 中国银行卡应用领域及交易渠道示意图

力和信誉保障的第三方独立机构提供的交易支持平台。在通过第三方支付平台的交易中，买方选购商品后，使用第三方平台提供的账户进行货款支付，由第三方通知卖家货款到达、进行发货；买方检验物品后，就可以通知付款给卖家，第三方再将款项转至卖家账户。

（1）第三方支付的商务需求

第三方支付采用支付结算方式。按支付程序分类，结算方式可分为一步支付方式和分步支付方式，前者包括现金结算、票据结算（如支票、本票、银行汇票、承兑汇票）、汇转结算（如电汇、网上支付），后者包括信用证结算、保函结算、第三方支付结算。

在实际商务交易操作中，对于现货标的的面对面交易、同步交换容易实现，但许多情况下由于交易标的的流转验收（如商品货物的流动、服务劳务的转化）需要过程，货物流和资金流的异步和分离的矛盾不可避免，同步交换往往难以实现。而异步交换，先收受对价的一方容易违背道德和协议，破坏等价交换原则，故先支付对价的一方往往会受制于人，自陷被动、弱势的境地，承担风险。因此，异步交换虽然能够保证交易过程性的需要，但必须附加信用保障或法律支持才能顺利完成。

对隔面或期货交易，往往适配过程化分步支付方式。过程化分步支付方式应合了交易标的流转验收的过程性特点，款项从启动支付到所有权转移至对方不是一步完成，而是在中间增加中介托管环节，由原来的直接付转改进到间接汇转，业务由一步完成变为分步操作，从而形成一个可监控的过程，按步骤有条件进行支付。这样就可货走货路，款走款路，两相呼应，同步起落，使资金流适配货物流进程达到同步相应的效果，使支付结算方式更科学化，合理化的应合市场需求。

在现实的有形市场，异步交换权且可以附加信用保障或法律支持来进行，而在虚拟市场条件下，交易双方互不知根底，故此，支付问题曾经成为电子商务发展的瓶颈之一，卖家不愿先发货，怕货发出后不能收回货款；买家不愿先支付，担心支付后拿不到商品或商品质量得不到保证。博弈的结果是双方都不愿意先冒险，网上购物无法进行。

为应合市场需求，第三方支付应运而生。支付宝（alipay）是国内领先的第三方支付平台，由阿里巴巴集团CEO马云创立。马云进入C2C领域后，发现支付是C2C中需要解决的核心问题，因此就想出了支付宝这个工具，支付宝最初仅作为淘宝网公司为了解决网络交易安全所设的一个功能,该功能为首先使用的"第三方担保交易模式",由买家将货款打到支付宝账户,由支付宝向卖家通知发货,买家收到商品确认后指令支付宝将货款放于卖家,至此完成一笔网络交易。2004年12月支付宝独立为浙江支付宝网络技术有限公司。在2005年瑞士达沃斯世界经济论坛上马云首先提出第三方支付平台。

第三方是买卖双方在缺乏信用保障或法律支持的情况下的资金支付"中间平台",买方将货款付给买卖双方之外的第三方,第三方提供安全交易服务,其运作实质是在收付款人之间设立中间过渡账户,使汇转款项实现可控性停顿,只有双方意见达成一致才能决定资金去向。第三方担当中介保管及监督的职能,并不承担什么风险,所以确切地说,这是一种支付托管行为,通过支付托管实现支付保证。

（2）第三方支付的原理

当第三方是除了银行以外的具有良好信誉和技术支持能力的某个机构时,支付也通过第三方在持卡人或者客户和银行之间进行。持卡人首先和第三方以替代银行账号的某种电子数据的形式(例如邮件)传递账户信息,避免了持卡人将银行信息直接透露给商家,另外也可以不必登录不同的网上银行界面,而取而代之的是每次登录时,都能看到相对熟悉和简单的第三方机构的界面。

第三方机构与各个主要银行之间又签订有关协议,使得第三方机构与银行可以进行某种形式的数据交换和相关信息确认。这样第三方机构就能实现在持卡人或消费者与各个银行,以及最终的收款人或者是商家之间建立一个支付的流程。

（3）第三方支付的行业分类

一类是以支付宝、财付通、盛付通为首的互联网型支付企业,它们以在线支付为主,捆绑大型电子商务网站,迅速做大做强。

一类是以银联电子支付、快钱、汇付天下为首的金融型支付企业,侧重行业需求和开拓行业应用。

（4）第三方支付的特点

可以看到,第三方支付具有显著的特点。首先,第三方支付平台提供一系列的应用接口程序,将多种银行卡支付方式整合到一个界面上,负责交易结算中与银行的对接,使网上购物更加快捷、便利。消费者和商家不需要在不同的银行开设不同的账户,可以帮助消费者降低网上购物的成本,帮助商家降低运营成本;同时,还可以帮助银行节省网关开发费用,并为银行带来一定的潜在利润。

其次,较之SSL(安全套接层协议)、SET(安全电子交易协议)等支付协议,利用第三方支付平台进行支付操作更加简单而且易于接受。SSL是现在应用比较广泛的安全协议,在SSL中只需要验证商家的身份。SET协议是目前发展的基于信用卡支付系统的比较成熟的技术。但在SET中,各方的身份都需要通过CA(Certificate Authority)进行认证,程序复杂、手续繁多、速度慢且实现成本高。有了第三方支付平台,商家和客户之间的交涉由第三方来完成,使网上交易变得更加简单。

最后,第三方支付平台本身依附于大型的门户网站,且以与其合作的银行的信用作++为信用依托,因此第三方支付平台能够较好地突破网上交易中的信用问题,有利于推动电子商务的快速发展。

（5）我国主要第三方支付服务机构

目前我国国内的第三方支付产品主要有PayPal(ebay公司产品)、支付宝、拉卡拉、财付通(腾讯公司,腾讯拍拍)、盛付通(盛大旗下)、易宝支付(Yeepay)、快钱(99bill)、国付宝(Gopay)、百付宝(百度C2C)、物流宝(网达网旗下)、网易宝(网易旗下)、网银在线(chinabank)、环迅支付、汇付天下、汇聚支付(joinpay)、宝易互通、宝付(我的支付导航)。

其中最用户数量最大的是 PayPal 和支付宝，前者主要在欧美国家流行，后者是阿里巴巴集团的关联公司，据称，截止 2009 年 7 月，支付宝用户超过 2 亿。拉卡拉则是中国最大线下便民金融服务提供商。另外中国银联旗下银联电子支付也开始发力第三方支付，推出了银联商务，提供相应的金融服务。

2012 年的市场调查表明，中国用户覆盖最广的第三方支付工具是支付宝，有 80% 的网上支付用户使用支付宝实现网上支付，其在网民中的覆盖率遥遥领先于其他第三方支付工具；排在第二位的是财付通，有 21.1% 的使用率；第三位的是银联在线，有 16.9% 的使用率。网上支付用户感觉安全性最高的支付服务类型是具有担保机制的第三方支付工具支付，有 47.2% 的选择比例；其次是普通网银支付，有 29.2% 的选择比例。

13.3.5 电子汇兑系统

(1) 电子汇兑系统简介

所谓电子汇兑，英文描述为 Electronic Agiotage 或 Exchange，即利用电子手段来处理资金的汇兑业务，以提高汇兑效率、降低汇兑成本。

广义的电子汇兑系统，泛指客户利用电子报文的手段传递客户的跨机构资金支付、银行同业间各种资金往来的资金调拨作业系统。它包括：一般的资金调拨作业系统，用于行际之间的资金调拨；清算作业系统，用于行际之间的资金清算。具体来说，所谓电子汇兑系统，即银行以自身的计算机网为依托，为客户提供汇兑、托收承付、委托收款、银行承兑汇票、银行汇票等支付结算服务方式。

任何一笔电子汇兑交易，均由汇出行 (Issuer Bank) 发出，到汇入行 (Acquirer Bank) 收到为止，其间的数据通信转接过程的繁简视汇出行与汇入行（也称解汇行）二者之间的关系而定。

(2) 电子汇兑系统的特点与类型

电子汇兑系统的用户主要是各个银行，终端客户主要是公司企业、政府机构等组织，社会大众用得很少。这种系统同前面介绍的个人自助银行系统（如 ATM、信用卡等）相比，具有交易额大、风险性大、对系统的安全性要求很高、跨行和跨国交易所占比重大等特点。

为适应国际与国内贸易快速发展的需要，国际上许多国家以及一些国际组织建立了许多著名的电子汇兑系统。这些系统所提供的功能不尽相同，按照其作业性质的不同，可把电子汇兑系统分成三大类，即通信系统、资金调拨系统和清算系统。

(3) 电子汇兑系统的运作方式

电子汇兑系统运作过程是比较复杂的，但尽管目前电子汇兑系统的种类很多，功能也不尽相同，但是汇出行和解汇行的基本作业流程及账务处理逻辑还是很相似的。电子汇兑系统的运作方式示意图如图 13-6 所示。

以一笔电子汇兑的交易为例，除涉及银行到客户端的支付结算方式如电子支票、FEDI、网络银行等外，真正在银行系统间处理资金的汇兑流程由汇出行启动至解汇行收到为止，不论

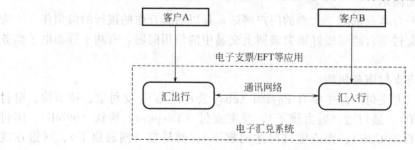

图 13-6 电子汇兑系统的运作方式示意图

是点对点传送，还是通过交换中心中转传送，汇出行与解汇行都要经过以下几个基本作业处理流程：①数据输入；②电文接收；③电文数据控制；④处理与传送；⑤数据输出。

13.3.6 国际电子支付系统

为了解国际电子支付机制，首先必须了解提供国际金融通信服务的 SWIFT 系统和提供国际电子资金转账服务的 CHIPS 系统，它们都属于前一节所述的电子汇兑系统，也是 B2B 型网络支付模式支持平台的一个重要组成部分。我国已经加入 WTO，包括电子商务在内的国际贸易活动日渐增多，因此这里专门介绍一个国际电子支付系统。在 SWIFT 与 CHIPS 两系统中，SWIFT 完成国际间支付结算指令信息的传递，而真正进行资金调拨的是 CHIPS，二者相互协作完成跨区域的国际资金支付与结算。

（1）SWIFT 简介

SWIFT，英文全称为 Society for Worldwide Interbank Financial Telecommunication，中文一般翻译为"环球同业银行金融电信协会"或"环球银行间金融通信协会"，是国际银行同业间的国际合作组织，也被称为 SWIFT 组织。这是一个国际银行间非营利的国际合作组织，依据全世界各成员银行金融机构相互之间的共同利益，按照工作关系将其所有成员组织起来，按比利时的法律制度登记注册，总部设在比利时的布鲁塞尔。

人们平常所称的 SWIFT 通常是指 SWIFT 网络，即 SWIFT 组织建设和管理的全球金融通信网络系统，它为全球范围内传送金融指令与信息服务。

SWIFT 系统利用高度尖端的通信系统组成了国际性的银行专用通信网，并在会员间传递信息、账单和同业间头寸划拨，即为全世界各个成员银行提供及时良好的通信服务和银行资金清算等金融服务。SWIFT 系统的使用给银行的结算提供了安全、可靠、快捷、标准化、自动化的通信业务，从而大大提高了银行的结算速度。SWIFT 的电文格式十分标准化，因而在金融领域广泛应用，例如银行信用证主要采用的就是 SWIFT 电文格式。

SWIFT 自正式投入运行以来，以其高效、可靠、完善的通信服务和金融服务，在加强全球范围内的银行资金清算与商品流通、促进世界贸易的发展、促进国际金融业务的现代工业化和规范化等方面发挥了重要作用。发展到现在，SWIFT 系统日处理 SWIFT 电信 300 万笔，高峰达 330 万笔。SWIFT 和 CHIPS、CHAPS、FEDWIRE 等银行金融网络系统一样，已经成为当前世界上著名的银行金融通信和银行资金清算的重要系统。

（2）CHIPS 简介

20 世纪 60 年代末，随着经济的快速发展，纽约地区资金调拨交易量迅速增加。纽约清算所于 1966 年研究建立了 CHIPS 系统，1970 年正式创立。

CHIPS，英文全称为 Clearing House Interbank Payment System，中文一般翻译为"纽约清算所银行同业支付系统"，它主要以世界金融中心美国纽约市为资金结算地，具体完成资金调拨即支付结算过程。现在，世界上 90% 以上的外汇交易是通过 CHIPS 完成的。可以说，CHIPS 是国际贸易资金清算的桥梁，也是美元供应者进行交易的通道。CHIPS 的参加银行主要包括。

① 纽约交换所的会员银行　这类银行在纽约联邦储备银行有存款准备金，具有清算能力，并且都有系统标识码，作为收益银行的清算账号。

② 纽约交换所非会员银行　这类银行称为参加银行，参加银行需经过会员银行的协助才能清算。

③ 美国其他地区的银行及外国银行　主要包括美国其他地区设于纽约地区的分支机构，它们具有经营外汇业务的能力；外国银行设于纽约地区的分支机构或代理行。

CHIPS 采用这种层层代理的支付清算体制，构成了庞大复杂的国际资金调拨清算网，因此，它的交易量非常巨大，而且在逐年增加。

（3）CHIPS与SWIFT合作的国际电子支付动作架构

应用CHIPS系统的资金清算处理过程并不复杂，可把整个流程分为两部分：第一部分是CHIPS电文的发送，第二部分是在实体银行间完成最终的资金清算。例如，美国境外的某国银行甲（汇款银行）汇一笔美元到美国境外的另一家银行乙（收款银行），则CHIPS的资金调拨流程如图13-7所示。

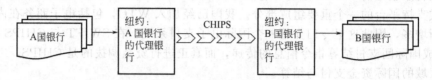

图13-7　通过CHIPS实现国际资金调拨示意图

图13-7显示的是国际资金调拨过程，描述了CHIPS与SWIFT的合作，基于网络共同完成一项国际的电子支付业务。

本 章 小 结

① 电子支付，是通过电子信息化的手段实现交易中的价值与使用价值的交换过程，即完成支付结算的过程。网络支付，是指以金融电子化网络为基础，以商用电子化工具和各类交易卡为媒介，通过计算机网络系统特别是Internet来实现资金的流通和支付。

② 网络支付与结算的过程涉及客户、商家、银行或其他金融机构、商务认证管理部门之间的安全商务互动，因此支撑网络支付的体系可以说是融购物流程、支付与结算工具、安全技术、论证体系、信用体系以及现在的金融体系为一体的综合大系统。

③ 以Internet为主要平台的网络支付结算方式以准确的数字流来完成相关支付信息传输，网络支付具有方便、快捷、高效、经济的优势以及较高的安全性和一致性等优点。网络支付作为新兴方式，还存在一定的安全性以及支付环境的具备、管理规范的制订等问题。

④ 根据电子货币的支付流程的区别，可以把网络支付的基本系统模式大体分为类支票和类现金电子货币支付系统模式。类支票电子货币支付系统模式是典型的基于电子支票、电子票证汇兑、信用卡、网络银行账号等的网络支付系统模型，支持大、中、小额度的资金支付与结算。类现金电子货币的网络支付系统模式，是一种新的网络支付模式，其主要的网络支付工具是类现金电子货币，如现在开始应用的电子现金以及支持电子现金的电子钱包，较有代表性是电子现金。

⑤ 电子汇兑，是利用电子手段来处理资金的汇兑业务，以提高汇兑效率、降低汇兑成本。广义的电子汇兑系统，泛指客户利用电子报文的手段传递客户的跨机构资金支付、银行同业间各种资金往来的资金调拨作业系统。它包括：一般的资金调拨作业系统，用于行际之间的资金调拨；清算作业系统，用于行际间的资金清算。具体来说，所谓电子汇兑系统，即银行以自身的计算机网为依托，为客户提供汇兑、托收承付、委托收款、银行承兑汇票、银行汇票等支付结算服务方式。

思 考 题

13-1　结合网络支付运作体系，分析我国网络支付实践中存在的问题及原因。

13-2　结合自身的实践，分析我国电子现金的应用前景。

13-3　简述通过电子支付，在国外进行电子支付的全过程。

13-4　申请一个电子钱包，体验其优缺点并分析其原因。

14 电子商务的安全

学习目标

掌握电子商务面临的主要安全威胁；了解电子商务对安全的基本要求；熟悉电子商务的安全技术；掌握防火墙的功能和基本工作原理；了解电子商务的加密技术；了解信息完整性的含义和实现技术；了解电子商务的认证体系；掌握 SSL 和 SET 的流程和工作原理。

【案例1】

银行黑客

自2009年2月以来，厦门某商业银行的网站屡次遭到黑客入侵，到了3月，银行发觉一些储户银行卡的网上银行登录资料也被盗窃，并且发现 ATM 机上有一些不寻常的活动。幸好银行卡数据受到加密技术的保护，银行没有什么实质损失。

随后，厦门另外十家银行也有相同的遭遇，其中三家的安全防护未能阻止入侵，两家商业银行网站的密码被扫描探测近20万次，从中泄漏了755份储户网上银行登录资料。4月7日，这些银行向警方报案，厦门警于4月8日将一名27岁男子楼家渊抓获。湖里区法院以其行为构成非法获取计算机信息系统数据罪，依法判处有期徒刑7个月。

原来楼家渊从互联网下载自动识别各网站上数字验证码图片中的数字程序"GF"，然后自己编写名为"APPLOAD"的程序，到商业银行网站进行密码扫描，他也编写了名为"WADE"的程序，用以查看账号。他持续以这两个程序在这些商业银行的网站进行"黑客"入侵活动。他还在淘宝网上的商家购买了一台磁卡读写器和50张过期银行卡，在盗取了储户银行卡的储户账号及密码等信息后，通过磁卡读写器复制银行卡。

楼家渊试图在 ATM 机上使用，只因银行卡数据加密技术而未能实现。他后来在笔记本电脑中多开远程桌面窗口，同时运行多个"WADE"黑客程式，对两家商业银行网站进行大规模密码扫描探测，利用非法获取的储户网上银行登录资料，复制了15张银行卡。

资料来源：http://hi.baidu.com/tj％B5％A5％DE％B1/blog/item/716b09fb77036d14a8d31197.html。

Internet 网络的核心价值是开放与互联，加上世界上没有统一的专业管理组织来管理控制它，因此从最初的技术设计上就存在根本的缺陷，因此，主要基于 Internet 网络的电子商务就难免遇到安全问题。电子商务的安全问题包括两个方面的内容：网络的安全和交易过程的安全。同传统商务相比，交易过程的安全问题有了全新的表现形式，而网络的安全问题则是一个全新的问题。下面对这些问题进行详细分析。

14.1 电子商务的安全问题

在网络中，社会上的一些传统的犯罪和不道德行为以更加隐秘的方式出现。由于在交易中人们不再面对面的进行，加上互联网没有国界和时间制约，使得电子商务的主要安全问题呈现更加复杂的局面，并结合目前电子商务的发展状况，电子商务的安全威胁主要有以下几个方面。

14.1.1 电子商务面临的安全挑战

由于 Internet 是一个完全开放的网络，任何一台计算机、任何一个网络都可以与之连接，并借助 Internet 发布信息，获取与共享各种网站的信息资源，发送电子邮件与进行各种网上商务活动，极大地方便了政府、企业与个人的现代事务处理，直接带动一个网络经济时代的到来。但同时，有很多别有用心的组织或个人经常在 Internet 上四处活动，寻求机会，窃取别人的各种机密如信用卡密码，甚至妨碍或毁坏别人的网络系统运行等。电子商务面临的主要安全隐患有如下五个方面。

（1）系统故障

网络故障、操作错误、应用程序错误、硬件故障、系统软件错误以及计算机病毒都能导致电子商务系统不能正常工作。因而要对此所产生的潜在威胁加以控制和预防，以保证贸易数据在确定的时刻、确定的地点是有效的。

（2）信息被截获

电子商务作为贸易的一种手段，其信息直接代表着个人、企业或国家部门的商业机密。电子商务是建立在一个较为开放的网络环境上的，维护商业机密是电子商务全面推广应用的重要保障。因此，要预防通过搭线和电磁泄漏等手段造成信息泄漏，或对业务流量进行分析，从而获取有价值的商业情报等一切损害系统机密性的行为。

（3）信息被篡改

电子商务通过对贸易过程的标准化，使之大多成为自动化与网络化的，从而减少了人为因素的干预，同时也带来维护贸易各方商业信息如电子支票的完整、统一问题。数据传输过程中信息丢失、信息重复或信息传送的次序差异也会影响贸易各方的交易和经营策略，保持贸易各方信息的完整性是电子商务应用的基础。信息被篡改的主要方式有：改变信息次序、内容；删除部分信息；插入额外信息，使接收方无法接收正确信息等方式。

（4）伪造信息

电子商务可能直接关系到贸易双方的商业交易，如何确定网上的远程交易方正是所期望的贸易方，即有效身份认证，这一问题则是保证电子商务顺利进行的关键。伪造信息有以下几种方式：虚假网站；伪造用户；假冒交易方进行交易等。

（5）对交易行为的抵赖

当贸易一方发现交易行为对自己不利时，或当利益刺激到一定程度时，就有可能否认电子交易行为。例如，某用户在网上以单价 100 元购买某款 MP3，后来发现该款 MP3 在别的网站以 80 元出售，于是该用户就有可能否认以前的购买行为。因此，要求网上交易系统具备审查能力，以使交易的任何一方不能抵赖已经发生的交易行为。

14.1.2 电子商务的安全需求

由于在网上交易的人们不可能只与相互熟悉的对象进行交易，为了保证交易的顺利进行，必须在互联网中建立一套可以令人相互信任的环境和机制。针对上述电子商务开展过程中可能发生的安全问题，为保证电子商务流通的安全、可靠，以下的基本安全需求必须达到。

① 身份的真实性　在网上进行交易，交易双方一般互不见面，电子商务用户只知道商店的网址，不知道这个商店开在哪里。所以在电子商务中，参加交易的各方，必须要采取如认证中心认证等措施以认定对方的身份。

② 信息的完整性　即保证相关电子商务信息不被篡改。数据在传送过程中不仅要求不被别人窃取，还要求不被篡改，能保持数据的完整。例如，一位先生在网络商城里在线订购了一套家具，本来填写的支付金额为 250 元，最后发现被划去 1250 元或者被划到另外一个账号，当然会引起纠纷。

③ 信息的保密性　因为网上交易是交易双方的事，涉及商业机密，于是就有保密的要求，无论是电子商务还是传统商务都涉及。交易双方并不想让第三方知道他们之间进行交易的具体情况，除了价格、数量和规格以外，还有一些隐私信息，包括资金账号、客户密码、支付金额、支付期限等网络支付信息。但是由于交易是在 Internet 平台上进行的，在 Internet 上传送信息是很容易被别人窃取的，所以必须对传送的数据，特别是敏感的资金流数据，进行加密。

④ 不可抵赖性　在网上交易中，传统的商务表现认证手段，如盖章、签字和传真等鉴别手段都无法使用。因此，必须为电子商务提供一种使交易双方在商务过程中都无法抵赖的手段，使电子商务能正常开展下去，比如数字签名、数字时间戳等手段。

⑤ 系统的可靠性　保证电子商务系统的运行稳定、可靠、快捷，做好数据备份与灾难恢复功能，并保证一定的商务处理速度。

14.1.3　电子商务的安全措施

结合前面所述电子商务各方的安全需求，可以有针对性采用如下七个方面的解决方法。

① 电子商务业务流程中涉及各方身份的认证　如建立第三方公正的认证机构、使用 X.509 数字签名和数字证书实现对交易各方的认证，证实其身份的合法性、真实性。

② 电子商务相关数据流内容的保密性　使用相关的加密算法对电子商务流数据进行加密，以防止未被授权的非法第三方获取消息的真正含义。如采用 DES 私有密钥加密、RSA 公开密钥加密、数字信封等保密手段。

③ 电子商务数据流内容的完整性　如使用数字指纹（即数字摘要）算法以确认电子商务流信息如电子合同的完整性。

④ 保证对电子商务行为和内容的不可否认性　当交易双方因电子商务出现异议、纠纷时，采取某种技术手段提供足够充分的证据来迅速辨别纠纷中的是非。例如采用数字签名、数字指纹、数字时间戳等技术，并配合认证机构来实现其不可否认性。

⑤ 处理多方贸易业务中的多边安全认证问题　这种多边安全认证的关系可以通过双重数字签名等技术来实现，如 SET 安全支付机制。

⑥ 电子商务系统中应用软件、支撑的网络平台的正常运行　保证电子商务专有应用软件的可靠运行，支撑网络平台的畅通无阻和正常运行，防止网络病毒和黑客的攻击，防止商务处理的故意延缓，防止网络通道的故意堵塞等是实现安全电子商务的基础。例如采用网络防火墙技术、用户与资源分级控制管理机制、网络通道流量监控软件、网络防病毒软件等方法。

⑦ 政府支持相关管理机构的建立和电子商务法律的制定。建立第三方的公正管理和认证机构，并尽快完成相关电子商务的法律制定，利用法律来保证电子商务的安全进行。

14.2　防火墙技术

保证电子商务的安全首先就要保证电子商务进行的网络平台的安全，这个平台包括了客户端网络环境、商家 Internet 网络环境、支持方的网络环境，如银行内部网络以及把三者联系在一起的 Internet。本节将通过对支撑电子商务的大众 Internet 网络平台系统的安全需求进行分析，从而总结出保护 Internet 网络平台系统的各种完全举措，并重点介绍网络平台最重要的安

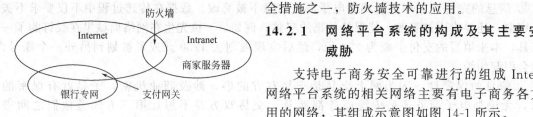

图 14-1 电子商务系统网络组成

全措施之一，防火墙技术的应用。

14.2.1 网络平台系统的构成及其主要安全威胁

支持电子商务安全可靠进行的组成 Internet 网络平台系统的相关网络主要有电子商务各方应用的网络，其组成示意图如图 14-1 所示。

上述各个组成环节，均有可能给电子商务带来安全问题。支付网关与银行后台的专用网络的安全已经由银行系统或专门的第三方来提供安全保证，这里不用考虑。在这里主要考虑的是作为公共通信通道的 Internet、客户端以及商家 Intranet 存在的安全威胁。

目前，对作为电子商务公共通信通道的 Internet 网络的攻击或安全威胁主要有以下四种类型。

① 网络堵塞　破坏客户的急需电子商务服务如网络支付，截断相关信息的流动，如切断通信线路、毁坏硬件、病毒瘫痪软件系统、冗余信息堵塞支付网关通道等。

② 信息伪造　伪造客户或商家的相关信息，假冒身份以骗取财物。

③ 信息篡改　为达到某种目的对相关商务信息如电子合同进行未经许可的篡改。

④ 非法介入　利用特殊软件工具提取 Internet 上通信的数据，以期破解信息；对信息的流动情况进行分析，如信息传送的方向、发送地点等，得到间接情报，为其他目的服务；非法进入系统或数据库，进行破坏、拷贝等。

在 Internet 网络平台系统中作为节点的 Internet 网络所面临的安全威胁与 Internet 网络略有不同，这主要是因为 Internet 有一个边界确定、结构严谨、控制严格的环境，并可在企业（商家等）中实现强制性的集中的安全控制。

只有充分考虑到 Internet 网络平台系统中各个组成部分所面临的安全隐患，企业才能够制订出相应的安全措施，以保证网络平台的安全，进而保证电子商务的安全。

14.2.2 网络系统的安全措施

Internet 网络平台上的安全措施主要从保护网络安全、保护应用服务安全和保护系统安全三个方面来叙述。每一方面都要结合考虑安全防护的各方面，即物理安全、防火墙、信息包 Web 安全、媒体安全等，以满足电子商务安全的各种要求。当然，由于目前 Internet 本身使用的 TCP/IP 协议（IPv4）上的缺陷，因此其先天就没有很强的安全性，这种设计上的缺陷是造成 Internet 安全问题的根本原因。

最根本的解决办法只有重新设计 TCP/IP 协议，现在正研发的新一代 Internet 网络通信协议（IPv6）就是解决此网络平台安全问题的根本办法，但目前仍然在实验和完善中。

（1）保护网络安全

网络安全是保护商务各方网络端系统（包括代理服务器和服务器系统）之间通信过程的安全性。保证机密性、完整性、认证性和访问控制性是网络安全的重要因素，目前网络安全采用的主要措施如下。

① 全面规划网络平台的安全策略　电子商务涉及各方都必须制订一个安全策略以满足自身的安全需求。主要包括：如何使用口令和访问控制；针对网络操作系统和应用程序实施相应的安全控制；制订数据文件、系统的备份方案，按方案实施和检查；制订各种灾难和故障恢复计划，做好网络备份和数据备份等。

② 制订网络安全的管理措施　积极建立网络安全的管理机制，提高网络系统的自我防范能力，并对网络中的各级用户及有关人员进行职业道德教育以及技术培训。

③ 使用防火墙　这是最主要的措施之一，在下文中将重点介绍防火墙技术及其应用的相关内容。

④ 尽可能记录网络上的一切活动　根据这些记录信息来定位和分析非法入侵行为。

⑤ 注意对网络设备的物理保护　电缆、路由器、用户联网机、网络服务器等硬件可能会受到物理攻击，如通过"搭线"到网络电缆上进行信息窃取。

⑥ 检验网络平台系统的脆弱性　可从系统外部和系统内部两方面来检查其脆弱性。

⑦ 建立可靠的识别和鉴别机制。

（2）保护应用的安全

所谓应用安全，主要是针对特定应用（如 Web 服务器、网络支付专用软件系统）所建立的安全防护措施，独立于网络的任何其他安全防护措施。虽然有些防护措施可能是网络安全业务的一种替代或重叠，例如 Web 浏览器和 Web 服务器在应用层上对信息包的加密，都通过 IP 层加密，但是许多应用还有自己的特定安全要求。由于现在电子商务中的应用层对安全的要求最严格、最复杂，因此更倾向于在应用层而不是在网络层采取各种安全措施。

① 数据库安全管理　以数据库为基础的信息管理系统正在成为各部门的信息基础设施。网络中的信息数据量比较大，许多网络数据都有各种数据库的支持，而且核心数据和资料大多都以数据库的方式存储，网络中许多非法攻击的真正目标是数据库。如果数据库的密码设置不安全，那么黑客容易破解，从数据库中把资料拿走。而且，如果权限设置不当，对于连接用户设置过高的权限，可能会导致 1 个简单的 SQL 语句或误操作把数据库破坏。

② 数据备份　随着计算机技术、网络技术、信息技术的发展，一方面，计算机带给用户极大的便利；另一方面，用户对计算机应用的不断深入和提高也意味着对计算机系统中数据的依赖性在加强。由于不可预见的原因而导致操作系统瘫痪、数据丢失问题，会给用户带来很大的麻烦。要防止数据失效的发生，有多种途径，如提高员工操作水平、购买品质优良的设备等，但最根本的方法还是建立完善的数据备份制度。应该强调指出：数据是资产，备份最重要。

③ 日志管理　日志对于系统安全的作用是显而易见的，有经验的管理员往往能够迅速通过日志了解到系统的安全性能，而聪明的黑客往往会在入侵成功后迅速清除掉对自己不利的日志。日志文件就像飞机中的"黑匣子"一样重要，因为里面保存着黑客入侵行为的所有罪证。所以做好日志的纪录和管理对于发现系统的不安全问题和及时发现黑客行踪进行补救措施是至关重要的，同时，也是提供给公安机关进行侦察的必要资料。

（3）保护系统安全

所谓系统安全，就是指系统从整体电子商务系统的角度来进行安全防护，它与网络系统硬件平台、操作系统、各种应用软件等互相关联。涉及电子商务的系统安全可能包含下述一系列措施。

① 在安装的软件中，如浏览器软件、电子钱包软件、支付网关软件等、检查和确认没有已知的安全漏洞，如各种病毒等。

② 技术与管理相结合使系统具有最小穿透风险性，通过诸多认证才允许连通，对所有接入数据必须进行审计，对系统用户进行严格安全管理。

③ 建立完备的安全监控机制　网络安全的关键因素之一就是安全监控。通过监控可及时发现病毒的存在，及时掌握非法入侵行为，在威胁产生破坏之前采取应对措施。监控网络安全的方法就是检查网络中的各个系统的文件和登录。要想检查系统中的不正常活动，就必须知道什么是正常活动、哪些进程是正常运行的、谁是正常登录的，以确保网络的信息安全。

网络的安全防护是复杂的、综合的系统工程。除了采用侦测、跟踪、防御、取证等技术外，还需要加强社会工程学、社会心理学、犯罪心理学等方面的研究。国家还应该做好立法工作，对安全法律法规的贯彻实施进行监督，切实维护网络安全。

14.2.3 防火墙（Firewall）技术

（1）什么是防火墙

防火墙就是一个或一组网络设备（计算机或路由器等），可用来在两个或多个网络间加强访问控制。它是一种由计算机软件和硬件组成的隔离系统设备，用于在安全的企业内部网 Internet 和大众的不安全的 Internet 之间构筑一道防护屏障，能够按预先设置的条件对进出实体进行区分，实现内外有别。确切地说，防火墙就是在可信安全的 Internet 和不可信不安全的 Internet 之间设置的安全系统，可以提供访问控制策略，可以干预这两个网彼此之间的信息传送，可以决定一个数据组、一种连接或一个用户能否通过它。根据防火墙的定义与目标，可作应用示意图，如图 14-2 所示。

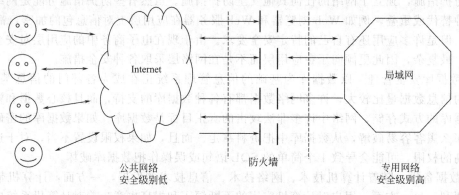

图 14-2 防火墙的功能示意图

防火墙的安全保护思想不是对企业内部网内的每台计算机分别进行保护，而是让所有外部对内部网计算机的信息访问都通过某一个点，防火墙就保护这一个点，实现内部网络的整体防护。这样防火墙主机本身的安全将是这一系列安全的关键点，防火墙系统本身必须建立在"安全的"操作系统所提供的安全环境中，安全操作系统可以保护防火墙的代码和文件免遭攻击。这些防火墙的代码只允许在给定主机系统上执行，这种种限制可以减少非法穿越防火墙的可能性。

（2）防火墙的组成

一般来说，一个功能较为完整的防火墙基本组成包括外部过滤器、网关和内部过滤器。图 14-3 为防火墙的基本组成框图。

① 过滤器 即 Filter，有内部过滤器和外部过滤器，用于阻断某些类型信息的通过。通常，外部过滤器用于保护网关免受来自 Internet 的攻击，而当网关一旦遭到来自 Internet 的攻击而受到破坏时，内部过滤器用于处理网关受破坏后的后果。外部和内部过滤器都可用于保护 Internet，防火墙要对 Internet 和 Internet 之间传递的每一数据组进行干涉。

② 网关 即 Gateway，提供中继服务，以补偿过滤器的影响，辅助过滤器控制业务信息

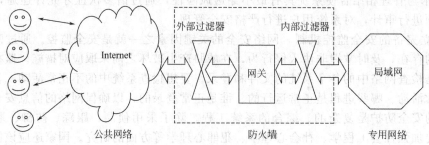

图 14-3 防火墙的基本组成框图

流。网关往往是一台或一组机器。暴露在外面的网关计算机通常叫"堡垒机"。

当然上述组成也不是固定的，实际上不同的安全需求会导致不同的防火墙配置方案，比如银行内部网的防火墙配置方案肯定比一个普通的大学内部网防火墙配置方案要好一些。有的防火墙还包括域名服务和电子邮件过滤处理模块等，以辅助过滤器控制多种不同的业务信息流，如电子商务中客户访问银行网络，可能是电子邮件流也可能是 Http 或 Https 服务。

（3）防火墙的主要功能

防火墙是主要的网络安全工具，它通过控制和监测网络之间的信息交换和访问行为来实现对网络安全的有效管理。防火墙能保护站点不被任意连接，甚至能建立反向跟踪工具，帮助总结并记录有关正在进行的连接资源、服务器提供的通信量以及试图闯入者的任何企图。防火墙通常包括两部分，一是在网络之间移动数据，体现信息传输的功能；二是将未授权的数据移动进行过滤，保证网络的安全，体现管理控制的功能，正如配置了警卫的物理围墙一样。

防火墙可以保护计算机网络免受以下几类攻击。

① 未经授权的内部访问　在 Internet 上的未被授权用户想访问内部网的数据和使用其中的服务。

② 非法用户　一个外部用户通过非法手段（如复制、复用密码）来取得访问权限。

③ 未经授权的外部访问　内部用户试图在 Internet 上取得未经授权的访问权限或服务。

④ 电子欺骗　攻击者试图通过伪装的 Internet 用户进行远程登录，从事破坏活动。

⑤ 木马入侵　通过在合法命令中隐藏非法指令来达到破坏的目的。

⑥ 网络渗透　攻击者通过一个假装的主机隐蔽其攻击企图。

⑦ 网络过载　攻击者试图用增加访问服务器次数的方式使用户服务器过载，使之失去提供网络服务的能力的方式进行破坏。

⑧ 病毒防护　对数据中可能包含的病毒等进行过滤，保护计算机和网络系统的安全。

防火墙的目的只是加强网络安全性，其应用也只是许多安全防护手段的一种，虽然具有上述许多优点，但并不能完全、绝对地保证企业内部网络比如银行网络系统的安全。因为防火墙仍然存在许多缺陷和不足，而且有些缺陷是目前根本无法解决的。总体上讲，防火墙是一种被动式的安全防护手段，它只能对现在已知的网络威胁起作用。随着网络攻击手段的不断更新和一些新的网络应用服务的出现，不可能靠一次性的防火墙设置来永远解决网络安全问题，而必须不断研发与升级。

14.3　数据加密技术

加密技术是实现电子商务安全所采用的一种最常用也是最重要的手段之一。通过数据加密技术，可以在一定程度上提高数据传输的安全性，保证传输数据的完整性和机密性，同时还可提供身份验证。为了保证电子商务中的数据，特别是与支付相关的一些隐私数据的保密性和真实性，实现应用服务与信息资源的管理控制以及对数据进行有效加密是常用的方法。

一个数据加密系统包括加密算法、明文、密文以及密钥。一个加密算法的工作过程是将原始的数字信息（明文）与一串字符串（密钥）结合，变换成与明文完全不同的数字信息（密文）。在计算机上实现的数据加密，其加密或解密变换是由密钥控制实现的。密钥是借助一种数学算法生成的，它通常是一随机字符串，是控制明文和密文变换的唯一关键参数。一个加密系统的全部安全性是基于密钥的，而不是基于算法的，所以加密系统的密钥管理是一个非常重要的问题。

一般而言，加密算法是不变的，但密钥却可以视情况而改变，因此加密技术的关键是密钥。密钥的长度对一个加密系统的牢固程度起着非常重要的作用。密钥位数越长，被破译的可能性就越小；反之，密钥位数越短，被破译的可能性就越大。

14.3.1 对称加密技术

（1）对称加密技术的原理

对称加密又称私有密钥加密，是指在计算机网络甲、乙两用户之间进行通信时，发送方甲为了保护要传输的明文信息不被第三方窃取，采用密钥A对信息进行加密而形成密文M并发送给接收方乙，接收方乙用同样的一把密钥A对收到的密文M进行解密，得到明文信息，从而完成密文通信目的的方法。

对称加密技术中的信息发送方与信息接收方均需采用同样的密钥，即使用单个密钥对数据进行加密或解密，具有对称性，其特点是计算量小、加密效率高。但是此类算法在分布式系统上使用较为困难，主要是密钥管理困难，从而使用成本较高，安全性也不易保证。

这种加密方式应用上很方便，但一旦这把密钥A被盗或被人知道，那么发送方甲与接收方乙之间原来交换的所有信息都有可能被破译，给双方带来巨大的风险，所以必须保证密钥A的绝对安全、保密，甲、乙双方谁也不能把密钥A给其他人知道和共享，必须小心地藏在安全的地方。

由于加密和解密所用的算法是完全公开的，关键是加密和解密所用的密钥。密钥不同，生成的密文也就不同，用哪一个密钥加密，就必须用哪一个密钥解密。信息发送方用一个密钥对要发送的数据进行加密，信息的接收方则用同样的密钥解密，而且只能用这一密钥解密。只要将密钥保护好，使密钥只有通信的双方知道，任何第三方都得不到密钥，也就无法窃取这些通信双方所传送的信息内容。

（2）对称加密技术的应用过程

具体到电子商务，很多环节要用到对称加密技术，例如在两个商务实体或两个银行之间进行资金的支付结算时，涉及大量的资金流信息的传输与交换。

这里以发送方甲银行与接收方乙银行的一次资金信息传输为例，来描述应用对称加密技术的过程。

图14-4为应用私有密钥加密法的甲、乙银行资金转账通知单的传输过程示意图。简述如下。

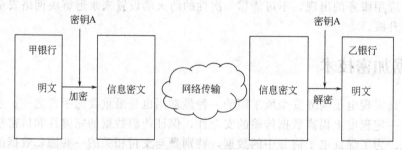

图14-4 对称加密技术的应用过程

① 银行甲借助专业私有密钥加密算法生成私有密钥A，并复制一份密钥A借助一个安全可靠通道（如采用数字信封）秘密传递给银行乙。

② 银行甲在本地利用密钥A把信息明文加密成信息密文。

③ 银行甲把信息密文借助网络通道传输给银行乙。

④ 银行乙接收信息密文。

⑤ 银行乙在本地利用一样的密钥A把信息密文解密成信息明文。这样银行乙就知晓了银行甲的资金转账通知单的内容了，结束通信。

（3）一些常用的对称加密算法

最常用的加密方案是美国国家标准和技术局（NIST）在 1977 年公布实施的数据加密标准 DES(Data Encryption Standard)，它的各种变形算法也相继推出。世界上一些专业组织机构也研发了许多种对称加密算法，比较著名的有国际数据加密算法 IDEA 以及 RC4、RC5 等。

在 DES 算法中，密钥长度为 56 位，要加密的明文按 64 位大小的块进行分组，通过替代和置换对数据进行变换，将密钥分解成 16 个子密钥，每个子密钥控制一次变换过程，共进行 16 次变换，生成密文。解密与加密的密钥与流程完全相同，只是所用密钥次序相反。而三重 DES(TDEA) 是 DES 的一种变形，这种方法使用两个独立的 56 位密钥对交换的信息（如 EDI 金融数据）进行 3 次加密，从而使其有效密钥长度达到 112 位，更加安全。当然，经过许多年的使用，已经发现 DES 有很多不足之处，随着计算机技术的进步，对 DES 的破解方法也日趋有效，所以更安全的高级加密标准 AES 将会替代 DES 成为新一代加密标准。

国际数据加密算法 IDEA 完成于 1990 年，开始时称为 PES(Proposed Encryption Standard) 算法，1992 年命名为 IDEA。IDEA 算法被认为是当今最好最安全的分组密码算法。

RC5 是由 Ron Rivest（公钥算法 RSA 的创始人之一）在 1994 年开发出来的。其前身 RC4 的源代码在 1994 年 9 月被人匿名张贴到 Cypherpunks 邮件列表中，泄露了 RC4 的算法。RC5 是在 RFC 2040 中定义的，RSA 数据安全公司的很多产品都已经使用了 RC5。

（4）对称加密算法的优缺点

对称加密算法的主要优点是加解密速度快，由于加解密应用同一把密钥，而且在专用网络中通信各方相对固定，所以应用效果较好。例如，在金融通信专网与军事通信专网的加密通信中，对于数据量较大的文件的传送，利用对称加密方法是比较有效率的。

但是，对称加密算法也存在着以下问题。

① 由于算法公开，其安全性完全依赖于对私有密钥的保护。因此，密钥使用一段时间后就更换，而且必须使用与传递加密文件不同的途径来传递密钥，即需要一个传递私有密钥的安全通道，但分发不易。

② 在同一个网络中，如果所有用户都使用同样的密钥，那就失去了保密的意义。

③ 难以进行用户身份的认定。采用对称加密算法实现信息传输，只是解决了数据的机密性问题，并不能认证信息发送者的身份，有可能存在欺骗。在电子商务中，就有可能冒用别人的名义发送资金转账指令。

因此，应用对称加密算法时必须重点考虑两个方面的安全要求。

① 需要强大的加密算法。算法至少应该满足：即使对手知道了算法并能访问一些或更多的密文，也不能破译密文或得出密钥。通常这个要求以更强硬的形式表达出来，那就是即使对手拥有一些密文和生成密文的明文，也不能破译密文或发现密钥。

② 发送方和接收方必须用安全的方式获得保密密钥的副本，必须保证密钥的安全。如果有人发现了密钥，并知道了算法，则使用此密钥的所有通信便都是可读取的。

14.3.2 公钥加密技术

（1）公钥加密技术的原理

公开密钥加密（Public Key Cryptography）又叫做非对称加密，是指在计算机网络甲、乙两用户之间进行通信时，发送方甲为了保护要传输的明文信息不被第三方窃取，采用密钥 A 对信息进行加密形成密文 M 并发送给接收方乙，接收方乙用另一把密钥 B 对收到的密文 M 进行解密，得到明文信息，完成密文通信目的的方法。由于密钥 A、密钥 B 这两把密钥中，其中一把为用户私有，另一把对网络上的大众用户是公开的，所以这种信息加密传输方式就称为公开密钥加密法。

公钥是建立在数学函数基础上的，而不是建立在位方式的操作上的。更重要的是，公钥加密是不对称的，与只使用一种密钥的对称加密方法相比，它涉及两种独立密钥的使用。这两种密钥的使用已经对机密性、密钥的分发和身份验证领域产生了深远的影响。

公开密钥加密法的应用原理是：借助密钥生成程序生成密钥 A 与密钥 B，这两把密钥在数学上相关，被称作密钥对。当用密钥对中任何一个密钥加密时，可以用另一个密钥解密，而且只能用此密钥对中的另一个密钥解密，而自己本身并不能解密，这就是所说的数学相关关系。在实际应用中，某商家可以把生成的数学密钥 A 与密钥 B 作一个约定，将其中一把密钥如密钥 A 保存好，只能商家用户自己知道并能使用，不与别人共享，叫做私人密钥（Private Key）；将另一个密钥即密钥 B 则通过网络公开散发出去（借助数字证书渠道），谁都可以获取一把并能应用，属于公开的共享密钥，叫做公开密钥（Public Key）。

这时就存在下面两种应用情况。

① 任何一个收到商家密钥 B 的客户，都可以用此公开密钥 B 加密信息，发送给这个商家，那么这些加密信息就只能被这个商家的私人密钥 A 解密，而拥有公开密钥 B 的众多用户是不能解密的。这样，由于能解密的私人密钥 A 只有商家拥有，只要商家没有将私人密钥泄漏给别人，就能保证发送的信息只能被这位商家收到，实现"定向通信"。

② 商家利用自己的私人密钥 A 对要发送的信息进行加密形成密文信息，发送给商业合作伙伴，那么这个加密信息就只能被公开密钥 B 解密，而拥有公开密钥 B 具有众多用户。这样，由于只能应用公开密钥 B 进行解密，根据数学相关关系，可以断定密文的形成一定是应用了私人密钥 A 进行加密的结果，而私人密钥 A 只有商家拥有，由此可以断定，网上收到的密文一定是拥有私人密钥 A 的商家发送的，实现"不可抵赖"。

上述两种情况均可以应用到电子商务活动中。公开密钥加密法的加密、解密算法是公开的，但是算法是不可逆的，因此加密的关键是密钥，用户只要保存好自己的私人密钥，就不怕泄密。

（2）公钥加密技术的应用过程

在电子商务中，很多环节要用到公开密钥加密法，例如在网络银行客户与银行进行资金的支付结算操作时，就涉及大量的资金流信息的安全传输与交换。

这里以客户甲与网络银行乙的资金信息传输为例，来描述应用公开密钥加密法在两种情况下的使用过程。

预备工作是：网络银行乙通过公开密钥加密法的密钥生产程序生成了自己的私人密钥 A 与公开密钥 B，如上述数学相关，私人密钥 A 由网络银行自己独自保存，而公开密钥 B 已经通过网络的某种应用形式（如数字证书）分发给网络银行的众多客户，当然客户甲也拥有了一把网络银行乙的公开密钥 B。

① 客户甲传送"支付通知"给网络银行乙，要求"支付通知"在传送中是密文，并且只能由网络银行乙解密知晓，从而实现了定点保密通信。

为实现上述应用目的，这次加密通信的过程为（如图 14-5 所示）：a. 客户甲利用获得的公开密钥 B 在本地对"支付通知"明文进行加密，形成"支付通知"密文，通过网络将密文传输给网络银行乙；b. 网络银行乙收到"支付通知"密文后，发现只能用自己的私人密钥 A 进

图 14-5　公钥加密系统中发送加密信息

行解密形成"支付通知"明文，断定只有自己知晓"支付通知"的内容，的确是发给自己的。

② 网络银行乙在按照收到的"支付通知"指令完成支付转账服务后，必须回送给客户甲一个"支付确认"，要求客户甲在收到"支付确认"后，断定只能是网络银行乙发来的，不是别人假冒的，将来可作支付凭证，从而实现对网络银行业务行为的认证，而网络银行不能随意否认、抵赖。

为实现上述应用目的，这次认证通信的过程为（如图14-6所示）：

图14-6　公钥加密系统中对发送者进行身份验证

- 网络银行乙在按照客户甲的要求完成相关资金转账后，准备一个"支付确认"明文，在本地利用自己的私人密钥A对"支付确认"明文进行加密，形成"支付确认"密文，通过网络将密文传输给客户甲；

- 客户甲收到"支付确认"密文后，虽然自己拥有许多密钥，却发现只能用获得的网络银行的公开密钥B进行解密形成"支付确认"明文，由于公开密钥B只能解密由私人密钥A加密的密文，而私人密钥A只有网络银行乙所有，因此客户甲断定这个"支付确认"只能是网络银行乙发来的，不是别人假冒的，可作支付完成的凭证。

在公开密钥系统中对发送者进行身份认证可以保证信息发送方不可抵赖其发送行为，类似于传统商务中个人的手工签名功能，从而解决了在电子商务的网络支付结算中"防抵赖"和"支付行为的认证"等问题。

（3）一些常用的公钥加密算法

自公开密钥加密法问世以来，学者们提出了许多种加密算法，它们的安全性都是基于复杂的数学难题。根据所基于的数学难题来分类，目前主要有以下三类系统被认为是安全和有效的，即大整数因子分解系统（如RSA算法）、椭圆曲线离散对数系统（如ECC算法）、离散对数系统（如DSA算法）和背包算法等。

当前最著名及应用最广泛的公开密钥系统是RSA算法。RSA公钥加密方法是1978年由Rivest、Shamir和Adleman提出的一个公开密钥密码体制，RSA就是以其发明者的首字母命名的。RSA体制被认为是迄今为止理论上最为成熟完善的一种公钥密码体制。它基于如下原理：寻找大素数是相对容易的，而分解两个大素数的积在计算上是不可行的。RSA算法的安全性建立在难以对大数提取因子的基础上，所有已知的证据都表明，大数的因子分解是一个极其困难的问题。

RSA算法中的密钥长度从40～2048位可变，加密时也把明文分成块，块的大小可变，但不能超过密钥的长度，RSA算法把每一块明文转化为与密钥长度相同的密文块。密钥位数越长，加密效果越好，但密钥长度的增加导致其加、解密的速度大为降低，硬件实现也变得越来越困难，这对使用RSA算法带来了很重的负担。因此，RSA多用在数字签名、密钥管理和认证等方面。

背包问题是熟知的不可计算问题，背包算法以其加密、解密速度快而引人注目。背包公钥体制是1978年提出的，其思路是假定某人拥有大量的物品，重量各不相同。此人通过秘密地选择一部分物品并将它们放到背包中来加密消息。背包中的物品总重量是公开的，所有可能的物品也是公开的，但背包中的物品却是保密的。附加一定的限制条件，给出重量，而要列出可能的物品，在计算上是不可能的。这就是背包公开密钥算法的基本思想。

（4）公钥加密算法的优缺点

公开密钥加密法的优点可以由以下三个方面说明。

① 身份认证较为方便　也许你并不认识某一商务实体，但只要你的服务器认为该实体的带公钥的证书是可靠的，就可以进行安全通信，而这正是 Web 商务这样的业务所要求的，例如信用卡网络支付购物。

② 密钥分配简单　公开密钥可以像电话号码一样，告诉每一个网络成员与商业伙伴，需要好好保管的只是一个私人密钥。

③ 公开密钥加密法能很好地支持完成对传输信息的数字签名以解决数据的否认与抵赖问题。

单独应用公开密钥加密法也有局限性，大多数公钥密钥算法都会涉及高次幂运算，不仅加密速度慢，而且会占用大量的存储空间。由于进行的都是大数计算，所以无论是用软件还是硬件实现，RSA 算法最快的情况也比 DES 慢 100 倍。一般来说公开密钥加密法只适用于少量数据加密，例如向客户传送信用卡或网络银行的密码。

14.4　数据完整性技术

前面叙述了以私有密钥加密法与公有密钥加密法为代表的保护数据机密性的一些技术，可以说基本解决了数据的保密问题。但在电子商务中，还可能常常出现这些情况，即相关商务数据受到未经许可的修改、伪造以及否认与抵赖。正如传统的商务中出现了纸质合同被修改、纸质支票被伪造一样，在电子商务中也会遇到类似问题。

为了保证电子商务中相关数据的完整性，常常采用数字摘要（即数字指纹）、数字签名、数字时间戳等新技术手段来解决，正如传统商务中常用到的个人手写、印章签名、纸质防伪、营业证书等手段。当然，像数字摘要、数字签名、数字时间戳等技术也是建立在信息加密技术基础上的。

14.4.1　数字摘要

电子商务中通信双方在互相传送如电子合同、电子支票等数据信息时，不仅要对相关数据进行保密，不让第三方知道，还要能够知道数据在传输过程中有没有被别人改变，也就是要保证数据的完整性，其中一个有效手段就是采用数字摘要技术。

（1）数字摘要的原理

所谓数字摘要（Digital Digest），就是发送者对被传送的一个信息报文（比如电子合同或支付通知单）根据某种数学算法计算出一个此信息报文的摘要值，并将此摘要值与原始信息报文一起通过网络传送给接收者，接收者应用此摘要值来检验信息报文在网络传送过程中有没发生改变来判断信息报文的真实与否。

这个摘要值本质上是由原始信息报文通过某一加密算法产生的一个特殊的数字信息串，比较短，与原始信息报文之间有一一对应的关系。也就是说，每个信息报文按照某种加密算法都产生一个自己特定的数字摘要，就像每个人都有自己独特的指纹一样，所以，数字摘要又称作数字指纹或数字手印（Digital Thumbprint）。根据这种应用原理，就像人类可以通过指纹来确定是否是某人的真实身份一样，也可以通过数字摘要来确定所代表的信息报文的真实性与完整性。

数字摘要是由哈希（Hash）算法计算得到的，所以也称为哈希值。哈希算法是一个单向的不可逆的数学算法，信息报文经此算法处理后，能产生一个数字摘要，但不可能由此数字摘要再用任何办法或算法来还原原来的信息报文，这样保护了信息报文的机密性。

哈希算法是公开的，接收者收到信息报文和数字摘要后，可以用同样的哈希算法处理收到的信息报文，得到新的数字摘要，只要比较两条数字摘要是否相同，就可以确定所收到的信息报文在传送过程中是否被改变或是否是真的。不同的信息原文将产生不同的数字摘要，对原文数据哪怕改变一位数据，数字摘要都将会产生很大变化。

（2）数字摘要的应用

这里以数字摘要在网络支付业务过程中的应用为例，来描述其产生示例。还是前面的例子，客户甲给银行乙发送"支付通知"的数字摘要产生示意图，如图14-7所示。

甲客户支付通知 ➡ Hash 算法 ➡ 支付通知的数字摘要

图 14-7　数字摘要的应用

虽然哈希算法是公开的，但算法精度上还是有区别的，即产生的数字摘要的长度有区别。太短，容易重复，失去防伪的意义；太长，对算法要求高，产生时间长，而传播时间也长，则开销大。所以数字摘要的长度只要基本能保证不重复就可以了。

数字摘要是数字签名的另一个支持技术，主要解决信息防伪的问题，通常与公开密钥加密法一起联合应用，构成数字签名。

14.4.2　数字签名

在传统商务的纸质合同中，人们通常用笔签名或使用印章，这种手工的签名或印章通常有两个作用：一是证明合同是由签名者发送并认可的，不可抵赖，是要负法律责任的；二是保证信息的真实性，不是伪造的，非签名者不许篡改。而在电子商务中，为了保证电子合同的真实性和不可否认性，即完整性，可以使用类似手工签名功能的数字签名技术。

（1）数字签名的原理

数字签名（Digital Signature）与手写签名类似，只不过手写签名是模拟的，因人而异。数字签名是 0 和 1 的数字串，因消息而异，极难伪造，要区别是否为伪造，不需专家，只要有公正的第三方认证中心。

数字签名，也称电子签名，是指利用电子信息加密技术实现在网络传送信息报文时，附加一个特殊的能唯一代表发送者个人身份的标记，完成传统上手书签名或印章的作用，以表示确信、负责、经手、真实等。或者说，数字签名就是在要发送的信息报文上附加一小段只有信息发送者才能产生而别人无法伪造的特殊个人数据标记（就是数字标签），而且这个特殊的个人数据标记是原信息报文数据加密转换生成的，用来证明信息报文是由发送者发来的。

当然也可以采用将整条信息采用公开密钥加密方式，用发送方的私人密钥加密的方法来确保信息报文来自于发送方，但是由于信息报文往往很长，如电子合同，系统不得不花很长时间用于对信息加、解密，因此采用上述数字签名技术更具有效率。

数字签名在应用原理上利用公开密钥加密法和数字摘要技术，分别来解决电子文件或信息报文网络传送与交换后的不可否认性与真实性，即防抵赖、防伪造与防篡改。

（2）数字签名的作用

数字签名目前已广泛地应用于网络上公文传递和电子商务中，具有良好的应用效果，其作用具体叙述如下。

① 数字签名是可信的　接收方用发送方的公开密钥能解密收到的数字签名（数字标记），可以确信是由发送方签名的。

② 数字签名是不可伪造的 数字签名必须通过私人密钥加密产生，只有发送方自身知道他的私人密钥，别人没有，因此发送方的数字签名不可伪造。

③ 同一个数字签名是不可多用的 数字签名是信息报文经过数学函数变换一一对应产生的，信息报文改变，数字签名也会改变。

④ 被数字签名附带的信息报文是不可篡改的 如果信息报文有任何改变，都将导致数字签名验证通不过。

⑤ 数字签名是不可抵赖的 接收方不用发送方的帮助就能验证发送方的数字签名。

实际应用中，为了防止把数字签名和带数字签名的信息报文多次重用，数字签名还经常包括当时的时间标记，即数字时间戳服务（Digital Time-stamp Service，简称 DTS），因为时间是交易文件中十分重要的信息，比如网络支付的时间等。也就是说，把日期和时间的签名附在信息报文中，并和信息中的其他部分内容一起签名，使签名还带有时效性。数字时间戳服务由专门的机构提供，时间戳是一个经加密后形成的凭证文档，包括三部分：需加时间戳的文件的摘要、DTS 收到文件的日期和时间、DTS 的数字签名。

（3）数字签名的应用

在电子商务的许多网络服务中均用到了数字签名技术，如电子合同的认证、网络支付单据的认证，还有我国政府部门目前正大力开展的电子政务中政府公文的传递等。由于电子商务的非面对面性，为防止网络上假冒、抵赖等行为的发生并有据可查，数字签名就像传统商务中的个人手工签名或企业印章一样，保障了电子商务的安全。

这里，以客户甲向银行乙发送"支付通知 M"，在"支付通知 M"上附带客户甲的数字签名以帮助银行乙认证客户甲的发送行为（即的确得到了客户甲的支付通知），并鉴别银行乙收到的"支付通知 M"的真伪。其实这个"支付通知"就好像用于网络支付的电子支票，而生成的数字签名就像用于支票防伪与确认的印章一样。

图 14-8 描述的就是客户甲利用为数字签名向银行乙送"支付通知 M"的过程，反映了数字签名的应用过程。注意发送方客户甲与接收方银行乙在将"支付通知"生成数字摘要的时候要用同一个 Hash 算法。银行乙可以通过公开的渠道取得客户甲的公开密钥，以认证客户甲的身份，防备其将来的可能抵赖行为。"支付通知"可明文或密文发送，只需再借助数字信封技术即可。

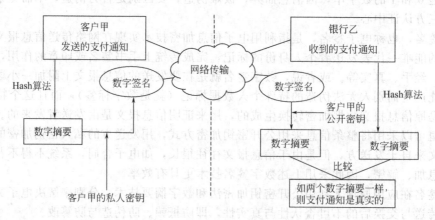

图 14-8 数字签名的应用

14.5 认证技术

网络安全系统的一个重要方面是防止对手对系统进行主动攻击，如伪造、篡改信息等。认证则是防止主动攻击的重要技术，它对于开放环境中的各种信息系统的安全有重要作用。认证是指验证一个最终用户或设备（客户机、服务器、交换机、路由器和防火墙等）的声明身份的过程，即认证信息发送者或信息接收者的身份。认证的主要目的有两个：第一，验证信息的发送者是真正的，而不是冒充的，这称为信源识别；第二，验证信息的完整性，保证信息在传送过程中未被篡改、重放或延迟等。在电子商务的网络支付中，涉及大量的参与各方的身份认证。

14.5.1　数字证书

（1）数字证书的原理

数字证书（Digital Certification）也称为数字凭证，是网络通信中利用电子信息技术手段标识个人、计算机系统或组织的身份和密钥所有权的电子文档，其作用类似于现实生活中的身份证、护照、工作证、信用卡、驾驶执照、营业执照及印章等。与这些"物理证件"不同的是：数字证书还具有安全、保密、防篡改的特性，可以对网上传输的信息进行有效保护和安全的传递。例如在最常用的电子政务应用中，企业网上报税越来越受到欢迎与重视。在实施网上报税的过程中，纳税人必须通过使用标识其身份的数字证书登录网上纳税服务系统方可安全地进行网上税务的申报，正是借助于这种企业数字证书，才能表明该企业的有效身份并证明其纳税事实。

在电子商务中，网络业务是面向全球的，要求验证的对象数量以及区域范围也迅速加大，因而大大增加了商务参与者身份验证的复杂性和实现的困难性。比如，在网络通信双方使用公开密钥加密之前，必须先要确认得到的公开密钥确实是对方的，也就是有一个身份确认的问题。最好的办法是双方面对面交换公开密钥，但这在实际上是不可行的。

为了能确认双方的身份，必须要由网络上双方都信任的第三方机构（数字证书认证中心）发行一个特殊证书来认证。在电子商务中，通常是把传统的身份证书改用数字信息形式，由双方都信任的第三方机构发行和管理，以方便在网络上传递与使用，进行身份认证，这就是数字证书。数字证书认证中心负责在发行数字证书之前证实个人或组织身份和密钥所有权。一般情况下，证书需要由社会上公认的公正的第三方的可靠组织发行，如果由于它签发的证书造成不恰当的信任关系，该组织就需要承担责任。

数字证书的工作原理为：信息接收方在网上收到发送方发来的业务信息的同时，也收到发送方的数字证书，这时通过对其数字证书的验证，可以确认发送方的真实身份。在发送方与接收方交换数字证书的同时，双方都得到了对方的公开密钥，由于公开密钥是包含在数字证书中的，而且借助证书上数字摘要的验证，可以确信收到的公开密钥肯定是对方的。借助这个公开密钥，双方就可以完成数据传送中的加解密工作。

（2）数字证书的内容

数字证书的具体内容格式遵循目前国际流行的 X.509 标准，其内容包括数字证书的数据和发行证书的认证中心机构的数字签名及用来生成数字签名的签名算法。

数字证书的数据组成如下。

①　版本信息　用来区分 X.509 证书格式的版本。

②　证书序列号　每一个由认证中心发行的数字证书必须有一个唯一的序列号。

③　认证中心使用的签名算法　认证中心的数字摘要与公开密钥加密体制算法。

④　证书颁发者信息　颁发此证书的认证中心信息。

⑤　有效使用期限　本证书有效期，包括起始、结束日期。

⑥　证书主题或使用者　证书与公钥的使用者的相关信息。

⑦　公钥信息　公开密钥加密体制的算法名称、公开密钥的位字符串表示（只适用于 RSA 加密体制）。

⑧ 其他额外的特别扩展信息 如增强型密钥用法信息、CRL 分发点信息等。

（3）数字证书的类型

对于不同的应用类型，数字证书的类型也不同。与网络支付相关的数字证书通常可分为以下四种类型。

① 个人数字证书 个人数字证书也称客户证书，主要为用户提供凭证，以证实其身份和密钥所有权。个人证书一般安装在客户浏览器上，以帮助个人在网上进行安全电子交易。根据个人数字证书的不同功能，具体又可以分为个人身份证书、个人电子邮件证书、个人网上银行证书等。如个人身份证书主要和身份证信息绑定，用于对个人的真实身份进行鉴别；个人电子邮件证书主要和电子邮箱地址绑定，用于发送加密或签名个人电子邮件；个人网上银行证书主要和银行卡信息绑定，用于网上支付、网上缴费、网上查账等。

② 企业数字证书 企业数字证书中包括企业基本信息、企业的公钥及签发单位的数字签名等，主要用于证明企业的真实身份，以便企业在网上进行各类 B2B、B2C、B2G 等电子商务活动。

③ 设备数字证书 设备数字证书具体又包括应用服务器证书、Web 服务器证书、VPN 网关证书、VPN 客户端证书等。其中应用服务器证书主要颁发给需要安全鉴别的服务器，以便表明服务器的真实有效身份；Web 服务器证书主要和网站的 IP 地址、域名绑定，因此它可以保证网站的真实性和不被人仿冒，另外还可以在客户端浏览器和 Web 服务器之间建立起一条 SSL 安全通道，从而保证用户在网络通信中的安全性；VPN 网关证书主要用于在 VPN 隧道中鉴别设备身份；VPN 客户端证书主要用于认证远程雇员、商务合作伙伴和客户身份，以确保在 VPN 网络中只有指定人员才能有权访问传递的信息。

④ 代码签名数字证书 代码签名数字证书具体可以分为个人代码签名证书和企业代码签名证书。前者主要用于提供软件开发人员对其开发的软件代码进行数字签名，以有效防止其软件代码被篡改，使用户免遭病毒域黑客程序的侵扰。当用户在网上下载经过代码签名的软件时，可以确信软件的来源和软件在签发之后是否经过了篡改或破坏。后者主要颁发给具有企业行为的软件开发商或提供商，通过对其提供的软件代码进行数字签名，可以有效防止该软件代码被篡改，并且能够保护软件开发商的版权利益。

（4）数字证书的存储及有效性

数字证书一般可以存储在硬盘、USB Key、IC 卡等介质中。目前比较流行的做法是选择外观像普通优盘的 USB Key 作为数字证书的存储介质。这样做的优点是：第一，直接利用计算机的 USB 接口，不再需要安装额外的读取设备；第二，在身份鉴别时，采取了双因素认证方法。所谓双因素认证即在身份鉴别时不仅仅通过用户名和口令等数字信息鉴别身份，还要借助于其他物理设备。正如在 ATM 机上取款时将 IC 卡或磁卡和口令相结合起来进行身份鉴别，在互联网上进行身份鉴别也可以将 USB Key 和口令结合起来。

有效的数字证书在使用前需要经过认证的过程，即当数字证书颁发机构要颁发的数字证书传送给某人或站点时，将上面相关内容信息用自己的私人密钥加密，接收者就能用证书里的公钥来证实颁发机构的真实身份，以判断证书的有效性。严格来讲，只有下列条件都成立时，数字证书才是有效的。

① 证书没有过期 所有的证书都有一个期限，可以通过检查证书的期限来决定证书是否有效。

② 密钥没有被修改 如果密钥被修改，就不应该再继续使用，密钥对应的证书就应被视为无效，这可通过证书上的缩略图及其算法检验来识别。

③ 有可信任的相应的颁发机构认证中心及时管理与回收无效证书，并发行无效证书清单。

14.5.2　认证中心

认证中心（Certification Authority，CA）也称为认证授权机构、证书授权机构或证书管理机构等。认证中心是一个基于 Internet 平台建立的公正的、有权威性的、独立的（第三方的）、广受信赖的组织机构，负责数字证书的发行、管理以及认证服务，以保证网上业务安全可靠地进行。

一个完整安全的电子商务活动，必须要有认证中心的参与。因此，为促进电子商务的发展，在社会上必须建立具有绝对权威性的认证中心，电子商务参与各方客户、商家、银行、政府机构等实体上网注册加入到已有的认证中心中，如此，认证中心就能确保所有电子商务过程与各方的安全性，从而开展安全的电子商务。

（1）认证中心的技术基础

认证中心的角色是重要的，但并不是任何一个组织想建立就能建立起来的，除了上述的第三方要求并保持公正、具备良好信誉之外，关键是认证中心的建立与运作需要强大的技术支撑，因为涉及许多先进的密码技术。比如，认证中心提供的公开密钥与数字摘要机制等必须是先进的。

认证中心的技术基础是 PKI 体系，所谓 PKI(Public Key Infrastructure) 体系，中文翻译为"公开密钥体系"或"公开密钥基础"，是一种遵循既定标准的密钥管理平台，它能够为所有网络应用服务提供加密和数字签名等密码服务及所必需的密钥和证书管理体系。简单地说，PKI 就是利用公共密钥理论和技术建立的提供网络安全服务的基础设施。PKI 技术是信息安全技术的核心，也是电子商务交易与网络支付的关键和基础技术。

PKI 的基础技术应该包括加密、数字签名、数字摘要、数字信封、双重数字签名等。一个完整的 PKI 系统的基本构成包括具有权威的认证中心、数字证书库、密钥备份及恢复系统、证书作废系统、应用接口等。

认证中心认证数字证书采用的是一种树形验证结构。在两方通信时，通过出示由某个认证中心签发的证书来证明自己的身份，如果对签发证书的认证中心本身不信任，则可验证认证中心的真实身份，依次类推，一直到公认的权威认证中心处，就可确信证书的有效性。

认证中心的分级结构类似于各级行政机关，上级认证中心负责签发和管理下级认证中心的证书，最下一级的认证中心直接面向最终用户。处在最高层的是金融认证中心（根认证中心），它是所有人（或主体）公认的权威机构，如中国人民银行总行的认证中心。中国金融认证中心系统主要由认证中心系统、商业银行注册管理中心系统和用户端系统三大部分组成。

（2）认证中心系统的功能模块

认证中心系统从功能模块上划分，大致可以分为以下几个部分，如图 14-9 所示。

① 接收用户证书申请的证书受理者　接收用户证书申请证的受理者就是证书受理部门。它用于接收用户的证书申请，转发给证书发放的操作部门和证书发放的审核部门进行相应的

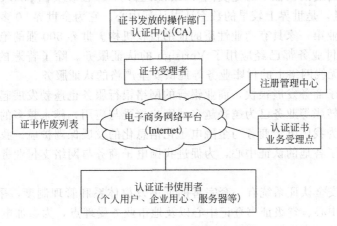

图 14-9　认证中心系统的功能模块

处理。

② 注册管理中心 注册管理中心是证书发放审核部门。它负责对证书申请者进行资格审查，并决定是否同意给该申请者发放证书，不过，如果出现审核错误乱发证书，其承担的责任也很重大。因此，它应由能够承担这些责任的可信的机构担任。

③ 证书发放的操作部门 通常，将证书发放的操作部门称为基层认证中心，也就是具体发放认证证书的操作部门。它负责为那些通过申请的人（或主体）制作、发放和管理证书。如果出现问题，例如证书被黑客盗窃，或有人偷偷地为没有获得授权者发放证书等，它也负有重大责任。它可以由审核授权部门自己担任，也可委托给第三方担任。

④ 证书作废列表 记录作废证书的证书作废列表也称证书撤销表或证书吊销表等。通常，在证书作废列表中记录的用户是一些已经有不良记录的用户，认证中心在开始核实用户的申请和认证用户的认证证书之前，先对照黑名单，如果在黑名单上有名，则此证书作废。

⑤ 业务受理点 认证证书业务受理点作为认证中心对外提供服务的一个窗口，为用户提供面对面的认证证书申请和发放服务，同时受理点可以担任用户证书发放的审核部门，当面审核用户提交的资料，决定是否为其发放认证证书。

⑥ 认证证书使用者 认证证书使用者也就是认证中心系统的用户，主要有个人用户、商家用户、企业用户和服务器用户等，认证证书使用者通过 Internet 和电子商务网络平台与认证中心系统连接。认证中心系统的用户也包括下级认证中心和最终用户。

（3）认证中心的主要功能

简单地说，认证中心的功能就是签发和管理认证证书，它在整个公钥加密体制中以及安全的网络支付过程中的地位是至关重要的，其主要职责可以表述为如下几个方面：

① 生成密钥对及认证中心证书；

② 验证申请人身份；

③ 颁发数字证书；

④ 证书以及持有者身份在线认证查询；

⑤ 证书的更新；

⑥ 证书的作废；

⑦ 证书的归档；

⑧ 制定相关政策；

⑨ 有能力保护证书服务器的安全。

（4）国内外主要认证中心机构

目前世界上最著名的认证中心是美国 Verisign 公司，早已在美国 NASDAQ 上市。该公司成立于 1995 年 4 月，是世界上较早的数字证书认证中心。它为全世界 50 多个国家提供数字证书服务，是软件行业第一家具有商业性质的证书授权机构。世界 500 强的绝大多数企业的网上业务特别是网络支付业务都已经应用了 Verisign 的认证服务。除了普遍的有线网络服务外，Verisign 目前还为无线网络上的付账业务等提供安全严格的认证服务。

中国近年来电子商务发展很快，商业银行的网络银行服务也蓬勃发展起来，信用卡网络支付、网络银行网上转账等业务已为越来越多的客户接受与应用，越来越多的认证中心也在我国建立起来，并正在为我国电子商务与金融电子化信息化的发展保驾护航。我国各地政府部门已经行动起来，建立了各地的认证中心，为促进我国电子商务与网络支付业务的发展提供了良好的第三方支持。

中国电信 CA 安全认证系统有一套完善的证书发放体系和管理制度，采用三级管理结构：全国 CA 安全认证中心、省级证书登记中心以及地市业务受理点，为参加电子商务的不同用户提供个人证书、企业证书和服务器证书。目前已经开发了网上安全支付系统、网上购物系统、电子银行系统、电子订票系统、网上报税等一系列基于中国电信 CA 系统的电子商务应用。

目前，我国的 CA 建设尚处于起步阶段，缺乏完整的统筹和协调，没有建立一个在全国范围内具有绝对权威性的 CA，而是各行业、各地区自行建立了各自的一套 CA 体系。这对于处在权威认证地位的 CA 来说，不仅是基础设施的浪费，也会对电子商务中的身份认证带来一系列问题，如交叉认证的兼容等。在 2004 年 8 月电子签名法通过后，这种状况正逐步改善。

14.6 安全协议机制

如何将电子商务流程中的各参与方与先进的信息网络安全技术充分地结合起来，以保证安全、有序、快捷地完成网络支付流程，需要一个协议来规范各方的行为与各种技术的运用。这个协议就是安全的网上交易协议，目前国际上比较有代表性的协议标准是 SSL 与 SET。

14.6.1 基于 SSL 协议的安全电子商务机制

（1）SSL(Secure Socket Layer) 协议的定义及特点

SSL 协议最初是由 Internet 应用先驱 Netscape 公司开发的，其中文翻译为"安全套接层协议"。SSL 协议是一种面向连接的协议，提供在 Internet 上的安全通信服务，是目前在电子商务活动中广泛应用的安全通信协议之一。SSL 协议解决了目前 TCP/IP 协议难以满足的网络安全通信要求，它运行在 TCP/IP 层之上而在其他高层协议（如 HTTP、FTP、SMTP、LDAP 和 IMAP 等）之下。SSL 在应用层协议通信之前就已经完成加密算法、通信密钥的协商以及服务器认证工作。在此之后应用层协议所传送的数据都会被加密，从而保证通信的私密性。SSL 协议的好处之一在于它是个独立的应用协议，其他高层的协议能透明地位于 SSL 协议之上。

SSL 协议综合运用了对称加密、公钥加密以及数字签名等技术，提供了以下三种基本的安全服务。

① 机密性　SSL 客户机和服务器之间通过私有密钥加密算法和私有密钥产生交换，建立起一个安全通道。以后在安全通道中传输的所有信息都经过加密处理，网络中的非法窃听者所获取的信息都将是无意义的密文信息。

② 完整性　SSL 利用密钥算法和 Hash 函数，通过对传输信息特征值的提取来保证信息的完整性，确保要传输的信息安全部到达目的地，可以避免服务器和客户机之间的信息内容受到破坏。

③ 认证性　利用数字证书技术和可信的第三方认证中心，可以让客户机和服务器相互识别对方的身份。为了验证数字证书持有者是其合法用户，SSL 协议要求证书持有者在握手时双方通过相互交换数字证书来验证和保证对方身份的合法性。

在 SSL 协议中，采用了对称加密技术来进行实际数据的加密，因此加、解密的速度较快，效益高；但由于该密钥的生成运用了公钥加密方法，且通过先产生预备密钥，然后再生成真正密钥的方法，因此安全性较好。

由于所有操作系统下的 Web 浏览器均支持 SSL 协议，因此 SSL 协议开发成本小，应用简单方便。同时由于综合应用了对称加密法、公钥加密法、数字签名和数字证书等安全保障手段，SSL 的安全性也不错，再加上速度较快，所以目前国内外普及的信用卡网络支付、网络银行支付转账等应用大多采用了 SSL 协议机制。如中国工商银行、招商银行等网上银行的在线支付系统就是构建在 SSL 协议机制之上的，其密钥长度为 128 位。

为了预防商家知晓客户的支付账号、密码等信息，持卡人可与银行直接建立 SSL 保密通信通道进行加密信息传送，而不通过商家中转。但对于一些将支付单与订货单捆绑在一起的网站，便无法保证商家不看持卡人的支付隐私信息了。另外，由于客户的身份认证不是必须的，有时便会存在客户身份合法性和不可抵赖性问题。

（2）基于 SSL 协议的网络支付流程

具体到网络支付应用中，例如信用卡的 SSL 网络支付方式时，SSL 协议原则上涉及商务的交易各方，即客户浏览器（持卡人）、商家服务器、认证机构、银行服务器，可能的话还有专门的第三方支付平台（可以看作支付网关）。

① 客户机 IE 浏览器向银行服务器发送客户端 SSL 相关信息（如 SSL 版本号、密码设置、随机生成的数据等）。

② 服务器同样也向客户机发送服务器端的 SSL 相关信息，并发送自己的数字证书以便客户认证；若服务器端想要认证客户端身份，则还会要求客户发送客户证书。

③ 客户端利用服务器端的发送信息对其进行认证，若认证成功则进入下一步，否则用户被告知存在问题，不能建立 SSL 连接服务。

④ 客户利用相关技术（如数字信封）生成临时密钥 KeyT，并用服务器的公钥（从服务器的数字证书中获得）对该密钥进行加密，生成密文 C-KeyT 发送到服务器端。

⑤ 服务器端对客户进行身份认证后，便用自己的私钥解密 C-KeyT，从而获得密钥 KeyT。KeyT 是一个临时密钥，必须通过一系列操作，再生成真正的加密密钥 Key。此时客户端也与服务器端进行相同的操作，从而也生成相同的加密密钥 Key。

⑥ 由于 SSL 协议是面向连接的协议，因此客户端与服务器端要进行握手信息发送。一旦连接建立，客户端便用 Key 对支付信息加密后发送给服务器端，服务器端也用 Key 对其进行解密。

⑦ 数据传送完毕后，客户端与服务器端必须释放连接。本次通信完成后，一般该密钥 Key 便不再使用。

14.6.2 基于 SET 协议的安全电子商务机制

（1）SET（Secure Electronic Transaction）协议的定义及特点

在进行类似于网上购物的电子交易的过程中，持卡人希望在交易中保密自己的账户信息，使之不被人盗用；商家则希望客户的订单不可抵赖，并且，在交易过程中，交易各方都希望验明其他方的身份，以防止被欺骗。SET 协议正是基于此目标而形成的，它是一种电子支付过程标准，用以保护网上支付卡交易的每一个环节。

SET 协议的中文翻译为"安全电子交易协议"，是指为使银行卡在 Internet 上安全地进行交易提出的一整套安全解决方案。此方案包括通信协议在内，主要采用前面所述的数字证书方式，用数字证书来证实在网上开展商务活动有确实是持卡人本人，以及保证向持卡人销售商品或服务并收钱的参与各方，包括持卡人、商家、银行等的安全。可以说，SET 协议涉及整个网络支付流程的安全以及涉及各方的安全。

由于 SET 协议是 VISA 与 MasterCard 两大国际信用卡组织发起研发的，所以其针对的主要目标是银行卡的安全网络支付问题，但是，SET 协议机制中围绕数字证书验证的解决思路甚至业务流程也可以为其他的网络支付方式所采用。

SET 协议要达到的主要目标描述如下。

① 保证信息的机密性 保证信息安全传输，不能被窃听，只有收件人才能得到和解密信息。

② 保护隐私 客户的订单信息和敏感的支付信息如信用卡账号、密码等将进行隔离，在将包含消费者支付账号信息的订单送到商家时，商家只能看到订货信息，而看不到消费者的账户信息，反过来，银行只看到相关支付信息，而看不到订货信息。

③ 完整性 SET 协议应用目前已有的先进密钥加密算法和产生数字摘要的 Hash 算法，借助数字信封技术来保证传输信息的完整。

④ 多方认证性　验证公共网络上进行交易活动的商家、持卡人及交易活动的合法性，一般由第三方认证机构负责为交易双方提供信用担保与认证，对参与其中的银行方的支付网关也要进行认证，以防假冒。

⑤ 标准性　SET 协议机制的参与各方在交易流程中各方面均有严格的标准可循，以保证其具有公共适应性。主要体现在要求软件遵循相同的协议和消息格式，包括加密算法的应用协商（如 RSA 和 DES）、数字证书信息和对象格式、订货信息和对象格式、认可信息和对象格式、资金划账信息和对象格式以及对话实体之间消息的传输协议等。

在 SET 协议机制中，使用了 DES 对称密钥算法、RSA 公钥算法、Hash 函数等技术，提供数据加密、数字签名、数字信封与数字证书等功能，给包括支付信息在内的信息报文在网络中的传输提供十分可靠的安全性保证。SET 协议借助数字证书来验证商务参与各方的真实身份；通过 DES 算法、RSA 算法、Hash 函数的结合使用，保证了数据的一致性和完整性，并可实现防抵赖；通过数字信封、数字签名，确保用户信息的隐私性和关联性。

（2）基于 SET 协议的信用卡网络支付中的主要参与对象

基于 SET 协议的信用卡网络支付涉及多个参与方，持卡人、商家、支付网关通过 Internet 进行交易通信，支付网关通过网络专线与收单银行之间传递交易信息，收单银行与发卡银行通过银行后台专用网络传递支付结算信息，而作为安全核心的认证中心通过 Internet 向持卡人、商家、支付网关发放数字证书，并通过专用网络与收单银行、发卡银行建立联系，进行证书发放的身份认定工作。可以看出，就进行一次电子商务的网络支付而言，涉及的直接参与方比 SSL 多一些，也严格得多，因此其开销、流程也要复杂得多，这样安全性更好，但速度慢一些，成本也不小。

① 持卡客户　持卡人要参加 SET 交易并用信用卡进行安全支付，必须先到发卡银行申请并取得一套 SET 交易专用的电子钱包软件，并将其安装在本机中，然后向 CA 申请一张持卡客户的数字证书，就可以与网上商家进行在线结算了。

② 发卡银行　指发放信用卡给持卡人的银行机构。在交易过程中，发卡银行负责检验持卡人的数据，检验无误，整个交易才算成立。发卡银行不属于 SET 交易的直接组成部分，但却是完成网络支付的必须参与方。

③ 网上商家　在网上提供商品或服务的组织或个人。网上商家必须在其网站上集成安装运行 SET 交易的商家服务器软件，并和相关金融机构签订有关协议。与持卡客户一样，商家也必须先到银行进行申请，但不是到发卡银行，而是到接收网络支付业务的收单银行申请设立账户，并向 CA 申请一张商家的数字证书。

④ 收单银行　为在线交易的商家在银行开立账号的金融机构，该机构还处理信用卡的认证和货款的收付。收单银行也不属于 SET 交易的直接组成部分，但同样是完成网络支付的必要参与方。

⑤ 支付网关　支付网关是一个全天开放的介于银行与互联网之间的专用系统，以实现电子交易的有关信息在顾客、商家和银行之间安全、无缝隙地传送，从而使网上银行的电子支付功能得以实现。具体功能是接收从商家传来的支付扣款信息，并通过专线传送给银行；银行对支付信息的处理结果再通过这个专用系统反馈回商家。支付网关是一个相对独立的系统，只要保证支付网关到银行之间的通信安全，便可保证银行后台网络的安全，因此银行也可委托第三方担任网上交易的支付网关。

⑥ 认证中心　认证中心是交易各方都信任的第三方权威机构，它接受发卡银行和收单银行的委托，对客户、商家和支付网关发放数字证书，供交易中的所有成员进行身份证明使用。认证中心虽然不直接参加 SET 交易，但在 SET 交易中起着非常重要的核心作用。

（3）SET 协议和 SSL 协议的比较

在 SET 协议出现之前，网上交易及其支付就已经有了，所用安全措施主要是 SSL 协议。到目前为止，很多网上交易系统还是 SSL 协议，通过 SET 协议和 SSL 协议的比较，可以了解两种协议的优缺点。表 14-1 列出了两种协议的差异对比。

表 14-1　SSL 协议与 SET 协议的对比

项目	SSL 协议	SET 协议
协议应用层	属于网络传输层	属于网络应用层
加密技术	对称加密、非对称加密技术、数字签名、信息摘要、数字信封、认证技术等	采用的技术与 SSL 基本相同，但在数字签名时还采用了双重签名技术
加密范围	在建立双方的安全通信通道后，所有传输信息均被加密	可选择部分敏感信息加密
对客户隐私权的保护	当信息经过商家中转时，无法保证商家看不到客户的隐私信息	运用了双重签名技术保证各方仅能看到可以看到的信息
安全性	存在安全漏洞	较好
支持性和广泛性	目前较广泛，流行浏览器均支持	目前仍不普遍，但应用前景良好
成本及复杂度	简单成本低，客户端无需安装专门软件	复杂、成本较高，在银行建立支付网关；在客户端和商家服务器上必须分别安装相应软件
运行速度	较快	较 SSL 协议慢

正是由于 SET 的高复杂性和高成本，在具体实现时可以采取比较灵活的方式。比如，在电子商务的支付系统中，一些商家考虑在与银行的连接中使用 SET，而与客户的连接仍然使用 SSL，这种方案既回避了在客户机上安装电子钱包软件的麻烦，同时又获得了 SET 提供的许多优点。随着电子商务应用的不断深入，追求更加安全的交易与支付方式必将成为众多商家、客户及银行等交易各方的目标，因此，SET 协议的应用也将越来越受到社会的关注与认可，其良好的应用前景是无可置疑的。

总之，SET 协议给银行、商家、持卡客户带来了更多的安全，使他们在进行网上交易时更加放心，但实现复杂、成本高；而 SSL 协议则简单快捷，但仍然存在安全漏洞。目前总的来说，SSL 协议的应用面比 SET 协议广泛得多。

本 章 小 结

① 由于 Internet 是一个完全开放的网络，电子商务面临的主要安全隐患有：系统故障、信息被截获、信息被篡改、伪造信息、对交易行为的抵赖等。为了保证交易的顺利进行，必须在互联网中建立一套可以令人相互信任的环境和机制。针对电子商务开展过程中可能发生的安全问题，为保证电子商务流通的安全、可靠，以下的基本安全需求必须能够保证：身份的真实性；信息的完整性；信息的保密性；不可抵赖性；系统的可靠性。

② 针对电子商务开展过程中可能发生的安全问题的主要解决方法：建立第三方公正的认证机构实现对交易各方的认证，证实其身份的合法性、真实性；使用相关的加密算法对电子商务数据流进行加密，以防止未被授权的非法第三方获取消息的真正含义；使用数字指纹（即数字摘要）算法以确认电子商务流信息如电子合同的完整性；采用数字签名、数字指纹、数字时间戳等技术并配合认证机构来实现其不可否认性；处理多方贸易业务中的多边安全认证问题；电子商务系统中应用软件、支撑的网络平台的正常运行；采用网络防火墙技术、用户与资源分级控制管理机制、网络通道流量监控软件、网络防病毒软件等技术；管理机构的建立和电子商务法律的制定。

③ 防火墙就是一个或一组网络设备（计算机或路由器等），可用来在两个或多个网络间加

强访问控制。它是一种由计算机软件和硬件组成的隔离系统设备，用于在安全的企业内部网Internet 和大众的不安全的 Internet 之间构筑一道防护屏障，能够按预先设置的条件对进出实体进行区分，实现内外有别。防火墙是一种被动式的安全防护手段，它只能对现在已知的网络威胁起作用。

④ 加密技术是实现电子商务安全所采用的一种最常用也是最重要的手段之一。一个数据加密系统包括加密算法、明文、密文以及密钥。一个加密算法的工作过程是将原始的数字信息（明文）与一串字符串即密钥结合，变换成与明文完全不同的数字信息（密文）。在计算机上实现的数据加密，其加密或解密变换是由密钥控制实现的。密钥是借助一种数学算法生成的，它通常是一随机字符串，是控制明文和密文变换的唯一关键参数。

⑤ 认证是防止主动攻击的重要技术，它对于开放环境中的各种信息系统的安全有重要作用。认证是指验证一个最终用户或设备（客户机、服务器、交换机、路由器和防火墙等）的声明身份的过程。认证的主要目的有两个：第一，验证信息的发送者是真正的，而不是冒充的，这称为信源识别；第二，验证信息的完整性，保证信息在传送过程中未被篡改、重放或延迟等。在电子商务的网络支付中，涉及大量的参与各方的身份认证。

⑥ 不同的技术手段的综合运用，构成了不同的安全控制协议。这种协议就是安全的网上交易协议，目前国际上比较有代表性的协议标准是 SSL 与 SET。

思　考　题

14-1　试举例说明电子商务交易过程中会遇到哪几个方面的安全威胁。

14-2　上网查询归纳防火墙的主要作用、工作原理和最新的发展动态。

14-3　常见的认证技术有哪些？

14-4　简述安全电子交易协议的工作原理。

14-5　常见的密钥体系有哪两种？简述其工作原理和工作过程。

15　电子商务中的法律问题

学习目标

掌握电子商务法律基础涉及的主要问题，立法的必要性和电子商务法律体系的发展现状和未来趋势。了解电子签名、数据电文、认证机构、电子合同、网络公证等的功能及其法律地位。了解知识产权、著作权保护的概念、范围和特征；理解加强对电子商务中知识产权保护的重要性；了解国际组织及发达国家对权利管理信息法律保护立法特点。

传统的商务系统已经发展了数千年，已经形成一套完整的法律基础体系。电子商务由于交易过程的数字化和虚拟性，使服务于传统商务系统的法律体系难以满足电子商务发展的需要，有必要建立一套新的法律体系，以保证电子商务的健康、有序的发展。

但是电子商务发展的现实是，从 2009 年至今年电子商务业中出现的"携程假保单事件"、"京东错价门事件"、"卓越 25 元门事件"、"新蛋 2 月订单门"等事件引发了各界对电子商务法律问题的讨论。电子商务业内人士认为，对于行业自律、企业诚信、电子支付、物流配送、消费者权益保障和争端解决机制等问题无标准合适的电子商务法可依，将使买卖双方责任无法明朗化，使电子商务市场处于无序混乱状态。可见我国电子商务立法具有相当的紧迫性。

15.1　电子商务的特征及立法的必要性

15.1.1　电子商务的特征

电子商务立法是推动电子商务发展的前提和保障，尽快在全球范围内营造良好的电子商务法律环境，已成为国际社会的共识。电子商务立法的目的在于消除阻碍电子商务发展的障碍、消除现有法律适用上的不确定性和建立一个清晰的法律框架。电子商务的特征决定了它不仅为全球的经济发展营造了良好的氛围，同时对立法也提出了许多新的要求和挑战。

（1）无国界性

Internet 的一个重要特征就是全球联通、跨越地域的界限。电子商务主体面对的是全球的大市场，期待着高度一体化的商业和法律规则，这就面临着各国社会制度、政治状况、经济发展程度、现行法律法规、文化传统等千差万别的实际情况，协调成了最大难题。

（2）信息的数字化

由于计算机处理、储存和 Internet 上传输的都是表示一定信息的电磁信号，于是以 Internet 为载体、计算机处理为表征的电子商务双方的谈判记录，使用的资金甚至标的本身都是数字化的。因此，法律是否承认通过电子通信形式传播的数字化信息的效力也是电子商务立法必须解决的核心问题，数字化信息的法律地位主要涉及电子交易的书面形式、电子签名及认证等几个方面。

（3）技术进步速度快

电子商务领域的技术进步速度已经大大超过了一个国家适时地调整其法律框架的能力。即使试图对法律框架进行大的变革以适应电子商务的需求，也由于新的意想不到的问题的不断出现和变革速度上的悬殊差距，使得法律调整的速度总是跟不上电子商务发展的步伐。电子商务导致了一场在数字化市场中对法律框架的根本性反思。

15.1.2 电子商务立法的必要性

（1）电子商务立法有利于促进电子商务发展

自 20 世纪 90 年代以来，以计算机网络和电子技术应用为依托的电子商务开始在全球范围内得到日益广泛的应用，电子商务比传统商务具有更为便捷、高效、覆盖面广、交易费用低廉等优势。与电子商务的迅猛发展相比，与之相关的法律法规则显得滞后。网络贸易已经成了税收"漏斗"；网上购物的权益和安全性无法得到保障；由于网上金融的发展尚不完善，网上黑客随时可能出现，网上交易的安全性远远低于有形交易，尤其是个人隐私问题更是无法保障；电子商务欺诈可能更是无处不在，信用无法保证。

（2）电子商务立法中存在的问题

目前，在世界范围内虽然有联合国国际贸易法委员制定的《电子商务示范法》及一系列的国际统一规则，但均不构成直接有效的国际法律规范，只是起到参考的作用；且由于各国法律制度的差异性，在许多方面提出了一个总原则。各国对原有立法进行了调整时有局部性和临时性的特点。在电子商务实践中，仍多以当事人之间协议的方式来弥补法律规范的不足，具有很大的局限性。因此，电子商务中法律问题的解决最终将取决于各国立法的彻底调整以及有关国际统一规则的最终确立。

① 由于电子商务的无国界性，越来越要求电子商务立法的国际一致性，这就面临着各国社会制度、政治状况、经济发展程度、现行法律法规、文化传统等千差万别的实际情况，因此协调难度很大。

② 电子信息技术突飞猛进、日新月异、更新换代的速度常常以月计，而立法程序相对较慢。

③ 目前与经济生活密切相关的主要法律，如消费者权益保护法、合同法、公司法等，都是建立在传统的有形商业之上的，于无形的"网络经济"并不完全适用。

④ 从世界范围来看，电子商务从体系、组织、模式、法律、管理、技术上也还未完全成熟，特别是技术的发展尚不足以控制网上的一切交易行为，电子商务处于不断发展变化之中，这也给立法造成了不小的困难。

电子商务的立法问题得到了有关国际性、地区性组织和许多国家政府的高度重视，尽快在全球范围内营造良好的电子商务法律环境已成为国际社会的共识。许多国家纷纷出台推动本国电子商务发展的政策、行动纲要和规范性文件，旨在抓住信息技术的机遇争取新的竞争优势，提高国际竞争力，同时减少各国在立法上的冲突，为电子商务在全球范围内的发展扫平障碍。

15.1.3 全球电子商务立法现状分析

（1）全球电子商务立法特点

全球电子商务立法的核心围绕电子签章、电子合同、电子记录的法律效力展开。从 1995 年美国犹他州颁布《数字签名法》至今，已有几十个国家、地区和组织颁布了与电子商务相关的立法。其特点表现在如下几个方面。

① 迅速　从美国犹他州出台《数字签名法》至今，在短短十几年的时间里，已有几十个国家、组织和地区制定了电子商务的相关法律或草案，无论是美国、德国等发达国家，还是马来西亚等发展中国家，对此反应都极为迅速。尤其是联合国贸易法委员会，更起到了先锋与表率的作用，及时引导了世界各国的电子商务立法。

② 兼容　在电子商务高速发展并逐步打破国界的大趋势下，各国在进行电子商务立法时，兼容性是首要考虑的指标之一。也正是这种兼容性的要求，造就了电子商务立法中先有国际条约后有国内法的奇特现象。联合国贸易法委员会在其《电子签名统一规则指南》中就曾指出："电子商务内在的国际性要求建立统一的法律体系，而目前各国分别立法的现状可能会产生阻碍其发展的危险"。

③ 及时　联合国贸易法委员会的《电子商务示范法》和美国 1997 年的《全球电子商务纲要》直接涉及了关税、电子支付、安全性、隐私保护、基础设施、知识产权保护等发展电子商务的关键性问题，为美国电子商务的发展创造了政策法律环境。马来西亚是亚洲最早进行电子商务立法的国家，该国早在 20 世纪 90 年代中期就提出了建设"信息走廊"的计划，极大地促进了其信息产业和相关产业的发展。作为信息产业界后来居上的印度，也推出了《电子商务支持法》，并于 2000 年提出其针对电子商务的免税方案。

此外，电子商务国际立法还具有以下特点：边制定边完善；电子商务国际立法重点在于使过去制定的法律具有适用性；发达国家在电子商务国际立法中居主导地位；工商垄断企业在电子商务技术标准的制定上起主要作用。

(2) 各国立法情况介绍

① 美国　美国在电子商务立法方面处于领先地位，发展很快。1995 年 5 月 1 日，美国的犹他州颁布了《数字签名法》，这是美国乃至全世界范围的第一部全面确立电子商务运行规范的法律文件；1997 年 7 月 1 日，美国政府发表了《全球电子商务纲要》；2000 年，美国批准通过了《电子签名法案》，允许消费者和商业企业使用电子签名填写支票、贷款抵押服务以及使用买卖合同，它几乎涵盖了所有传统签名应用的范围。

② 联合国国际贸易法委员会　联合国国际贸易法委员会是负责国际贸易法律协调和统一的组织，在电子商务立法领域做了大量推动工作。1996 年 6 月，联合国国际贸易法委员会制定了《电子商务示范法》，该法提供了一套可供各国立法参考并可被国际广泛接受的电子商务通则，从而克服现行法律体系不适应电子商务发展的障碍，促进全球电子商务的发展。《电子商务示范法》的颁布为逐步解决电子商务的法律问题奠定了基础，为各国制定本国电子商务法规提供框架和示范文本。2000 年 9 月，该委员会电子商务工作组制定了《电子签名统一规则》，并提交联合国会议正式讨论通过。2001 年，该机构又审议通过了《电子签章示范法》，成为国际上关于电子签章的最重要的立法文件。

③ 经济合作与发展组织（OECD）　OECD 极其关注电子商务对经济及社会发展的影响，由于 OECD 成员国大多在电子商务领域处于比较发达或领先地位，因此，OECD 电子商务方面的政策与法律制定，对世界范围的电子商务政策、法律和法规的制定产生了重大影响。

1998 年 10 月，OECD 召开了电子商务专题讨论会。会议推出了《全球电子商务行动计划》，在实现全球电子商务的共同行动方面迈出了重要的一步，推动了在全球范围内深刻认识电子商务的进程，明确了政府在电子商务推进中的作用，有助于推动国际政策进一步协调，从而使各种经济体均能充分利用新的电子平台所提供的机遇。

会议提交了三个主要文件：《OECD 电子商务行动计划》，该计划概述了各项活动和对未来工作的建议；《有关国际组织和地区性组织的报告：电子商务的活动和计划》，该报告概述了这些组织当前和将来可能开展的工作；《工商界全球电子商务计划》，该计划概述了工商界当前的计划和他们对重要问题的看法。

④ 欧盟　从全球电子商务立法的角度看，欧盟的电子商务立法无论在立法思想、立法内容还是立法技术上都是很先进的。欧盟在 1997 年 4 月 15 日发布了《欧洲电子商务行动方案》，就电子商务的问题阐明了欧盟的观点。在有关法律环境方面，欧盟强调，为了保证欧洲企业有效进入全球市场，欧洲必须在基础设施、技术及服务方面做好充分准备；欧洲必须特别重视与

电子商务有关的法律问题的研究与开发，并且应当在欧盟范围内建立一个适用于电子商务的法律和管理框架；管制应当包括电子商务活动的每一个环节，包括数据安全、隐私、知识产权保护及透明温和的税收环境；欧盟应当积极与国际组织及其他国家的政府加强对话，确保形成一个全球一致的法律环境，共同打击国际网络犯罪。

欧盟于 1999 年 12 月通过了《电子签名指令》，又于 2000 年 5 月通过了《电子商务指令》，这两部法律文件构成了欧盟国家电子商务立法的核心和基础。

⑤ 亚太地区部分国家　1997 年，马来西亚通过了《电子签名法》，这是亚洲最早的电子商务立法，该法承认数字签名的法律效力，要求认证机构必须持有许可证方可从事营业。

新加坡是开展电子商务立法研究与立法起草工作较早、较快的国家，政府直接参与指导立法是新加坡实施电子商务最有效的途径之一。1998 年新加坡颁布了《电子商务法》，对电子签名的相关问题作了详尽规定。

印度近年电子商务发展迅速，这与印度政府为促进电子商务的发展所实施的系列政策、法规是分不开的。2000 年 5 月，印度议会通过了《电子商务支持法》。

菲律宾于 2000 年正式签署了《2000 电子商务法令》，该法令对电子文档、数字签名以及在线交易的规则作了比较详细的规定，形成了与电子商务配套的法规。

韩国商业、工业和能源部于 1999 年颁布了《电子商务基本法》。

2000 年 5 月，日本法务省草拟了《电子签名法》，并于 2001 年 4 月开始实施。

澳大利亚于 1999 年初颁布了《电子交易法》草案，2000 年 3 月 15 日正式实施。

(3) 我国的电子商务立法

我国在电子商务的立法上起步较晚，及时研究跟踪国际电子商务立法的发展进程及特点，掌握国际电子商务立法的发展趋势是非常重要的。

在我国，从 2000 年开始，来自业界和学术界的关于电子签名立法的呼声开始出现，并且这一需求随着我国电子商务的普及和深化而更加突出，大量电子商务交易由于无法在电子文件、电子合同和电子签名等方面得到法律的有力支持而受到阻碍，电子签名、数据电文、电子合同的合法性问题已经成为我国发展电子商务的"瓶颈"问题之一。虽然海南省、广东省和上海市先后进行地区性的电子商务立法，但受区域性的局限，这些地方立法发挥的作用有限，并且由于缺乏更高层次立法的指引，地方立法之间存在一些冲突和需要协调的地方。

2004 年 8 月 28 日，第十届全国人民代表大会常务委员会第十一次会议通过《中华人民共和国电子签名法》，该法共 5 章 36 条，它是我国第一部真正意义的电子商务法，自 2005 年 4 月 1 日起施行。与此同时，信息产业部颁布了作为《电子签名法》配套细则的《电子认证服务管理办法》，这是《电子签名法》授权制定的、与《电子签名法》配套施行的部门规章，具有重要的法律效力和作用。

国务院办公厅 2005 年 3 月 7 日发布的《关于加快电子商务发展的若干意见》，是我国第一个关于电子商务的政策性文件，该文件的发布是我国电子商务政策法律环境继出台《电子签名法》后的又一重大事件。

我国第一部网络著作权行政管理规章《互联网著作权行政保护办法》已于 2005 年 4 月 30 日发布，并于同年 5 月 30 日起正式实施。

(4)《中华人民共和国电子签名法》

《中华人民共和国电子签名法》立法的直接目的是为了规范电子签名行为、确立电子签名的法律效力、维护各方合法权益；立法的最终目的是为了促进电子商务和电子政务的发展、增强交易的安全性。该法很好地借鉴了国际电子商务立法的经验，充分考虑了我国电子商务及认证机构的实际情况。

《中华人民共和国电子签名法》重点解决了五个方面的问题：

① 确立了电子签名的法律效力；

② 规范了电子签名的行为；

③ 明确了认证机构的法律地位及认证程序，并给认证机构设置了市场准入条件和行政许可的程序；

④ 规定了电子签名的安全保障措施；

⑤ 明确了论证机构行政许可的实施主体是国务院信息产业主管部门。

电子商务交易及信息传递的有效性、安全性和不可抵赖性等问题，一直是关系到电子商务能否得以顺利开展的核心问题之一，而目前以非对称密钥系统为主的电子签名技术的应用可以基本解决此类问题，该技术在电子认证机构的支持下得到快速应用和发展，其安全可靠性已经过大量实践的检验。所以，从法律的角度给予电子签名以传统签名、盖章同等的法律地位就成为电子签名得以广泛应用和发挥功效的前提，也是近十年国际电子商务立法的核心内容。

传统的签名必须依附于某种有形的介质，而在电子交易过程，文件是通过数据电文的发送、交换、传输、储存来形成的，没有有形介质，这就需要通过一种技术手段来识别交易当事人、保证交易安全，以达到与传统的手写签名相同的功能。这种能够达到与手写签名相同功能的技术手段，一般就称为电子签名。

中国《电子签名法》规定："本法所称电子签名，是指数据电文中以电子形式所含、所附用于识别签名人身份并表明签名人认可其中内容的数据。"

电子签名具有多种形式，如：附着于电子文件的手写签名的数字化图像，包括采用生物笔迹辨别法所形成的图像；向收件人发出证实发送人身份的密码、计算机口令；采用特定生物技术识别工具，如指纹或是眼虹膜透视辨别法等。

（5）我国《电子签名法》的特点

① 技术问题复杂，但法律问题却相对简单 虽然作为签名法调整对象的电子签名所涉及的技术问题比较复杂，但这些技术问题本身并不属于法律要解决的问题。电子签名法所要解决的法律问题相对比较简单，因为商务活动的绝大多数法律问题在传统法律中已经解决，电子签名法只需解决因商务活动信息载体的变化所涉及的法律问题，而这些问题大多只需采用"功能等同"的办法作出相应规定即可。因此，联合国示范法和许多国家、地区的电子签名法的内容都很简单。例如，联合国《电子商务示范法》只有17条、《电子签名示范法》只有12条，欧盟《电子商务指令》只有27条，美国《国际与国内电子签名法》只有11条，俄罗斯《电子签名法》只有21条，中国台湾地区的《电子签章法》只有17条。

② 具有很强的国际统一趋势 电子商务最显著的优势就在于可以利用不受国界限制的Internet方便地进行网上交易，这就必然要求电子签名法律制度应当是国际统一的。联合国有关机构为统一各国的电子签名法律制度做了大量工作，组织各国专家制定了示范法。目前，许多国家有关数据电文和电子签名法的主要规定大体上都是一致的，否则无法与电子商务的国际化接轨。中国《电子签名法》的基本规定也与联合国示范法的规定大体一致。

③ 实行"技术中立"的立法原则 即法律只规定作为安全可靠的电子签名所应达到的标准，至于采用何种技术手段来实现这一标准，法律不作规定，以避免影响新技术的开发使用。联合国示范法和不少国家、地区的电子签名法都采用这一原则通过，中国电子签名法也采用了这一原则。但也有一些国家和地区的电子签名法采用了技术特定化的原则，针对安全可靠的电子签名所采用的技术作了个体规定。

④ 体现引导性，而不是强制性 如在电子商务活动或电子政务活动中，可以使用电子签名，也可以不使用电子签名；可以用第三方认证，也可以不用第三方认证。

⑤ 体现开放性，而不是封闭性 如虽然从条文规定来看主要适用于电子商务，但又不完全局限于电子商务，电子政务也同样适用。另从技术层面上看，并不局限于使用一种技术。

⑥ 条文规定体现的是原则性，而不是具体性　如条文中对"第三方"的界定、对认证机构的条件设置等，都是采用了"原则性"而"具体性"的处理方式，留下了很大的法律空间。

15.2　电子商务的法律体系

15.2.1　数据电文

（1）数据电文的概念

我国《电子签名法》规定："本法所称数据电文，是指以电子、光学、磁或者类似手段生成、发送、接收或者储存的信息。"

联合国《电子商务示范法》规定："数据电文，是指以电子手段、光学手段或类似手段生成、发送、接受或存储的信息，这些手段包括但不限于电子数据交换、电子邮件、电报、电传或传真。"

联合国《电子商务示范法颁布指南》对数据电文作了更为详细的解释。

① "数据电文"的概念并不仅限于通信方面，还应包括计算机产生的并非用于通信的记录。"电文"这一概念应包括"记录"这一概念。

② 所谓类似手段，并不仅指现有的通信技术，而且包括未来可预料的各种技术。"数据电文"定义的目的是要包括所有以无纸形式生成、储存或传输的各类电文。为此，所有信息的通信与储存方式，只要可用于实现与定义所列举的方式的相同功能，都应当包括在类似手段中。

③ "数据电文"的定义还包括其废除或修改的情况。

（2）电子签名、数据电文的法律效力

电子签名、数据电文虽然以电子形式出现而与手写签名、书面文件不同，但是法律不应仅因为这一点而不承认其法律效力。只要符合法律规定的条件，电子签名、数据电文与手写签名、书面文件具有同等的法律效力。因此，有关国际组织、国家和地区的电子商务法或电子签名法一般都对电子签名、数据电文的法律效力问题作出规定，要求不得因其采用电子形式而加以歧视。如联合国《电子商务示范法》规定："不得仅仅以某项信息采用数据电文形式为理由而否定其法律效力、有效性或可执行性。"美国《国际与国内商务电子签章法》规定："一项交易中的合同，不能因为其在缔结过程中使用了电子签名或电子记录而否定其法律效力或可执行性。"此外，美国《统一电子交易法》、澳大利亚《电子交易法》、新加坡《电子交易法》、中国台湾地区《电子签章法》等也作了类似规定。

我国《电子签名法》规定："当事人约定使用电子签名、数据电文的文书，不得仅因为其采用电子签名、数据电文的形式而否定其法律效力，即在当事人约定使用电子签名、数据电文的情况下，不能以该文书中某项信息或签名采用了电子形式，作为否定其法律效力的唯一理由。"

（3）关于数据电文符合法定书面形式要求的规定

在传统的民商法律中，合同的签订与履行以及交易中的文件、单据等无不涉及书面形式要求。但是，电子交易中的文件是通过数据电文的发送、交换、传输、储存来形成的，没有书面载体。从传统法律的角度来看，电子文件显然不能满足书面形式的要求。这无疑限制了电子商务对某些商务领域的进入，阻碍了电子商务的发展。

为了解决法律上的这一障碍，联合国国际贸易法委员会提出了"功能等同法"的解决方案。"功能等同法"立足于分析传统书面要求的目的和作用，以确定如何通过电子技术来达到这些目的或作用。通过对传统书面规范体系进行剖析，从中抽象出功能标准，再从电子商务交易形式中找出具有相应效果的手段，以确定其效力。据此，联合国《电子商务示范法》规定："如法律要求信息须采用书面形式，则假若一项数据电文所含信息可以调取以备日后查用，则满足了该项要求。"一些国家也采用了联合国示范法的做法，在国内法中对数据电文的书面形式要求做出类似规定，如美国《统一电子交易法》规定："如果当事人同意以电子手段进行交易，并且某一法律要求一方应以书面形式向另一方提供、发送或者送达信息，那么若此信息依其值形是由在接收器接收信息时有接收保持信息能力的电子记录来提供、发送或者送达的，则上述该法律的要求即被满足。"此外，澳大利亚《电子交易法》、新加坡《电子交易法》、中国香港地区《电子交易条例》等也对数据电文的书面形式要求作了类似的规定。

借鉴联合国《电子商务示范法》，我国《电子签名法》规定："能够有形地表现所载内容，并可以随时调取查用的数据电文，视为符合法律、法规要求的书面形式。"

（4）关于数据电文符合法定原件形式要求的规定

原件是指信息内容首次以书写、印刷等形式固定于其上的纸质或其他有形的媒介物。它是与传统法律环境下的书面形式相联系的，只有传统的书面形式的文书才会有原件和副本的区别。数据的电文是通过电子形式输入、生成、传输和储存的，以有形形式表现出来的总是"副本"，不可能有什么原件。因此，在法律要求某一文书采用原件形式时，在传统的法律环境下，数据电文是不能满足要求的。

在这一问题上，联合国《电子商务示范法》同样采用了"功能等同法"。从文书原件所要达到的功能出发，找到实现"原件功能"的基本要求，然后再规定符合这一要求的数据电文就视为符合原件的形式要求。

借鉴联合国《电子商务示范法》，我国《电子签名法》规定："视为符合法律、法规规定的原件形式要求数据电文，应当符合下列条件：①能够有效地表现所载内容并可供随时调取查用；②能够可靠地保证自最终形成时起，内容保护完整、未被更改。但是，在数据电文上增加背书以及数据交换、储存和显示过程中发生的形式变化不影响数据电文的完整性。"

15.2.2 认证机构的法律地位

中国《电子签名法》明确规定了认证机构的法律地位、电子认证服务的市场准入制度等问题。认证机构的法律地位描述为：电子签名需要第三方认证的，由依法设立的电子认证服务提供者提供认证服务。

（1）提供电子认证服务应当具备的条件

① 具有与提供电子认证服务相适应的专业技术人员和管理人员；

② 具有与提供电子认证服务相适应的资金和经营场所；

③ 具有符合国家安全标准的技术和设备；

④ 具有国家密码管理机构同意使用密码的证明文件；

⑤ 法律、行政法规规定的其他条件。

（2）电子认证服务提供者签发的电子签名认证证书应当载明的内容

① 电子认证服务提供者名称；

② 证书持有人名称；

③ 证书序列号；

④ 证书有效期；

⑤ 证书持有人的电子签名验证数据；

⑥ 电子认证服务提供者的电子签名；

⑦ 国务院信息产业主管部门规定的其他内容。

（3）相关法律责任

① 电子签名人知悉电子签名制作数据已经失密或者可能已经失密未及时告知有关各方并终止使用电子签名制作数据，未向电子认证服务提供者提供真实、完整和准确的信息，或者有其他过错，给电子签名依赖方、电子认证服务提供者造成损失的，承担赔偿责任。

② 电子签名人或者电子签名依赖方因依据电子认证服务提供者提供的电子签名认证服务从事民事活动遭受损失，电子认证服务提供者不能证明自己无过错的，承担赔偿责任。

电子签名认证证书是指可证实电子签名人与电子签名制作数据有联系的数据电文或者其他电子记录；电子签名人是指持有电子签名制作数据并以本人身份或者以其所代表的人的名义实施电子签名的人；电子签名依赖方是指基于对电子签名认证证书或者电子签名的信赖，从事有关活动的人；电子签名制作数据是指在电子签名过程中使用的，将电子签名与电子签名人可靠地联系起来的字符、编码等数据；电子签名验证数据是指用于验证电子签名的数据，包括代码、口令、算法或者公钥等。

《中华人民共和国电子签名法》的出台已经大大推进了中国电子商务立法的进程，《关于加快电子商务发展的若干意见》这样一个专门指导电子商务发展的政策性文件的出台、实施，又发出了一个十分明确的信号，电子合同、网络服务提供者的责任认定、税收、消费者权益保护、隐私权保护等方面法律法规的订立将被提到议事日程，从而有利于加快我国电子商务立法的进程并增强立法之间的协调性。

15. 2. 3　电子合同

电子合同在电子商务中有极其重要的地位。虽然《合同法》早已承认了电子合同的法律效力，但缺失相应的规则。中国《电子签名法》确立了电子记录归属于特定人、等同于原件等基本规则，为电子合同的可执行性提供了依据。但是否就意味着电子合同可以畅通地应用，这仍然是值得怀疑的。一方面，中国《电子签名法》确立的规则仍然是原则性的，其应用仍然需要解释或先例；另一方面，大量的电子合同并不使用电子签名，这些电子合同如何被认定为有效的证据更是需要司法实践的探索。

（1）电子商务合同与传统合同的区别

传统的合同形式主要有两种，即口头形式和书面形式。口头形式是指当事人采用口头或电话等直接表达的方式达成的协议，而书面形式是指当事人采用非直接表达方式即文字方式来表达协议的内容。

在电子商务中，合同的意义和作用没有发生改变，但其形式却发生了极大的变化。

① 订立合同的双方或多方大多是互不相同的。所有的买方和卖方都在虚拟市场上运作，其信用依靠密码的辨认或认证机构的认证。

② 传统合同的口头形式在贸易上常常表现为店堂交易，并将商家所开具的发票作为合同的依据。而在电子商务中，标的额较小、关系简单的交易没有具体的合同形式，表现为直接通过网络订购、付款，例如利用网络直接购买软件。但这种形式没有发票，电子发票目前还只是理论上的设想。

③ 表示合同生效的传统签字盖章方式被数字签名所代替。

④ 传统合同的生效地点一般为合同成立的地点。而采用数据电文形式订立的合同，收件人的主营业地为合同成立的地点，没有主营业地的，其经常居住地为合同成立的地点。

（2）电子商务立法中有关"电子合同"的法律规定

为解决因电子合同在各国合同法中的差异及电子合同的法律效力问题所引起的争议，联合国《电子商务示范法》在第6～9条对电子合同的书面、签字、原件及数据的证据效力等问题都作出了详细的规定。欧盟《电子商务指令》、英国《电子商务法》、新加坡《电子交易法》及中国香港地区《电子交易条例》都专章规定了电子合同。

欧盟、英国关于电子合同的规定主要包括以下内容：除几个例外领域外，都可以电子形式订立合同；经营者在合同成立前应当向交易对方提供有关合同订立方式、步骤以及交易条件的信息；经营者对收到的订单（要约）应当及时确认收讫，并采取措施使对方在下订单前有机会更正输入错误。新加坡《电子交易法》在"电子合同"一章中规定了电子合同的订立和有效性、在当事人之间的效力、数据电文的归属、数据电文的确认收讫以及收发数据电文的时间和地点。中国香港地区《电子交易条例》在"电子合约"一章中规定了电子合约的成立及有效性。新加坡和中国香港地区的上述规定均源自联合国《电子商务示范法》。

15.2.4 税收

在网络这个独特的环境下，交易的方式采用无纸化，所有买卖双方的合同，作为销售凭证的各种票据都以电子形式存在，交易实体是无形的，交易与匿名支付系统连接，其过程和结果不会留下痕迹作为审计线索。如果不制定相关的税收制度与税收手段以明确纳税对象或交易数字，很难保证网上征税的正常进行。

（1）电子商务对税收工作的影响

① 直接冲击税收公平原则。主要表现为传统商贸企业与电子商务企业在税收方面出现明显差异，现有的税收征管方式难以对电子商务课税，使电子商务成为"优良"的国际"免税区"，形成巨大的"税收漏斗"。

② 影响增值税征收。

③ 影响税收征管。传统意义上的税收征管是以纳税人的真实合同、账簿、发票、往来票据和单证为基础的，而电子商务的账簿和计账凭证是以网上数字信息形式存在的，而且网上凭证又有随时被修改而不留痕迹的可能，使税收征管失去可信的审计基础。电子货币、电子支票、网上银行的出现和发展，更加大了税收征管难度，法律甚至不能对网上交易的偷逃税行为产生威慑作用。

④ 国际避税问题进一步复杂化。

⑤ 国际税收协调面临严峻挑战。由于电子商务交易方式的特点，各国对税收管辖权的确定一直以来都有争议。跨境交易的税收和关税问题主要是指是否缴税、税收管辖、防止双重收税以及税收流失等问题。

（2）加强电子商务税费管理

在电子商务领域，交易瞬间完成，税收主体身份难以确认，谁该纳税、谁交所得税、谁交流转税都没有约定，这就给税收征管带来很大不便。另外，由于我国征收税款是认发票的，而电子商务则很少有索要发票的行为，传统的税法很难应对电子商务提出的挑战。

我国的税法对电子商务如何征税还没有相应的规定，是按货物流动来征税，还是按资金流动来征税，还是通过全盘考虑来征税，都在探讨中，由于法律的不衔接，在税收上很容易产生空隙。另外，由于税收涉及管辖地的问题，还需要国际法的规范。发达国家是希望将税款截留在总部，而发展中国家自然希望在本国收取税收。

随着电子商务的深化，越来越多的中小企业开始介入其中，并在易趣等 C2C 平台逐渐担当起大卖家及大买家的角色，由此 C2C 模式开始悄然带有了 B2C 等乃至 B2B 的痕迹，这使得电子商务征税问题更为严重。我国国家税务总局已成立了电子商务税收对策研究小组，计划近期提出税收政策框架，以界定个人多余物品拍卖与赢利性拍卖之间的界限，解决以 C2C 名义从事 B2C 交易进而变相逃税的深层次问题。

（3）制定鼓励中国电子商务发展的税费优惠政策

电子商务企业属于服务行业，根据《中华人民共和国营业税暂行条例》，各企业需要缴纳的税费包括营业税（地税）、城建附加税和教育附加税。其中营业税为主要部分，收取额度为当年度该公司营业额（即公司收入，并非网上交易总额）的 5％。目前我国尚未有针对电子商务企业的税收优惠政策出台，但在部分地区，如果该电子商务企业申报了高新技术企业，则可享受"三免三减（国税）"的优惠。

为鼓励电子商务的发展，或者更长远地说是为扶植、保护我国的民族工业，有必要对从事电子商务的企业实行某些优惠政策，国家在税收上应给予适度的倾斜保护，对网上税收的税种、税率以及管辖权作出适当的法律规定。《关于加快电子商务发展的若干意见》第 8 条就加快"研究制定鼓励电子商务发展的财税政策"指出：有关部门应本着积极稳妥推进的原则，加快研究制定电子商务税费优惠政策，加强电子商务税费管理。

15.3 电子商务法律服务与保障体系建设

《关于加快电子商务发展的若干意见》明确提出要推动我国网络仲裁、网络公证等方面的法律服务与保障体系建设。加强电子商务法律服务与保障体系的建设对我国电子商务的发展具有重要意义。

15.3.1 网络服务提供者的责任认定

网络服务提供者是随着 Internet 的发展才产生的，是为各类开放性的网络提供信息传播中介服务的，网络服务提供者能否为用户提供可信赖的服务。

根据网络服务者提供的服务，网络服务提供者主要包括接入服务提供者、主机服务提供者、电子公告板经营者、信息搜索服务提供者等。当网络服务提供者提供越来越多的增值服务之后，其责任风险增加了。网络服务提供者的责任风险主要包括侵犯知识产权的责任、传播诽谤他人信息的责任、传播非法和有害信息（例如色情信息）的责任、提供咨询服务产生的责任以及提供中介服务产生的责任。

（1）责任标准

网络服务提供者的责任是关系到发展电子商务的一个核心问题。这一问题不解决，将阻碍市场的顺利运行，损害跨国服务和正常的市场竞争。要界定网络服务提供者的侵权责任，首先要明确网络服务提供者的责任标准，使网络服务提供者可以预见到自己的行为是否属于侵权。

各国在进行电子商务立法时都注意适当限制网络服务提供者的责任，不过采取的形式有所不同。从目前世界主要国家和地区的立法的发展趋势来看，判断网络服务提供者为他人的侵权行为承担的责任主要有两种：一种是严格责任，另一种是过错责任。

严格责任只存在于网络版权保护发展的初期，以美国为代表。一些国家的法律之所以规定网络服务提供者承担严格责任，是因为认定网络服务提供者对在其系统或网络中存储和传播的材料具有监控义务。随着网络技术的发展，监控义务及严格责任逐渐暴露出它对网络服务业的阻碍作用，主要因为这种监控义务已经超出了网络服务提供者的实际能力，越来越多的国家意识到严格责任对网络服务提供者的束缚，开始寻求比较适合网络服务提供者的责任标准。

与严格责任相比，过错责任考虑到广大中小网络服务提供者的实际能力，使其免于承受沉重的责任风险。最终，网络服务提供者的责任标准由严格责任转换到过错责任。

我国对网络服务提供者的责任认定主要体现在《关于审理涉及计算机网络著作权纠纷案件适用法律若干解释》方面的规定，由于我国的一般归责原则为过错原则，所以网络服务提供者所承担的也是过错责任。此外，根据我国的立法，网络服务提供者负有协助调查的义务。例如其第 6 条规定："提供内容服务的网络服务提供者，对著作权人要求其提供侵权行为人在其网络的注册资料以追究行为人的侵权责任，无正当理由拒绝提供的，人民法院应当根据民法通则第 106 条的规定，追究其相应的侵权责任。"《互联网电子公告服务管理规定》第 15 条也规定互联网接入服务提供者应当记录上网用户的上网时间、用户账号、互联网地址或者域名、主叫电话号码等信息，记录备份应保存 60 日，并在国家有关机关依法查询时，予以提供。

（2）责任限制

限制网络服务提供者责任的起点在于不给服务提供者施加一种一般性的监控义务，因为服务提供者没有能力保证通过其计算机系统的无数信息的合法性。服务提供者在作为纯粹的信息传输管道时或者进行信息缓存时，应当享受责任豁免的地位，即不因其传输或者存储的信息中含有违法内容而承担法律责任。这是因为在上述情况下，服务提供者对信息的传输和存储是技术性的、自动的和暂时的，服务提供者并不知道被传输或存储信息的内容，也不对被传输或存储的信息内容做任何修改。但是，服务提供者故意与其服务接受者合谋从事违法活动，则不属于责任限制之列。

（3）立法建议

为了减少网络服务提供者的责任风险，我国立法还应当考虑以下因素。

① 鼓励网络服务提供者采取自愿的规则和措施以减少纠纷、避免责任。例如，网络服务提供者事先向用户说明其服务的性质和责任的范围，以合同形式限制网络函数服务提供者可能承担的责任。

② 制定任何有关网络服务提供者责任的法律规则必须充分参考和研究世界主要国家和地区的有关法律、法规，将网络产业作为一个全球性的整体来考虑。

③ 鼓励网络服务提供者采用技术措施（例如信息过滤），防止知识产权侵权责任（尤其是版权侵权责任）的发生。

15.3.2 网络仲裁

（1）网络仲裁概述

仲裁是指由争议双方自愿将争端提交独立的第三方审理并作出裁决的一种非司法程序。伴随着 Internet 的飞速发展，一种高效、低廉的新的仲裁方式被提上议程，这就是网络仲裁。网络仲裁是指通过 Internet 联络进行仲裁审理的程序，不需要仲裁员亲自到某地会合，也不需要争议各方到某个地点进行协商。网络仲裁包括仲裁程序的各个主要环节，诸如仲裁协议提交、开庭审理、提供证据、做出裁决等，所使用的技术包括电子邮件、聊谈组、电子或可视会议等。

网络仲裁提供了一种不受时间和空间限制的快捷、灵活和经济的解决争议的方法，使人们在远隔千里、立法体制悬殊的情况下仍能迅速解决争议和纠纷。环球仲裁与调解协会（GA-MA）充当了国际网络仲裁先锋的角色，它率先在网上提供国际商事仲裁服务。目前实践中，主要有加拿大蒙特利尔法学院发起成立的萨博裁判庭仲裁机制、美国仲裁协会创立的虚拟仲裁庭、eresolution.ca 网上仲裁网站的仲裁机制，这些既有由全新的网站主持的网上仲裁，也有由现实中的仲裁机构所主持的网络仲裁，与传统仲裁相比，区别主要在于所有程序都是通过 Internet 来展开的。

网络仲裁虽然是解决网上纠纷的比较理想的方式，但网络仲裁能否被各国国内法以及国际条约（其中最主要的是《关于承认和执行外国仲裁裁决公约》）所确定的法律体系确认为有效，换言之，能否使网络仲裁的新规则与旧有仲裁机制保持一致，依然存在广泛争议。

（2）网络仲裁争取中国国内法承认的方式

一是由法律判例方式为承认网络仲裁业务的合法性。具体操作是，由合法仲裁机构实际裁决一个案件，并由法院强制执行。这是以"判例法"的形式争取合法性承认。

二是以最高人民法院批复或司法解释的方式承认网络仲裁的合法性。在有关仲裁机构实际裁决案件后，一方当事人申请法院强制执行，执行法院上报最高人民法院，最高人民法院以批复或司法解释的方式承认网络仲裁的合法性。

三是由全国人大常委会对网络仲裁合法性作出承认立法解释。由司法部或有关仲裁机构向全国人大常委会提请咨询《仲裁法》的解释，是否包括网络仲裁，提请对网络仲裁作出规定。

（3）网络仲裁纳入 ODR 的法律调整

在线争议解决机制（Online Dispute Resolution，ODR）是利用网络解决各种争议的总称，它主要包括在线仲裁（Online Arbitration）、在线调解（Online Mediation）和在线和解（Online Negotiation）三种方式。它将网络资源充分引入到争议解决中，利用全球各地的人力资源、电脑程序及便捷的信息传输，可在任何国家、聘用任何国籍的仲裁员或者调解员、通过任何语言解决争议，具有快速、费用低廉、便利等网络空间争议解决所需要的各类重要价值因素。

从 20 世纪 90 年代中期诞生到现在，特别是自 1999 年以来，ODR 越来越受到世界各国理论和实务界的重视，研究和利用发展都较快，联合国和国际冲突解决中心专门就 ODR 的相关理论和实践问题召开了多届年度论坛，讨论 ODR 实际运作机制，研究 ODR 所面临的法律方面和技术方面的问题。美国、德国、法国、加拿大、印度、比利时等国家和欧盟等国际组织的理论研究也都达到了一定水平，许多国家都已开始进行 ODR 的商务运作，ODR 提供商大量增加，并已成为一种新兴行业，并且已有一些运作得非常成功的案例。目前美国仲裁协会和国际商会都已开始涉足 ODR 领域。

在我国，中国电子商务法律网、北京德法智诚咨询公司发起成立了"中国在线争议解决中心"。该中心的宗旨是通过提供 CHINAODR 服务，公平、公正、快速、便捷地解决国际、国内电子商务争议，在当事人之间建立信用和增强网络交易信心，以促进网络经济的健康发展。

15.3.3　网络公证

（1）开展网络公证的必要性

电子商务的蓬勃发展给公证行业提供了拓展业务的机遇，为公证事业的发展提供了更为广阔的空间，如网络中身份确认、行为确认、身份与行为相关联的确认以及数据传输的保密、完整等。面对虚拟世界的这些问题，公证机构凭借原有的工作流程和传统公证手段是无法解决的。

网络公证的特点之一是运用先进的网络技术手段实现对网络世界中证明的需求；特点之二是运用的软件流程局部或全部实现某些网络世界中的证明。计算机及网络技术的发展，增强了公证机构实现其工作目标的手段和方法，可以极大地提高工作效率，有助于中介、沟通作用的发挥。

尽管网络公证将改变传统公证的手段、方法和程序，但是它在法律事实、法律行为上的证明权的性质没有改变，是公证证明权在网络领域的延伸运用，是公证机构主动适应变化了的公证对象，调整自身以满足完整的国家证明权的需要。

（2）开展网络公证的现实基础

目前我国调整电子商务合同的专项法律、法规尚未出台。虽然《合同法》规定了数据电文条款，但涉及书面交易形式要件的票据法、证据法等相关法律并未修正，因而对于电子商务的推广，仍有许多法律障碍。如果公证机构开展网络公证业务，则可以在一定程度上克服这些困难。

我国的公证业务与英美等国的公证有所不同，我国实行的是实质性公证审查，不但要对事实的真实性作出证明，还负有对行为合法性的审核，要求比较高，这表现在公证程序的完备和对从业人员的素质要求等方面。通常，由我国公证机构作出的公证证明，法院都直接作为有效证据采信，除非有相反的证据予以推翻。尽管目前证据法尚未赋予在线公证证明与纸面公证同等效力，但法院在审查这些经过实质审查的证明时，其证据采信程度可能会更大一些。所以网络公证有可能从实践上为电子商务交易各方提供较为妥当的证据保障形式，从而弥补我国电子商务立法不足的状况，公证机构介入电子商务认证，有利于缓解我国现行法规与电子商务发展相冲突的状况。

（3）立法建议

网络公证是在崭新的网络环境中嫁接上传统的公证业务所形成的价值理念，但网络认证技术与公证业务也绝非一嫁接就立刻成功、旺盛的，还需要多方呵护与培育。如制定在线公证操作规程，建立错证责任追究、责任保险等制度，都是开展网络公证本身所需要的运行环境。

15.3.4 消费者权益保护

消费者作为电子商务的重要组成部分，其权益的保护显得极为重要，保护电子商务活动中的消费者权利，是增强消费者信心、促进电子商务发展的重要手段。

（1）国际电子商务立法中关于消费者权益保护的规定

欧盟的《远程销售指令》试图通过为消费者提供保障来促进电子商务，保障消费者在远程销售合同中得到本国消费者保护制度的保护。远程销售合同是指供需双方通过远距离通信技术进行商品和服务交易所缔结的合同。在远程销售合同中，消费者需要得到特别的保护，因为消费者的个人隐私会受到带进攻性的市场技术的侵犯，也会受到供方给消费者的不足和不适当的信息的侵犯，以及要面对用信用卡支付时可能带来的欺诈和错误风险。

经济合作组织、美国、韩国等在电子商务立法中对消费者权益保护作了相应规定，专门制定了消费者权益保护指导原则，其主要内容包括。

① 有效保护，即为电子商务中的消费者提供不低于对传统商务中消费者的保护程度。

② 公平经营，即经营者的广告和营销等经营行为应当公平，禁止欺诈、欺骗、误导消费者。

③ 信息披露，即经营者有义务披露关于其自身、所提供的商品或者服务以及其他有关交易的信息，使消费者能够基于充分信息做出决定。

④ 提供确认程序，使消费者有充分机会更正错误，表示真实意思，并能够在做出最终决定前撤销交易。

⑤ 安全支付，即经营者应当提供安全、便于使用的支付机制以及有关的安全信息。

⑥ 鼓励采用快捷、低成本的替代性争端解决机制。

⑦ 保护交易中获悉的消费者隐私。

（2）我国电子商务中消费者权益保护的立法现状

综观我国现有法律规定，对电子商务消费者权益的法律保护参见《民法通则》、《合同法》、《消费者权益保护法》、《电信条例》、《计算机信息网络国际联网管理暂行规定》、《计算机信息网络国际联网安全保护管理办法》等规定，内容简单、散乱、缺陷不少，可操作性不强，远远不适应电子商务迅速发展所要求的对消费者权益保护的迫切需要。

（3）立法建议

在立法体系上，我国可应针对现有规定散乱的现状，统一规范。为适应电子商务迅速发展的迫切需要，可先行修改现有的《消费者权益保护法》，在《消费者权益保护法》上增设"电子商务中的消费者权益保护"专章。时机成熟时，直接制定专门的《网络消费者权益保护法》。在立法上，应制定具体而有操作性的法律条文，而不能太笼统，无法操作。在保护手段上，采取行政监管和司法救济双管齐下的手段，运用民事、行政和刑事的共同保护，国内规范和国际合作相互配合等，切实加强对电子商务消费者权益的法律保护。

【案例1】

"卓越25元门"

年终岁末，很多人都盼望着收到一份心仪的圣诞或新年礼物，没想到卓越亚马逊网倒是给众多读友送了份"大礼"。

（1）事件经过

2009年12月23日凌晨1时至4时许，在中国最大的购书网站之一的卓越亚马逊网上一系列价格数百甚至上千元的古籍竟然均售价25元。如：《二十四史》、《明史》、《全宋词》、《李太白全集》、《苏轼文集》、《资政通鉴》等。这一"好消息"随即在热爱读书的网友群体中流传，很多网友开始抢购，甚至有一次购买几套的消费者，一些书籍很快被抢购一空，显示处于缺货状态。

但到了12月23日凌晨6时许，该批优惠书籍都提回原价。经卓越亚马逊客服人员证实，25元的标价是网站修改图书标价时发生的错误，"乌龙订单"在客户不知情的情况下被卓越亚马逊网单方面全部取消。在此之前卓越亚马逊网客户未得到任何取消订单的通知。

这些订单是在没有与消费者沟通的情况下被卓越亚马逊单方面取消的，一些已经网上支付的货款被退到了用户的账户中，一些已经发货的订单被取消并追回。据不完全统计，受此影响的至少有数百位网友。未经证实的数据是，有网友援引客服的话称，"卓越25元门"涉及上万单。大量订购的网友开始谴责卓越亚马逊，他们集结在豆瓣网及QQ群中，商讨解决办法。

有网友怀疑，此事可能是黑客所为或系统故障，也有网友认为，此事是卓越亚马逊网的一次炒作行为。不少网友表示，卓越亚马逊未与消费者沟通，便单方面取消订单，有违诚信原则。一位购买了25元书籍的李先生则认为，他已成功下了订单，已构成合约，但卓越亚马逊拒绝发货，并自动取消货品，应该作出赔偿。

（2）卓越亚马逊的态度

卓越亚马逊认为：是因为网站出现系统故障后造成的错误订单。2009年12月23日下午，网易科技联系了卓越亚马逊公司，其公关负责人经过内部询问后证实了这一事件，并给出了卓越亚马逊解决办法。该公司认为，对于网站出现系统故障后造成的错误订单，卓越亚马逊一贯按照如下流程进行处理：取消订单并与消费者邮件进行沟通。

卓越亚马逊的公关负责人认为，卓越亚马逊的处理办法完全合法。其理由是，按照卓越亚马逊网站的规定，其与消费者的订购合同生效时间并非点击购买或订单确认邮件，而是消费者收到发货单并签收的时刻，网站系统故障属于外在因素，卓越亚马逊有权取消由故障造成的订单。

《每日经济新闻》也就此事情联系了卓越亚马逊，公司对此事的解释是"此次部分图书产品的标价错误是因为卓越亚马逊内部IT系统故障造成，并非真实的促销信息。"

对于这次的"卓越25元门"，卓越亚马逊于12月23日晚间表示："正在商讨处理此事，对此造成的误解表示歉意，将通过妥善的方式和用户进行沟通。"但公司同时也声称："对于标价错误的货品，卓越亚马逊将取消所有订单。"卓越客服表示，他们将以邮件方式给每位以25元下单的客户道歉。

（3）律师的态度

律师李劲松表示，从法律角度来说，顾客下了订单，尤其是通过网银支付了书款的，已经构成合约。若是因系统故障或重大失误造成的，企业可以在履行合约之前，跟法院请求撤销或者变更这个合同。但在法院作出判决之前，这个合同是有效力的，企业有履行义务。若企业拒不履行，消费者可以起诉。

【相关案例】

（1）2004年4月7日，IBM中国官方网站将价值约2000元的COMBO刻录机误标为1元，有相当数量的消费者在40分钟内下单订购。IBM公司发现并马上纠正了这个错误，不过仍然按1元的售价履行了合同，据了解，IBM因此损失了数百万元。

（2）2005年8月，戴尔澳大利亚网站将250G硬盘的运费（8.8澳元，约合55元人民币）写成了最终报价，而实际上这款硬盘的价格应该是600澳元，顾客闻风而来，大量购买。后来澳大利亚新南威尔士州公平交易委员会作出裁决，称戴尔应该以8.8澳元的价格向消费者兑现硬盘。

15.3.5 信用体系建设

（1）电子商务的规范与发展需要信用体系

在电子商务全球化的发展趋势中，电子商务交易的信用危机也悄然袭来，虚假交易、假冒行为、合同诈骗、网上拍卖哄抬标的、侵犯消费者合法权益等各种违法违规行为屡屡发生。合理规范的信用体系不仅有利于电子商务的健康、规范发展，而且对树立全社会信用意识、完善我国的市场经济体制、建立公平公正的市场经济秩序起着巨大的推动作用。

《关于加快电子商务发展的若干意见》第 10 条就加快信用体系建设指出："加强政府监管、行业自律及部门间的协调与联合，鼓励企业积极参与，按照完善法规、特许经营、商业运作、专业服务的方向，建立科学、合理、权威、公正的信用服务机构；建立健全相关部门间信用资源的共享机制，建设在线信用信息服务平台，实现信用数据的动态采集、处理、交换；严格信用监督和失信惩戒机制，逐步形成既符合中国国情又与国际接轨的信用服务体系。"

（2）我国电子商务目前主要采取的信用模式

目前，我国电子商务采取的信用模式主要包括中介人模式、担保人模式、网站经营模式和委托授权模式。

① 中介人模式　该模式将电子商务网站作为交易中介人，达成交易协议后，购货的一方要将货款、销售的一方要将货物分别交给网站设在各地的办事机构，当网站的办事机构核对无误后再将货款及货物交给对方。这种信用模式试图通过网站的管理机构控制交易的全过程，虽然能在一定程度上减少商业欺诈等商业信用风险，但却需要网站有较大的投资来设立众多的办事机构，而且还有交易速度和交易成本问题。

② 担保人模式　该模式是以网站或网站的经营企业为交易各方提供担保为特征，试图通过这种担保来解决信用风险问题。这种将网站或网站的主办单位作为一个担保机构的信用模式，也有一个核实谈判的过程，无形中增加了交易成本。因此，在实践中，这一信用模式一般只适合于具有特定组织性的行业。

③ 网站经营模式　该模式是通过建立网上商店的方式进行交易活动，在取得商品的交易权后，让购买方将购买商品的货款支付到网站指定的账户上，网站收到购物款后才给购买者发送货物。这种信用模式是单边的，是以网站的信誉为基础的，这种信用模式一般主要适用于从事零售业的网站。

④ 委托授权经营模式　该模式是网站通过建立交易规则，要求参与交易的当事人按预设条件在协议银行建立交易公共账户，网络计算机按预设的程序对交易资金进行管理，以确保交易在安全的状况下进行。这种信用模式中电子商务网站并不直接进入交易的过程，交易双方的信用保证是以银行的公平监督为基础的。

这四种信用模式是从事电子商务企业为解决商业信用问题所进行的积极探索，但各自存在的缺陷也是显而易见的。

（3）信用体系建设的相关法律保护现状

2001 年，国家经贸委会同国家工商总局等十部委联合下发了《关于加强中小企业信用管理若干意见的通知》；2003 年 7 月 17 日，国家税务总局出台了《纳税信用等级评定管理试行办法》；2003 年 10 月 16 日，中国证券业协会发布了《中国证券业协会会员诚信信息管理暂行办法》；2003 年 10 月 31 日，国家工商行政管理总局发布了《关于对企业实行信用分类监管的意见》；2004 年 3 月 13 日，国家质检总局发布了《关于开展质量信用等级评价工作有关问题的通知》。

这些法规的先后出台，在政府立法规范信用体系建设方面作了一些探索，但这与电子商务发展的整体需求相比是远远不够的。

15.4　电子商务知识产权和著作权保护

Internet 的发展对人类社会的法律制度提出了严峻挑战，而与技术紧密相连的知识产权则首当其冲。Internet 给知识产权的获取、传播和使用打开了方便之门，也给侵犯知识产权的行为提供了一条便捷之路。与电子商务有关的知识产权法律问题很多，世界各国都已经发生大量有关电子商务的知识产权纠纷，系统研究电子商务中的知识产权保护问题的范围及其特点并提出相应的应对措施已成为当务之急。

15.4.1 知识产权保护

（1）定义

知识产权（Intellectual Property）是指人们对于自己的智力活动创造的成果和经营管理活动中的标记、信誉依法享有的权利，是与财产所有权、债权、人身权相并列的一类民事权利。和其他三类民事权利比较，最大的区别就在于它的保护对象即客体是特殊的，知识产权的客体是人的创造性智力成果以及用于工商业的识别性标记，可以将它们统称为知识产品。知识产品与一般物质产品的不同之处就在于，它是无形的，是人类智力活动、思想、情感的外在表现形式，它创造难而传播容易。

根据1967年签订的《成立世界知识产权组织公约》，国际上一般对知识产权的范围划定如下。

① 关于文学、艺术和科学作品的权利（著作权）。

② 关于表演艺术家的演出、录音制品和广播节目的权利（著作邻接权）。

③ 关于人类一切领域的发明的权利（发明专利权及发明奖励权）。

④ 关于科学发现的权利（发现权）。

⑤ 关于工业品外观设计的权利（外观设计专利权或者外观设计权）。

⑥ 关于商标、服务标记、厂商名称和标记的权利（商标权、商号权）。

⑦ 关于制止不正当竞争的权利。

⑧ 一切在工业、科学、文艺或艺术领域内其他一切由于智力活动产生的权利。

作为世界贸易组织三大支柱之一的《与贸易有关的知识产权协定》，从七个方面规定了对其成员保护各类知识产权最低要求：版权及其邻接权、商标权、地理标志权、工业品外观设计、专利权、集成电路的布图设计以及未经披露的信息（商业秘密）。

（2）知识产权的特征

① 专有性　也称垄断性（独占性或排他性）。指知识产权专属权利人所有，知识产权所有人对其权利的客体享有占有、使用、收益和处分的权利。

② 地域性　按照一国法律获得承认和保护的知识产权，只能在该国发生法律效力，而不具有域外效力。要使对知识产权的保护延伸到本国以外，对著作权而言，依赖于国际公约或者双边协定即可；专利权、商标权则必须经他国行政主管机关的确认方可产生法律效力。

③ 时间性　知识产权有一定的有效期限，它不能永远存续。在法律规定的有效期限内，知识产权受到保护，超过法定期间，知识产权权利自行消失，相关的智力成果就不再是受保护客体了，而成为社会的共同财富，为人们自由使用。如发明专利的有效保护期为20年，实用新型专利为10年，外观设计专利为10年。

（3）电子商务知识产权保护的意义

① 保护权利人在网络上的合法权利　知识产权制度诞生了几百年，催生了一个又一个具有划时代意义的重大发明，成为各国推动技术创新的基本法律制度和重要政策手段，在振兴经济、增强国际竞争力方面发挥了重要作用。随着科学技术和经济全球化的迅猛发展，知识和智力资源的创造、占有和运用，拥有知识产权的数量和质量已成为各国参与国际竞争的重要基础。

保护权利人在网络上的合法权利，才能使知识产权制度作为规范知识的占有、配置、应用、传播的体制和机制，在促进科学技术进步、文化繁荣和经济发展中发挥积极作用。

② 实现与国际的接轨　欧美发达国家对电子商务知识产权的法律保护一直走在我国前面，

每次作出新的调整，发达国家总会尽力将其推进国际保护。所以我国对电子商务知识产权的保护，不能仅仅根据我国的国情来制定，应尽量减少电子商务国际贸易争端。

③ 促进信息资源的开发利用 狭义上的信息资源包括各种数据库；广义的信息资源还包括可以上网的音像节目、图书和各种数据库等。信息资源已被列为我国信息化体系的七要素之一。如果把信息产业链比作一条长龙的话，信息资源就像是"龙珠"。没有"龙珠"，作为"龙头"的运营商就成了无源之水、无本之木，处于"龙身"、"龙尾"的电脑制造业、通信设备制造业、集成电路制造业也都无法继续发展。我国并不缺乏信息资源，但现实中我国信息资源开发利用进展缓慢，在 Internet 硬件建设日臻完善的同时，用户普遍抱怨网上"有路无车"，其重要原因之一在于缺乏相应的知识产权保护的政策法律保障。

15.4.2 电子商务中的著作权保护

相对于商标权与专利权而言，Internet 上的著作权问题最为复杂。这一方面是因为著作权采取作品完成自动取得的制度，并不像商标与专利权需要相关机构的认可；另一方面则是 Internet 的迅速发展强烈影响了作品的创作、复制和传播，给著作权法律制度带来了前所未有的震撼。

Internet "无中心"、"数字化"的基本特征使得传统著作权保护的地域性限制荡然无存，便捷、快速、个性化的数字化复制和传递，让传统高昂的侵权成本几乎为零。Internet 对作品的无限复制性、快捷的全球传播性以及网络的虚拟性使得著作权人在网络上很难实现对作品的专有控制，作品一旦上网，任何人就可以对其随意使用、修改，而著作权人却不可能对这些侵权行为查证。侵权行为给著作权人造成的损害仅仅是表面的，更深层次的危害是影响了我国的投资环境，并造成国家税收大量流失。

（1）著作权客体的法律保护

我国著作权法所称的作品，是指文学、艺术和科学领域内，具有独创性并能以某种有形形式复制的智力创造成果。网络作品主要指受著作权保护的作品的数字化形式，网络中特有的表现形式，如网页页面设计和网站的标志性设计等以前无法归纳进著作权法的保护范围的作品，因其同样具有创造性和可复制性，现已被纳入著作权保护范围，对它的侵权行为也将受到制裁。

① 网页的法律保护 网页及电子数据库应作为哪种作品进行保护，应如何保护，是我国在电子商务中著作权客体保护方面的两大问题。从我国的司法实践和学者讨论来看，网页的法律保护主要分为著作权保护与反不正当竞争保护。

a. 著作权保护。网页集合文、图、声等多种表现形式信息的特点，与汇编作品对信息的集合有相同之处，我国完全可以将网页纳入汇编作品的保护范围中。

但是将网页作为汇编作品获得的保护极为有限。汇编作品保护的只是选择或编排的形式，并不延及其内容，所以在判断一个网站是否构成了对另一个网页的抄袭时，不能仅仅是因为原、被告两个网页看起来相似就认定被告抄袭。导致"相似"的原因有很多种：如果因为两者都使用了公有领域的某些材料、元素或设计，那么并不存在谁抄袭谁的问题。如果仅仅因为两者汇编的内容相同或相似，那么也不构成抄袭，只有在被告抄袭了原告内容的选择或编排，导致原、被告网页相似时，被告的行为才可能构成对原告汇编作品的著作权的侵犯。

b. 反不正当竞争保护。我国法院在司法审判中已经意识到著作权法对网页保护的局限性。在对网页无法获得著作权保护的情况下，法院采取了另一种途径实现对网页的保护，即采用反不正当竞争保护。

反不正当竞争法在一定程度上起到了补充作用。即使是采用了网页所有者的部分内容，但只要与其网页构成相似，并造成了混淆效果，网页所有者就可以依据《反不正当竞争法》主张保护。而在实践中，网页所有者之所以会因他人抄袭网页提起诉讼，也正是因为这种抄袭可能会造成混淆、误导公众，最终损害其经济利益。所以网页所有者通过著作权法及反不正当竞争法，就可以充分保护对网页的合法权利。

② 数据库的法律保护　早在 20 世纪 80 年代，国际组织和欧美发达国家就已经明确将数据库作为汇编作品保护。将数据库作为汇编作品保护在一定程度上保护了数据库制造者的权利，促进了数据库产业的发展，但是汇编保护却存在着不可避免的局限性，只保护结构而不保护内容加剧了著作权法的弱保护性。

面对著作权法对数据库的弱保护性，国际组织和欧美发达国家的解决办法是赋予数据库制造者一种特殊权利，它是一种独立于版权保护的法律制度，其根本目的就是保护数据库制作者在数据库上的投资。

我国的数据库产业仍然处于形成阶段，数据库产品的类型、数量及市场规模还无法与发达国家的产品相比。为了满足信息资源建设的需要，缩小与国际同类产品的差距，不仅要加大投资进行发展，适当的产业政策和完善的法律保护机制也是必不可少的环节。因此，我国也应该积极制定与国际接轨的、与数据库发展相适应的法律制度，以促进我国数据库产业的快速发展。

（2）技术措施的法律保护

电子商务中的技术措施是指著作权人主动采取的，能有效控制进入受著作权法保护的数字化作品，并对著作权人的权利进行有效保护，防止侵犯其合法权利的设备、产品或方法。

目前版权人在网络环境下采取的技术措施有很多种，例如反复制设备、电子水印、数字签名或数字指纹技术、电子版权管理系统、追踪系统等。虽然技术措施多种多样，但按照用途主要可以分为控制访问的措施和控制使用的措施。控制访问的措施一般使用户无法访问某个网站或网站中的某人作品；而控制使用的措施则用来控制用户复制及传播作品等操作。

技术措施作为一种"防患于未然"的事前预防措施，在保护版权人利益方面的确起了很大的作用。技术措施在某种程度上切断了非法复制和传播作品的途径，但在实质上只是版权人所采取的一种私力救济手段。个人的力量毕竟很薄弱，如果没有法律做后盾，对规避技术措施的人实施惩治，技术措施根本不能有效地保护版权人的权利。同样，版权人的私力救济是不会考虑到社会的公共利益的。如果不对技术措施采取法律限制，这种私力救济就可能会呈现一种单向度的扩张，最终侵害使用者和公众的合法权益。所以，技术措施的局限性只能用法律来弥补。因此，对技术措施采取法律保护，已经是摆在各国面前一个急需解决的问题。

我国对技术措施的版权保护主要体现在《著作权法》中，尽管我国开始对技术措施采取版权保护，但还存在很多问题。原因在于我国在修订《著作权法》时，只是简单按照 WIPO 两条约的要求加入保护技术措施的条款，而没有对技术措施立法保护中的一系列理论问题，如技术措施的保护依据、保护程度和限制措施等，进行深入研究。我国应着重借鉴欧美国家立法和司法实践的经验与不足，立足于我国的国情，修订《著作权法》，明确技术措施的保护依据、保护程度和限制措施，明确技术措施的保护范围，对"合理使用"进行相应界定。

（3）权利管理信息的法律保护

权利管理信息是指有关版权作品的名称、保护期、版权人、版权人的单位及联系方式、作品使用条件和要求等有关版权作品使用的信息。

权利管理信息的法律保护也是电子商务中的产物。网络的虚拟性使作者的身份扑朔迷离，很难确定。如果没有一种有效的机制来识别网上作品的权利人，那么无论是版权人主张权利，还是他人希望获得授权都会遇到很大的困难。如果版权人在网上传播的作品上附加了明确的权利管理信息，就不必依靠各种间接证据来推断作品版权的归属，减少使用者获得授权的困难，版权人在请求法律保护的时候就会处于更有利的地位。

但是由于目前 Internet 上的权利管理信息都是电子形式的，它们被嵌在电子文档里，附加于作品复制件上或当作品向公众传播时显示出来，很容易被删除或修改。一旦被删除或修改，其负面影响不仅会给著作权人带来损失，也会影响版权贸易的正常进行，所以，在电子商务中有必要将权利管理信息纳入著作权法保护的范围。

我国对权利管理信息的法律保护主要体现在著作权法第47条第7款："未经著作权人或者与著作权有关的权利人许可，故意删除或者改变作品、录音录像制品等的权利管理电子信息的，构成侵权，法律、行政法规另有规定的除外。"此外《计算机软件保护条例》第24条第3款也规定了类似的内容，对计算机软件中的权利管理信息进行保护。

从我国目前的立法来看，在权利管理信息的具体内容、保护范围和限制范围方面还需要进一步地完善。

（4）计算机软件的专利保护

专利权指就一项发明创造由申请人向有关专利局提出专利申请，经审查合格后由专利局向申请人授予的一定期限内对该项发明创造享有的独占权。

计算机软件为一种新型的智力产品，其保护方式在世界上引起了20多年的争论。目前多数国家对软件给予著作权保护，有的国家综合《著作权法》和《专利法》的内容制定独特的软件保护制度，但用《著作权法》保护计算机软件基本成为通例。

国际公约也支持这一做法。1993年，世贸组织乌拉圭回合谈判达成《与贸易有关的知识产权协议》，第2部分第1节涉及了计算机软件保护问题，"著作权及相关权利"中的第10条以两款内容规定了计算机程序及数据汇编的保护问题。计算机软件在我国也是通过《著作权法》来保护的。《著作权法》第3条直接将计算机软件作为作品的一个类型加以保护。

尽管对计算机软件采取著作权法保护是目前通行的做法，但是著作权保护并不是软件保护的最佳保护方式，以著作权法保护软件在实践中引起了一系列问题。

① 著作权与专利权保护的客体不同　专利保护的是发明的技术构思及其应用，而著作权保护的只是作品的表达形式及复制问题。对于计算机软件来说，专利保护的是软件的核心内容——技术方案的创新，著作权保护的是软件的源代码。构思是决定软件价值及成败的关键，根据同一构思极易开发出表现形式不同的软件，权利人当然希望享有对其构思技巧和技术方案较长时间的专有权，而不是特别在乎著作权法对计算机软件表现形式的保护。

软件编写是智力的创作过程，知识产权制度保护的正是这一非物质性的精神财富，理应将其全部智力成果纳入保护范围之中，而不应该只保护其中的一部分。由于著作权保护范围的限定，那么其他人很容易模仿这个构思与创意，但是这并不构成著作权上的侵权。软件编写过程的智力成果有两个：技术方案和源代码。源代码的文字是专门的计算机语言，编写程序是比较初级的工作，更体现智力成果的是技术方案。然而著作权对软件的保护主要是计算机程序和文档，技术方案被排除在保护之外，这是著作权保护软件的缺陷所在。

② 取得著作权或专利权保护的不同　著作权是自动取得的，取得的时间以开发完成的时间为依据，一完成即自动取得著作权，受到《著作权法》的保护，对软件的内容不进行任何的审查，无论软件源代码写得如何。专利必须符合专利申请的条件，需要向专利局申请，是否授予专利权需要专利局进行审批。

③ 著作权或专利权保护的时间不同　发明专利的保护时间为20年，从申请日开始计算，但是受保护是在申请审批取得专利权之后，专利的审查手续比较烦琐，从申请到取得专利权证书一般要3年左右的时间。软件著作权的保护时间为50年，从开发完成之日起就受著作权保护。软件在获得专利权之前已经受到著作权保护，申请专利并不影响其受到《著作权法》的保护。

《著作权法》对作品的保护期是50年或70年，如此长的保护期对经济寿命只有10年左右的软件而言，不会为权利人带来更丰厚的经济收入，却会减损软件的社会应用价值，妨碍公共利益。

④ 著作权不保护使用权 软件的价值在于使用，如果不能保护软件的使用权，那么，就软件保护所做的任何努力将失去意义，《著作权法》恰恰不禁止对作品的使用。

【案例2】

《电脑商情报》被诉侵权案

原告陈先生于1998年5月10日以"无方"为笔名，在其个人网页《3D芝麻街》上发表了《戏说MAYA》一文，并注明"版权所有，请勿刊载"。而被告《电脑商情报》在未经他同意的情况下，于1998年10月16日将这篇文章登在其第40版上。

原告陈先生认为自己的著作权被侵犯，要求被告公开道歉，支付稿费231元，同时支付惩罚性稿费5万元并承担诉讼费用。被告同意按照国家有关稿酬标准，支付陈先生231元稿费，但被告认为自己无侵权故意，此稿是读者投入报纸电子信箱的，稿上未写真实姓名和地址，无法发送稿费，因而不同意向原告道歉。

在此案中，被告《电脑商情报》违反了《著作权法》第四十五条第五项、第六项的规定，侵犯了原告的作品使用权和获得报酬权，应当承担侵权责任。因作者地址不明而无法发送稿费的说法也站不住脚。《著作权法实施条例》第四十九条规定："著作权人或者著作权人地址不明的，应在一个月内将报酬寄送国家版权局指定的机构，由该机构转递著作权人。"

最终法院判决被告停止使用原告作品，登报公开道歉，向原告支付稿酬并赔偿损失924元，负担2000余元受理费。

对于众多的传统媒体来说，对这种侵权行为予以清醒的认识具有极大的实际意义。由于网络上的各类信息资源极为丰富，因而成为很多传统媒体，尤其是报纸的一座富矿，但由于主观和客观上的原因，侵权行为屡屡发生。

15.5 电子商务中的商标和域名冲突

在电子商务领域，域名常与一定的商品或服务相联系，标识商品及服务的来源，在某种程度上起着类似商标的作用。二者功能上的相似性，使得域名与商标间的冲突极为显著。

与传统的民事侵权纠纷相比，它们主要有以下特点。

① 在纠纷主体上，除传统的民事权利主体外，域名侵权纠纷还牵扯到域名的持有人。

② 域名侵权纠纷的发生往往与域名的注册和使用有关。

③ 由于域名是新生事物，在保护商标、商号、姓名等的法律制度中并没有顾及到商标等法律制度的存在，因此，当二者发生冲突时，在法律调整上就出现较多的空白和争议。

15.5.1 域名商标冲突的原因分析

（1）注册管理制度不协调

现行域名注册采用了"先申请不审查"原则，即域名注册机构仅对域名注册申请人申请材料进行真实性审查，而不负责对域名是否侵犯他人在先商标专用权等在在先权益进行实质审查。由此，域名注册组织仅提供技术服务，其基本职责是接受域名注册，做域名注册目录并提供解析服务。

《中国互联网域名注册暂行管理办法》第23条就明确规定："各级域名管理单位不负责向国家工商行政管理部门及商标管理部门查询用户域名是否与注册商标或企业名称相冲突，是否侵害了第三者的利益。任何因这类冲突引起的纠纷，由申请人自己负责并承担法律责任。当某个三级域名与在我国境内注册的商标或者企业名称相同，并且注册域名不为注册商标或企业名称持有方拥有时，注册商标或者企业名称持有方若未提出异议，则域名持有方可继续使用其域名；若注册商标或企业名称持有方提出异议，在确认其拥有注册商标权或者企业名称权之日起，各级域名管理单位为域名持有方保留30日域名服务，30日后域名服务自动停止，其间一切法律责任和经济纠纷均与各级域名管理单位无关。"修改后的《中国互联网域名管理》虽然未作明确的规定，但仍然采用的是这样的原则。

而进行商标注册时则要进行实质审查，商标只能注册在一种或几种类别的商品或服务上。此外，各国商标法均要求商标注册人持续使用注册商标以维持其有效性，而域名注册一般并不要求注册者使用域名，域名注册者可以预先注册域名，以备将来之用。由此可见，域名与商标的冲突首先是由于域名与商标的运作机制上的差异决定的，这种差异是客观存在的，为域名与商标的冲突埋下了隐患。

（2）经济利益驱动的结果

随着电子商务的迅速发展，域名的价值也日益显示出其重要性。越是有知名度的商标，以其命名的域名的知名度也就越高，被访问的机会也就越多，其拥有的商机也就越多。因此，少数不法分子觅到搭便车的新途径。这使得域名与商标的纠纷频繁出现，在现实社会中，时时发生知名商标被其他不知名的、不相干企业抢注。除此之外，还有许多恶意进行抢注的"倒爷"，将自己注册的域名高价卖给拥有与该域名相同或相似商标权的企业，从中谋取巨大利益。加上域名作为一种新事物，相关法律、法规、司法实践调整滞后，使得域名注册成了一个"高利润、低风险"的"行业"。

（3）域名本身的技术特征的限制

域名一经注册，在全球范围内都是唯一的，完全一样的域名不可能存在，这必然导致不同类别的商品上的相同商标、不同国家的同一类别商品上的相同商标或不同地区的相同企业名称等的权利人就同一域名进行争夺，引发纠纷；同时，域名系统又允许相似的多个域名同时注册，这又必然给那些想注册与他人知名商标、知名域名等极为近似的域名的人以可乘之机。而且，域名又有国际域名和国内域名、顶级域名和二级域名等区别，因此同一个商标、商号等很容易被注册到不同类别或等级的域名中，这又进一步增加了发生域名侵权纠纷的可能。

15.5.2　商标和域名冲突的表现

域名与商标的纠纷可归纳为两方面，一是将他人注册商标用于域名注册而产生的域名利益与在先商标权的冲突，即域名侵犯在先商标权，可以归纳为三类法律问题：抢注类、盗用类、权利冲突类。二是将他人域名用于商标注册而发生的商标权与在先域名利益的冲突，即商标权侵犯在先域名权，称为"反向域名侵夺"。

（1）域名抢注

国际商标协会关于域名抢注的定义是："出于从他人商标中牟利的恶意注册并出卖域名的行为。"它与盗用类侵权的区别在于："注"而未"用"。商业使用指在与自己的企业、经营范围相关事物上的标识、宣传、推销或展示。

从各司法实践看，域名抢注已被确认为商标侵权的一种，其特征为：

① 将他人知名的商标抢注册为域名；

② 抢注数量众多的域名；

③ 公开出租或出售被抢注的域名以牟利。

（2）域名盗用

除了"抢注"的情形外，很多域名纠纷是在域名使用中产生的，这和"注"而不"用"的抢注类纠纷有所不同。注册并使用的域名与他人在先使用的商标、商号等商业标志相同近似的情况是经常出现的。

"盗用"是指利用权利人的商标，注册成相同或相似的域名，企图利用他人知名商标的知名度或其他优势，来宣传自己的网站，取得不当利益。域名注册人的行为是否构成侵权需要在一定法律体系中依据法律规定来判断。如果某人注册使用的域名与他人在先的商业标志相同或近似，商业标志的权利人最担心出现两种情况：一是域名商标、商号等商业标志相混淆，造成假冒；二是域名"淡化"了商标、商号等商业标志的知名度，减弱了商业标志的标识作用和与权利人之间的联系，或是贬损了商业标志及其权利人的声誉，这也正是引起纠纷的实质原因。

（3）权利冲突类域名纠纷

该类纠纷主要是指不同的民事主体针对相同的标识在不同的商品或服务范围内各自享有商标权，因注册域名发生冲突而起纠纷。由于保护商业标志的法律体系非常复杂，因此，就同一个商标而言，很可能在不同地域或领域存在多个权利人。这种权利的多重性与域名的唯一性之间不可避免地发生冲突。如在我国，"中华"、"长城"、"熊猫"等常见商标被许多企业注册、使用在不同类别的商品上，这些使用同一商标的企业，如果都要在我国顶级域".cn"之下将其商标原封不动地注册为域名，就难免发生纠纷。

（4）反向域名侵夺

目前 Internet 上的网站多为个人和小型网络公司设立，反向域名侵夺不利于个人和小企业在 Internet 上的发展。在网络世界中，域名商标权的冲突是常见的，起初是域名注册的申请在先原则没有保护好商标权，导致大批域名被抢注。但现在出台的域名争议解决政策过于倾向保护商标权人，由此引发了新问题：某些商标持有人滥用权利，肆意侵夺域名注册人的知识成果，产生了反向域名侵夺问题。所谓反向域名侵夺就是指域名注册人的域名与商标所有人的商标相同或近似，但并没有侵害商标所有人权益，商标所有人对域名注册人进行诉讼威胁或其他骚扰活动。

【案例3】

精准广告投放过程

精准广告（也叫定向广告），2000 年以前的互联网广告商就已经在收集用户信息，广告主绝对不是为了收集用户信息而收集的。广告商在收集用户信息的基础上，以推送最接近用户需求的信息。

例如，情人节刚刚过去，MOMO（一条萨摩狗）看到情侣门的各种恩爱秀，心里不平衡了，于是也在网上浏览各种照片（图 15-1）。实际上 MOMO 在浏览照片的过程中，发生了很多事情。

第三方服务商记录了 MOMO 的浏览历史，从而推测出它可能在找伴侣，于是，MOMO 就收到了征婚广告，图 15-2 详细地展示了这一过程。

图 15-1 MOMO："它怎么知道我是宅男，怎么知道我想征婚?"

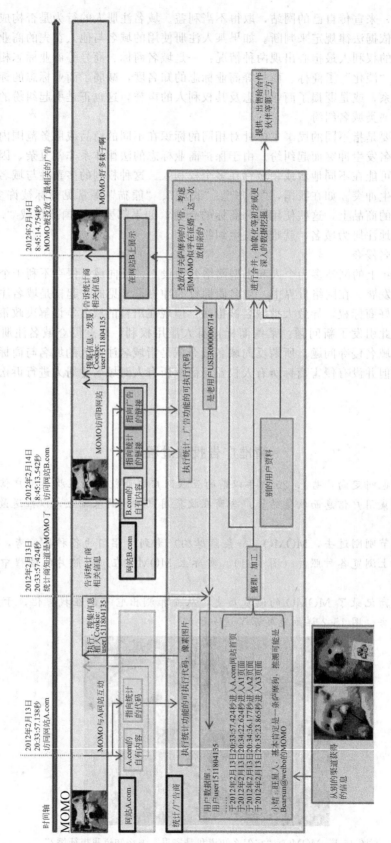

图 15-2 第三方服务商根据 MOMO 的浏览历史推测测量 MOMO 需求的过程示意图

资料来源：http://www.williamlong.info/archives/3001.html。

案例问题：

1. 上述第三方服务商记录人们的浏览历史，并应用此信息获利，是否损害了消费者的隐私权？

2. 第三方服务商的上述行为在现实中毁誉参半，结合信息伦理，谈谈你对广告联盟上述行为的认识。

本 章 小 结

① 电子商务立法的目的在于消除阻碍电子商务发展的障碍、消除现有法律适用上的不确定性和建立一个清晰的法律框架。电子商务的特征对电子商务立法提出了许多新的要求和挑战，如无国界性、信息的数字化、技术进步速度快等。电子商务中法律问题的解决最终将取决于各国立法的彻底调整以及有关国际统一规则的最终确立。

② 数据电文的概念，电子签名、数据电文的法律效力，关于数据电文符合法定书面形式要求的规定和关于数据电文符合法定原件形式要求的规定等一系列问题，认证机构的法律地位、电子认证服务的市场准入制度和电子合同的法律效力等，都成为电子商务法律体系的重要组成部分。

③ 在网络这个独特的环境下，交易的方式采用无纸化，所有买卖双方的合同，作为销售凭证的各种票据都以电子形式存在，交易实体是无形的，交易与匿名支付系统连接，其过程和结果不会留下痕迹作为审计线索。如果不制定相关的税收制度与税收手段，以明确纳税对象或交易数字，很难保证网上征税的正常进行。

④ 消费者作为电子商务的重要组成部分，其权益的保护显得极为重要，保护电子商务活动中的消费者权利，是增强消费者信心、促进电子商务发展的重要手段。

⑤ 在电子商务全球化的发展趋势中，电子商务交易的信用问题逐步暴露，虚假交易、假冒行为、合同诈骗、网上拍卖哄抬标的，侵犯消费者合法权益等各种违法违规行为屡屡发生。合理规范的信用体系不仅有利于电子商务的健康、规范发展，而且对树立全社会信用意识、完善我国的市场经济体制、建立公平公正的市场经济秩序起着巨大的推动作用。

⑥ 知识产权是指人们对于自己的智力活动创造的成果和经营管理活动中的标记、信誉依法享有的权利，是与财产所有权、债权、人身权相并列的一类民事权利。相对于商标权与专利权而言，Internet 上的著作权问题最为复杂。这一方面是因为著作权采取作品完成自动取得的制度，并不像商标与专利权需要相关机构的认可；另一方面则是 Internet 的迅速发展影响了作品的创作、复制和传播，给著作权法律制度带来了前所未有的冲击。

⑦ 在电子商务领域，域名常与一定的商品或服务相联系，标识商品及服务的来源，在某种程度上起着类似商标的作用。

思 考 题

15-1 如何正确理解电子商务的法律特殊性？

15-2 如何正确理解电子商务发展中的法律问题？

15-3 试举例分析电子商务中的知识产权问题。

15-4 如何理解电子商务中的信用问题？探讨建立网上信用的可能途径与挑战。

15-5 如何规范域名冲突问题，谈谈对域名抢注问题的理解。

第5篇 应 用 篇

16 金融电子商务

学习目标

掌握金融电子商务的基本概念，了解现代金融发展的特征，发展机遇与挑战；了解国内外网络银行发展的现状、特点与我国网上银行的主要功能；了解国内外网络保险的发展现状，网络保险销售的优势与挑战，我国网上保险的功能；了解国内外网上证券交易的发展，网上证券交易的优势与竞争因素，了解我国证券网站的主要功能。

电子商务将在 21 世纪逐步成为一种主要的商务方式。它开创了全球性的商务革命和经营革命，全球将因此步入数字经济新时代。电子商务的兴起，推动了全球经济一体化和金融一体化的发展进程，使世界金融业进入有史以来最深刻、最广泛的金融变革年代。

16.1 金融电子商务概述

16.1.1 电子商务与金融创新

电子商务网络里频繁地流动着交易数据流、资金流和物流等三种信息流，电子商务活动涉及对这三种信息流的业务处理、经营管理和安全监控。银行在电子商务中扮演着两种角色，一方面银行要通过网上银行为从事电子商务的各方提供网上支付服务，是电子商务的有力推动者；另一方面银行也是电子商务的积极参加者，要通过网上银行为其客户提供广泛的金融服务。

随着微电子技术、计算技术、通信技术和信息技术的更大突破，一批更加安全高效的新型工具将不断出现，为金融变革的发展提供新的物质、技术基础。金融现代化将向电子化、虚拟化、信息化和智能化方向推进，企业结构和金融体制的转型将进一步加快。由于互联网具有随时、随地交易和交互性好等特点，成为金融创新的理想平台。如何通过金融现代化建设，体现以客户为中心，为客户提供随需应变的个性化金融服务产品，把金融业建设成为安全高效、低成本、多功能、现代化的综合金融服务体系，为国民经济的发展和信息化建设发挥更大的作用，是金融界面临的重大课题。

16.1.2 现代金融变革的特征

当代的新金融变革无论在深度和广度上都是历代金融变革所不能比拟的。它不仅冲击传统的金融服务和经营管理的理念与方式，改变传统的金融安全领域与观念，还将对国际战略力量对比和国际战略格局产生重大影响。

当代新金融变革有如下主要特征。

① 金融服务信息化和个性化　信息化了的金融企业通过多种通信手段，同客户进行广泛

的实时沟通，随时掌握客户的需求变化，及时推出满足客户需求的个性化的金融服务产品，特别是其中的理财服务将成为金融服务的主角。空前丰富的金融产品的推出，不仅满足了客户的需求，还扩大了金融业的服务范围，开辟了新的收入源，提高了企业的市场竞争力。

② 金融服务手段多维化　金融企业建立"以客户为中心"的经营管理理念，将各种核心金融业务、管理系统集成起来，不断提高集约化、信息化水平，积极推广金融综合业务服务，实现集约化经营，提高电子银行的智能化程度和经营效益。客户无论在何时、何地都可以多种方式取得所需的高水准金融服务，彻底改变客户只能在规定时间里从营业网点获得面对面金融服务的传统做法。

③ 管理体制扁平化　通过压缩规模、由精干队伍组成扁平式组织结构，可以大大降低管理成本，提高管理效率。实现从数量规模型向质量效能型转变、从人力密集型向科技密集型转变、从庞大的宝塔形向精干的扁平型转变，以便对快速变化的市场做出灵活的快速反应，满足客户不断变化的个性化需求，提高对客户的服务质量，有效降低企业的经营成本。

④ 金融管理智能化，安全监控自动化　在基本实现金融电子化和经营集约化的基础上，金融业加紧进行金融现代化建设，除了为客户提供信息增值服务外，还将金融经营管理过程信息化和智能化，为各级管理部门提供及时的、科学的决策支持。从信息获取、传输、处理、反馈直至经营管理和监控平台、直到执行新的策略，整个过程几乎可以实时完成，各级经营管理机构能在广阔的网络空间实现信息的实时共享，有效地控制经营风险，提高经营管理和金融监控的实时性和效率。

⑤ 金融竞争全球化　金融业要长期面对全球金融业之间、金融业同非金融业之间的合作与竞争态势。金融竞争日益呈现全方位体系竞争和全球性竞争特征。因特网和电子商务的发展，加速了全球经济一体化和金融一体化的发展进程，全球经济进入全球性的空前的互相合作、互相依存、互相促进、互相制约、互相竞争的局面。金融企业只有从全球经济一体化、金融一体化和市场经济等的环境与视角出发，不断矫正自己的企业定位、企业的战略目标和经营管理策略，才能有生存和发展的空间。

16.1.3　我国金融业的机遇和挑战

当代金融变革既给金融业提供了历史性机遇，也给金融业带来严峻的挑战。那些没能及时掌握、应用新技术的金融企业，将面临更多变数，陷入更大困境。

世界各国金融业虽然陆续进入金融变革，但由于基础不同，投入力度不同，发展是不平衡的，从中获得的战略效益也是不一样的。新金融变革将造成一种强者愈强的不平衡态势。一方面，美国以超强的经济实力和先进的技术在高起点上率先推进金融变革，进一步强化其金融领域的优势地位；另一方面，发达国家与发展中国家的差距也在不断拉大。当发达国家大力推进信息化建设的时候，广大发展中国家却至今尚未完成工业化的建设任务。这种差距不只是技术性的、战术性的，而是战略性的。

目前，我国金融业正处于从电子化、半电子化向信息化转变阶段，实现金融现代化还有相当一段路程要走。而发达国家的金融业已经完成电子化建设，金融业主体已基本实现信息化、虚拟化，正向智能化迈进。面对当代金融变革的严峻挑战，我国必须大力推进具有中国特色的金融变革，使我国金融业在新世纪的国际金融竞争中始终处于战略主动地位。

我国金融业要从低起点追赶世界金融变革的目标，本身就是一种艰苦的挑战。面对全球经济一体化和全球金融一体化带来的竞争结局和无限机遇，我国金融业必须要借鉴先行者的有益经验，紧紧抓住信息化这一本质和核心，使我国的金融现代化建设实现跨越式发展。

我国金融业在进行跨越式发展、实现金融现代化过程中，不但要看到高科技在金融变革中的关键作用，也应看到金融竞争和金融安全将由于新的金融变革而面临新的、更多的挑战。如果电子金融的体系结构存在严重缺陷，在电子金融系统的设计、集成、操作和经营管理中疏于风险防范的话，会使原本是局部的风险变成全局的风险，还可能引发金融危机，给整个金融业和国民经济带来无法估量的严重后果。

在我国，信息技术在金融业的应用，正从业务作业层向经营管理层、决策层推进，渗透到金融机构经营管理的各个领域。管理信息化已成为当前我国金融机构信息技术应用的最重要课题之一，是缩短与国际现代金融业的差距、全面提升我国金融业综合竞争实力的重要途径。完善电子金融管理和监控体系是电子金融安全和风险控制的重要保证。如何建立与现代化电子金融服务体系相适应的金融机构内部控制机制和风险控制系统，改善金融业的监控与预警体系，保障电子金融系统安全、有效地运行，是金融界面临的又一个重大课题。

【案例】

华夏银行 B2B 电子商务涉足 20 行业

华夏银行（图 16-1）成立于 1992 年 10 月，是一家全国性股份制商业银行，总行设在北京。1995 年经中国人民银行批准开始进行股份制改造，改制变更为华夏银行股份有限公司（简称华夏银行）。2003 年 9 月，华夏银行公开发行股票，并在上海证券交易所挂牌上市交易，成为全国第五家上市银行。

图 16-1 华夏银行网站截图

"互联经济"在未来的十年内，必将改变企业的生存模式和经营方式，作为支付结算的银行系统自然不能等闲视之，需顺势而为占领先机。以前企业需要耗费人力奔波于各大银行才能完成货款的转账和支付，现在变得异常简单了，它以银行、商户和会员三方管理交易资金为手段，可以有效规避市场风险，保证交易资金的安全性。在线支付、订单管理、资金结算、三方存管等综合性金融服务，都能在华夏银行的电子支付平台上实现。这项业务甚至还包括直接支付、冻结支付、商户保证金、银行保证金、批量支付、资金清算、大宗三方存管、产权交易八种模式，是特别为客户量身定做的。

2011 年 12 月，中国电子商务市场交易额达 6 万亿元，同比增长 33％，未来几年我国电子商务服务产业将迎来其发展的"黄金年代"。因此，华夏银行在电子银行支付系统上不断创新和完善 B2B 网上支付业务，为各类要素市场、公共资源交易中心、产权交易中心、招投标中心等不同类型的交易平台提供电子商务解决方案，有效解决了电子商务发展的瓶颈，还创新打破了传统的跨行交易壁垒。

华夏银行 B2B 电子商务具有以下特点。

（1）真正三方存管，保障资金安全

银行特殊账户存管交易资金：有效防范交易资金被侵占、挪用和司法冻结等风险发生；锁定资金流向：将银行实体账户、银行子账户和交易会员席位号一一对应绑定，锁定交易会员的出入金资金流向；安全的出入金渠道：交易会员出入金可使用数字证书登陆华夏银行，防范通过非法技术手段转出资金的风险。

（2）覆盖所有银行，扩大客户群体

华夏银行 B2B 支付平台全面支持跨行客户的出入金，不受物理网点的限制，目标客户仅对接华夏银行一家即可解决所有银行客户资金的出入问题，而其他银行的资金结算，仅能支持本行客户。同时，通过实时联机交易，即交易系统与华夏银行支付平台直接对接，可实现实时出入金，大幅提升资金管理效率；另外，交易会员操作简便，华夏银行 B2B 支付平台为交易会员提供单独的客户端，出金、入金、查询等操作便捷、直观。

（3）与多家交易系统开发商接口成熟，可快速上线

华夏银行与多家电子商务交易系统开发商进行了对接，技术联调成熟，无需再次进行系统开发。同时，华夏银行有一支高效的测试对接团队，一般一周内即可上线。

（4）他行客户可网签，避免路途奔波排队

自助签约：他行交易会员可直接通过市场平台向华夏银行发起签约，无需到柜台进行面签。平台和接口出入金：交易会员既可通过华夏银行提供的客户端进行出入金，也可以通过市场提供的客户端直接出入金，无需登录银行客户端。实时查询银行账户余额：交易会员可通过华夏银行提供的客户端实时查询在银行的保证金账户余额，也可以通过市场提供的客户端进行查询。

（5）贴心服务，彰显关怀

短信服务：当交易会员子账户余额发生变化时，以及日末交易市场清算对账完成后，华夏银行短信平台将发送短信即时通知交易会员余额情况。电话银行服务：华夏银行 95577 客服中心 7×24 小时为交易会员提供业务咨询、疑难解答和查询子账户余额查询服务，交易会员可随时、随地掌握资金状况。

华夏银行 B2B 电子商务运用效果良好，得到了企业和社会的广泛认可和赞誉。

（1）多行业运用，实现客户批量开发

截止 2011 年 9 月，华夏银行电子商务三方存管业务已经覆盖与钢材、煤炭、化工、民航、粮食、红酒、珠宝首饰、产权交易、稀贵金属、艺术品、招投标等二十几个领域，带动上下游近 5000 个客户交易，带动 50 多亿元资金沉淀，并延伸出电子化货押融资等创新服务。

（2）企业和社会的广泛认可，获得一定影响

华夏银行电子商务三方存管业务推出后，立即受到国内各类要素市场、产权交易所、大宗商品交易市场的高度认可。2009 年上线后即获得由商务部、中国银行业监督管理委员会、中国证券监督管理委员会、国务院法制办公室等联合检查组的高度认可。荣获 2009 年北京市经济技术创新奖，2010 年中国人民银行科技创新三等奖，2010 年第二十五届北京市企业管理现代化创新成果二等奖等诸多奖项。

下面就网络银行、网络证券和网络保险等分别加以介绍。

16.2　网络银行

网上银行最早起源于美国，其后迅速蔓延到 Internet 所覆盖的各个国家。美国安全第一网络银行（SFNB）从 1996 年就开始了网上金融服务，美国银行业 6%～7% 的客户使用网上银行系统。目前，国际上提供网上银行服务的机构分两种：一种是原有的负担银行（Incumbent Bank），机构密集，人员众多，在提供传统银行服务的同时推出网上银行系统，形成营业网点、ATM、POS 机、电话银行、网上银行的综合服务体系；另外一种是信息时代崛起的直接

银行（Direct Bank），机构少，人员精，采用电话、Internet 等高科技服务手段与客户建立密切的联系，提供全方位的金融服务。

16.2.1 互联网带来的挑战

互联网帮助一批新锐银行向具有牢固地位的老牌公司发起挑战，比如，已经以相同方式经营了数十年的华尔街投资银行现在正在开始缓慢地向新的在线投资银行 Wit Capital 学习。

利用互联网，客户能够获得基本银行服务：可以得到有关支票、储蓄、存单、信用卡账户余额的最新信息，能够了解支票是否兑现、确认存款、账户间的资金转移，除了基本银行业务外，通过网络与银行来往的消费者能够了解信用卡、抵押贷款、教育贷款以及个人贷款限额等信息，并可以申请上述贷款，消费者还能通过网络获取保险单的报价以及下载招股说明书等。在美国，开展金融服务创新最多的银行是 Intuit 和 Wells Fargo。Intuit 是从事网络银行服务的主要机构之一，该公司 1995 年开设了网络银行服务。1997 年 7 月，已经有 80 万客户使用了网络银行业务。这些客户有许多是舍弃原来的金融机构而转向网络服务的。根据 Intuit 的调查，大多数用户并不担心安全问题，只有 6% 的客户因为安全问题而不使用网络服务，而且一旦开始使用网络银行服务，有关安全问题的担心就下降了。该银行控制的 Quicken.com 的创新之花开遍了金融服务的所有角落：投资、抵押、保险、税收、银行业务、退休金计划⋯⋯，和所有与这些项目有关的服务，用户都可以在这个财经门户网站上打开找到，而且这个网站内容丰富，非常易于使用，整个网站简直就像一个制作出色的应用软件。

而 Wells Fargo 是 1999 年度网上银行系统使用性能最好的银行，是美国第七大银行，资产总额 218 亿美元，拥有 5925 个分支机构，资本收益率高达 34%。目前，它被认为是美国银行业提供网上银行服务的优秀代表，网上银行客户数量高达 160 万，银行网站每月访问人数 96 万（并非人次）；接受网上银行服务的客户占其全部客户的 20%。Wells Fargo 的网上银行系统不仅节约成本，更主要的是带来新增收入和客户：使用网上银行的客户素质好、收入高、账户余额大、需求种类多，银行赚取的收益和手续费收入相对较多；在 160 万网上银行客户中，15% 是由网上银行服务带来的新客户。另外还有一些专门的网络银行服务商，比如搞贷款的 E-loan，搞抵押的 Mortgage.com，在线信用卡的 Next-card，金融信息服务的 PC-Quote.com 等网站，都获利了成功。

这些银行的网上业务的成功极大地促进了网络银行的发展。

16.2.2 网络银行的特点与前景

网络银行的运行相对传统银行而言具有以下几个明显的特点。

① 业务智能化、虚拟化 传统"砖瓦型"银行，其分行是物理网络，主要借助于物质资本，通过众多银行员工辛苦劳动为客户提供服务。而网络银行没有建筑物、没有地址，只有网址，其分行是终端机和因特网带来的虚拟化的电子空间，主要借助智能资本，客户无需银行工作人员的帮助，可以自己在短时间内完成账户查询、资金转账、现金存取等银行业务，即可自助式地获得网络银行高质、快速、准确、方便的服务。

② 服务个性化 传统银行一般是单方面开发业务品种，向客户推销产品和服务，客户只能在规定的业务范围内选择自己需要的银行服务，而因特网向银行服务提供了交互式的沟通渠道，客户可以在访问网络银行站点时提出具体的服务要求，网络银行与客户之间采用一对一金融解决方案，使金融机构在与客户的互动中，实行有特色、有针对性的服务，通过主动服务赢得客户。

③ 金融业务创新的平台 传统银行的业务创新主要围绕资产业务，针对商业银行的资产负债业务，进行资产证券化，对金融产品进行改造与组合，满足客户和银行新的需求，而网络银行侧重于利用其成本低廉的优势和因特网丰富的信息资源，对金融信息提供企业资信评估、

公司个人理财顾问、专家投资分析等业务进行创新和完善，提高信息的附加价值，强化银行的信息中介职能。

随着网络整体水平的提高和综合实力的增强，今后网络银行发展的潜力很大，市场前景广阔。其发展前景可以概括如下。

① 随着大批企业将会设立自己的网站网页，居民也会积极投身于网络银行之中，网络企业的扩展，网络消费者的增加，使众多企业和居民对网络平台的依赖性增强，网络客户群将稳定发展，网络银行的经济效益会显著提高。

② 网络银行业务将向多样化、创新化发展。网络银行的出现，使传统银行经受了一场技术革命，传统银行业务将受到挑战，网络银行具有灵活强大的业务创新能力，不仅可延伸改造传统的业务，而且会不断设计业务新品种，创新业务方式，满足客户多样化的需求。网络银行利用现代金融技术，大力开展网上交易、网上支付和清单业务，拓宽业务范围、增加业务收入，利用网上银行为企业和居民进行资金余额查询、账户转移、第三方支持、银行业务通知等基本业务服务，还要利用互联网作为营销渠道，交叉出售产品和服务，如存款产品、消费信贷、保险、股票交易、资金托管等高级业务，并且不断进行升级换代，拓宽技术创新空间和领域。

③ 网络银行业务的创新将会推动金融市场网络化发展，并可能再现综合性市场。随着网络银行业务的深入开展，迫切需求外汇市场、黄金市场、资本市场、货币市场、保险市场及金融衍生产品市场网络化长足发展；反过来，这些市场网络化的发展也能提升和促进网络银行的进一步发展。网络金融市场的地区整合和行业互动将会带动金融市场结构的优化和银行合业经营的出现，带动整个金融市场，深化网络金融市场，和非金融市场之间界限模糊、距离缩短，各类市场将混为一体，并且可能出现综合性市场。

④ 网络银行全球化、国际化发展趋势明显。随着经济全球化和金融国际化发展步子的加快，世界各国银行业运用并购重组方式积极向海外扩张，采取"打出去，请进来"等多种途径、多种方式扩展业务，占领世界市场。目前，我国海外银行的分支机构多达 600 多家，引进外资金融机构 200 多家。因为网络银行的发展使整个金融市场融为一体，它缩短了国与国之间遥远的距离，模糊了国与国、洲与洲之间的地域和文化传统，业务的竞争将变为信誉和技术装备水平及服务质量的竞争，在传统银行基础上的网络银行模式近几年可能有大的发展。但纯网络银行经过结构调整和休养生息后，将会有一个大的发展。

下面以德国网络银行的例子说明网络银行的发展现状。德国的 Entrium Direct Bankers，1990 年作为 Quelle 邮购公司的一部分成立于德国，最初通过电话线路提供金融服务，1998 年开辟了网上银行系统。目前已经成为德国，乃至欧洲最大的直接银行之一。截至 1999 年底，拥有客户 77 万，其中使用网上银行系统的客户达 15 万；资产总额 38.18 亿美元，控制德国直接银行界 30％的存款和 39％的消费贷款。Entrium 没有分支机构，员工共计 370 人，依靠电话和因特网开拓市场、提供服务。370 人服务 77 万客户，人均资产达 1000 万美元，大大高于亚洲的领先银行水平（新加坡发展银行人均资产 580 万美元，中国农业银行人均资产 50 万美元）。而且 Entrium 认为现有系统完全可以满足 250 万客户的需求，这一连串数字足以给我国人员臃肿的商业银行敲响警钟。

Entrium 经营的业务品种主要包括消费信贷、循环周转贷款、信用卡、投资、在线交易等。虽然目前仍以电话服务为主，但正在加速发展网上银行服务，它的网上银行发展战略十分明确：将 Entrium 从拥有网上银行服务的领先的电话直接银行转变为拥有电话银行服务的领先的网上直接银行。Entrium 的成功归功于它利用了先进的科技手段开拓市场、联络客户、处理业务。

目前国际金融界的发展状况表明，尽管不同的银行有其不同的发展战略，目前正处在不同的发展阶段，但有一点是肯定的，即随着 Internet 的不断发展，随着金融业的不断创新，网上银行必将包含银行所有的业务，成为银行主要的业务手段。

16.2.3 我国网上银行发展的现状

1996 年 6 月，也就是美国开始有了网上银行 8 个月后，中国银行在互联网上设立了网站，开始通过国际互联网向社会提供银行服务。经过十年的发展我国的网上银行发展呈现以下特点。一是设立网站或开展交易性网上银行业务的银行数量增加。我国的网上银行虽然起步较晚，但发展很快。据调查，目前我国已有 20 多家银行的 300 多个分支机构拥有网址和主页，其中开展网上银行业务的分支机构（即分支型网上银行）达 50 余家。二是外资银行开始进入网上银行领域。目前，获准在中国内地开办网上银行业务的外资银行包括汇丰银行、东亚银行、渣打银行、恒生银行、花旗银行等。另外，还有几家外资银行的申请正在审核之中。三是网上银行业务量在迅速增加。我国网上银行发展迅速，网上银行的交易额和交易笔数大幅增长，企业网上银行仍然占据市场主体，但个人网上银行市场潜力巨大。2005 年企业网上银行的交易额占了总交易额的 96.7%，达 70.2 万亿元。2005 年我国个人网上银行发展迅速，尤其是招商银行、工商银行和农业银行个人用户增长率都超过 5%。从使用人数看，2006 年国内网上银行的使用人数与 2005 年相比有了大幅度的增长，有研究表明，网上银行人数同比增长了近 1.7 倍，企业网上银行使用数量同比增长了近 3 倍，企业"网银"业务的增长成为 2006 年网上银行快速发展的亮点。2000 年以前，我国银行网上服务单一，一些银行仅提供信息类服务。作为银行的一个宣传窗口。但目前，交易类业务已经成为网上银行服务的主要内容，提供的服务包括存贷款利率查询、外汇牌价查询、投资理财咨询、账户查询、账户资料更新、挂失、转账、汇款、银证转账、网上支付（B2B，B2C）、代客外汇买卖等，部分银行已经开始试办网上小额质押贷款、住房按揭贷款等授信业务。同时，银行日益重视业务经营中的品牌战略，出现了名牌网站和名牌产品。但目前我国尚未出现完全依赖或主要依赖信息网络开展业务的纯虚拟银行。四是中资银行网上银行服务开始赢得国际声誉。2002 年 9 月，中国工商银行网站被英国《银行家》杂志评为 2002 年度全球最佳银行网站，这表明中国银行业网上银行的服务水平已向国际水平靠拢和看齐。

我国网上银行与发达国家相比，存在许多问题主要表现如下。

① 发展环境需完善 目前我国网络银行业务纵深和宽度都还有限，受信息基础设施规模小、终端设备普及程度失衡，客户群体缺乏规模，现代支付体系不完善，信用评价机制不健全，认证中心（CA）体系尚未建成等国情的制约，尚无一家开展网上存款、贷款、账单收付、跨行转账、非金融产品销售等业务。

② 市场主体发展不健全 目前国内网络银行是在现有银行基础格局上发展起来的，通过网络银行延伸服务，即所谓的传统业务外挂的电子银行系统，形式上都是分支型网上银行，其业务基本依赖于母行，尚无纯粹意义上的网络银行，发展模式相对单一、滞后。大多网络银行只满足存款、汇款、汇兑等业务，只是一个简单化的传统业务外挂，其实只能算照搬柜面业务的"上网银行"。目前，国内网络银行一方面盲目攀比，盲目地引进与投入；另一方面技术手段停留在低层次，缺乏内涵，缺乏适合市场的特色，更谈不上"客户导向"了，一些银行对网上银行发展方向的认识模糊，仅把它当做扩大传统业务的手段，因而发展缓慢。

③ 网上银行赢利机制尚未形成 虽然网上银行发展势头很猛，但由于上网人数与网上消费不成正比，因此企业和个人间的电子商务交易量还处于低水平，网上金融交易规模也只占很小比例，网上银行的客户层面比较狭窄，人数较少，平均成本又较高，难以产生规模效应。同时，网上银行所提供的只是简单的支付服务，中间业务收入也很少。网上银行吸收存款的能力较强，而发放贷款的功能较弱，难以形成靠存贷利差赢利的机制。目前，国内大部分网上银行均处于投入阶段，产出还较少。

④ 监管服务有待进一步加强　虽然《网络银行业务管理暂行办法》已经出台，网上银行市场准入的要求也开始规范化。然而，商业银行过去那种在技术上想方设法采取措施避开监管的行为还会出现，网络金融的监管要纳入网络经济、电子商务整体管理框架中考虑，同时制定国际性标准。就此而言，监管的成熟之路还很长。

下面以招商银行的网上银行业务为例，如图 16-2 所示，介绍我国目前网上银行的主要功能。由于网络安全和银行业务的特殊性，出于安全的考虑，目前我国网上银行更多表现为银行的客户服务的渠道和自助服务的渠道来使用，真正开展传统银行业务的还不多。其主要的功能可以分为 3 大部分，银行信息发布、个人业务和公司业务。

图 16-2　招商银行网站

① 个人业务主要有：

- 一卡通、信用卡业务，一卡通、"一卡通"金卡、银联"一卡通"金卡、金葵花卡等；
- 个人贷款，住房贷款、消费贷款、质押贷款、个人委托贷款、个人循环授信；
- 个人业务公告；
- 基本业务和服务，储蓄业务、居家服务、个人贷款、投资业务、电子银行服务；
- 金葵花理财，金葵花卡、理财规划、金葵花理财首页；
- 客户服务，电话银行、自助银行、个人业务数据发布等；
- 女性卡，产品介绍、靓卡俱乐部、俱乐部公告、优惠快讯。

② 公司业务主要有：

- 离岸业务，业务介绍、开户及存款指南、离岸业务存款利率等；
- 点金公司金融，网上企业银行、现金管理、公司融资、国际结算、资产托管、公司理财、点金营销活动快讯；
- 公司业务指南，票据通、银企通、银税通、银债通、集团资金平台管理系统、公司卡等业务；

- 企业年金业务；
- 企业银行，系统功能、申请流程、企业银行登录等；
- 资产托管业务。
③ 招行信息：
- 招商银行介绍；
- 新闻报道；
- 社会贡献活动。

16.3 网络保险

由于保险产品具有网上销售的可操作性，作为一种全新的经营理念和商业模式，具有选择广泛、降低成本、无地域时间限制和保护隐私的特点。随着互联网的高速发展，已将网络保险推到了人们面前。保险网络化只是趋势，它并不能改变中国传统保险业的不成熟和营销手段的幼稚，传统保险营销业务近年虽发展速度迅猛，但营销方式却略显呆板和单一，如果不从传统内涵上改变营销模式，网络保险似乎只是一种时髦和摆设。

16.3.1 网络保险发展基础

与传统营销模式相比，网络营销具有多种优势，如能降低经营成本、促进保险宣传和市场调研的电子化、节省营销时间等。我国网络环境初步具备，保险网络营销有着广阔而优良的潜在市场，而且保险界已经认识到网络对保险营销的重要性并积极尝试。在我国开办保险网络营销不仅必要而且可行。由于开办网络营销对保险业会产生多方面的影响，应及时制订保险网络营销管理规划，加强调查研究，完善保险监管。

与传统保险营销模式相比，保险网络营销具有如下明显的优势。

① 经营成本低 保险公司通过网络销售保单，可以省却目前花费在分支机构代理网点及营销员上的费用。保险险种、公司评介等方面信息电子化后可以节省印刷费、保管费。通过降低保险总成本从而降低保险费率，更好地吸引客户。

② 信息量大，且具有互动性 网络就如同一位保险专家，不仅随时可以为客户提供所需的资料，而且简洁、迅速、准确，大大克服了传统营销方式的缺陷。客户有什么要求和问题，可以在网上直接与保险公司联系。借助互联网，顾客足不出户就可以方便、快捷地访问保险公司的客户服务系统，获得诸如公司背景、保险产品及费率的详细情况，顾客可以随意访问多家保险公司的系统，比较其产品的价格，从中选择最合适的险种。联机通信固有的互动功能，极大地方便了保险双方的沟通。

③ 有利于促进保险宣传和市场调研的电子化，加快新产品的推出 在网络环境下，保险人可以用公告牌、电子邮件等方式向全球发布电子广告，向顾客发送有关保险动态、防灾防损咨询等信息，既能扩大保险宣传，又能提高服务水平，还能克服传统营销中借助报纸、印刷宣传小册子所固有的信息量小或成本高、时效差的不足。

④ 节省营销时间，加速新产品的推出和销售 新产品设计出来后，几乎无需其他环节就可以立即进网，供顾客选择。由于网络的存在，投保人也用不着等待销售代表回复电话，可以自行查询信息，了解保险产品的情况。而且保险网络营销还具有 24 小时随时调用的优势，减少了市场壁垒，为保险公司提供了平等的竞争机会。

保险业对互联网的兴起的应对策略大致可分为两种情况：一是世界各国保险公司中的大多数都已主动采取行动，建立各自的网站，逐步将公司的营运同网络接轨，扩大了保险公司直接面对客户销售的范围；另一方面表现为保险公司利用个人电脑和互联网为顾客提供优质的服务。

目前，我国已经基本形成以网站平台为基础的保险电子商务发展框架。目前，31 家中资保险公司有 26 家开通网站，41 家外资保险公司（包括分公司、代表处）开通中文网站的有 28 家，总共开通网站的公司有 54 家，开通比例占全部公司的 75%。然而，国内电子商务网站平台基础框架虽已搭建，但网站水平普遍不高，主要体现在网站不够人性化，网站功能单一，网站与企业核心业务系统信息交互性差，不能满足客户的需求。而且由于整个互联网的电子化交易水平不高，网上支付、电子签名等交易活动所涉及的安全、个人隐私问题还没有得到彻底解决，限制了保险业电子商务的进一步发展。同时人们也看到，保险监管机构、保险公司越来越重视保险电子商务工作。调动各种资源宣传电子商务，推广电子商务，发展电子商务的观念深入人心，成为保险业电子商务下一步快速发展的有利因素。

未来保险公司电子商务基础平台将围绕着"以客户为中心"进行建设、改造。网络营销、销售、服务更为完整、流畅与安全。能满足客户从投保、核保、理赔、查勘、定损、契约变更等网上处理过程，真正实现电子化交易，通过各种渠道整合实现"一站式"服务，最终形成一个以保险监管机构、保险公司、保险中介机构与保险服务机构为主体的电子商务市场体系和产业链，合理分工，共同发展。B2C 业务要实现网络销售的全流程电子化。客户购买保险所涉及的产品咨询、报费试算、投保缴费、批改、退保、报案、查勘、定损、理赔、支付、投诉等业务环节均可以通过网站或客户服务中心完成，保险公司应积极开发电子保单、电子签章、远程定损系统，并不断完善支付手段，真正体现网络保险方便、安全、快捷的特点。

16.3.2　我国网络保险面临的挑战

保险网络营销将给我国保险业的发展注入新的活力，但同时也给我国保险业的经营者和管理者提出了新的课题。

① 对保险中介人的影响　保险网络营销方式的出现，会减少市场上对传统保险代理人和经纪人的中介需求。然而，由于受现有技术和互联网普及程度的约束，短期内保险中介人的地位不会受到冲击。这就要求保险中介人早日调整自己的经营方向和经营理念。

② 对保险公司的影响　自我国恢复国内保险业务以来，保险公司发展业务的一般思路是以扩大机构的设置来增大市场占有率。网络作为一种全新的经营管理工具应用于保险业，保险公司完全可以在网上作核保、核赔和远程保险服务，这无疑对传统的保险经营模式提出了严峻的挑战。

③ 由于网上关键大众的数量不足，加上保险在我国本身就处在发展阶段，更加剧了网上销售不足的矛盾。

目前我国的保险公司都将网站定位在宣传窗口、客户服务和保险信息查询、现有销售渠道的补充这样的地位，其原因除了网络安全、网上支付等问题以外，就是上述几个挑战无法回避等原因造成。

16.3.3　网络保险发展现状

在阐述国内应用现状之前，先看一看国外网络保险发展的成功案例。eCoverage，这家在旧金山启用互联网的公司，正试图占领价值达 600 亿美元的保险产业。eCoverage 公司是第一家也是唯一一家通过互联网向客户提供从报价到赔偿服务的公司，他们的任务就是彻底简化整个保险操作。在该公司的 Web 网站上，客户可以花费比过去短的时间获得报价、购买方针以及文件赔偿等。eCoverage 不但从流程中去掉了保险推销员，而且还能向客户提供 24 小时的服务。

根据 Forrester 的调查，到 2003 年，保险业的在线销售可望达到 41 亿美元，而 2001 年预计为 11 亿美元。几乎有一半的联机客户将研究互联网上的自动保险，超过四分之一的客户现在愿意在网上购买。eCoverage 公司正计划成为从这种趋势中获益的公司之一。

互联网出现之前，保险销售依赖于多年的教育和经验。现在，互联网和商业发展的速度已经改变了这些传统，互联网经济正在使非传统保险公司在传统领域有发言权，也许以后传统保险公司进入网络世界将不得不遵从 eCoverage 公司的规则。因为互联网给予客户更多的控制权，所以需要更快地提供高质量的客户服务，显然互联网正在改变这个游戏的规则和它在未来操作的方式。

通过提供从报价到赔偿的全套服务，eCoverage 公司正成为这个产业的巨人。它正利用互联网来淘汰旧的保险商业模式——高额房租开支和过高的保险代理费。通过它的联机系统，来指导客户了解报价、保险项目和赔偿过程（通过对保险术语进行简单明了的解释）。eCoverage 有一个承诺，通过授权客户自我服务来使保险经历非神秘化。eCoverage 公司认为这是互联网为公司发展带来的绝好机会。以前，一个像 eCoverage 这样刚刚起步的公司想与传统的保险公司竞争可能是不现实的。但是，通过互联网技术，eCoverage 公司可以实现它的目标，提供世界范围内的汽车、轮船以及房屋的全套个人保险业务。

由于网络发展的水平、网络安全和与传统市场的冲突等因素，我国目前基本上没有在线销售保险产品。同银行类似，基本上将网站作为客户服务的渠道、自助服务的渠道和公司宣传与信息查询的窗口等来使用，真正开展销售业务的还不多。其主要的功能可以分为 3 大部分，公司信息发布、个人业务和公司业务。

下面以国内著名的平安保险为例，如图 16-3 所示，说明国内主要保险公司网站的主要功能。

图 16-3 平安保险网站

① 关于平安：
- 公司信息、荣誉、大事记和新闻报道等。

② 个人客户：
- 保险业务，汽车保险、旅游保险、养老等其他保险和保险服务；
- 股票、信托、期货、外汇，财经咨询和股票交易信息与服务等；
- 年金，年金介绍、投资、账户设置、退休支付和服务指南等；
- 网上门店，销售交强险等保险产品。

③ 公司客户：
- 保险，团体投资连结保险价格公告、保障员工保险、保障经营风险等；

- 理财服务，股票、投资银行、资产管理等；
- 外汇业务，外汇存款、交易和外汇融资等。

16.4 证券交易

16.4.1 国外网络证券发展回顾

由于证券具有虚拟性的特点，非常适合网络交易，网络正在创造让人们管理自己财富的新方法。现在，离线金融服务业正在走向在线。它们逐渐意识到再也不能对那些年轻、阅历浅显、背靠网络的竞争者熟视无睹了。Instinet 公司和 Island 公司正从 NYSE 和 Nasdaq 中抢走越来越多的交易量。Nasdaq 正在重新评估自己的在线机会，并计划投资建立新的企业。Merrill Lynch，其领导人曾经公开谴责过网络经营，现在也宣布要效仿 Charles Schwab，每笔交易收费 29.95 美元。

Charles Schwab 是一个集电话服务、柜台服务和网上服务于一体的股票交易公司，网上最大的贴现证券经纪商。这家公司成功的秘诀是将网络交易和售后服务与本公司的电话服务中心以及 300 家零售网点连接起来。Schwab 并没有提供最低廉的交易费率，用户对它的研究报告却非常满意，消费者支持率也很高。这个网站可以很好地指导如何在网站进行投资。

E＊Trade 通过创意大胆的广告在网上股票交易中异军突起，并引起华尔街巨头的注意。E＊Trade 是目前位列第二的网络交易公司，它有一条惊世骇俗的广告语"踢开你的经纪人"。目前，它正在努力招揽那些不太习惯通过点击鼠标来购买股票的、依靠日间交易的客户。

TD Waterhouse 也是一个个人网上股票交易网站。它收取的交易费用低廉，每次交易只收取 12 美元。另外，客户还可以在这个网站上找到大量免费的研究信息，24 小时客户服务和技术支持，以及一个包括 160 家分支机构的真正全球性网络。这个网站还可以连接 8900 个互助基金和免费的个人退休金账户。

离线公司开始在线经纪业务有不同的模式，也有争论：有没有必要形成在线和离线结合的业务体制？消费者对低费用和无人作业环境是否满意？Schwab 和 E＊Trade 的做法不同：E＊Trade 是全部在线模式，只有网上操作，其竞争者 Charles Schwab 则坚定地认为在线贸易必须包括能够接触客户。

证券市场是一个快速多变、充满朝气的市场。在证券市场发展过程中，证券电子商务建设起到了积极的推动作用。一方面，证券市场品种的创新、交易结算的变革，源源不断地为证券电子商务化建设提出新的需求和课题；另一方面，证券电子商务化建设又为证券市场的发展创新提供了系统和网络方面的支持，两者在相互依存、相互促进的过程中得到了快速发展。目前互联网电子商务是国际上最通行、最安全、最便宜的证券交易方式，带来证券市场革命性的变革。

证券电子商务是证券行业以互联网为媒介为客户提供的一种全新商业服务，它是一种信息无偿、交易有偿的网络服务，它是运用最先进的信息与网络技术对证券公司原有业务体系中的各类资源及业务流程进行重组，使用户与内部工作人员通过互联网就可开展业务与提供服务，目前我国比较典型的证券电子商务领域集中体现在证券电子商务促进证券经纪业务的拓展和延伸。

16.4.2 我国网络证券的基础

我国证券经过 20 年发展已经具备了相当雄厚的发展基础，我国证券发展网络交易的基础良好，主要表现如下。

（1）交易撮合"无纸化"和证券交易"异地化"

证券交易市场完成由手工竞价到电脑自动撮合、由分散过户到中央登记结算、由实物交易到电子簿记的过渡，实现了证券交易方式从"有纸化"向"无纸化"的转变。这种转变不仅在效率方面发生了"质"的飞跃，也为证券电子化的形成和发展奠定了基础；另一方面，交易所建成的"卫星证券通信网络"，使得在国内的任何一个地方都可利用该网络实时接收两个交易所和行情等交易信息，全国范围内的证券交易市场随即形成。

（2）交易席位"无形化"和资金清算"电子化"

无形化的交易方式代表着全球证券市场的发展趋势，交易所开发的无形化电子交易系统提高了证券市场交易的效率。证券资金法人结算制度标志着证券资金清算进入全新的无纸化时代，而且对整个金融业的电子化进程也起到了积极的推动作用，影响较为深远。

（3）委托方式多样化

我国证券交易委托方式从传统的柜台填单委托，发展到条码委托、电话委托、远程终端委托、网络委托，方式日趋多样化。最近券商借助电信、电视等现代化媒体，将电子商务的概念引入证券交易市场，交易手段又在不断创新。

（4）现阶段证券电子商务显示出诸多优势，拓展和延伸了证券经纪业务

在证券经纪业务中，证券电子商务能为投资者提供国际经济分析、政府政策分析、企业经营管理分析、证券板块分析、证券静态动态分析等方面服务；能够以每日国内外经济信息、证券行情、证券代理买卖、投资咨询、服务对象的辅助决策分析及提供特别专题报告等方式为投资者服务。具体来说，对证券市场各方主体有如下影响。

对于券商而言，它是巨大的远程市场，可以打破时空界限，快速信息传递，使网上交易在开发客户资源上体现出竞争优势，无限地扩大客户资源；并大幅降低交易成本，降低券商固定资产投入，为券商进行低成本扩张大开方便之门；且还可提供个性化的资讯服务，以满足客户不同的信息需求，券商辐射范围加大。

网上交易仍是券商经纪服务的一种延续，它实质上是使投资者有一个较好的顾问，并以较为低廉的成本和较快的速度来完成一个完整的交易，集中做好网上经纪服务管理工作将成为券商竞争的重要手段。

对于投资者而言，可以排除空间、时间的障碍，方便地查询行情、委托，获取投资公共资讯及私人资讯，投资者能够随时随地参与交易等，实用性高于其他方式。

对于证券监管者而言，网上证券交易有可能减少信息不对称和不充分，抑制市场投机，可以扩大投资者队伍，倡导技术革新。

随着证券电子商务化程度的进一步深化，证券电子交易场所中的虚拟证券营业部出现，将迫使证券从业人士的服务方式和内容都做出重大调整。因为在网上交易模式下交易席位已经具备无形席位的全部特征，导致投资者有可能越过券商直接入市，在这种趋势下，交易者对券商的依赖则可能更多的是技术支持、信息咨询等服务而不是代理。经纪人和利润将有可能不再以代为撮合成交赚手续费为主，而是变为以提供咨询服务为主。网上证券交易可以不需要中介方而使证券业的非中介化和网络化越来越明显，许多传统经纪人、投资专家、造市者、券商面临失业，要生存只能采取网上券商、经纪人、分析家的方式。

在未来的网络互联、信息共享的信息社会里，由于单一传统的经纪业务组织方式受到挑战，证券公司将不再单纯依靠自身力量来发展网上经纪业务，而是利用自身优势与银行邮电、IT计算机技术公司、网络公司、信息公司等建立起良好的合作关系。网上交易和移动交易全面冲击传统交易方式，各行业在优势互补、互惠互利的前提下联手为客户提供全方位的立体证券经纪交叉服务。如网上交易委托和手机短信息交易、手机上网交易（WAP）、掌上交易器交易三种移动交易等，这种合作会给各方带来证券经纪成本的降低和客源的增加，从而达到增收节支、扩大业务的目的。

16.4.3 网上经纪的竞争

国内券商开展网上经纪业务要从以下几个方面来考虑证券网络经纪市场方面的要求。

（1）具有下单方式多元化的电子网络交易平台

证券电子商务不仅仅是简单的远程委托：它应当是一种大规模、全方位、体系化、新型的证券经营模式。将来证券投资者应该可以在远离证券公司（营业部）的任何地方通过电话、移动通信（WAP）、寻呼机、传真机、电话、WetTV（顶置盒）和互联网（INTERNET）等信息终端在远程完成一切与证券投资相关的工作。

中国拥有全球最先进的电脑主机自动撮合系统，所有的证券营业部都拥有与证券交易所联网的电子交易平台。电话委托和自助委托已成为主流交易方式。在此基础上，可以更进一步将电子交易平台延伸到家庭、办公室（通过有线电视网、国际互联网）乃至个人（通过无线网络）。通过各处信息终端（电话、电视、台式电脑、寻呼机、手机、掌上电脑等），使投资者能够随时随地进行证券交易。如此一来，在证券电子交易领域，国内券商就能够整体领先国际水平。

（2）以网络模式使客户拥有的服务价值得以最大化为导向

长期以来，我国股市基本上以散户为主的市场，个人投资者的抗风险能力和投资水平都较低，迫切需要投资咨询，这是开展网上经纪业务的基础。在现阶段条件下，网上交易的根本就是提高券商服务质量的重要手段，实质上是使投资者（特别是非现场交易者）有一个较好的投资顾问，并快速便利地以相对低廉的交易成本完成完整的交易。搞好服务管理将成为券商竞争的重要手段，现阶段的证券行业已进入一个服务竞争的新阶段。

网上经纪业务的要点是提供大量及时、周到的投资信息，能够快速响应客户的需求，使客户通过网络所得到的服务价值争取达到最大化。经过近十几年的发展，国内券商已经积累了大量的研究成果，具有很强的满足投资咨询的能力。因此，国内券商目前所要做的就是借助网络，将各种新名词分门别类地及时送达给客户手中，比如，通过电子邮件将投资组合建议发送给客户，警示客户所持股票已到止损点等。

（3）建立起网上经纪的品牌和商誉

随着电脑的普及，网上经纪将以极快的速度发展。网上经纪将主要以信息、咨询、研究优势争取投资者，券商在开展网上经纪业务的同时必须建立一个强大的网上资讯查询平台，这对券商的信息与研究者提出了很高要求。由于硬件条件的差别较小，网络经纪的竞争只能依靠软性服务，网络跨越时空的能力会将这种优势服务的能力无限放大，强者恒强的马太效应在网络经济模式下更是一条不变的规律。而且在证券电子商务中，技术构成了服务与业务的基础平台，任何一种新的业务思想或技术很快能被对手所仿效，券商只能靠服务与业务的创新才能保证竞争的优势。开展网上经纪业务争夺市场，是证券经纪业务的必由之路，为此券商必须高度重视信息与研究工作，加大对信息与研究工作的投入。

（4）网页创作优良、信息内容丰富是成功开展好网上交易的必要条件

网上交易对投资者而言，一个很大的优势就在于能够排除空间、时间障碍，方便地查询行情、委托，获取投资公共资讯及每家券商独特的资讯。因此，券商网页创作优良、快捷、方便，信息内容丰富就成为吸引投资者很重要的方面。当然这对券商人员素质提出了更高的要求，强大的研究力量是网上交易的核心竞争力。目前国内一些大券商开始设立自己的网站，并纷纷开通本公司的内部广域互联网，然后再与互联网联结，客户委托直接通过内部网络到营业部交易系统，不再经过 IT 公司。相比较而言，这种模式比较科学，是券商开展网上交易的方向。

（5）形成具有自身特色的核心竞争力

网上证券经纪交易的硬件形式很容易被模仿，关键就在于是否设有公司专门具有特色化的网站，内容服务是能否形成品牌化优势。这不仅包括对投资者的信息服务，还包括围绕网上交易的优势，对原有网站的业务流程进行重新设计，如开拓客户应答中心、24 小时全天候服务、实时大势分析，同时根据客户的不同层次提供个性化服务等。

16.4.4 国内网上证券发展现状

目前国内各个证券公司都在大力发展网上业务，以中信证券为例，中信证券宣布将与国内

最大的财经类网络技术公司和讯推出网上交易综合服务平台，使投资者在能进行网上交易的同时，享受最新财经信息、基于和讯网的实时专家点评等个性化理财服务；又如，青海证券组织了一批优势的专业技术人才，利用国内外最先进的网络技术，逐步实施其全面转型计划。公司不仅设立了数码证券网站，自主开发并开通了网上证券交易，还设立了公司的专家服务中心和电话理财中心，把自身培育成具有证券行业最宝贵的特而专的专卖店之特色，形成自己网站的独特性、内容服务品牌化优势，使其从传统型券商向基于互联网的新型网上券商全面转型。

证券公司在开展证券电子商务经营，进入证券电子商务时应当充分考虑对客户的计算机技术和证券业务的指导问题，以保证证券经营的安全、稳定与高效。可针对不同用户的需求提供丰富的个性化服务：既可以根据用户喜好为用户进行栏目订制，同时可根据用户需求订制所需信息，同时，可以通过专家工作室等方式为用户提供更专业的投资服务。

以国泰君安证券网站为例，如图 16-4 所示，说明国内目前流行的证券网站的主要功能和内容，网站的主要项目内容：

- 证券资讯，包括财经新闻、股市公告、市场统计、法律法规、研究报告等。
- 交易功能，包括网上交易、行情发布、信息采编、智能选股、行情推送等。
- 咨询服务，包括专家在线、专家股评、工作室报告等。
- 宣传工具，包括模拟炒股、网上路演等。
- 交流手段，包括股民社区、聊天室、BBS 等。

本章指定观察网站

1. www.intuit.com
2. www.wf.com
3. www.eloan.com
4. www.mortgage.com
5. www.multex.com

图 16-4 国泰君安证券网站

6. www. quicken. com

7. www. mycfo. com

8. www. moneycentral. msn. com

9. www. schwab. com

10. www. etrade. com

11. www. ml. com

12. www. tdwaterhouse. com

本 章 小 结

① 微电子技术、计算机技术、通信技术和信息技术的突破，为金融变革的发展提供新的物质、技术基础。金融现代化将向电子化、虚拟化、信息化和智能化方向推进，企业结构和金融体制的转型将进一步加快。由于互联网具有随时、随地交易和交互性好等特点，成为金融创新的理想平台。如何体现以客户为中心，把金融业建设成为安全高效、低成本、多功能、现代化的综合金融服务体系，是金融界面临的重大课题。

② 当代新金融变革有如下主要特征：金融服务信息化和个性化、手段多维化、管理体制扁平化、管理智能化、安全监控自动化和金融竞争全球化。金融竞争日益呈现全方位体系竞争和全球性竞争特征。我国金融业面临信息化与国际化的双重压力，需要借鉴先行者的有益经验，紧紧抓住信息化这一本质和核心，使我国的金融现代化建设实现跨越式发展。

③ 国际上提供网上银行服务的机构分两种：一种是原有的银行在提供传统银行服务的同时推出网上银行系统，形成营业网点、ATM、POS 机、电话银行、网上银行的综合服务体系；另外一种是信息时代崛起的直接银行，机构少，人员精，采用电话、Internet 等高科技服务手段与客户建立密切的联系，提供全方位的金融服务。这些新兴银行的网上业务的成功极大地促进了网络银行的发展。由于网络安全和银行业务的特殊性，出于安全的考虑，目前我国网上银行更多表现为银行的客户服务的渠道和自助服务的渠道来使用，真正开展传统银行业务的还不多。其主要的功能可以分为 3 大部分，银行信息发布、个人业务和公司业务。

④ 由于保险产品具有网上销售的可操作性，作为一种全新的经管理念和商业模式，具有选择广泛、降低成本、无地域时间限制和保护隐私的特点。保险业的网上发展策略大致可分为两种情况：一是世界各国保险公司中的大多数都已主动采取行动，建立各自的网站，逐步将公司的运营同网络接轨，扩大了保险公司直接面对客户销售的范围；另一方面表现为保险公司利用个人电脑和互联网为顾客提供优质的服务。我国目前基本上没有在线销售保险产品，基本上将网站作为客户服务、自助服务的渠道和公司宣传与信息查询的窗口等来使用。

⑤ 由于证券具有虚拟性的特点，非常适合网络交易。证券电子商务是证券行业以互联网为媒介为客户提供的一种全新商业服务，它是一种信息无偿、交易有偿的网络服务。目前国内各个证券公司都在大力发展网上业务，几乎所有的证券交易业务都能在网上进行。

思 考 题

16-1 对比国内外网络银行发展的现状，分析我国网络银行发展的主要障碍是什么。

16-2 观察国内 3 家主要保险公司的网站，分析其主要功能和发展面临的主要问题。

16-3 分析国内 3 家证券网站的功能和网页设计的优点与缺陷。

16-4 结合我国互联网发展报告，分析我国发展网络银行和保险的挑战与机遇。

17　移动电子商务

学习目标

　　掌握移动电子商务的定义、特点和商务模式等基本概况；了解移动电子商务的现状和发展；了解移动电子商务发展中面临的技术和安全问题；理解移动支付的概念和内容；了解移动电子商务的应用。

　　由于移动通信技术的快速发展和移动用户的快速增长，移动商务作为新兴的电子商务形式，引起了广泛关注。由于移动商务具有随时随地进行开展商务活动的特点，移动商务具有传统的基于互联网的电子商务难以具备的优势。

17.1　移动电子商务概论

　　移动通信泛指移动用户与固定用户之间或移动用户相互间的通信，是全球通信业发展最快的一个门类，在我国自 1997 年以来以平均 83.96％的年用户增长率成为目前用户量最大、普及率最高的通信方式。艾媒咨询数据显示。2011 年中国移动电子商务市场规模达到了 156.7 亿元，预计到 2015 年底，移动电子商务市场规模将达到 1046.7 亿元。

　　截止 2012 年 12 月底，我国手机网民规模为 4.02 亿，较上年底增加约 6440 万人，网民中使用手机上网的用户比率由上年底的 69.3％提升至 74.5％。移动消费群体的力量必然将商业模式产生深刻影响。可以认为自 2003 年底我国的移动通信用户超过固网用户以来，我国步入了移动信息社会，而企业和商业模式受到用户特征变化的影响将会逐步加速地进入移动商务的时代。传统的 B2B、B2C 电子商务也开始由固定的 IP 网络拓展到移动通信网络。无线网上购物方便及时，随处可用，为电子商务公司提供了新的商机。移动电子商务正是因为其移动性的特点，方便与客户进行随时随地地交流，所以必将成为未来商务发展的主流。

17.1.1　移动电子商务的定义

　　移动商务在市场变化、技术的成熟稳定以及持续创新三个因素的推动下快速发展，移动网络的广阔覆盖，语音服务等多种数据增值服务的发展，带宽的增加以及终端功能的更新都使移动通信在商务中的应用成为可能并将成为性价比最高功能最优的方式。个性化娱乐体验、信息服务、位置服务、数据交换服务、交易支付等新兴商务模式正在经历着创新、发展并走向成熟。

　　移动商务，也称移动电子商务就是利用手机、掌上电脑等无线终端进行的 B2B、B2C 或 C2C 的电子商务。它将因特网、移动通信技术、短距离通信技术及其他信息处理技术完美结合，使人们可以在任何时间、任何地点进行各种商贸活动，实现随时随地、线上线下的购物与交易，在线电子支付以及各种交易活动，商务活动，金融活动和相关的综合服务活动等。移动商务是与商务活动参与主体最贴近的一类电子商务模式，其商务活动中以应用移动通信技术使用移动终端为特性。由于用户与移动终端的对应关系，通过与移动终端的通信可以在第一时间准确地与对象进行沟通，使用户更多脱离设备网络环境的束缚，最大限度地驰骋于自由的商务空间。

新一代的移动商务系统采用了基于 SOA（Service Oriented Architecture）架构的 webservice、智能移动终端和移动 VPN（Virtual Private Network）技术相结合的第三代移动访问和处理技术，使得系统的安全性和交互能力有了极大的提高。第三代移动商务系统同时融合了 3G 移动技术、智能移动终端、VPN、数据库同步、身份认证及 Web service 等多种移动通信、信息处理和计算机网络的最新前沿技术，以专网和无线通信技术为依托，为电子商务人员提供了一种安全、快速的现代化移动商务办公机制。

移动因特网应用和无线数据通信技术的发展，为移动电子商务的发展提供了坚实的基础。目前，推动移动电子商务发展的技术不断涌现，主要包括：无线应用协议（WAP）、移动 IP 技术、蓝牙技术（Bluetooth）、通用分组无线业务（GPRS）、移动定位系统（MPS）、第三代移动通信系统（3G）、移动电子商务提供的服务。

移动商务是由技术发展与市场变化而出现的新商务模式。由于移动商务与电信服务的关联性特征，因此它在业务模式、商业收益点等许多方面不同于无线商务。移动商务将随着移动通信的不断普及和发展成为未来 5 年我国电子商务增长的新领域和创富运动的新行业。

17.1.2 移动电子商务的特点

Internet 与无线技术的结合为服务提供商创造了新的机会，使之能够根据客户的位置和个性提供多样、快捷的服务，并能频繁地与客户进行交互，从而建立和加强与客户的关系，降低服务成本。表 17-1 列出了采用无线技术的几个特点。

表 17-1　无线技术的特点

无线技术的特点	说　　明
移动/无处不在	提供任何时间、任何地点接入
个性化	移动设备的界面是最个性化的
安全	使用者可以在安全的距离上实现远程式控制
快速	无需接入，具有较高的数据传输速度
与基础设施连接容易	不需要物理的连接
定位/跟踪	无论何时何地都即时知道准确方位

同传统电子商务相比，移动电子商务具有自己独特的特点。

① 广泛的用户基础　移动电子商务与通过电脑平台开展的传统电子商务相比，拥有更为广泛的用户基础。截至 2005 年底，我国手机用户已达 4.04 亿。艾瑞市场咨询研究结果显示，近两年移动商务个人应用市场规模保持在 100% 以上的速度增长，到 2008 年预测市场规模将达 37 亿元左右。

② 个性化与人性化　移动电子商务不仅能提供 Internet 的直接购物，还是一种全新的销售与促销渠道。信息类和沟通类移动商务服务是用户使用最多的服务类型，其次是娱乐类和交易类。移动通信服务是用户的首要选择，再次是移动支付、移动电邮等服务。手机短信发送量超过 3000 亿条，创造 300 亿元左右的市场收入。彩铃、WAP 手机上网等业务蓬勃发展，手机音乐初显潜力，并逐步成为移动通信收入增长的重要部分，移动商务领域也随之迅速发展。

此外利用移动通信网的信息服务，其服务对象是手机用户，每个用户将拥有用户的信息并获得该服务提供的完全个性化和人性化的服务内容。

③ 灵活的付费方式　服务付费可通过多种方式进行，以满足不同需求，可直接转入银行、用户电话账单或者实时的在预付账户上借记。通过个人移动设备来进行可靠的电子交易的能力

被视为移动电子商务业务的一个重要方面。

④ 随时随地地服务 与传统的 Internet 访问设备不同，这些移动终端设备，更加灵活方便，用户可随时随地携带。通过移动电子商务，用户可随时随地获取所需的服务、应用、信息和娱乐、选择及购物商品和服务，采购可以即时完成，商业决策也可即时实施。

⑤ 更高的安全性 使用了移动通信与 Internet 结合的技术，因此在移动用户的信息交互中能准确定位用户的信息，这并不需要用户输入用户名与口令。通过移动通信的数据传输，使流动信息更难被截取和破译。通过移动通信网进行数据传输时不会像传统 Internet 一样经过许多不可靠节点，因此使现有的黑客技术不再有效。数据传输过程中的安全性得到很好的保证，这使移动电子商务具有更大的可行性。

⑥ 信息资源多元化 整合了互联网和移动通信两个网络的信息资源，能够提供更加丰富的信息资源。

⑦ 收入的多元化 目前移动电子商务的收入来源主要分成三部分：网上交易、付费内容、广告。与传统的电子商务不同的是，这三部分中，份额最大的是付费内容部分，而直接网上交易和广告的比例则相对较少。广告由于受手机和其他移动设备屏幕小、广告效果差等因素的影响，所以其市场增长速度缓慢。

17.1.3 移动商务的应用模式

移动商务的应用模式根据与商业活动相关的通信主体进行分类包括 BTOM（Business to Mobile user，或称 B2M）、MTOM（Machine to Machine，或称 M2M）两大类。前者强调企业等商业组织与手机用户消费者之间的沟通及其在商业活动中的应用，是人与组织或人与人之间的通信。后者强调在商业活动中通过移动通信技术和设备的应用变革，有商务模式或创造出的新商务模式，是机器设备间的自动通信。下面分别介绍如下。

① B2M 商务模式是在移动商务中以移动终端用户（手机用户、具通信功能的 PDA 用户等）为商务参与者，通过移动通信解决方案实现企业与最终用户以及企业内部人员之间的实时信息沟通，进而提高效率降低成本的新商务模式。B2M 以最终消费者为中心，将消费者中的手机用户细分为营销和服务的主要目标，以适时、随地的沟通创造没有疆界的商务机会。B2M 目前已有着广泛的应用，如移动营销（M-marketing）、移动客户服务（M-customer service）、移动办公自动化（M-OA）、移动客户关系管理（M-CRM）等。

② M2M 商务模式是通过移动通信对设备进行有效控制，从而将商务的边界大幅度扩展或创造出较传统方式更高效率的经营方式抑或创造出完全不同于传统方式的全新服务。M2M 以设备通信控制为核心，将原来低效率或甚至不可能的信息传输应用于商业中以获得更强的竞争力。M2M 的商务模式目前应用方兴未艾，主要有移动物流管理（M-logistic Management）、移动支付（M-POS）、移动监控（M-monitoring）等。

移动电子商务除了与基于互联网的电子商务相同的需求，如安全、可靠和足够的带宽以外，电子商务系统还应该满足以下几个方面的要求。

① 更高的冗余度 移动电子商务和银行系统要有很高的冗余度，能够应付数百万个用户和成千上万笔的同步交易。

② 更高的兼容性、灵活性 移动电子商务系统需要有很高的兼容性和开放性。消费者应当能够自由地使用各种各样的移动设备。移动商务系统还应当兼容银行、商业和通信系统等的现有系统。

③ 处理特殊事件能力 移动电子商务要求有特殊处理的功能，与固定网络比较，无线交易由于经常进行传输信号的切换，经常在处理事务时出现掉线，或者在交易进行时关闭移动终端，一个可靠的移动电子商务系统应该能处理这样的情况。

④ 特殊灵活的信息呈现 由于移动通信设备的体积小、屏幕尺寸小等特点，必须对信息

的呈现方式进行调整，适应移动商务发展的需要。

17.1.4 移动电子商务服务

移动电子商务提供了"随时、随地、随意"的商务，这决定着它在商务应用领域有着先天的优势。移动电子商务通过加快产品信息的传递可以提升企业产品竞争优势；通过随时提供的客户关系可以提高客户满意度；通过随时处理数据的能力增强，可以提高员工工作效率和生产率；通过直通式处理（STP）降低销售渠道成本等。

目前，移动电子商务主要提供以下服务。

① 在线股票交易 移动电子商务具有即时性，因此非常适用于股票等交易应用。移动设备可用于接收实时财务新闻和信息，也可确认订单并安全地在线管理股票交易。

② 在线娱乐 移动电子商务将带来一系列娱乐服务。用户不仅可以从他们的移动设备上收听音乐，还可以订购、下载或支付特定的曲目，并且可以在网上与朋友们玩交互式游戏，还可以游戏付费，并进行快速、安全的博彩和游戏。

③ 在线购物 借助移动电子商务，用户能够通过其移动通信设备进行网上购物，其中即兴购物会是一大增长点。

④ 订票 移动电子商务使用户能在票价优惠或航班取消时立即得到通知，也可支付票费或在旅行途中临时更改航班或车次。借助移动设备，用户可以浏览电影剪辑、阅读评论，然后订购邻近电影院的电影票。

⑤ 在线银行 移动电子商务使用户能随时随地在网上安全地进行个人财务管理。进一步完善 Internet 银行体系。用户可以使用其移动终端核查其账户、支付账单、进行转账以及接收付款通知等。

⑥ 微支付 消费者可以通过移动电话进行小额支付，如公共交通、加油站和购买小额商品等。

⑦ 短消息 这是移动通信中发展最快的业务。仅在我国，2005 年由运营商提供的正式企业短信服务全年发送总量为 1.1 亿条，而通过短信群发器等非正规服务发送的商业内容短信数量更是数十倍于此。通过短消息进行客户服务、广告宣传已经成为一种流行的市场手段。

⑧ 在线拍卖 允许客户通过移动电话进行在线拍卖，eBay 就推出了在线拍卖的服务。

⑨ 在线商务服务 物流、商务沟通和现场数据采集等都是移动商务发展的重要领域。

总之，随着技术的不断进步，移动电子商务所提供的服务将越来越丰富。

【案例 1】

APP 来检验灰太狼们的爱，移动电子商务案例启示

圣诞节快到了，你想要情人送你什么礼物呢？日本 ValueCommerce 株式会社推出专为女性开发的"就送我这个礼物吧！Oneda.li"（图 17-1），一个具有高度娱乐性的 iphone 应用软件！女生现在可以以简单的方式，将自己想要的东西传达给对方知道，更不怕会被拒绝而开不了口！

只要在"oneda.li"（日文里意思貌似是乞讨）这个应用软件上搜寻想要的商品或礼物，你的"需求清单 email"就会送达到男朋友或是老公手上，当然，收到需求清单的男生，可以通过 Email 购买被指定采买的商品；如果不想买，也可以回复女朋友或老婆"对不起 email"表示拒绝购买。

这个新鲜的 iphone 应用软件的概念，每年情人节（两次）、生日、周年庆都能派上用场，是个可以在国内发展的移动电子商务模式。

资料来源：http://www.bukop.com/? p=2410，何宇清。

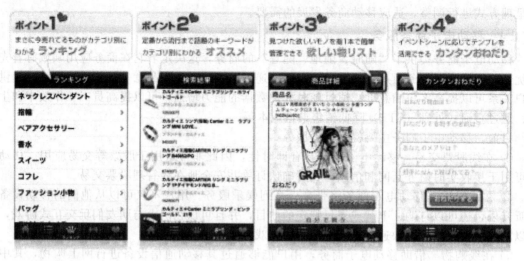

图 17-1　Oneda.li 网站截图

17.1.5　移动商务的构成

作为电子商务的扩展,移动商务具有更广阔的发展空间,它能利用最新的移动技术派生出更有价值的商务模式。随着日本的 I-MODE 服务取得的巨大成功,世界各国都在积极探索移动商务的应用领域。

【案例 2】

成功的移动商务

I-MODE 是在 1999 年和 2000 年席卷日本的新潮无线服务。只要在手机上按几个按钮,I-MODE 用户就可以参与各种移动商务活动,从在线股票交易和银行业务到购买旅行机票和订购卡拉 OK 包房。用户还可以使用 I-MODE 来收发彩色图像。I-MODE 业务从 1999 年 2 月开始,到 2000 年底已经拥有了超过 1500 万个用户。在 2000 年末 I-MODE 开始国际化。

下面是 I-MODE 的一些有趣的应用。

- 每天收到新的电子鸡宠物,每月收费仅 1 元。
- 提供列车时刻表、购物指南和列车晚点自动提示。
- 购物和就餐时收到的折扣券。
- 在线购买音乐制品。
- 收发照片。
- 购买机票。
- 查找最新畅销书的信息,并购买这些书。

在欧洲,人们每年用手机发送短信息就要付出数千万美元的费用;我国的移动运营商相继推出了移动数据业务品牌——移动梦网和联通无限,并取得较好的成绩;移动 OICQ、网易泡泡、搜 Q 等纷纷推出特色短信服务,提供信息交互,实现“随时随地,沟通无限”。

下面先对移动商务参与方进行简单介绍。

① 移动运营商,主要负责提供无线网络,保证网络服务质量,如提供移动定位基础设施、GSM 漫游服务、CDMA 网络故障处理、不同移动网络的互联等。作为业务提供商,移动运营商主要负责对移动支撑业务的技术支持和移动市场开发,如计费管理、用于手机支付的 SIM 卡研发、客户服务、捆绑 CDMA 手机销售等。

② 网络设备提供商，负责提供移动网络设备，多数还通过为移动运营商提供一个全面、可实施的综合解决方案，如中兴的 WCDMA 一站式解决方案、西门子的位置服务解决方案、城市热点 WLAN 计费解决方案等。网络技术的革新往往由网络设备提供商驱动。

③ 客户端提供商，包括终端设备提供商和技术平台提供商。终端设备提供商负责提供移动终端设备，为抢先占领市场，终端设备提供商密切关注网络设备提供商的动态，争先推出顺应潮流的移动终端。技术平台提供商为移动终端提供软件支持，包括客户端操作系统和其他实用软件，如 PalmOS、微型浏览器等。

④ 内容提供商，包括内容收集者和内容集成商。内容收集者主要负责原始信息，包括文本类、图像类、音频类、视频类信息的收集。由于移动设备自身的特点——小屏幕、小键盘、小容量、电池供电、易丢失、易损坏，所以移动商务内容收集者应该以用户需求为出发点，提供精确信息。内容集成商通过重新组织信息、做最适宜用户消费的信息包装来产生增值。以铁路信息为例，内容集成商提供的铁路信息可以实现一些服务，如最短行车时间列车查询、列车时刻查询、车票预订、视频服务等。

⑤ 应用开发商，以内容提供商处获得的内容为基础，开发可在现有移动网络上实现的商务应用，如基于 GPS 的实时路况信息服务、手机信用卡支付等。内容提供商和应用开发商合称为服务提供商。

⑥ 移动门户，是开展移动商务的基础，是高级信息、服务集成商，是用户接入无线网的关口站、最终与用户见面的第一扇窗口，其最大特点是为用户提供个性化、本地化服务。目前，移动门户主要由移动运营商提供，部分由内容提供商（比如 BBC）、应用开发商（比如 Air Flash）和客户端提供商（比如 Nokia、Microsoft）提供。

⑦ 移动商务还涉及像酒店、铁路、商场、影院等商家，它们在移动商务出现之前已经存在，试图借助移动网络来加强其固有商务。比如铁路开发的"无线查询、订购车票"业务；部分商家创建的移动门户来扩展其核心商务，如麦当劳发送到位于一定范围内的手机上的优惠券，吸引附近的用户前去消费。

17.2 移动商务发展动因

移动电子商务将电子商务从有计算机的地方就有商务（即以 PC 为中心）阶段向有客户的地方就有计算机（即以客户为中心）阶段的变迁，这种演进所带来的最有意义的经济效果就是将增强企业与客户、企业与员工以及企业与供应商之间的实时交互。管理层必须充分估计到以客户为中心的在趋势将如何改变其现存的商业模式，并将如何推动企业发展，以获得有技术性变革所带来的最大利润。

在移动电子商务中建立能够产生收入的商业模式的研究正在进行，广告、短信服务、信息产品的订购和按流量收费等都在探索中。

17.2.1 推动移动电子商务发展的因素

移动商务近年来之所以发展迅猛，总结起来有以下四大因素支撑。

① 技术进步，无线协议的逐步推出　随着 Internet 的迅速发展，移动互联能力的逐步提高，新的无线协议标准正在走向统一。无线标准的逐步统一将促进异构无线装置的互联和通信。W3C 协议的出现，使得无线装置能够完全接入 Web 及其信息库，并带来了崭新的应用。

② 基础用户的快速增长，移动设备增长迅猛　到 2004 年，全球的移动电话已超过 10 亿台，此外，其他移动装置的数量也有巨大的增长。如此庞大的用户群或潜在用户群，在规模上具有明显的优势，市场启动将会非常迅速。

③ 接入技术日趋成熟　随着第三代（3G）无线技术的兴起，不仅传输速率方面的弱点可

以克服，而且可支持多媒体传输，话音、数据、单向/双向视频的综合传输有可能使移动商务在任何移动装置上运行。

④ 接入费用逐渐走低　随着移动通信服务费用的大幅下降，降低了门槛，吸引了更多的用户，进而推动移动商务的发展。在以上诸多因素的推动下，移动电子商务的市场基础已经颇具规模。

17.2.2　移动电子商务发展的制约因素

作为新的商业模式，制约其发展的主要是五种可能的制约因素：过高的消费者期望、安全方面的制约、技术本身的制约、内容和费用的制约、整个社会环境的制约。

① 消费者的期望　通过小而轻且易于携带的装置，享受更加丰富和广泛的服务，是消费者的最大愿望。因此提供简单的、易于使用的应用软件，具有个性化、定位功能及相关的位置服务非常重要。当人们发现喜欢上搜寻，或者依靠自己"拉动"了信息时，将要求用于冲浪的工具是直观的、简单易用的。满足消费者需求和不断加快的技术进步，使得许多应用变得眼花缭乱，但是实质的服务并没有提升。

② 安全问题的制约　在无线电子商务方面，最重要的制约因素是安全问题。用户对 IT 安全性方面的要求会越来越高，进行用户身份鉴别将成为组成无线电子商务安全基本设施的一个关键部分。除此之外，目前移动电子商务中还应解决好电子支付系统、商品配送系统等安全问题。可以采取的方法是吸收传统电子商务的安全防范措施，并根据移动电子商务的特点，开发轻便高效的安全协议，如面向应用层的加密（如电子签名）和简化的 IPSEC 协议等。

③ 技术的制约　与有线相比，对无线频谱和功率的限制使其带宽较小，带宽成本较高，所以服务提供商应优化网络带宽的使用，同时增加网络容量，以提供更加可靠的服务。

④ 内容与费用的制约　一方面尽管新技术不断出现，内容却没有显著提升，缺少吸引力。据有关研究机构调查，多数移动电子商务用户最不满意的是内容服务，因为用户往往花了钱却找不到自己需要的真正有价值的信息。用这种先进的方式获取到的只不过是几条新闻、天气预报、购物信息等，而这类内容并不是用户所关心的最重要的东西。如从 WAP 网站的内容来看，其所提供的内容完全可以通过其他渠道免费得到。

另一方面是较高的费用也影响了移动电子商务的发展速度。由于屏幕尺寸的制约，网站的收入难以仅依靠广告来维持。对于移动电子商务必定进行收费，依靠为用户提供有偿服务来获得稳定收入，关键是如何制订合理的价格和利益分配机制。

⑤ 社会环境的制约　电子商务的商业运作环境本身就不够完善，缺乏必要的信用保障体系从而影响了人们从事移动电子商务的积极性。这也在很大程度上限制了移动电子商务的发展。加上移动电子商务涉及一系列行业（如移动设备制造商、移动网络运营商和移动服务提供商等）经济利益的分配和重组，移动电子商务的发展将需要较长的过渡时期。

17.3　移动电子商务现状与发展

17.3.1　国外移动电子商务的发展现状

（1）美国移动商务的发展

据统计，2003 年无线领域（手机、Wi-Fi 设备以及无线基础设施等）的营业额达到 1345亿美元，比 2002 年增加了 7.9%。受无线 Internet 接入、短消息以及即时信息等拉动，2004～2007 年该领域将以年平均增长率 9.1%的速度增长，达到 1908 亿美元的规模。

美国电子商务领域的权威人士表示，移动商务在未来一段时间里将成为电子商务的主流发展模式之一。美国众多的企业用户都开始把移动商务作为其电子商务发展的重点之一。移动商务能够在未来获得成功，一个重要条件是服务商必须能够为移动电话用户提供足够丰富的信息内容，只有这样，才能够获得大量稳定的客户，移动商务才能够真正发展起来。从这一点上说，新闻报道、网上拍卖、娱乐游戏等都需要包括在服务商的服务范围之内。

美国花旗银行、法国 Gemplus 公司和美国 MI 公司于 1999 年 1 月携手推出了手机银行，客户可以用 GSM 手机银行了解账户余额和支付信息，并利用短信息服务向银行发送文本信息执行交易，客户还可以从花旗银行下载个人化菜单，阅读来自银行的通知和查询金融信息。这种服务方式更加贴近客户，客户可以方便地选择金融交易的时间、地点和方式。根据著名研究机构 Ovum 公司的调查，到 2006 年手机支付总额达到 370 亿美元。

（2）欧洲移动商务的发展现状

欧洲掌握着移动商务和移动互联网的最新技术。欧洲移动商务企业在将服务推向市场时，在技术研发和标准制订上花费了巨大的精力。欧洲用户对服务内容最为关注的是气候和交通信息，由于欧洲的许多国家中，有大量的公司职员的工作地点和住址之间的路程比较远，对于上下班的交通和一天的天气情况很关注。其次，信息类占 20%，交易占 15%，数据库占 10%。

西欧在移动通信普及率方面一直是最高的，这主要得益于 GSM，但在未来移动业务尤其是 3G 业务的发展方面发生了转折点。在欧洲，SMS 仍是其移动数据业务的主导，尤其是点对点信息业务，其次是个人奖赏性的应用服务。

3G 网络的商业部署在全球尤其在西欧已有了大范围展开。随着越来越多的高性能终端诞生，加快了 3G 发展的脚步。Analyses Research 在对法国、德国、意大利、西班牙、瑞典、英国等西欧移动市场进行综合分析后预计到 2009 年年底，在西欧的移动用户中，约有 70% 的用户（2.4 亿）将使用支持 3G 的终端。业务类型涵盖了本地预付费、本地签约、SEM 及大企业等市场，以及话音、P2P 信息、数据联网、搜寻、付费信息、E-entertainment、M-commerce 及视频电话等八大业务类型。

（3）日本移动商务的发展现状

日本注重移动商务的业务种类及服务内容开发。通过研究发现，日本整体移动商务应用的业务种类可以概括娱乐、生活信息、交易信息以及数据库等几个方面。研究数据显示，娱乐内容是日本移动商务业务中的最主要业务形式，占据整体业务内容的一半以上，其次，信息类占 20%，交易占 15%，数据库占 10%。

日本移动商务应用业务主要定位于青年人群。研究发现，从移动商务用户年龄结构的分布上，可以发现日本该类业务的市场基础主要集中在 20～40 岁之间，10 岁左右的用户是最大的潜在客户群。NTT DoCoMo 公司注重开发基于青少年的移动商务应用的服务内容，而该类用户一般都热衷于娱乐内容。I-MODE 的成功也说明了日本在移动商务发展上的领先地位，同时其移动电子支付方面也发展迅速。

17.3.2 我国移动电子商务的发展现状

我国的移动电子商务发展也呈现了可喜的局面。据 iResearch 的统计，截至 2005 年底，企业短信、短信实名、短信网址、短信黄页等一大批创新业务涌现在市场上。我国手机用户已达 4.04 亿，手机短信发送量超过 3000 亿条，创造 300 亿元左右的市场收入。彩铃、WAP 手机上网等业务蓬勃发展，手机音乐初显潜力，并逐步成为移动通信收入增长的重要部分，移动商务领域也随之迅速发展。

短信是我国目前最为成熟的移动通信服务业务之一，而短信与企业应用系统相结合，已经成为我国移动商务的一种低成本、快回报、易操作的实现模式。iResearch（艾瑞市场咨询）调查发现：短信还可以与企业的 OA 系统、ERP 系统、CRM 系统等结合，实现企业办公、生产、销售数据的采集和发布。而且，短信在 GSM 和 CDMA 上应用可以基本满足企业短信应用的需要，是未来移动通信主流技术。

17.4 移动电子商务的技术基础

在移动商务发展过程中，设备制造商、网络运营商和一些技术支持商将是最大的赢家，他们的商务模式很简单：让更多的人用自己的设备和网络无线上网。目前，诺基亚、爱立信、摩托罗拉等手机巨头不遗余力地在积极扶持应用开发商目的就是为了让移动电子商务的概念做得更大。

17.4.1 移动电子商务的技术挑战

移动电子商务的技术发展中必须面对的技术挑战如下。

① 移动装置具有对屏幕尺寸有限制，以及使用笨重的文本输入机制的缺点。一些人认为，除非移动无线装置能够克服这些弱点，否则大多数消费者将继续愿意使用家中有简单、漂亮界面的 PC。

② 目前的网络主要支持声音的传播，而不是为同时进行声音和数据的传播而建设的，更不用说传送大规模的数据了，这种数据业务将给无线网络带来巨大挑战。3G 的发展为移动商务的发展提供了广阔的空间，也是 3G 引人注目的关键所在。

③ 移动电子商务标准的建立。对于标准而言，技术上的互操作是关键的，WAP、GPRS 和 Bluetooth 等标准已被采用和实施。除了这些标准外，也需要有关 PKI（Public Key Structure）的一些标准。为了使移动电子商务继续向前发展，标准兼容问题必须解决。

④ 更高的安全和可靠性。如果不能解决安全可靠的交易，那么移动电子商务将得不到快速发展。对任何移动电子商务而言，需要讨论以下两个问题：数据传播的安全和参与交易组织之间的信任。加密只是意味着去解决安全传播的问题，这样的安全措施离真正的安全还很远。

最强壮的加密方法（如 DES，RSA 等）也需要另一种安全手段去保护下一代的无线电子商务交易，这可通过数字证书来完成。尽管数字证书在 Internet 上正变得普通，但以它们现有的形式需要花费很长的传播时间并且占用带宽资源，要建立一种友好的无线数字证书。

17.4.2 移动电子商务的解决方案

下面简单地介绍一下各国公司已经推出的移动电子商务解决方案。

（1）诺基亚

诺基亚和 IBM 合作进行了一个领航项目，目的是使芬兰居民使用手机即可进行网上购物。诺基亚在此项目中提供手机，而 IBM 提供此项目中基础设施资金，手机用户可以将其信用卡信息加载到手机上，并将其传输到无线 Internet 提供商那里。该计划只适用于芬兰无线用户，已经开始实施。

诺基亚还宣布了另一个移动电子商务计划，即诺基亚将与威士达国际（Visa International）建立长期合作关系。目前，两公司已实施了一项领航计划，即让一些人可从总部位于芬兰的 Internet 百货商店 Ruoka.net 在线购物，或购买芬兰电影院 Kinoplaatsi 的电影票。

为了满足亚太地区移动商务交易发展的需要，诺基亚还与威士达国际开展合作，共同推出 Visa 名下的支付服务，该服务使拥有上网手机的用户只需按一下手机键盘便可轻松购买商品。这种服务将面向亚太地区所有的 Visa 卡持有人。这项创新计划是两个行业领先者为实现移动电子商务安全交易、开展新技术应用实验而结成的第一个泛亚洲联盟。

（2）爱立信

爱立信公司针对移动电子商务的未来发展开发了 Mobile-e-Pay 解决方案，是较具有竞争优势的解决方案之一。它将移动通信网络、Internet、在线支付和安全技术有机地结合起来，为移动电子商务提供了一个完整的解决方案，它在推出将大大推动移动电子商务市场的发展。

Mobile-e-pay 的基本功能是支持使用移动电话来完成金融交易并与后端系统联系，另外还包括算法转换功能、用于将固定网络协议转换成适应移动终端的功能，以及运营、管理和维护功能。

Mobile-e-pay 包括访问、支付和安全三大功能模块。访问功能完成各种访问请求的处理，它是进行移动电子商务的基础；支付功能主要是完成对服务提供商提供的商品或服务的付费；安全功能提供交易数据的认证、加密、数字签名非否认服务，用以保证移动电子商务交易的安全。这三大功能共同构成了一个完整的移动电子商务方案。

（3）AT&T 结盟亚马逊

AT&T 无线公司与亚马逊公司结成联盟，共同向移动电话用户提供手机购物服务。该项全新服务的目的是把亚马逊公司广受欢迎的购物功能由 Internet 上搬到手机里，后者几乎可以提供与前者一模一样的服务，如一站式订购、产品介绍和产品推荐等。亚马逊网上商店只是 AT&T 无线公司提供给用户众多无线数据通信服务的一种。

此外，在线零售商亚马逊公司开设了移动拍卖业务，将其业务领域扩展到了移动商务空间。亚马逊移动拍卖服务是一种无线服务业务，它可向移动电话用户提供投标与提示服务。

（4）日本东芝

日本东芝的移动商务定位于办公和游戏领域，推出支持无线技术的 SATELLITE PRO4600、TECRA8200 系列，可以构成完整的电子商务系统。通过该技术可以摆脱网线的束缚，随时接入企业主干网，轻松获取网上资源、收发电子邮件，从而提升企业办公效率。如 SATELLITE31 系列的便携性成为移动工作者，特别是记者的首选。通过该系统，不仅可以迅速实现照片图像资料数字化，更让新闻工作者能够把握瞬间灵感，自由编辑文字和图片资料，迅速发往指定地点。

在家中，可以通过 SATELLITE3000 系统提供的精彩的游戏天地，生活变得更加丰富多彩。通过无线网卡，可以实现区域内点对点无线互联，更加自由地进行文件传输、游戏互动、数据交换等。

（5）用友

随着移动互联网用户的飞速增长，为我国整个移动电子商务的发展带来了信心。用友推出了"移动商街"，打造手机上的"B2C"和"C2C"，实现了移动商务的模式突破。

（6）亿美软通

亿美软通作为国内进入移动商务领域较早的企业，将 CRM、物流、客服、营销等商务应用搬到了手机上，并重点开发移动信息化管理系统的系列产品，满意通等产品已为惠普、可口可乐、思科等 500 强企业所采用。

自 2006 年亿美开始与爱立信、DRUTT、TEKEVER 等多家国外领先技术厂商结成战略合作伙伴，建立了面向 3G 的全新技术架构，开发了基于移动互联网自动适配技术的无线网站建站平台，可以使企业网站适应各种类型的手机、PDA 等数千款移动终端，大大改善了用户移动上网体验。

17.5　移动支付

据相关数据显示，截至 2007 年 2 月，我国手机用户接近 4 亿，银行卡发行总量超过 7.6 亿张，而预计到 2008 年我国的手机用户将达到 5 亿。如此巨大的手机消费群体和银行卡持有者数量，对于通过将手机和银行卡结合来进行各种消费活动的移动支付业而言无疑是一个巨大的机遇。目前上海建行、上海联通及上海捷银信息技术有限公司联手推出了"短信话费充值服务"，进行了非常有益的探索。另外，上海捷银信息技术有限公司与招行合作，在上海拓展其移动支付业务。从而使上海将近 1000 万的移动用户可以享受方便快捷的移动支付业务。

越来越多的银行、运营商以及第三方开始注意到移动支付的巨大市场和潜力。移动支付也开始逐渐渗入生活，手机的小额支付业务逐渐流行起来。

17.5.1　移动电子支付的概念

移动电子支付，是指用户使用移动电子设备通过移动运营商向约定银行提供的计算机网络系统发出支付指令，由银行通过计算机网络将货币支付给服务商的一种消费支付方式。银行支付结算系统的电脑自动化操作，使交易更加安全和便捷，同时有助于国家税控。

我国目前消费支付方式有现金、支票和信用卡三种。随着技术的进步，手机等移动电子设备支付将成为支付方式中非常重要的一部分。移动电子设备持有者购物消费或缴费时，只要输入特定的银行卡号和金额，将支付请求通过短信息发送到银行，银行在进行审批划账之后，通过短信息反馈到特约商户或特约商户指定的银行，商户使用无线或有线 POS 打印出消费收据，完成交易，用户就会获准得到所需要的商品和服务，整个过程全部实现电子化，这样的支付方式称移动电子支付。同现有的电子支付货物网上支付手段相比，移动电子设备和银行卡结合起来，用户将随身携带支付终端，可以在任何时间、任何地点用移动电子支付方式办理消费、缴费和转账等业务。

17.5.2　移动电子支付的构成

移动电子支付过程中，主要涉及移动运营商、银行金融机构、商户和用户等四方当事人，同电子支付中的类似。

银行在这四方当事人中角色最为重要。银行又分如下几种。

① 付款行　指与用户事先签订委托支付合同，接受用户付费指令支付货款的银行。用户要事先在付款行存款立户并约定使用的密码或其他有效的身份确认手段，以防止未经授权的人向银行发出欺诈指令而为银行所接受，造成用户经济损失。

② 收款行　指最后向商户支付货款的银行。

③ 中间行　位于付款行和收款行之间，代为从付款行接收货款并代为向收款行支付货款的银行。中间行一般是中央银行，以上银行可能重合。

17.5.3　移动电子支付中的法律问题

在整个支付系统的设计中，在整个移动电子支付过程中，如何确认各方法律关系以解决在移动电子支付中可能产生的矛盾和纠纷，以及如何确定相应归责原则显得迫切且现实。用户、移动运营商、银行与商户间存在移动电子支付基础法律关系。

用户与商户之间是买卖合同关系。除普通买卖合同卖方应承担的义务以外，具体在利用移动电子支付为手段的买卖交易中，商户还应当提交买卖单据。也就是说提交单据应当成为移动电子支付交易中卖方应负的主要义务之一。单据上应当明确交易的时间、地点、金额、付款方法、收款账户，这样利于用户日后核对移动电子支付交易的准确性。

因为经营金融业务特许制的原因，移动运营商不得不与银行合作共同开发移动电子支付市场，以规避政策壁垒。移动运营商在移动电子支付交易中扮演了组织者的角色，移动运营商应当和银行一样配备相应的计算机信息网络、装备以及相应技术人员和管理人员，健全安全保密管理制度的技术保护措施。用户有权向移动运营商发出信息指令，移动运营商有义务将用户的信息在指定的时间传输到付款行，用户有义务向移动运营商支付相应通信费用。

银行与移动运营商每完成一笔交易，商户应向移动运营商支付一定手续费，而各个银行也将根据总的转账额度从移动运营商处获得手续费。

中间行有按照前手指令完成资金划拨的义务。对于因自身或后手的原因根本没有履行、迟延履行、未完全履行指令造成损失的，中间行应当向前手承担违约责任，并有权根据原因向后手追偿。

移动支付吸引越来越多的人的关注的原因，除了移动用户拥有巨大市场外，它自身拥有的优势也是其受关注的原因。对于消费者而言，移动支付的便捷性引人注目。不用出门，只需发送短信便能支付话费账单、便能完成许多交易。这迎合了现代人追求便捷和简单生活的需求。对于银行以及运营商而言，移动支付业务的开展能够丰富其服务范围，使其在如今竞争激烈的环境中比别人又多一个优势。而移动支付作为一种远程的交易方式，可以有效地减少手机账单用户每月到银行或移动营业厅支付账单的人数，从而也减轻了其员工工作业的压力。

17.6 移动电子商务的应用

移动电子商务真正实现了电子商务网随时随地传输信息的梦想，是对有线电子商务的一种革命性超越，因此必将引发产业革命的突破性变化。它在很大程度上塑造了未来一段时间的商业模型，并且也重构了基于电子商务网的商业生态系统。移动商务和移动服务有机会在电子商务网失败的领域取得成功，移动商务将是电子商务的新引擎，方法是向用户提供快捷的购物、付款和寻求产品的途径。

17.6.1 移动电子商务主要功能

移动互联将会催生一条新的产业链条，在设备供应商、运营商之外，增加了一系列新的环节。开展移动互联、发展基于移动互联的商务应用必须建立一个应用平台的支撑系统，有新的数据开发商，有内容供应商，有内容的汇集中心，有门户网络站，这是一条新的价值链。目前移动电子商务网络能够提供的主要功能如下。

① 移动企业网服务 移动企业网服务是指企业用户通过电信运营上的移动 Internet 服务接入企业网，安全地收取内部邮件、查询产品数据、进行工作会议等。通过集成的 Mobile Internet、Mobile Thin Client、Corporate E-mail 等应用服务，能够为企业用户提供一整套的移动商务、解决方案。

② 移动企业电子邮件服务 通过集成的企业电子邮件服务，移动终端能够远程登录企业内部的 Ex-change 或 Domino 邮件服务器，阅读邮件及其附件，并且能够通过短消息进行邮件到达提醒。

③ 移动视频信息服务 通过移动终端享受高质量的视频服务一直是每一个用户的梦想。借助 Motorola 公司集成的移动视频信息服务，终于使这一梦想得以实现。这一服务不但为商务及个人活动提供了方便，而且可以大量地使用于交管、监察、工业控制等方面。其通过最先进的 MPEG4 图像压缩技术，使实时图像能够清晰地在空中信道上传输。

④ 基于位置的信息服务 基于位置的信息服务也称为定位服务（Location Based Service，LBS），即通过无线终端和无线网络的共同配合，确定出移动用户的实际地理位置，从而由用户根据自己的需要选择或由网络向用户发送相应的信息。

定位技术包括 Cell ID、E-OTD 和 A-GPS 等多种方式，测量的准确度在 $10 \sim 300\mathrm{m}$ 之间。根据定位的准确可以提供不同的定位服务。典型的定位服务包括援助服务（如紧急医疗服务、紧急定位等）、基于位置的信息服务（寻找最近的餐馆信息、黄页查询等）、广告服务、灵活的计费策略和追踪服务五大类。

⑤ 下载服务 通过下载服务器和手机终端的配合，可以完成各种下载功能，如下载电话铃声、手机屏保、图片等。在手机上，还能下载 Java 编写的游戏、应用程序等丰富的移动 Internet应用。

⑥ 即时信使服务 即时信使服务（Instant Messenger）是一种革命性的、用户界面友好

的 Internet 工具，它可以随时告诉你，你的哪一个朋友与你同时在线，并能使你在任何时候与他们保持联系。你将不再需要花费大量时间搜寻他们，信使将帮你查找，并能够在他们上线时立即提醒你。

根据提供方式和信息内容的不同，移动 Internet 业务可以细分为下述业务类别：移动公众信息类和移动个人信息类、移动电子商务类、移动娱乐服务类、移动企业虚拟网类和移动个人信息类、移动娱乐服务类、移动企业虚拟网类和移动运营模式类。根据应用场合和社会功能的差异，移动 Internet 的业务又可分为三种组合类型：社交型、效率型和情景型。

移动 Internet 用户市场的发展受到各国的人口状况、经济发展水平和文化习俗等因素的影响。移动电子商务的发展刚刚起步，它的发展趋势非常引人注目，但是实际的应用并不多见。目前成熟的应用主要集中在短信为基础的应用上，移动电子商务的发展任重道远。

17.6.2 移动电子商务的主要应用

移动电子商务的主要应用领域如下。

（1）金融行业

移动银行可以使客户在远程对"自己的银行业务"实现简单操作，方便省时、降低成本，同时又安全可靠、机动灵活。客户可以在任何时间、任何地点进行银行交易，节约了去银行的时间。出差或旅游在外，仍可方便地享受银行服务。不仅可以依靠电脑、调制解调器和电话线，还可以凭一只手机就可以随时操作电子商务。

移动银行业务主要有以下几类：银行账户操作、支付账单、信用卡账户操作、股票买卖、联机外汇、信息通知、移动商务和第三方身份验证。

移动银行可首先从银行的现有电话银行和网上银行业务入手，即把原有有线电子银行服务业务转换到智能电话和 WAP 手机上，同时随着智能电话、双向寻呼机和各种掌上设备的迅速发展，移动用户可以利用这些设备进行日常金融活动，如查阅债券、转账和支付账单，让客户把"银行"带到身边，使当今的银行能够为处于运动或静止之中的客户提供及时、准确、方便和个性化的服务。

（2）物流领域

及时准确的信息有利于协调生产、销售、运输、储存等业务的开展，有利于降低库存、节约在途资金。在物流领域的运输、储存保管、配送等重要环节中，移动商务有着广阔的应用前景。

在运输方面，利用移动商务系统可以对车辆的位置、状况等进行实时监控。另外，通过将车辆载货情况以及到达目的地的时间预先通知下游单位配送中心或仓库等，有利于下游单位合理地配置资源、安排作业，从而提高运营效率、节约物流成本。

在储存保管环节，利用移动商务设备管理库存数量，并通过无线通信网将数据直接写入中央数据库，这样，将数据输入到手持商务设备与输入到中央数据库的工作一次完成，提高了信息的时效性，有利于物流的优化控制。

在配送环节，在物品投递移动的同时，输入手持商务设备的数据，通过无线通信网络同时输入中央数据库。因此，几乎在物品投递的同时，用户即可查询到物品已投递的信息。

移动商务的发展将使得物流信息做到真正的无缝连接，使得物流信息的全程控制真正实现实时高效，从而更好地满足用户跟踪查询的需求。并且，物流的高效运营将进一步促进电子商务的发展。

（3）移动娱乐

移动娱乐业务的种类分为移动游戏、移动视频、移动音乐、移动博彩等。以移动游戏为代表的移动娱乐业务能够为运营商、服务提供商和内容提供商带来附加业务收入。移动娱乐有机会成为移动产业最大的收入来源，同时也是鼓励移动用户消耗剩余预付费通话的移动增值业务，也是防止客户流失的有力武器。

(4) 资产管理

无线电子商务技术与 GPS 技术的结合，可以远程定位、监控资产以及对资产进行诊断，这大大节省了时间、人力并减少了使用者的错误。在家用汽车市场，这个应用会很有市场前景。以美国为例，汽车盗窃是最大的财产犯罪，每年损失达到 70 亿美元。事实上，在美国每 23s 就有一辆车被盗。现有美国已经出现了专门为汽车定位服务的公司。另外，维护和检修一些固定的机器是一件非常费时费力的工作，如自动售货机的检修，如果这些机器能够被远程监控，就可以大大节省日常的维护工作。这种技术还特别适合使用在有昂贵的设备需要维护和垂直行业应用，如工人可以远程控制他们的机器，运输商可以实时监控他们的车队、船队的情况。

移动资产管理的市场空间潜力巨大。诺基亚已推出智能交通产品（Smart Traffic Products），他们相信到 2010 年，全球每辆汽车都至少有一个 IP 地址。GM 打算在大约 250 万辆汽车上装备远程信息处理系统。

短信的挑战

今年海南香蕉价格暴跌，逼得蕉农们走投无路。但记者采访时看到今年收获的海南香蕉个头都不小，和往年没什么区别，记者亲口尝了尝，味道也很好，没发现有什么异味。究竟为什么今年的海南香蕉却卖的比大白菜还便宜呢？事情还要从一条四处流传的手机短信说起。

2007 年 4 月底，一条关于香蕉的短信开始在全国传播开来。短信中的"SARS"指的就是"非典"，此短信流传开后，给人们的心理造成了严重的恐慌，许多人开始对香蕉敬畏三分。

海南省发展南亚热带作物办公室主任蒙绪儒："这条短信在海南收到的人不是很多，但是主要在北京，在上海一些大城市收到的比较多。"

由于短信主要散播在一些内地大城市，对于主攻内地市场的海南香蕉来说无疑是当头一击。蒙绪儒："海南的香蕉 85% 的商品销到内地的市场，在本地销售，就是本地的香蕉不是很多，大概是 10% 到 15% 这样，大量的是在内地。"

恶意短信中，除了指名点姓的指出海南香蕉外，蒙绪儒告诉记者，短信泛滥的时候正是 4 月底，也正是海南香蕉大获丰收的时节。

蒙绪儒："这样赶到这个时候，从 1 月份到 5 月份这段期间呢，是内地香蕉基本上没有上市，广东、广西、福建、云南、四川等能种香蕉的地方，这个时候上市的香蕉很少，或者是基本上没有，所以这条短信对海南的影响是特别大的。"

短信对海南香蕉的影响，很快便从香蕉的收购价格上体现了出来，海南经济也因此蒙受了巨大损失。

蒙绪儒："按照我们运销出岛的数据，每天出岛的大概一万吨左右，那每天的损失大概也就是 200 万到 300 万，这段时期的影响，全省直接的损失应该有 5000 万以上。"

资料来源：http：//news.sina.com.cn/c/2007-06-04/112111954980s.shtme。

本 章 小 结

① 由于移动通信技术的快速发展和移动用户的快速增长，移动商务作为新兴的电子商务形式，引起了广泛关注。由于移动商务具有随时随地进行开展商务活动的特点，移动商务具有

传统的基于互联网的电子商务难以具备的优势，移动电子商务正是因为其移动性的特点，方便与客户进行随时随地地交流，必将成为未来商务发展的主流。

② 移动商务是指通过移动通信网络进行数据传输，并且利用手机、PDA 等移动终端开展各种商业经营活动的一种新电子商务模式。移动商务是与商务活动参与主体最贴近的一类电子商务模式，其商务活动中以应用移动通信技术使用移动终端为特性。移动电子商务具有用户基础广泛、个性化与人性化、付费方式灵活、随时随地服务等特点。

③ 移动商务的应用模式根据与商业活动相关的通信主体进行分类包括 B2M、M2M 两大类。前者强调企业等商业组织与手机用户消费者之间的沟通及其在商业活动中的应用，是人与组织或人与人之间的通信。后者强调在商业活动中通过移动通信技术和设备的应用变革既有商务模式或创造出的新商务模式，是机器设备间的自动通信。

④ 移动电子商务通过加快产品信息的传递可以提升企业产品竞争优势；通过随时提供的客户关系可以提高客户满意度；通过随时处理数据的能力增强，可以提高员工工作效率和生产率；通过直通式处理（STP）降低销售渠道成本等。移动商务发展的四大支撑因素有：技术进步、基础用户的快速增长、接入技术日益成熟、接入费用逐渐走低。制约其发展的主要是五种可能的制约因素：过高的消费者期望、安全方面的制约、技术本身的制约、内容和费用的制约、整个社会环境的制约。

⑤ 在移动商务发展过程中，设备制造商、网络运营商和一些技术支持商将是最大的赢家，他们的商务模式很简单：让更多的人用自己的设备和网络无线上网。目前，诺基亚、爱立信、摩托罗拉等手机巨头不遗余力地积极扶持应用开发商目的就是为了让移动电子商务的概念做得更大，各国主要电讯公司已经推出了各种移动电子商务解决方案。

⑥ 移动电子支付是指用户使用移动电子设备通过移动运营商向约定银行提供的计算机网络系统发出支付指令，由银行通过计算机网络将货币支付给服务商的一种消费支付方式。银行支付结算系统的电脑自动化操作，使交易更加安全和便捷，同时有助于国家税控。但是其发展还面临一系列挑战。

⑦ 移动 Internet 用户市场的发展受到各国的人口状况、经济发展水平和文化习俗等因素的影响。移动电子商务的发展刚刚起步，它的发展趋势非常引人注目，但是实际的应用并不多见。目前成熟的应用主要集中在短信为基础的应用上，移动电子商务的发展任重道远。

思 考 题

17-1 结合实际应用，分析移动商务的特点和主要应用。

17-2 结合移动商务的主要功能，针对银行设计一个移动商务的实际应用。

17-3 分析移动支付系统实际使用中的核心障碍是什么，试提出一套适合我国国情的移动支付系统。

17-4 结合阅读材料中的案例，分析手机短消息在市场营销中正、反两个方面的作用。

参 考 文 献

[1] 埃弗雷姆·特班等.电子商务（管理视角）.第5版.严建援等译.北京：机械工业出版社，2010.
[2] 邵兵家等.电子商务概论.北京：高等教育出版社，2003.
[3] 埃弗雷姆·特伯恩.电子商务管理新视角.王理平等译.第2版.北京：电子工业出版社，2003.
[4] 张润彤.电子商务.北京：科学出版社，2005.
[5] 方美琪.电子商务概论.北京：清华大学出版社，2002.
[6] 黄梯云.管理信息系统.第3版.北京：高等教育出版社，1999.
[7] 加里P.施奈德.电子商务.成栋等译.第6版.北京：机械工业出版社，2006.
[8] 加里.斯耐德等.电子商务.成栋等译.第2版.北京：机械工业出版社，2002.
[9] 联合国贸易与发展委员会.全球电子商务发展研究报告.朱绢英等译.北京：人民邮电出版社，2002.
[10] 刘积仁.移动电子商务.http://www.863-306.org.cn/dt004-12.htlm.
[11] 梅绍祖，吕殿平.电子商务基础.北京：清华大学出版社，2000.
[12] 全球电子商务发展及趋势.http://www.e-works.net.cn/zhuanti/b146.htm.
[13] 邵兵家.电子商务模拟试验教程.重庆：重庆大学出版社，2002.
[14] 余力.电子商务个性化——理论、方法与应用.北京：清华大学出版社，2007.
[15] 马特·黑格.电子商务实施要点.李志宏，李青译.北京：北京大学出版社，2005.
[16] 卢国志，董兴林，杨磊.新编电子商务与物流.北京：北京大学出版社，2005.
[17] 张铎.电子商务与物流.北京：清华大学出版社，2002.
[18] 张铎，周建勤.电子商务物流管理.北京：高等教育出版社，2002.
[19] 汤兵勇等.客户关系管理.北京：高等教育出版社，2003.
[20] 杨路明.客户关系管理.重庆：重庆大学出版社，2004.
[21] 李志刚.客户关系管理理论与应用.北京：机械工业出版社，2006.
[22] 丁建石.客户关系管理.北京：北京大学出版社，2006.
[23] 唐璎璋，孙黎.一对一营销：客户关系管理的核心战略.北京：中国经济出版社，2002.
[24] 梅绍祖等.网络营销.北京：人民邮电出版社，2000.
[25] 阴双喜等.网络营销基础：网站策划与网上营销.上海：复旦大学出版社，2001.
[26] 冯英健.网络营销基础与实践.第2版.北京：清华大学出版社，2004.
[27] 张卫东.网络营销·理论与实务.北京：电子工业出版社，2005.
[28] 俞立平，曹进文等.企业电子商务与网络营销.北京：科学出版社，2004.
[29] 缪启军.网络营销.上海：立信会计出版社，2007.
[30] 钱旭潮，韩翔，袁海波.网络营销与管理.北京：北京大学出版社，2005.
[31] 范明等.金融市场中的电子商务与革新.彭智等译.北京：北京大学出版社，2004.
[32] 邓顺国，唐晓东，门洪亮.网上银行与网上金融服务.北京：清华大学出版社，2004.
[33] 杨国明，蔡军.网络金融.北京：中国金融出版社，2006.
[34] 牟彤华，汪治.电子商务应用.大连：东北财经大学出版社，2006.
[35] 孙森.网络银行.北京：中国金融出版社，2004.
[36] 张矢等.网上支付与结算.重庆：重庆大学出版社，2002.
[37] 武友新，王小刚.旅游电子商务平台架构的研究.计算机工程，2006.
[38] 邓中春，于建红，鲁耀斌.旅游电子商务市场的透明度研究.商场现代化，2006.
[39] 胡锡琴，曾海，何玉梅.电子商务对我国旅游业的冲击及对策.商场现代化，2006.
[40] 袁基瑜，于静.旅游电子商务需求及发展模式探析.交通科技与经济，2006.
[41] 盛正发.中国旅游电子商务的SWOT分析及战略选择.经济前沿，2006.
[42] 杨陆明，巫宁.现代旅游电子商务教程.北京：电子工业出版社，2007.
[43] 鞠国华.对我国商业银行业务创新的探讨.税务与经济，2002.
[44] 艾瑞市场咨询有限公司，2007中国中小企业B2B电子商务研究报告.http://www.iresearch.com.cn.
[45] 慧典市场研究报告网.中国B2B电子商务产业趋势研究报告（2006）.http://www.hdcmr.com.
[46] 和秀星，曹严礼.电子商务时代我国金融业的SWOT分析及应对策略.云南财贸学院学报，2002.